Hubertus Mynarek

Papst-Entzauberung

Das wahre Gesicht Joseph Ratzingers

und

Die exakte Widerlegung seiner Thesen

Impressum

Bibliographische Information der Deutschen Bibliothek
Die Deutsche Bibliothek verzeichnet diese Publikation in der Deutschen Nationalbibliographie; detaillierte bibliographische Daten sind im Internet über http://dnb.ddb.de abrufbar.

Hubertus Mynarek

Papst-Entzauberung

Das wahre Gesicht Joseph Ratzingers
und
Die exakte Widerlegung seiner Thesen

1. Auflage 2007

ISBN 978-3-8334-8033-1
Verlag und Herstellung: Books on Demand GmbH
Gutenbergring 53
D-22848 Norderstedt
Tel. 040-53 43 35-0; Fax 040-53 43 35-84;
info@bod.de • www.bod.de
Alle Rechte vorbehalten
Nachdruck oder Vervielfältigung, auch auszugsweise, in allen Formen, wie Mikrofilm, Xerographie, Mikrofiche, Mikrocard, Offset und allen elektronischen Publikationsformen, verboten.

Printed in Germany

Meiner Tochter Diana

und

Meinem Sohn Markus

in väterlicher Verbundenheit zugeeignet

Inhaltsverzeichnis

Vorgriff auf ein paar wenig bekannte Aussagen Joseph Ratzingers   6

Zur Einführung   7

Erstes Kapitel

Papst ohne Heiligenschein   11

Zweites Kapitel

Der Papst und die Liebe
Das Regierungsprogramm des Papstes in Form einer Liebesenzyklika
Eine kritische Analyse   24

a)	Die Presse und die Enzyklika	24
b)	Warum eine Enzyklika über die Liebe als Regierungsprogramm des neuen Papstes?	25
c)	Ratzingers wirklichkeitsfremde, nicht empirische, rein theologische Ableitungen und Begründungen der Liebe	26
d)	Die Bibel-„Beweise" der Enzyklika für die Liebe	28
e)	Ratzingers merkwürdiger „empirischer Realismus" in Bezug auf Gott und Christus	29
f)	Liebe nicht ohne Blut und Schlachtopfer zu haben	31
g)	Ratzingers Eucharistie – ein subtiler Kannibalismus	35
h)	Die Enzyklika über Ehe, Familie, Monogamie oder Polygamie, Scheidung etc.	38
i)	Glauben und Wissen, Evolution und Gottesbeweise - die Stellung der Enzyklika	44
j)	Das Problem des Übels in der Welt und Ratzingers „Antwort"	45
k)	»Humanistische« oder »autoritäre Religion« - wofür steht die Enzyklika?	49
l)	Nochmals das Theodizeeproblem in der Enzyklika	52
m)	Ratzinger und die Homosexuellen	53
n)	Widersprüche bei Ratzinger in puncto Ehelosigkeit der Priester und Ordensleute. Papst Benedikt XVI. – ein Häretiker?	57
o)	Sexueller Missbrauch von Kindern und Jugendlichen durch Kleriker – Folge des Zölibatsgesetzes?	60
p)	Ratzinger über Maria, die Frauen und die Nonnen	61
q)	Ratzinger und das Leid der Tiere	68
r)	Sozialität, Solidarität und das eigentliche Phänomen der Liebe in der Enzyklika	70

s)	Die „Hure Vernunft" oder kritische Einwände gegen Ratzingers These: Nur durch den Glauben kann die Vernunft gereinigt und befreit werden	71
t)	Kritik an Ratzingers Verurteilung aller Relativismen	78
u)	Ratzinger zu Mynareks Kritik an ihm	81
v)	Ratzingers Lob des einfachen, einfältigen Glaubens	81
w)	Ratzingers falsche Verwendung des Glaubensbegriffs	82
x)	Was die Enzyklika, was die Kirche dem Staat vorschreibt. Das Problem der karitativen Dienste der Kirche und der Subsidiarität	83
y)	Die Armen in der Sicht der Liebesenzyklika Benedikts XVI.	90

Drittes Kapitel

Der Papst und der Sport — 96

Viertes Kapitel

Der Papst und die Medien — 116

Fünftes Kapitel

Der Papst und der Islam — 195

Sechstes Kapitel

Der Papst, seine Bayern-Wallfahrt und unser Geld — 211

Anmerkungen — 262

Vorgriff auf ein paar wenig bekannte Aussagen Joseph Ratzingers

„Ich möchte ausdrücklich sagen, dass ich gerade auch aus den kritischen Rezensionen viel gelernt habe. Am meisten bereichert und belehrt fühle ich mich durch die Ausführungen von Hubertus Mynarek."[1]

Joseph Ratzinger

„Sehr viel genauer als Walter Kasper hat sich Hubertus Mynarek über den philosophischen und theologiegeschichtlichen Ort meines Buches geäussert, den er in der ‚neo-augustinischen Richtung Scheler-Guardini' findet."[2]

Joseph Ratzinger

„Für die Griechen war das Christentum ... Barbarei gegenüber der eigenen Kulturhöhe. Der griechische Geist hat dem christlichen Glauben wesentliche Formen des Denkens und Redens geliefert."[3]

Joseph Ratzinger

„Abraham, Isaak, Jakob, Mose erscheinen mit all ihren Schlichen und ihrer Schläue, mit ihrem Temperament und ihrer Neigung zur Gewaltsamkeit zumindest recht mittelmäßig und armselig neben einem Buddha, Konfutse oder Laotse, aber selbst so große prophetische Gestalten wie Hosea, Jeremia, Ezechiel machen bei einem solchen Vergleich keine ganz überzeugende Figur ... Vor der Erhabenheit mythischen Denkens erscheinen die Träger der Geschichte des Glaubens beinahe pöbelhaft."[4]

Joseph Ratzinger

„Religionsgeschichtlich gesehen, sind Abraham, Isaak und Jakob wirklich keine >großen religiösen Persönlichkeiten<."[5]

Joseph Ratzinger

„Wie oft wünschten wir, dass Gott sich stärker zeigen würde, dass er dreinschlagen würde, das Böse ausrotten und die bessere Welt schaffen."[6]
Joseph Ratzinger

---

[1] J. Ratzinger, Glaube, Geschichte und Philosophie, in: »Hochland«, 61. Jgg., November/Dezember 1969, 6. Heft, 534.
[2] Ebd. 543.
[3] J. Ratzinger, Glaube – Wahrheit – Toleranz, Freiburg ⁴2005, 71.
[4] Ebd. 34.
[5] Ebd. 35.
[6] Papst Benedikt XVI. bei seiner Amtseinführung; zit. nach »Mahnmal Aktuell« 3/2005, 3.

Zur Einführung

Für den neutralen Beobachter scheint die römisch-katholische Kirche aus vielerlei Gründen in Auflösung begriffen zu sein. Zahllose Symptome, Statistiken, Umfrageergebnisse, Pressemeldungen etc. pp. deuten darauf hin. Da sind zunächst die Priester, die kirchliche Elitetruppe, die sich nicht an das Zölibatsgesetz hält. Von tausend Amtsträgern lebt kaum einer noch zölibatär im Sinne des Codex Iuris Canonici. Sie haben ihre Freundinnen oder Freunde, mit denen sie auch die leiblichen Freuden teilen. Die Amtskirche würde es auf keinen Fall laut sagen, aber hinter vorgehaltener Hand kann man hören, dass die Herren der Kirche schon froh sind, wenn es so ist, wenn es also die Priester wenigstens nicht mit Minderjährigen treiben, denn dieses Krebsgeschwür am »Mystischen Leib« der Kirche wuchert ja in besorgniserregender Form selbst in den katholischsten Ländern (siehe die zahlreichen Missbrauchsskandale von Priestern mit Kindern und Jugendlichen in Irland und Polen, aber auch in den USA und Deutschland, wo die Sache meistens besonders eifrig vertuscht wird).

Die zweite Großgruppe, die der Kirche Kummer bereitet, sind die Frauen. Die intelligenteren von ihnen gehen auf die Barrikaden, wollen endlich die gleichen Rechte in der Kirche haben wie die Männer, denken nicht mehr daran, die Rolle der zweiten Kategorie in ihr zu spielen, lassen sich mutig von „abgefallenen" Bischöfen zu Priesterinnen weihen und nehmen dafür schwerste Kirchenstrafen durch die in ihrem Männlichkeitswahn erstarrte Hierarchie in Kauf. Sie bilden längst eine Gegenkirche, auch wenn sie formell noch der alten Vatikan-Kirche angehören. Nonnen, jahrhundertelang die Bräute des Herrn Jesus und zugleich die dienstbarsten Mägde seiner männlichen Bodentruppe, treten immer öfter aus ihrem Orden aus und bilden neue, nichtkirchliche Gemeinschaften.

Immer neue Umfrageergebnisse demonstrieren aber auch die Unruhe, Unsicherheit, ja Verwirrung im gesamten Kirchenvolk, in all seinen Schichten. Kaum eine/einer kann noch mit den Dogmen der Kirche etwas anfangen, niemand will sich vor nichtkirchlichen Freunden damit lächerlich machen, an die Erbsünde eines unschuldigen Babys oder an Jesus als Produkt des manneslosen Wirkens des Heiligen Geistes in einer Jungfrau zu glauben oder an die absurde Konzeption von drei Göttern in einer einzigen göttlichen Substanz (Trinität) usw. Plötzlich besteht die Kirche auf diese Weise nur noch aus latenten Häretikern, die nicht das glauben, was das kirchliche Lehramt zu glauben befiehlt.

Im Moment erschüttert ein neuer Skandal die Weltkirche: Priester, Bischöfe, Kardinäle, die ja eine besondere Vorreiter- und Vorbildrolle für das Kirchenvolk, für die strikt von der Hierarchie getrennten, ihr gegenüber zum Gehorsam verpflichteten Laien spielen sollen, haben auf breiter Front mit den Geheimdiensten der damals kommunistischen Länder Polen, Ungarn, Slowakei etc. kollaboriert, haben ihre Mitbrüder denunziert, sich selbst korrumpiert durch schmutzige Geldgeschäfte, Sauf- und Weibergeschichten, jedoch heuchlerisch nach außen hin die ofizielle Linie der Amtskirche, nämlich ihre antikommunistische Einstellung, zur Schau getragen.

Belassen wir's bei dieser fragmentarischen Analyse der Auflösungserscheinungen in der katholischen Kirche (die übrigens in den protestantischen Kirchen mutatis mutandis noch größer sind). Eine vollständige Analyse füllte ein ganzes Buch. Das bereits Gesagte genügt aber, um einigermaßen zu verstehen, wieso das gesamte, geballte Establishment des ganzen Erdkreises in Politik, Wirtschaft und Medien nun in einer gigantischen, exorbitanten Überkompensation der angesprochenen Negativ-Symptome der Kirche den neuen Papst Joseph Ratzinger zur absoluten, makellosen Lichtgestalt dieser Welt hochjubelt, wie es jeden Schatten an dieser Gestalt wegretuschiert, um sie als moralische Höchstautorität auf unserem Planten zu etablieren und als Garanten der bestehenden Verhältnisse verehren zu lassen.

Die Presse fast in ihrer Gesamtheit, das Fernsehen auf beinahe allen Kanälen, das Internet, eine Unmenge von Publikationen aller literarischen Genres singen das Loblied dieser »einzigartigen« Gestalt, des Joseph Ratzinger, der zum Papst Benedikt wurde. Es scheint fast, als ob die postmoderne Beliebigkeit durch die Focussierung auf diese Gestalt und die Identifizierung mit ihr der neuzeitlich-modernen Auklärung den letzten, endgültigen Todesstoß versetzen möchte. Selbst Denker, die im allgemeinen der kritisch-aufklärerischen Richtung zugeordnet werden, fügen sich plötzlich dem Trend zur kritiklosen Aufwertung eines der letzten absolutistischen Monarchen auf unserem Globus, wie wir im Verlauf der Ausführungen dieses Buches noch sehen werden. Oder man möchte vielleicht ein Stück von dem Kuchen der Mega-Verehrung für den neuen Papst für sich selbst abschneiden. Ein Philosoph wie Jürgen Habermas diskutiert mit ihm freundschaftlich in der Katholischen Akademie Bayern, ein Hans-Magnus Enzensberger betont seine Notwendigkeit als moralische Stütze der Gesellschaft, ein Günter Grass will ihn gegen Ende des Krieges oder kurz danach in einem Gefangenenlager der Amis getroffen haben. Fast landet man auf diese Weise schon wieder beim Jesus der Evangelien, von dem eine magische Kraft ausgegangen sein soll, die jeder spürte, der ihn auch nur leicht berührte. Zwar ist Ratzinger alias Benedikt XVI. noch nicht endgültig zum Heiligen erklärt worden, aber die zahlreichen Hagiografien nehmen dieses Ereignis schon vorweg.

Demgegenüber möchte das vorliegende Buch eine Lanze für die momentan im Rückzug befindliche Aufklärung brechen, die Europas bestes Stück ist und bleibt; auch und gerade für die Aufklärung bezüglich der Gestalt Joseph Ratzingers. Eine nüchterne Analyse tut not, man findet sie gegenwärtig kaum im Blätterwald der dieser Person gewidmeten Neuerscheinungen. Wer ist dieser Mann? Wo liegt die Einheit, der einheitliche Kern seiner Persönlichkeit, die sich fast zwiegespalten dem Intellektuellen als Intellektueller präsentiert, den Massen aber als frommer Wallfahrer zu ominösen Wunderorten, die das Antlitz Jesu auf Schweißtüchern festgehalten haben wollen, dabei bedenkenlos alle ordinären Begleiterscheinungen des Reliquien- und Devotionalienkultes in Kauf nehmend. Welche Motivation, was für Interessen treiben ihn, wenn er ständig betont, dass er gar nicht Papst werden wollte, die Einsamkeit seiner Bibliothek allem anderen vorzöge, und trotzdem keinerlei Hemmungen hat, sich als Popstar von gewaltigen Menschenmassen feiern zu lassen. Wer ist er wirklich? Ist er nur ein kalt berechnender Stratege der blind-gehorsamen Ausführung des Prinzips »Right or wrong, my church«, dies freilich unter dem Mantel des fromm-bescheidenen Priesters? Ist er echt fromm oder ist diese zur Schau getragene Frömmigkeit nur die Außenseite der die Päpste aller Jahrhunderte prägenden permanenten Eroberungs- und Missionierungssucht der Kirche?

Welche Schatten, die ja jeder Mensch in dieser oder anderer Weise hat, was für vielleicht sogar Dämonien schlummern in der Psyche Ratzingers? Was ist die tiefste Melodie seines Seins: Ehrgeiz? Macht? Oder doch Liebe zu Gott, seinem Gott, wie er ihn sich vorstellt? Was hat es für eine Bewandtnis mit seiner Handschrift, von der Graphologen sagten, dass sie Misstrauen, Ängstlichkeit, aber auch Rachsucht selbst für geringste Antastungen seiner Person verrate. Ist er, der zum ersten Mal seine Berufung zum Priester spürte, als er als Kind den Kardinal-Erzbischof Faulhaber in dessen prächtigem Ornat bewunderte und der heute selber als Papst immer in den neuesten, kostbarsten Gewändern und teuersten Schuhen auftritt, persönlich etwa eitel oder macht er auch das nur „zur größeren Ehre Gottes", weil sich die gläubigen Schafe von diesem Pomp, von solch glänzenden Äußerlichkeiten zur Kirche und ihrem Hirten hingezogen fühlen?

Fragen über Fragen. Wir werden jeder dieser Fragen radikal, d.h. bis auf den Grund nachgehen und nicht, wie das die meisten Journalisten und über Ratzinger Publizierenden tun, schon seine Behauptungen, ohne sie zu hinterfragen, als bare Münze preisen. Wenn Ratzinger alias Benedikt zum Beispiel proklamiert, Gott sei Vernunft, sei mit dem griechischen Logos identisch und die Journaille verkündet, dieser Papst sei also ein Rationaler, ein Intellektueller, gar ein Aufklärer, dann wird das vorliegende Buch möglichst alle Aspekte von Ratzingers Reden, Handeln und Verhalten unter die Lupe nehmen, um festzustellen, was an dieser These wirklich dran ist.

Hinabsteigen will das vorliegende Buch in die Tiefenschichten und Motivationsquellen des Menschen Joseph Ratzinger, freilich ohne zu vergessen, dass ein Individuum nie total enträtselbar ist, nicht einmal für den Betreffenden selbst. Aber wir werden keine Psychoanalyse, keine mehr oder minder spekulative Seelenforschung betreiben, sondern anhand von Ratzingers Reden, Predigten, Vorlesungen, Schriften, Handlungen, Verhaltensweisen und Gesten im kirchlichen, gesellschaftlichen und politisch-staatlichen Raum, in den Bereichen der Medien, des Sports, der Arbeit usw. auf die zugrunde liegenden Triebfedern seines Wesens zurückschließen. Auch die biografischen Stationen seines Lebens werden uns diesbezüglich manche weniger bekannten Informationen liefern. Die Hinweise auf ein paar persönliche Begegnungen des Autors dieses Buches mit Ratzinger werden ebenfalls einiges zur umfassenden Bewertung seiner Person beitragen. Jedes Mal kam bei diesen Begegnungen eine andere Facette von Ratzingers Charakter zum Vorschein.

In sechs großen Kapiteln werden Leben und Wirken des Menschen und Papstes Ratzinger alis Benedikt XVI. von den verschiedensten Ausgangspunkten und Stationen seiner Biografie her auf den Prüfstand einer rationalen, kritischen und möglichst objektiven Betrachtung gestellt. Die vorliegende Untersuchung ist deshalb auch ein Gegengewicht zu den vielen Tendenzbüchern, die über den Ratzinger-Papst erscheinen und seine kritiklose Glorifizierung betreiben. Gerade eine solche nüchterne Untersuchung muss auch fast zwangsläufig auf Widersprüche stoßen, also auf Aussagen und Handlungen Ratzingers, die sich nicht mit dem Bild decken, das sich die Öffentlichkeit von ihm macht, und auch nicht mit einigen seiner eigenen Reden und Verhaltensweisen. Detailliert wird hier auch das »heimliche Regierungsprogramm« Benedikts XVI., wie es in seiner Enzyklika »Deus Caritas est« vorgestellt wurde, unter die Lupe genommen, wobei auch eine Antwort auf die Frage gefunden wird, ob die von fast allen Medien behauptete Mutation Ratzingers vom eiskalten Großinquisitor im Vatikan zum liebendgütigen, päpstlichen Hirten der Gläubigen wirklich gelungen sei.

Es ist sicherlich kein Nachteil für die Wirklichkeitsnähe und -dichte der Darlegungen des vorliegenden Buches, dass dessen Verfasser das Innenleben der Priester und der Theologie auf der Grundlage seiner eigenen mannigfaltigen Erfahrungen gründlichst kennengelernt hat. Zwanzig Jahre als Priester, teils als Seelsorger teils als Assistent, Privatdozent und Professor an Priesterseminaren und theologischen Fakultäten des In- und Auslands tätig, haben ihm einen Einblick in die Psyche der Kleriker verschafft, wie er kaum einem Laien gelingen kann, der sich an die Aufgabe der Entschlüsselung der Biografie eines Geistlichen heranwagt. Aber der Autor weiß auch, dass selbst das beste Insiderwissen nicht genügt, wenn man eine dem erforschten Gegenstand angemessene Arbeit erstellen will. Man bleibt in so einem Fall nämlich zu sehr den Prägungen, Vorurteilen und Denkgewohnheiten des eigenen Milieus verhaftet. Man muss auch den Schritt aus diesem Milieu herauswagen, muss aus ihm heraustreten, um einen erweiterten, nüchterneren Blick auf das Ganze zu bekommen. Eine solche befreiende Bewusstseinserweiterung erfuhr der Verfasser des vorliegenden Buches durch seinen Kirchenaustritt. Ohne ihn hätte ein Teil der Grundlage für eine objektive, umfassende Würdigung der Person und des Werkes Joseph Ratzingers gefehlt.

Erstes Kapitel

Papst ohne Heiligenschein

Was war das für eine Freude, für eine blitzartig anberaumte Hochstimmung in allen Medien, als Josef Ratzinger Papst wurde! Unsere nicht bloß auf politische, sondern auch auf kirchliche Korrektheit getrimmte Presse konnte sich nicht genug tun im überschwänglichen Lob über die brillante, geniale Intelligenz dieses Mannes, der sofort zum geistigen Führer gegen den postmodernen Relativismus, gegen den Atheismus, den materialistischen und laszien Zeitgeist ausgerufen wurde. Überregionale Tageszeitungen wie die „Frankfurter Allgemeine", „Die Welt", die „Süddeutsche" verwandelten sich für eine Zeitlang geradezu in Kirchenblätter, die monatelang völlig kritiklos Jubelarien für diesen Papst gen Himmel schmetterten. Kein Wunder, dass fast alle Provinzblätter die „Großen" fleißig nachäfften.

Völlig vergessen schien die Tatsache, dass dieser Mann vor seiner Papstwahl der Großinquisitor der katholischen Kirche war, dass er die für die armen Volksschichten eintretende südamerikanische und südostasiatische Befreiungstheologie diffamiert, diszipliniert und unter Verbot gestellt hatte, dass er über 150 Theologen, die auch nur ein wenig von der vatikanischen Standard-Dogmatik und – Moraltheologie abgewichen waren, mit Redeverbot, Suspension, Entzug des Lehrstuhls usw. belegte, dass er gnadenlos den kleinsten Ungehorsam gegenüber der Hierarchie, der „heiligen Herrschaft", verfolgte, dass er jede Gleichberechtigung der Frau in der Kirche verurteilte und die wenigen Frauen, die es gewagt hatten, sich von einem „abtrünnigen" Bischof zu Priestern weihen zu lassen, sofort mit herzlicher Billigung Johannes Pauls II. exkommunizieren ließ.

Wie gesagt, das alles und vieles mehr war vergessen! Oder nein, es war nicht einfach vergessen, denn plötzlich meldeten sich korrupte Journalisten en masse zu Wort, die die wunderbare Wandlung des Josef Ratzinger voraussagten, die Wandlung vom gestrengen, rigorosen Inquisitor zum gütigen, sanften Hirten und Vater aller christlichen Schafe, nicht bloß der katholischen. Das Amt schaffe den Charakter, als Papst werde er also ganz anders, vor allem viel menschlicher sein, als er als Kardinal und Chef der Inquisitionsbehörde notgedrungen sein musste. Als Papst Benedikt werde Ratzinger einen neuen Frühling über die starr, steif, verkrustet und veraltet erscheinende Kirche hereinbrechen lassen. Es war plötzlich alles wunderbar einmütig und kritiklos in den Zeitungen und Magazinen, im Fernsehen und Rundfunk. Alle waren sich sicher: Dieser Papst eröffnet eine neue Ära, eine neue Epoche in der Kirchengeschichte des 21. Jahrhunderts.

Es fehlte auch nicht an „Beweisen" für die wundersame Wandlung des Josef Ratzinger. Gab es z.B. nicht ein Treffen zwischen ihm und Hans Küng, den die Kirche in der gesamten Amtszeit Johannes Pauls II. als persona non grata behandelt hatte? Ein Treffen der feindlichen Brüder Josef und Hans, die sich noch als Lehrstuhlinhaber in Tübingen mächtig beharkt hatten – war das nicht ein großartiger Schachzug vatikanischer Kirchendiplomatie? Weit öffnete Papa Josef dem verlorenen Sohn Hans die Tore des Vatikans bzw. der päpstlichen Sommerresidenz Castel Gandolfo, nicht ohne zu betonen, dass man alle Streitfragen des Glaubens dabei wohlweislich ausgeklammert habe.

Für den unabhängigen Kenner der Materie war das Ganze aber gar nicht so großartig und der verlorene Sohn gar nicht so verloren. Denn die „Liebe" der Kirche macht stets an ihren Grenzen halt, geht nie darüber hinaus. Und Küng hatte ja in der Vergangenheit immer wieder von neuem betont, dass er ein Kind der Kirche sei und nie daran gedacht habe, aus ihr auszutreten. So war auch seine Kritik an der Kirche immer gemäßigt, nie radikal, bis an die Wurzel vordringend. Die Unfehlbarkeit des Papstes und der Kirche z.B. leugnete er nicht etwa grundsätzlich, er ersetzte sie lediglich durch einen neuen Begriff, den der »Indefektibilität«, was auf das Gleiche herauskommt. Insofern war Küng zwar ein blindes, aber nie ein verlorenes Schaf der Kirche! Theologieprofessoren wie den Verfasser dieses Artikels, die aus der Kirche ausgetreten sind und die Absurdität ihrer Lehren bis ins Letzte nachgewiesen haben[1], würde der Ratzinger-Papst nie einladen. Sie würden aber auch seiner Einladung nicht Folge leisten, ganz abgesehen davon, dass Küng vom Papst erst eingeladen wurde, nachdem er selbst um eine Audienz ersucht hatte. Küng handelte dabei wie ein abgebrühter Politiker, den sein Geschwätz von gestern nicht mehr interessiert. Denn noch unmittelbar nach Ratzingers Wahl zum Papst hatte Küng großspurig im Magazin „Der Spiegel" erklärt, dieser Mann eigne sich überhaupt nicht zum Leiter der Weltkirche des 21. Jahrhunderts. Wie sagte es doch kürzlich ein an sich treuer Katholik, der katholische Pfarrer Rudolf Schermann, seines Zeichens Herausgeber und Chefredakteur der österreichischen Zeitschrift »Kirche In«: „... ich musste auch lernen, dass nirgendwo so flott offenkundige Tatsachen verschwiegen, verdrängt, verleugnet, unter den Teppich gekehrt, Opfer zu Tätern, Täter zu Opfern ernannt und das Schwarze auf weiß umgelogen wird, wie an der Spitze dieser Institution, die ansonsten unentwegt die Wahrheit im Munde führt ... für sie sind noch die schwärzesten Nächte die weißen Nächte von St. Petersburg."[2]

Für eine solche Kirche ist Ratzinger der absolut geeignete Papst. Da irrt Küng mit seiner damaligen Aussage im „Spiegel"-Magazin, an die er heute aber auch gar nicht mehr erinnert werden möchte. Zwangsläufig musste die Wahl zum Papst auf jenen Kardinal fallen, der mit seinem ganzen Naturell, seinem Typus eines realitätsblassen Theoretikers die beste Gewähr bot, die Fassade der Kirche am glänzendsten zu putzen, zu legitimieren, zu verteidigen, ohne dabei den

Dreck, den Schutt, den Moder, die gangsterhaften, verbrecherischen Verhaltensweisen in ihrem Innern anzutasten.

Noch einmal wollte man sich einen Papst wie Johannes Paul I. nicht antun, der nach dreißig Tagen des Umschauens im Finanzdreck des Vatikans am Abend seinen Entschluss mitteilte, die mafiosen Strukturen der kurialen Finanzpolitik zu zerstören und den dafür zuständigen Präfekten im Kardinalsrang zu entmachten, und der am nächsten Morgen tot in seinem Bett lag. So etwas wird dem kirchlichen Fassadenreiniger Ratzinger nicht passieren, denn dieser Schönredner (lat. benedicens, deshalb Benediktus XVI., der 16. Schöngeredete!) wird nie an den hochheiligen Kern, die sakrosankte Substanz der Kirche rühren, geschweige denn daran rütteln. Dieser Kern – das ist nicht nur die tabuisierte, total antidemokratische Hierarchie der Kirche mit den Fortsetzern der imperialen Macht des antiken römischen Staates im Papst-, Kardinals- und Bischofsrang, sondern auch die Vatikan-Bank, mit frommem Augenaufschlag offiziell als „Institut für religiöse Werke" tituliert, in die die Gelder der geschorenen Schafe aus der ganzen katholischen Welt fließen, aber auch Gelder aus den diversesten mafiosen Deals, die in dieser Bank reingewaschen werden. Wie sagte es doch der im Zusammenhang mit der Calvi- und Sindona-Affäre von der italienischen Justiz und Polizei gejagte und gesuchte damalige Chef der Vatikan-Bank, Erzbischof Paul Marcinkus: „Man kann die Kirche doch nicht mit Ave Marias in Gang halten."[3] Für die Ave Marias wird der Ratzinger-Papst schon sorgen, auch wenn er wegen seines anders gearteten Naturells nicht so verrückt und erotisch wie sein Vorgänger mit der „Gottesmutter" verschmelzen wird, für die Inganghaltung der ständigen Geldströme in den Vatikan werden andere Eminenzen und Exzellenzen Sorge tragen. Die dürfen weiter unter der gnädig-nachsichtigen Schirmherrschaft des 16. Benedikts im Trüben fischen, nicht ohne den päpstlichen Segen urbi et orbi, der auch ihnen gilt.

Die finanzstärkste Organisation innerhalb der katholischen Kirche ist das berüchtigte »Opus Dei«, das deshalb auch im Vatikan über den größten Einfluss verfügt.[4] Dieses „Werk Gottes" hatte bereits entscheidenden Einfluss auf die Wahl Papst Johannes Pauls II., der schon als Erzbischof in Krakau von ihm unterstützt wurde. Auch Josef Ratzinger wurde Papst, weil das »Opus Dei« das so wollte und die vielen Kardinäle, die zum Opus gehören oder ihm nahestehen, in die Richtung seiner Wahl dirigierte. Zeit genug hatte es noch während der Amtszeit des Wojtyla-Papstes, dessen Ende aber abzusehen war, einen Theologen wie Ratzinger für das künftige Pontifikat zu präparieren.

Eine gewisse Arbeit war da aber schon zu leisten, denn noch vor etwa 25 Jahren hatte Ratzinger eine gesunde Aversion gegen das »Opus Dei«. Die „theologische Öde und Langweiligkeit" dieser Organisation gehe ihm „auf die Nerven", hörte man von ihm. Gerade aus München, wo er Erzbischof gewesen war, in den Vatikan gewechselt, erschrak er, als er die von Opus Dei beeinflussten Machtverhältnisse in der römischen Kurie wahrzunehmen begann. Vor ehemaligen Schülern erklärte er, er wolle die äußerst schnell zunehmende Macht des Opus Dei einschränken, um einen Staat im Staat, d.h. eine Kirche in der Kirche zu verhindern. Er lobte sich auch, dazu beigetragen zu haben, dass das »Opus Dei« nicht die angestrebte Rechtsform einer Personaldiözese, sondern nur die einer Personalprälatur erhielt.

Wie konnten auch einem halbwegs normalen Menschen die Methoden und Strukturen des »Opus Dei«, im spanischen Ursprungsland auch die „Heilige Mafia" genannt, gefallen: die Formen der Geheimhaltung von allem und jedem, die Bußpraxis mit Bußgürtel und täglicher Selbstverabreichung von Schlägen, die Indoktrination und Dressur schon von Kindern und Jugendlichen, die permanent gepredigte Kreuzes- und Kampfestheorie, die Forderung, möglichst an jedem Tag jemanden zu bekehren, weil man sonst ein unnützer Leichnam sei, das ständig befohlene Aufschauen zum Gründer des »Opus Dei«, dem von Johannes Paul II. im Eiltempo heiliggesprochenen Josemaria Escrivá de Balaguer, der nicht anders denn als geistlicher Diktator und Tyrann charakterisiert werden kann. „Aufwärts mit heiliger Unverschämtheit" hatte er seinen Anhängern zugerufen, drei Punkte hatte er ihnen als über Leben und Heiligkeit entscheidend ans Herz gelegt: „Heilige Unnachgiebigkeit, heiliger Zwang und heilige Unverschämtheit". Aber ebenso eine raffinierte Diplomatie: „Sei konziliant in der Form. Eine mächtige stählerne Keule in einem gepolsterten Futteral." Und ebenso die Waffe der Diskretion: „Vielleicht ist sie nicht die Spitze deiner Waffe, aber zumindest der Griff." Pardon kannte dieser Mann nicht, wenn es um das Wachsen seiner Organisation und ihre Durchsetzung in Kirche und Welt ging, Pardon sollten auch seine zu totalem Gehorsam gegenüber den Vorgesetzten verpflichteten Jünger nicht kennen.

Andererseits fühlte sich der nach eigener Aussage „eher schüchterne und recht unpraktische ... weder sportlich noch organisatorisch oder administrativ begabte" Ratzinger[5] von der robusten Stärke und Durchsetzungskraft, dem unbedingten Führungs- und Herrschaftswillen des »Opus Dei« offenbar magisch angezogen. Mit der Zeit musste jedenfalls dem allmählich immer konservativer, autoritärer und reaktionärer denkenden obersten Glaubenswächter Ratzinger die Ideologie des »Opus Dei« zunehmend gefallen. Beide, Ratzinger wie »Opus Dei«, waren sich einig in der Verteufelung der vermeintlich marxistisch angehauchten südamerikanischen Befreiungstheologie, in der Notwendigkeit der Rechristianisierung, sprich: Rekatholisierung der heidnisch gewordenen Gesellschaft in Europa[6], im energischen Bemühen, jeden Hauch einer Aufwertung oder größeren Selbstständigkeit der Laien in der Kirche kompromisslos im Keim zu ersticken (Stichwort: Niederschlagung oder Ächtung der Kirchenvolksbegehren!). Beide wollten eine die gläubigen Schafe patriarchalisch bevormundende, gegen alle Aufweichungen des „Glaubensguts" sich hermetisch abschließende Macho-

Kirche, die sich allen autoritären Regierungen dieser Welt (und welche sind das nicht?) als stärkste und stabilste ideologisch-religiöse Stütze anbietet.

Die innere Übereinstimmung der Gesinnungen Ratzingers und des »Opus Dei« musste daher zwangsläufig und konsequenterweise auch öffentlich effektiv werden. Dem Werben der Organisation um Ratzinger entsprach dessen Bemühen, sie, die über soviel Macht und Einfluss in der Kirche und im Vatikan verfügt, für sich zu gewinnen. Was macht ein Schreibtischmensch wie Ratzinger, wenn er etwas erreichen, jemandem gefallen will? Er verfasst entsprechende Artikel. So mancher Theologe war erstaunt, sogar befremdet, als Kardinal Ratzinger 1992 einen Beitrag zum Propaganda-Klassiker des »Opus Dei« schrieb, dem Buch „Die Welt – eine Leidenschaft, Charme und Charisma des Seligen Josemaria Escrivá", herausgegeben von den »Opus Dei«-Priestern Becker und Eberle. Die waren dankbar und hocherfreut. Sie setzten Ratzingers Beitrag sogleich an die Spitze des ganzen Propaganda-Werks. Beitragende dieses Werks waren fast nur »Opus Dei«-Leute, sieben von neun! Und Ratzinger sparte nicht mit Lob. Für Escrivá, so der Kardinal, sei „der Gehorsam zur hierarchischen Kirche und das Einssein mit ihr grundlegender Maßstab seiner Sendung" gewesen.

Na bitte! Genau so versteht sich Ratzinger doch auch selbst, und daher musste »Opus Dei« ihn eines Tages logischerweise vom Sitz des obersten Glaubenswächters in Rom auf eine noch höhere Stufe katapultieren, auf den Papstthron. Vorher noch aber schmückte der ganz auf der Linie des Opus angekommene Ratzinger zahlreiche Kongresse dieser mächtigen Organisation mit seiner Anwesenheit und seinen stets Sympathie für sie bekundenden Vorträgen. Und die Manager des »Opus Dei« zitierten allenthalben Ratzingers Zustimmung zu ihm, brauchten sie doch seine Autorität, um ihrer obskuren Organisation immer mehr Glaubwürdigkeit zu verleihen. Denn „wie eine Krake wuchs ja ... der ‚Octopus Dei'" wie selbst innerkirchliche Kritiker beanstandeten.[7] So wusch eine Hand die andere. Ratzinger dem »Opus«, das »Opus« ihm. 1983 hält er in Rom den Eröffnungsvortrag auf dem theologischen Symposion über den Gründer des »Opus Dei«. 2002 ist er es, der der Öffentlichkeit einen weiteren, von der Geheimorganisation initiierten „Klassiker" vorstellt und empfiehlt, das Buch „Opus Dei – Botschaft, Werke, Personen". Klar, dass man ihm nun auch feierlich die theologische Ehrendoktorwürde der »Opus Dei«-Universität im spanischen Pamplona verleiht, womit er ja nun auch Mitglied ihrer Dozentenschaft geworden war.

Natürlich reicht es nicht, das »Opus Dei« öffentlich zu preisen, um von ihm in seiner Karriere unterstützt zu werden. Diese Organisation durchleuchtet einen unbarmherzig und eiskalt auf Herz und Nieren, ehe sie ihn für förderungswürdig erklärt. Bei Ratzinger war sie sich aber bald sicher: Dieser Mann hat genau die Intelligenz, die wir brauchen: ein blendender Apologet der päpstlichen Lehre in Dogmatik und Moraltheologie, aber mit genau begrenzter, exakt eingegrenzter und beschränkter Intelligenz, die nie in Gefahr gerät, über den Tellerrand der

Kirche hinauszuschauen oder etwa die Zentralpfeiler päpstlicher Macht in Frage zu stellen oder die Absurdität der Hauptdogmen der Kirche, der Erbsünde als der ganzen Menschheit eingeimpftem Schuldkomplex, der Taufe und Beichte als gnädig von der Kirche ausgeübten Befreiungsritualen von Schuld, der Eucharistie als kannibalistischem Opferritus, der unmöglichen, widersprüchlichen »1 = 3-Konzeption« ihres Gottes aufzudecken. Dieser Mann interessiert sich nicht einmal für den Jesus der Historie, wie ihn die Evangelien schattenhaft (re)konstruieren. Ihm gilt nur der Christus der Kirche etwas, also das, was aus dem Jesus der Evangelien die Machtinteressen der Kirche gemacht haben. „Die Grundentscheidung meines Lebens", so Ratzinger wörtlich, „ist kontinuierlich, dass ich an Gott in Christus in der Kirche glaube und darauf hinzuleben versuche".[8] Er würde nicht einmal in philosophischer Fragestellung, unabhängig von der Kirche, nach Gott fragen. Nein, es muss der Gott und der Christus sein, wie sie von der Kirche Roms im Interesse von Herrschaft, Profit und Massenbenebelung ersonnen und hergerichtet wurden.

Selbstverständlich wusste »Opus Dei« auch um Ratzingers die Enge seines Weltbildes mitbedingende Herkunft. Er wuchs auf dem Lande auf in Dörfern und Kleinstädten, in einer kleinbürgerlichen Familie, in der Schmalhans Küchenmeister war. Er ist noch heute „sehr dankbar", wie er dem Journalisten Peter Seewald im Interview gestand, dass „wir doch sehr sparsam und einfach leben mussten", dass es „dieses Klima einer großen Einfachheit" gab.[9] Die Mutter war „von Beruf Köchin", eine biedere, aber „sehr warmherzige" Frau mit engem, jedoch fundiert tyrolisch-katholischem Gesichtskreis[10], der Vater Gendarm, Dorfpolizist mit sehr frommem niederbayerisch-katholischen Hintergrund. „Mein Vater war ein sehr gerechter, aber auch ein sehr strenger Mann ... streng war es (bei uns), das muss ich sagen." Der „einfache Kommissär"[11] hatte auch eine sehr einfache Vorstellung von seiner Aufgabe: Strenge Ordnung, absolute Disziplin musste in dem Ort herrschen, wo er Dienst tat! Ordnung auf katholischer Basis. Josefs Vater selbst erfüllte sie vorbildlich: „Mein Vater war ein sehr gläubiger Mann. Er ist am Sonntag um sechs Uhr in die Messe gegangen, dann um neun Uhr in den Hauptgottesdienst und nachmittag nochmal ... Religion war ganz zentral."[12] (Man beachte das Formalistische, Äußerliche in dieser Aussage des künftigen Papstes: Gläubigkeit und Religiosität werden schlichtweg mit der Disziplin, x-mal an einem Tag in die Kirche zu laufen, gleichgesetzt!). Deshalb ging auch der kleine Josef, „wenn es irgendwie vom Schulrhythmus her möglich war, natürlich auch jeden Tag in die Messe." Zu allem Überfluss wurde in der Familie noch „meistens auch der Rosenkranz gebetet", also die monotonste, magischste Gebetsmühle, über die die katholische Kirche verfügt. „Familiengebet und ... Kirchenbesuch"[13] – das war die intime Enge der religiösen Familiensituation der Ratzingers. „Wir haben versucht, einfach gläubig, katholisch zu sein. Aber seine Farbe hatte unser Glaube zunächst auf dem Land und dann in dieser kleinen Stadt Traunstein gewonnen."[14]

Etwas jedoch fehlte noch in der Charakteristik dieser Ratzingerschen Religiosität. Sonst hätte dem Josef die letzte Motivation, Priester zu werden, gefehlt. Es musste das hinzukommen, was den Ausschlag dafür gibt, dass der Katholizismus so sehr die Augen der Masse auf sich zieht: der liturgische Pomp. „Als später einmal der Kardinal Faulhaber in unsere Gegend kam, mit seinem gewaltigen Purpur, hat der mir natürlich um so mehr imponiert, so dass ich gesagt habe, sowas möchte ich werden."[15] Den Josef Ratzinger haben „die liturgischen Feste fasziniert, mit der Musik und mit allem, was an Schmuck und Bildern da war."[16] Das ist es, was den Katholizismus zu einer im Grunde so äußerlichen, primitiven, massenkonformen Religion macht: er braucht Bilder über Bilder und theatralische Szenen in Gestalt von Messen, Hochämtern, Pontifikalmessen etc., um die Absurdität seiner Dogmen der Phantasie des Volkes nahezubringen, um diese abstrusen Lehren ins Einfach-Naive zu übersetzen. Natürlich taten die grundkatholischen Eltern alles, um von früh an den kleinen Josef in diese Richtung zu lenken. „Meine Eltern hatten mir schon in der zweiten Schulklasse mein erstes Missale gekauft." Man vergegenwärtige sich: Der Junge ist gerade sieben oder acht Jahre alt und kriegt schon „das Messbuch, das der Priester am Altar benutzt".[17] Dem wurde die Berufung zum Priester ins Gehirn gehämmert, noch bevor er sich überhaupt das, was da mit ihm geschah, selbst klar machen konnte!

Also auch von seiner Herkunft her war Josef Ratzinger der in den Augen des »Opus Dei« für das Papstamt geeignete Mann. Da konnte gar nichts schiefgehen, der hatte sich die kirchliche Doktrin und Atmosphäre von Kindesbeinen an einverleibt. Das Vorbild des Vaters, des Dorfpolizisten vor Augen, hatte ja schon der Kardinal Ratzinger als Präfekt der Glaubenskongregation die katholische Weltkirche wie ein Dorf mit ihm als Chefkommissar von oben herab behandelt. Da konnten Bischöfe bzw. Theologen, die mal etwas freimütiger predigten bzw. etwas abweichende Glaubenstheorien publizierten, noch so weit entfernt von Rom leben, in den USA, Mittel- oder Südamerika oder in Asien, sie wurden alle in Ratzingers Inquisitionsbüro zitiert, um da ihre volle Unterwerfung zu unterzeichnen. Sonst bestrafte sie der oberste Gendarm der Kirche mit Rede- und Schreibverbot, Entzug des Bischofsamtes oder des Lehrstuhls, mit Exkommunikation und Suspension, eben mit Existenzvernichtung. Ein eintöniges, monotones, monolithisches Dorf – das sollte die Kirche in der Vorstellung Ratzingers werden.

Und um das zu erreichen, musste die Kontrolle über das Ganze perfekt sein, mussten die Kontrollmechanismen immer lückenloser funktionieren, eben so, wie in einem Dorf der Dorfgendarm alles weiß, was da vor sich geht.[18] So theoretisch und unpraktisch der Mann sonst war und ist, wenn's um sein Spezialgebiet, die Glaubensdinge ging, konnte Ratzinger ganz praktisch, geradezu hemdsärmelig werden, da verfolgte er jede auch nur ein wenig freiheitlichere Bewegung in der Kirche rigoros. Pardon wird nicht gegeben, Pardon – das gibt es nicht! Und dieser fanatische Glaubenskommissar gibt nun als frischgebackener Papst seine erste Enzyklika unter dem Titel „Deus Caritas est" (Gott ist die Liebe) heraus. Ein Gipfel der Heuchelei! Gnade den Gläubigen vor dem Gott Josef Ratzingers! Die spezifische Enge eines dorfpolizeilich strukturierten Inquisitors, der in allen Akten aufmüpfiger Theologen und Laien herumschnüffelte – dieses Image Ratzingers muss natürlich aus den Köpfen der Menschen verschwinden. Also schreibt er eine süßlich-sanfte Enzyklika über die wahre Liebe, von der er bisher nicht mal eine Spur von Ahnung erkennen ließ. Diese Enzyklika, so die niederländische Zeitung „Trouw"[19], wirft „Fragen auf wegen seiner früher eher kläffenden und beißenden Erscheinung. Wie verhalten sich seine liebevollen Worte dazu?", etwa zum „Verbot der Pille, der Frau in kirchlichen Ämtern und dem Zölibat", denn in all diesen Dingen ist er ja weiterhin der stockkonservative Rigorist und Fundamentalist.

Die Enge von Ratzingers Bild eines liebenden Gottes wird anhand des folgenden gravierenden Sachverhalts noch deutlicher: Er ist strikt dagegen, den Tieren ein eigenständiges Lebensrecht zuzubilligen. Das demonstrierte er bereits in dem von seinem Vorgänger 1993 herausgegebenen „Katechismus der katholischen Kirche", bei dessen Abfassung Ratzinger die leitende Funktion innehatte. In diesem Katechismus werden die Tiere zum Abschuss freigegeben, nämlich zur Verwertung für Kleidung und Nahrungsmittel, zu Laborversuchen, zu allen möglichen den Menschen vermeintlich dienenden Zwecken. Der „liebende" Gott habe den Menschen zum einzigen Aristokraten auf Erden gemacht, dem alle Tiere als seine Sklaven unterworfen seien. Was hat da ein Mann wie Ratzinger für einen Begriff von der Liebe des Schöpfers, wenn dieser einen Großteil seiner Schöpfung der Grausamkeit des Raubtiers Mensch anheimgibt?! Aber Ratzinger praktiziert auch selbst seine tierfeindliche Ideologie (sprich: kirchenkonforme Dogmatik), indem er beim eigenen Genuss der Tiere keine Hemmungen kennt. Weihnachten 2005 ließ er sich eine ganz besondere Form der Tierquälerei schmecken: einen Kapaun. Ein Kapaun ist ein junger, kastrierter Masthahn, dem im Alter von etwa 6 Wochen der Bauchraum aufgeschnitten wurde, und das in der Regel bei vollem Bewusstsein, also ohne Betäubung. Die im Bauchraum liegenden Hoden werden mit einer Zange gepackt und mit 5 bis 20 Umdrehungen abgedreht.[20] Man muss schon ein Gefühlsrohling sein, um dann noch Geschmack und Genuss am Kapaunschen Festtagsbraten zu haben.

Aber diese Roheit muss Papst Ratzinger gar nicht so empfinden. Er ist schließlich das treu-brave Kind einer Kirche, die jahrhundertelang predigte, Tiere hätten keine Seele. Haben sie keine Seele, dann haben sie auch kein Gefühl, auch kein Schmerzempfinden, und dann darf man ihnen getrost jede Qual zumuten. Hatte nicht schon der junge Theologieprofessor Ratzinger, damals also noch nicht Bischof, Kardinal oder Papst, in seinen Vorlesungen vor seinen Theologiestudenten vollmundig getönt, es könne dem Reh oder Hasen gar nichts Besseres passieren, als geschossen zu werden und auf dem Teller des Menschen zu landen, denn damit erfülle er seine Bestimmung, die der Schöpfergott ihm zugeteilt habe. Es geht eben nichts über ein katholisches Gewissen. Das deckt alle Schuld zu, und wenn es sich wirklich einmal meldet, gibt's ja die Beichte, die einem endgültig alle Skrupel nimmt.

Vielleicht ist es ja auch so, dass der so gern Schweinefleisch mit Knödeln, Weißwurst etc. verzehrende Ratzinger obendrein spezielle Botschaften aus dem Jenseits erhält, die sein katholisches Gewissen zusätzlich gegen das Leid der Tiere immunisieren. Steht er doch nach eigener Aussage in engem Kontakt mit seinem Vorgänger, Johannes Paul II. „Ich höre ihn und sehe ihn sprechen ... somit kann ich in einem ständigen Dialog mit ihm stehen", erklärte Benedikt XVI. in einem Interview mit dem polnischen Fernsehen.[21] Bekannt ist, dass der Wojtyla-Papst sich den Genuss einer gut gebratenen polnischen Gans nie entgehen ließ. Und so haben wir auch hier ein herzliches Einvernehmen des verstorbenen und des lebenden Papstes!

Päpste dürfen sich auch – trotz ihrer „Unfehlbarkeit" – in Widersprüche verwickeln, ohne wie andere Leute an Glaubwürdigkeit bei den gläubigen Schafen oder den dem Papst hinterherhechelnden Journalisten zu verlieren. Denn derselbe Papst Ratzinger, der seinen Vorgänger aus dem Jenseits sprechen hört und ihn dort sieht, brandmarkte, als er noch Kardinal und Großinquisitor war, „die Suche nach Erscheinungen, nach Botschaften aus dem Jenseits und ähnliches mehr" als „pathologische Formen der Religiosität", als „enge oder kranke Religionsformen".[22] Aber offenbar darf ein Papst, was seine Untergebenen nicht dürfen. Wenn diese mit dem Jenseits Kontakt suchen, ist das pathologisch und krankhaft, auch von der Bibel her verboten, wenn er es als Papst tut, ist das lediglich der Beweis, dass er aufgrund seines Amtes einen besseren und direkteren Draht zu den metaphysischen, jenseitigen Tiefen des Seins hat als seine auf seine Vermittlung angewiesenen Schafe.[23]

Auch wenn der Papst als oberster Chef im Vatikan fungiert, gehört es dennoch zum Wesen eines totalitären geistlichen Staates, wie es die Kirche ist, dass dieses System noch weitere Sicherungen einbaut. Einfacher gesagt: Auch der Papst als Chefkontrolleur und oberster Diktator unterliegt noch der Kontrolle. Bei Ratzinger führt sie »Opus Dei« mit Hilfe ergebenster Diener dieser Organisation durch. Da ist gleich an erster Stelle der ständig in unmittelbarer, nächster Nähe Ratzingers agierende Prälat Dr. Georg Gänswein („Don Giorgio"), der persönliche oder Privatsekretär des heiligen Vaters, der „den Tag vom Morgengebet bis zum Abendspaziergang mit Papst Benedikt XVI. verbringt"[24] und sein Büro in der Terza Loggia des Palazzo Apostolico, dem „Appartamento privato" des Papstes, gleich neben dem des Chefs hat. Gänswein war Dozent an der theologischen Fakultät der römischen »Opus Dei«-Universität, ehe er zu Ratzinger kam. Jetzt kontrolliert, sortiert, sichtet und koordiniert er alles, was zum Papst kommt, alle Anfragen und Anliegen, natürlich nur „damit nicht die ganze Lawine auf den Heiligen Vater niedergeht."[25] Kenner der Materie sagen, „Pater Gänswein habe mehr

Einfluss und Macht als jeder andere Papstberater vor ihm". Das Magazin „Der Stern" erklärt als Ergebnis seiner Recherchen: „Don Giorgio hat jetzt im Vatikan enormen Einfluss."[26] Schon als Ratzinger als Dekan der Kardinäle ins Konklave zieht, darf er als Einziger seinen Sekretär Gänswein mitnehmen. Der muss ja dabei sein, um alles beobachten zu können.

Aber das Joch mit ihm ist für Ratzinger süß und sanft, denn dem zarten, femininen, mit schwacher Konstitution ausgestatteten Papst ist der männliche, kraftvolle Playboy-Typ Gänswein von vornherein äußerst sympathisch. Als „der schönste Diener des Herrn", als „Benedettos Beau", als „Adonis aus dem Schwarzwald" und „George Clooney des Vatikans" tituliert man ihn in Rom und anderswo.[27] Der stets elegant und teuer Gekleidete hat mit seinem „graumelierten Römerschnitt, bescheidenen Lächeln, makellosen Zähnen, der Lady-Di-Kopfhaltung beim Nach-oben-Schauen, dem marienblauen Blick"[28], mehr Starqualitäten als jeder andere Vaticano, mehr Sexappeal als die meisten eher grau in grau daherkommenden Kurienbeamten.

Mit ihm kann der Vatikan der alt und grau gewordenen, wenig attraktiv wirkenden Papstkirche ein neues Image verpassen. Das Äußere, Äußerliche, die Fassade ist ja für die Herren der Kirche[29] seit jeher alles, aber diese Fassade muss ständig der sich wandelnden Zeit angepasst werden, muss immer wieder einen neuen Anstrich bekommen. Dafür steht momentan in erster Linie ein so smarter Typ wie der ehemalige Skilehrer Gänswein, aber mit ihm und in seinem Gefolge eine ganze Menge junger, eleganter, oberflächlicher Schwarzröcke aus der »Opus Dei«-Ecke, die immer öfter und häufiger in den Gängen und Amtsstuben des Vatikans auffallen und zu dominieren beginnen. Leute ohne Seele, ohne Tiefendimension, aber mit der Attraktivität und Effektivität moderner, aalglatter Kirchenmanager, wobei es dann auch keine gravierende Rolle mehr spielt, ob sie Heteros oder Homos sind. „Der Priesternotstand hat die Schwelle für die Zulassung zum Priesteramt von der wissenschaftlichen bis zur charakterlichen Qualifikation dramatisch abgesenkt. Wer mit Kennern dieser Szene spricht, erfährt, dass selbst hinter den vatikanischen Mauern bis in die engste Umgebung des Papstes Homosexualität ein Thema ist. Man schaue sich nur die hübschen Jünglinge an, die um den Papst herumscharwenzeln!"

Das schreibt nicht irgendein Kirchenhasser, sondern der seiner Kirche treu ergebene Ressortleiter »Kulturelles Wort / Aktuelle Kultur« im Südwestfunk Baden-Baden, Jürgen Hoeren.[30] Angesichts der Zustände im Vatikan und anderswo in der Kirche nennt »Die Zeit« das neueste römische Papier zur Sexualität „ein Glanzstück leibfeindlichen Pharisäertums"[31], und Hoeren sekundiert: „Mit kaum einem anderen Thema gehen Bischöfe und Kardinäle" (warum nicht auch der Papst?) „so unglaubwürdig um, wie mit der Frage der Sexualität in den eigenen Reihen ... Tatsache ist, dass manche Kardinäle, Erzbischöfe und Bischöfe, selbst im Vatikan, homosexuelle Priester in ihrer engsten Umgebung wissen ... Über ihre homoerotischen Veranlagungen wird hinweggesehen, solange diese nur nicht öffentlich werden".[32] Vor Jahren bereits ließ die Deutsche Bischofskonferenz zu diesem Themenkomplex ein Gutachten anfertigen. Im engsten Kreis der Bischöfe zwar besprochen, blieb es bis heute strikt geheim, ebenso wie die überaus zahlreichen sexuellen Missbrauchsskandale von katholischen und evangelischen Priestern an Kindern und Jugendlichen, die selten das Licht der Öffentlichkeit erblicken.

Sicherlich darf man auch das Verhältnis zwischen „dem Schönen und dem Papst" („Der Stern") ohne jegliche Sensationslust oder Klatschsucht als ein homophiles bezeichnen. Wenn zwei Männer über viele Jahre „unzertrennlich" sind, dann entsteht eben eine erotisch gefärbte Männerfreundschaft, die nichts Anrüchiges hat, auch nicht notwendig mit homosexuellen Wünschen oder homosexuellen Handlungen verbunden sein muss. Dagegen haben ja auch die offiziellen Verlautbarungen des Vatikans nichts. Sonst könnte die neueste Verordnung zur Homosexualität von Priesteramtskandidaten nicht von ihnen verlangen, sich die letzten drei Jahres ihres bisherigen Lebens von allen homosexuellen Praktiken ferngehalten zu haben. Gegen eine homoerotische Atmosphäre in den Priesterseminaren, die zweifellos bei einer solchen homosexuellen Enthaltung entsteht, haben die Verantwortlichen im Vatikan mit dem Papst an der Spitze aber ganz offenbar nichts einzuwenden.[33] Allerdings schon etwas süffisant erklärt das Magazin „Der Stern", auf das Verhältnis Ratzinger-Gänswein anspielend: „Und was Gott zusammenfügt, das soll der Mensch nicht scheiden."[34]

Eine weitere Figur des »Opus Dei«, die sich eifrig um den Ratzinger-Papst kümmert, ist der vatikanische Pressesprecher Joaquin Navarro Vals, der als sogenannter Numerarius zur Führungselite des »Opus Dei« gehört. Der hatte schon als Pressesprecher des vorherigen Papstes alles systematisch geschönt, was das Pontifikat und die langwierige Krankheit Wojtylas in einem negativen Licht hätte erscheinen lassen können. Weitere Förderer, Unterstützer, aber auch kontrollierende Helfer des Papstes sind sodann drei mächtige Kurienkardinäle: Julian Herranz Casado, »Opus Dei«-Mitglied und Präsident des Päpstlichen Rates zur Auslegung des Kanonischen Rechts; Alfonso Lopez Trujillo, Präsident des Päpstlichen Familienrates, zwar nicht Mitglied, aber mächtiger Förderer von »Opus Dei«; ebenso wie Dario Castrillon Hoyos, Präfekt der Kongregation für den Klerus, der als einer der gewichtigsten Helfer dieser innerkirchlichen Sekte gilt. Die Drei hatten sich besonders nachdrücklich für die Papstkandidatur Ratzingers eingesetzt. Aber eine Hand wäscht die andere! Jetzt muss dieser sich ihnen auch dankbar erweisen.

Und er tut es. Jedenfalls lässt er es an deutlichen Gunsterweisen für das »Opus Dei« nicht fehlen. Kaum drei Monate im Amt, lässt er an der Außenseite des Petersdomes in Rom eine fünf Meter hohe Marmorskulptur des »Opus Dei«-Gründers aufstellen. Escrivá gehört nun zu jenen 150 von der Kirche besonders herausgehobenen Heiligen, deren Standbilder die Außenseite von St. Peter schmücken. „Am Sockel Escrivás sind zwei päpstliche Wappen eingemeißelt – das eine von Johannes Paul II., der die Idee hatte, Escrivá im Herzen der katholischen Zentrale steinern zu verewigen; das andere von Benedikt XVI., der sie vollendete."[35] »Opus Dei«-Kontinuität zweier Päpste! Ratzinger ließ es sich auch nicht nehmen, die Statue Escrivás persönlich zu segnen.

Weiterer Gunsterweis: Anfang September 2005 weiht der neue Papst einen Priester der »Opus Dei«-Sekte zum Bischof, den Franzosen Philippe Jourdan, und bestätigt ihn in seinem Amt als Generalvikar für Estland und Attaché in der Päpstlichen Nuntiatur in Tallinn. Zusammen mit dem päpstlichen Nuntius Erzbischof Justo Mullor Garcia, Mitglied der Priestergemeinschaft vom Heiligen Kreuz des »Opus Dei«, versucht er nun sehr robust und gegen den Willen und Widerstand der meisten Katholiken Estlands die estnische Kirche total umzugestalten, und zwar genau nach den fundamentalistisch-rigorosen Vorgaben des »Opus Dei« und seines Gründers. Enge Zusammenarbeit Jourdans auch mit Erzbischof Tadeusz Kondrusiewicz aus Moskau, denn »Opus Dei« will natürlich im Einvernehmen mit dem inzwischen verstorbenen Wojtyla- und dem Ratzinger-Papst den Einfluss der orthodoxen Kirche in den baltischen Ländern und in Russland zurückdrängen und auch dort dem Katholizismus zum Siege verhelfen. Ein Punkt, der weder dem Moskauer Patriarchen noch Putin gefallen kann, denn die enge Liaison von Staat und orthodoxer Kirche in Russland war stets ein Standard-Modell für die weißen wie die roten Zaren und nun auch für Putin.

Auf dem Mitte August stattgefundenen Weltjugendtag in Köln demonstriert Benedikt XVI. wiederum seine spezielle Nähe zum »Opus Dei«. Als einzige Kölner Pfarrei besucht er die Kirchengemeinde St. Pantaleon, die seinerzeit von dem Opus Dei-Förderer Joachim Meisner, Erzbischof von Köln[36], unter Missbilligung vieler Katholiken dem »Opus Dei« anvertraut worden war. Die Kirchengemeinde St. Pantaleon ist inzwischen ein geistliches Zentrum des »Opus Dei« in Deutschland, auch seiner autoritären, militaristischen Gehorsamsideologie. Acht der zwölf demokratisch gewählten Mitglieder des Pfarrgemeinderates, die mit dem Gebaren des »Opus Dei«-Pfarrers der Gemeinde nicht einverstanden waren, traten zurück, viele Gemeindemitglieder besuchen nicht mehr die Kirche St. Pantaleon. Meisner und seine »Opus Dei«-Freunde ficht das nicht an, den Ratzinger-Papst mit seinem „brillanten Ratzionalismus" offensichtlich auch nicht, wie sein Besuch in St. Pantaleon beweist. „Wie ein Ölfleck", sagte bereits vor Jahren der katholische Theologe Knut Walf, habe sich das »Opus Dei« über die ganze Kirche gelegt. Die »Opus Deisierung« derselben ist nicht mehr aufzuhalten. Aber sie stimmt ja auch mit den Weltherrschaftszielen der katholischen Hierarchie bestens überein. Ratzinger sieht das mit Sicherheit genau so!

Alles das und vieles andere, das hier aus Raumgründen unerwähnt bleiben muss, beweist: Der Ratzinger-Papst wird an der skandalösen Substanz der Kirche nichts ändern, kosmetische Prozeduren und Korrekturen wird er ihr en masse angedeihen lassen, wie jetzt die Verneblungsenzyklika „Deus Caritas est". Bei jedem „Reförmchen" wird die Presse wieder jubeln, was für ein großer Reformer doch da in Rom auf dem Thron sitzt! „So als schrieben unsere Zeitungen Idioten."[37]

Zweites Kapitel

Der Papst und die Liebe

Das Regierungsprogramm des Papstes in Form einer Liebesenzyklika

Eine kritische Analyse

a) Die Presse und die Enzyklika

Die Welt jubelt, die Medien sind begeistert, denn Papst Benedikt XVI. präsentiert sich als Liebender! Seine erste Enzyklika vom 25. Januar 2006 stellt er unter das Motto: »Deus caritas est« (Gott ist Liebe). Den Vogel in puncto Jubelhymnen auf diese Enzyklika schießt wieder die »Frankfurter Allgemeine Zeitung« ab, Ratzingers Kirchenblatt im deutschsprachigen Raum. „Niemals zuvor hat ein Papst so einfühlsam und poetisch, zugleich theologisch von umfassender Bildung über die menschliche Liebe, vom ‚Versinken in der Trunkenheit des Glücks' geschrieben wie Benedikt", lobt die FAZ am 26. Januar 2006 gleich auf ihrer ersten Seite und vergisst auch nicht, auf die „programmatische ... theologische Klarheit" der Enzyklika hinzuweisen. Im selben Artikel werden auch sofort die Mitbrüder vom selben Verein zu dem Papstpapier befragt und ergehen sich selbstverständlich in überschwänglichen Charakterisierungen desselben. Kardinal Lehmann, in seinem persönlichen Leben nicht gerade ein Vorbild an Spiritualität, spricht von einem „theologisch, spirituell, pastoral und sozial tief angelegten Impuls, mit dem der Papst uns für die Sendung in der heutigen Welt mehr Mut machen will." Ins gleiche Horn bläst der Präsident des Zentralkomitees der deutschen Katholiken (ZdK), Hans-Joachim Meyer. Er bezeichnet die Enzyklika als „bewegenden Aufruf zur Mitmenschlichkeit" und „kraftvolles Plädoyer für die Gerechtigkeit als oberstes Ziel politischen Handelns". Der niederländische Kardinal Simonis versteigt sich sogar dazu, die Papst-Enzyklika „als Geschenk für Verliebte am Valentinstag" zu empfehlen. Die Sehnsucht nach „echten Liebesbeziehungen" sei groß „und ‚Deus caritas est' helfe dabei, die Liebe in all ihren Erscheinungsformen zu vertiefen und zu reinigen".[38] Auf einer ganzen Seite bringt die FAZ zudem die wichtigsten Passagen der Enzyklika.[39]

Selbst „Die Tageszeitung" (TAZ), vorwiegend kirchenkritisch eingestellt, preist ausnahmsweise den päpstlichen „Hymnus auf die Liebe" und „den eleganten Stil

Ratzingers".[40] „La Stampa" (Turin) lobt die „sehr bedeutsame Weise", in der die Enzyklika „das Wesentliche des Christentums in Erinnerung bringt."[41] Die niederländische Zeitung „Trouw" spricht in ihrer Ausgabe vom 26.01.2006 von „einem ermutigenden Einstand", den der Ratzinger-Papst mit dieser „hochgestimmten Enzyklika" gegeben habe. Auch die „Süddeutsche Zeitung", im großen und ganzen etwas kritischer als FAZ und „WELT", qualifiziert die Enzyklika als „ein bemerkenswertes, über viele Passagen hinweg herausragendes Dokument" mit einem „anspruchsvollen ... Programm".[42] Springers „Welt Am Sonntag" (29.01.2006) betont „die große Zustimmung, die Benedikt nach der Veröffentlichung der Enzyklika zuteil wurde ... Die Bedeutung der Enzyklika weist weit über ihre Tagesaktualität hinaus, die ihr eine so positive Resonanz bescherte. Seit Bestehen der Kirche ist sie die erste lehramtliche Grundlegung der karitativen Sendung der katholischen Kirche überhaupt ... Angesichts von Arbeitslosigkeit und einer wachsenden Dynamisierung aller Lebensverhältnisse eröffnet das Lehrschreiben des Papstes eine ermutigende Perspektive, Gemeinwohl und sozialen Zusammenhalt gegen alle Erwartung durch konkrete Mitmenschlichkeit zu befördern".

b) <u>Warum eine Enzyklika über die Liebe als Regierungsprogramm des neuen Papstes?</u>

Sind die überaus positiven Benotungen der ersten Enzyklika des neuen Papstes berechtigt? Lassen wir uns zur Beantwortung dieser Frage auf eine nüchternere Betrachtung ein. Eigentlich musste es so kommen, dass das erste große Rundschreiben des neuen Papstes eine Predigt über die Liebe wurde. Leute, die Ratzinger kennen, wissen: Der Mann ist unter dem Mantel einer demutsvollen Bescheidenheit außerordentlich ehrgeizig und nach Anerkennung strebend, zugleich äußerst empfindlich. Jahrelang litt er darunter, dass ihn die kritischere Presse nur als ultrakonservativ und erzreaktionär, als Großinquisitor und gestrengen Glaubenskontrolleur, als Bestrafer abweichlerischer Theologen und Verfasser vatikanischer Schreiben gegen die Befreiungstheologie, gegen die Gleichberechtigung der Frauen, gegen die Kirchenvolksbegehren etc. pp. einstufte. Daher wollte er es jetzt – als Papst – wissen! Mit einem Schlag sollte dieses negative Image weggewischt werden: Der in Glaubensdingen unnachgiebige, eiskalte Inquisitor präsentierte sich mit seiner ersten Enzyklika als Liebender und als Künder eines liebenden Gottes. Die Wandlung vom Saulus zum Paulus in puncto Liebe war perfekt inszeniert! Und große Teile der Presse nahmen ihm das auch kritiklos ab. Ein modernes Märchen schien wahr geworden zu sein. „Aus dem Glaubenswächter ist endgültig ein Hirte geworden", jubelte ein Provinzblatt.[43]

Die Wirklichkeit sieht ganz anders aus. Der neue Papst ist der alte Glaubenswächter geblieben! Was er uns über die Liebe auftischt, ist die übliche scholastisch-dogmatische Lehre über sie, ein langweiliger Katechismus, „in einfacher katechetischer Sprache"[44] abgefasst. Die Eleganz, die den Stil manch anderer seiner theologischen Schriften auszeichnet, fehlt in seiner ersten Enzyklika fast gänzlich. Aber das ist ja auch nicht so wichtig. Viel wichtiger sind die inhaltlichen Mängel, die wir im Folgenden zur Sprache bringen wollen.

c) <u>Ratzingers wirklichkeitsfremde, nicht empirische, rein theologische Ableitungen und Begründungen der Liebe</u>

Da ist zuallererst das Faktum, dass Ratzinger auch als Papst und sogar über etwas uns so Nahes wie die Liebe offenbar nur *theologisch-deduktiv* denken kann. Er hält zwar einige seiner Ausführungen in seiner ersten Enzyklika selber für „mehr philosophische Überlegungen"[45], aber eine Philosophie, die von oben nach unten denkt, also von Gott gewisse unfehlbare Wahrheiten entgegennimmt und von diesen dann die ganze Weltwirklichkeit erkenntnistheoretisch ableitet, ist keine Philosophie mehr, sondern Theologie. Eine solche Theologie serviert uns der Ratzinger-Papst. Dieser abstrakte, weltfremde Theologe kann offenbar von empirischen Tatbeständen der Liebe überhaupt nicht ausgehen, er sieht sie einfach nicht oder will sie nicht sehen, weil er fürchtet, sie könnten sonst seine Dogmatik schwächen. Er ist dogmatisch so festgefahren, dass er »Liebe in der Welt«, »Liebe zwischen Menschen« nur als abgeleitetes, sekundäres Phänomen zu sehen vermag, weil eben die Liebe Gottes zu uns das Erste, Grundlegende, alles erst Ermöglichende ist. „Die Liebe ist nun dadurch, dass Gott uns zuerst geliebt hat", sie ist immer schon „Antwort auf das Geschenk des Geliebtseins, mit dem Gott uns entgegengeht."[46]

Über die Liebe Gottes zu uns als Erstes, Grundlegendes, Ursprüngliches, die menschliche Liebe als Zweites und Abgeleitetes gibt es eine ganze Reihe von Aussagen des Papstes in seiner Enzyklika. Von diesem hohen (Deduktions-)Ross vermag er nicht herunterzusteigen.[47] So räumt er in hochgestochener johanneischer Bildersprache, die Heutige kaum mehr verstehen, zwar ein: „Gewiss, der Mensch kann – wie der Herr uns sagt – zur Quelle werden, von der Ströme lebendigen Wassers kommen ... Aber damit er eine solche Quelle wird, muss er selbst immer wieder aus der ersten, der ursprünglichen Quelle trinken – bei Jesus Christus, aus dessen geöffnetem Herzen die Liebe Gottes selbst entströmt."[48] „Die Art, wie Gott liebt", betont der Papst an einer anderen Stelle seiner Enzyklika, „wird zum Maßstab menschlicher Liebe ... ›Gott ist Liebe‹ .... Dort kann diese Wahrheit angeschaut werden. Und von dort her ist nun zu definieren, was

Liebe ist."[49] „Er hat uns zuerst geliebt und liebt uns zuerst: deswegen können auch wir mit Liebe antworten ... Er liebt uns ... und aus diesem >Zuerst< Gottes kann als Antwort auch in uns die Liebe aufkeimen ... Die Erkenntnis des lebendigen Gottes ist Weg zur Liebe."[50] Also: Zwischenmenschliche Liebe? Völlig unmöglich nach Ratzinger, „wenn die Berührung mit Gott in meinem Leben ganz fehlt", denn „dann kann ich im anderen immer nur den anderen sehen und kann das göttliche Bild in ihm nicht erkennen."[51] „Nächstenliebe wird ... möglich", weil sie „darin besteht, dass ich auch den Mitmenschen, den ich zunächst gar nicht mag oder nicht einmal kenne, von Gott her liebe. Das ist nur möglich aus der inneren Begegnung mit Gott heraus."[52]

Also aufgepasst all Ihr Atheisten, Agnostiker, Nichtchristen: Ihr steht am Ufer, seht einen Ertrinkenden. Lasst ihn ertrinken, Ihr habt ja keine „innere Begegnung mit Gott", es fehlt Euch „die Berührung mit Gott" in Eurem Leben. Die Rettung eines Ertrinkenden wäre ein zufälliger, verdienstloser Akt. Aber auch Christen dürfen nicht so ohne Weiteres! Bevor sie ins Wasser springen, um den Ertrinkenden zu retten, sollten sie sich vergewissern, dass sie in der Liebe Gottes stehen.

Dieser wirklichkeitsferne, in der Begegnung mit den Alltagsrealitäten oft hilflos erscheinende Ratzinger ist einfach unfähig, Liebe als spontanes Ereignis, als empirische, zwischenmenschliche oder überhaupt innerweltliche Angelegenheit zu sehen. Er braucht immer das göttliche Kanalisationssystem, das künstliche Konstrukt eines Bedingungsverhältnisses: »Nur wenn Gott es will, dürfen wir.« Freilich Gott will immer, meint wohl Ratzinger, aber dass er uns immer lieben will, müssen wir uns nach Maßgabe der Enzyklika erst durch Glauben, Gebet, Reflexion, Meditation, religiöse Erfahrung, eben „Berührtsein" durch und „Begegnung" mit Gott klarmachen. Unsere Gottes- und Nächstenliebe „lebt von der uns zuvorkommenden Liebe Gottes, der uns zuerst geliebt hat". Die Liebe als solche „ist dadurch >göttlich<, weil sie von Gott kommt".[53]

Das alles ist also ganz wunderbar, dass Gott uns so liebt, wie Papst Benedikt in seiner ersten Enzyklika nicht müde wird zu betonen. Nur wird der moderne und postmoderne Mensch, aber auch der intelligentere, von der Aufklärung nicht ganz unberührte Christ fragen, woher der Papst das weiß, wie er das begründet. Behaupten kann man ja Vieles, und man weiß doch, wie oft wir im Politischen, Weltanschaulichen und Religiösen, in der Werbung und im Geschäftsleben durch unbewiesene Behauptungen getäuscht werden. Also Beweise oder zumindest triftige Gründe müssten Sie uns schon liefern, Eure Heiligkeit, denn zumindest gebildetere Individuen der menschlichen Spezies, die dem Herdenstatus entwachsen sind, nehmen auch die Verlautbarungen aus Rom nicht mehr unbesehen und grundlos hin.

d)   Die Bibel-„Beweise" der Enzyklika für die Liebe

An diesem Punkt ist es nun schon wieder sehr merkwürdig, dass der Papst bei seiner deduktiven, dem Induktiv-Empirischen abholden Methode bleibt, indem er jetzt zum Beweis, zur Begründung von Gottes Liebe zu uns nicht etwa Tatbestände aus dem Leben der Menschen, aus der Natur, der gesellschaftlichen Wirklichkeit, eben aus dem konkret für alle Sichtbaren, Fühlbaren, Fassbaren hervorholt, sondern sich auf die »Heilige Schrift« zurückzieht, Aussagen und Sprüche aus ihr präsentiert, die „beweisen" sollen, dass Gott uns wirklich liebt.

Nun ist ja die »Heilige Schrift« nach katholischer Lehre und auch der der meisten anderen christlichen Kirchen, Freikirchen und weiteren Denominationen das »Wort Gottes«, die sprachliche Formulierung des von Gott Geoffenbarten. Der Papst „beweist" also etwas Unbewiesenes und zu Beweisendes, nämlich die Liebe Gottes zu uns, durch etwas ebenso Unbewiesenes, nämlich die Offenbarung Gottes , wie sie in der Bibel niedergelegt sein soll. Eine Tautologie im Grunde: idem per idem – dasselbe wird durch dasselbe „bewiesen" (denn das Hauptstück der Offenbarung in der Hl. Schrift ist ja nach katholischem Glaube die Offenbarung der Liebe Gottes zu uns).

Dementsprechend haut uns jetzt die Enzyklika viele „Beweise" um die Ohren, nämlich Bibeltexte en masse, durch deren Quantität wir überzeugt werden sollen, dass Gott uns zuerst geliebt hat und dadurch die Liebe des Menschen zu Gott und dem Nächsten erst möglich geworden ist. Dabei verfährt der doch vermeintlich in allen Disziplinen der Theologie so blendend informierte Ratzinger total unkritisch, indem er diverse Bibelstellen einfach vor den Leser hinsetzt, und zwar ohne Analyse, Exegese, Hermeneutik etc., ohne jede Anwendung der historisch-kritischen Methode. So ging ja schon sein Vorgänger, der Wojtyla-Papst, in seinen Büchern mit der Bibel um, aber dem war man eher bereit zu vergeben, weil man um das niedrige Niveau der Bibelwissenschaft in Polen wusste und auf Ratzinger als Vordenker Wojtylas vertraute. Hinzu kam die rauschhafte, alle Bedenken und Einwände zerstreuende Begeisterung der Massen, aber auch vieler Halbgebildeter für den Polen.[54]

Aber, wie gesagt, ein Ratzinger darf sich das eigentlich nicht erlauben. Weder hinterfragt er die Offenbarung Gottes in der Bibel als solche und ganze[55], obwohl erst so die Offenbarung der Liebe Gottes zu uns als Teil dieser Gesamtoffenbarung evtl. aus der Schrift bewiesen wäre, noch macht er den geringsten Versuch, die einzelnen, von ihm zitierten Bibelstellen kritisch zu durchleuchten. Aber das

Diktum »Roma locuta, cause finita« wirkt heute nur noch bei ganz einfältigen Gemütern!

e) Ratzingers merkwürdiger „empirischer Realismus" in Bezug auf Gott und Christus

Doch einen den Anschein von Empirie erwecken sollenden Trick hat der Ratzinger-Papst noch auf Lager. Das Wichtigste, so will er uns glauben machen, seien ja gar nicht die vielen Zitate aus der Bibel, sondern etwas ganz Reales, Personales, geradezu Empirisches: „Das eigentlich Neue des Neuen Testaments sind nicht neue Ideen, sondern die Gestalt Christi selber, der den Gedanken Fleisch und Blut, einen unerhörten Realismus gibt."[56] Der „unerhörte Realismus" ist in Wirklichkeit ein irreales kirchliches Dogma: die dogmatische Setzung und Satzung, es habe einen Christus, also einen Gesalbten, einen Messias gegeben, der als Gottes Sohn, als die 2. Person der Gottheit auf die Erde herabgestiegen sei, um uns zu erlösen.

Hier ist es schon bezeichnend, dass Ratzinger von Christus, nicht von Jesus spricht. Denn es mag ja einen Jesus gegeben haben, der vor circa 2000 Jahren in Palästina gelebt hat. Die Gelehrten sind sich da nicht einig, etwa 50 % bejahen die Wahrscheinlichkeit seiner historischen Existenz, die andere Hälfte hält ihn für eine unhistorische Kultgestalt, wie sie sich so manche Religion zusammengebastelt hat. Aber von diesem eventuell gelebt habenden Jesus, der als einfacher Wanderprediger wirkte und nie einen Hoheitstitel wie Messias, Gottessohn, Erlöser, Heiland etc. für sich in Anspruch nahm, zum Christus der kirchlichen Verkündigung ist ein weiter, durch wissenschaftlich-historische Gründe nicht überbrückbarer Weg.[57] Es brauchte selbst im frühen Christentum drei Jahrhundert, um das Dogma, Christus habe neben seiner menschlichen noch eine göttliche Natur, er sei Gott und Mensch in einer Person, zu etablieren. Das geschah auf dem Konzil von Nicäa (325), das nur unter dem Druck des römischen Kaisers Konstantin zustande kam, der eine neue Gottheit für sein auseinanderfallendes Imperium brauchte. Dienstbeflissen wie immer gegenüber den Mächtigen dieser Welt, erfüllten die Bischöfe die Forderung des Imperators.

Also mit Ratzingers Christus lässt sich nun gar nichts beweisen, schon gar nicht die Liebe Gottes zu uns. Doch Ratzinger lässt sich von seiner komischen Art von Realismus, seinem „unerhörten Realismus" gar nicht abbringen: „Schon im Alten Testament", tönt er, „besteht das biblisch Neue nicht einfach in Gedanken, sondern in dem unerwarteten und in gewisser Hinsicht unerhörten Handeln Gottes".[58] Da müssen wir ihm ausnahmsweise mal rechtgeben: Unerwartet und unerhört ist das Handeln Gottes in der Tat, wenn Jahwe seinem treuen Diener Abraham befiehlt, seinen Sohn Isaak zu töten; wenn er den Israeliten mehr als hundertmal die Vernichtung anderer Völker und Stämme samt Frauen und Kindern gebietet, und das unter furchtbaren Strafen für die Hebräer bei Nichtbefolgung; wenn alle möglichen Exzesse und Perversionen unter der Sonne des göttlichen Wohlwollens im AT geschildert werden. Die Bibel der Juden und der Christen! Kaum jemand von ihnen liest sie. Ratzinger weiß das, sonst würde er die »unerhörte Heiligkeit« dieser Schrift nicht ständig betonen. Die alles Negative zudeckende und verschweigende Liebesenzyklika Benedikts XVI. hätte wenigstens darauf hinweisen müssen, dass trotz aller Heiligkeit der Bibel diese für die Gläubigen 300 Jahre verboten war. Sie durften sie unter Strafe nicht lesen, damit sie das Unheilige der Bibel[59], konträr zu einem liebenden Gott Stehende, nicht zu Gesicht bekamen.

Das Beste, das man zur Rechtfertigung und Entschuldigung des Jahwes der Bibel anführen könnte, wäre noch, dass man einfach sagt: Dieser tyrannische, jähzornige, wutschnaubende, launische, einmal die Menschheit vernichtende, dann wieder reumütig sich mit ihr versöhnende Gott hat nie existiert, er ist eine Projektion des antiken Israeliten auf ihrem wechselvollen Marsch durch verschiedene Phasen der Geschichte. Jüdische Autoren wie Ernst Bloch und Erich Fromm haben Punkt für Punkt nachgewiesen, wie die Humanisierung und Ethisierung des zunächst in archaischer Mentalität befangenen althebräischen Volkes dazu führte, dass es auch seinem Jahwe-Gott immer positivere Attribute verlieh.[60]

Aber von alledem lesen wir nichts in Ratzingers Enzyklika. „Gott" (wohlgemerkt der Gott des Alten und des Neuen Testaments! Nicht irgendein philosophisch perfekt konstruierter Gott) „ist die Liebe" basta! Warum sollte der Papst denn auch diese schwierige Problematik anfassen, er will ja der Menschheit Liebe, nichts als Liebe vorgaukeln und diese als oberster Funktionär seiner Institution aus Gott fließen und in die alleinseligmachende Kirche münden lassen. Seine Enzyklika ist diplomatisch verschleierte Missionierung der Menschheit mit der Liebe als Köder!

Im Rahmen dieses Missionsfeldzuges der Liebe mutet er uns nicht bloß den Willkürgott Jahwe zu, nein, er setzt noch eins drauf, indem er uns zumutet, nun auch noch den Sprung vom jüdischen Monotheismus, also vom Eingottglauben zum christlichen Tritheismus zu vollziehen: „Wenn du die Liebe siehst, siehst Du die Heiligste Dreifaltigkeit", verkündet der Papst im Anschluss an Augustinus. Um uns das glaubhaft zu machen, braucht Ratzinger wieder keine Beweise. Der „Beweis" ist vielmehr, dass „wir unseren Blick auf die geöffnete Seite Jesu, auf den ‚den sie durchbohrt haben', ... richten und dabei den Plan des Vaters" erkennen, „der aus Liebe ... seinen eingeborenen Sohn in die Welt gesandt hat, um den Menschen zu erlösen", natürlich durch „seinen Tod am Kreuz".[61] Denn „so sehr hat Gott die Welt geliebt, dass er seinen einzigen Sohn hingab, damit jeder, der an ihn glaubt ... das ewige Leben hat".[62]

f) <u>Liebe nicht ohne Blut und Schlachtopfer zu haben</u>

Also keinerlei Begründungen oder Beweise, sondern Zumutungen über Zumutungen. Erst sollen wir glauben, Pardon: wissen, dass Gott, wenn wir die richtigen Augen der Liebe haben, dreifaltig ist (der „höheren Vernunft", die Ratzinger schon immer gepriesen hat, fällt es ganz leicht, die mathematische Akrobatik und Absurdität 1 = 3 zu vollziehen). Und gleich danach sollen wir erkennen, dass Gottes größte Liebestat darin besteht, seinen einzigen Sohn als Schlachtopfer für die Erlösung der Menschen hinzugeben. Wohlgemerkt: es ist der makabre Plan des Vaters, seinen Sohn kreuzigen zu lassen. Im »Weltkatechismus« Johannes Pauls II., entstanden unter der Regie seines Glaubenswächters Ratzinger, heißt es dazu ganz offiziell: „Zum gewaltsamen Tod Jesu kam es nicht zufällig durch ein bedauerliches Zusammenspiel von Zufällen. Er gehört zum Mysterium des Planes Gottes ... Er (Jesus) wurde ‚nach Gottes beschlossenem Ratschluss und Vorauswissen hingegeben' (Apg 2,23) ... Dieser göttliche Plan, durch den gewaltsamen Tod des ‚Knechtes, des Gerechten' ... Heil zu schaffen, war in der Schrift im voraus angekündigt worden als ein Mysterium allumfassender Erlösung, das heißt eines Loskaufs, der die Menschen aus der Sklaverei der Sünde befreit". „Gott ... hat seinen eigenen Sohn nicht verschont, sondern ihn für uns alle hingegeben ... damit wir ‚mit Gott versöhnt (werden) durch den Tod seines Sohnes'" (Röm 5,10).[63]

Und der Zumutungen und Absurditäten ist immer noch kein Ende, denn wir sollen nach Johannes Paul II. und Benedikt XVI. erkennen, dass das von Gottvater gewollte Hinschlachten seines Sohnes der Höhepunkt seiner Liebe ist. „Indem er seinen Sohn für unsere Sünden dahingab, zeigte Gott, dass, was er für uns plant, ein Ratschluss wohlwollender Liebe ist".[64] Blutvergießen wird zum höchsten Liebesbeweis! „Ihr wisst, dass ihr ... losgekauft wurdet ... mit dem kostbaren Blut Christi, des Lammes ohne Fehl und Makel. Er war schon vor der Erschaffung der Welt dazu ausersehen".[65] Danach hat also Gott schon vor der Erschaffung der Welt und der Menschen gewusst und gewollt, dass diese sündigen, damit er sie dann durch das Blut seines Sohnes erlösen kann. Wozu hat er die Menschen dann überhaupt erschaffen?

Zur Notwendigkeit des Blutvergießens zwecks Erlösung der Menschheit fallen einem nur noch die Adjektive „sadistisch", „pervers","blutrünstig" ein. Die Liebesenzyklika Benedikts XVI. entlarvt sich auf diesem Höhepukt der „Erlösung aus Liebe" als blutiger Gipfel der Inhumanität. Aber Ratzinger sagt nie etwas Neues. Was er sagt, ist katholische Lehre, ja es ist das Zentrum des ganzen kirchlich organisierten Christentums: „Evangelische und katholische Christen, in vielem uneins, sind in der Bedeutung des Blutes für die Erlösung in unerbittlicher Blutsbrüderschaft verbunden. Auf diese Hinrichtung legen sie Wert, auf sie wollen sie nicht verzichten. Erlösung der Menschheit ohne Blut ist nach ihnen nicht möglich. Aber was wäre denn eigentlich geschehen, wenn das Römische Reich damals unter Kaiser Tiberius schon so human gewesen wäre wie die Bundesrepublik Deutschland ... und wenn Pontius Pilatus keine Todesstrafe hätte verhängen können? Wenn Jesus an Altersschwäche oder Fischvergiftung gestorben wäre? Wäre dann die Erlösung der Menschheit an der Humanität der Menschen gescheitert? Oder wäre sie nur halb gelungen, wenn die Römer bei ihrer Hinrichtungsmethode technisch bereits den fortschrittlichen Standard gehabt hätten, wie er heute eingesetzt werden kann, etwa die Errungenschaft des elektrischen Stuhls? Würden die Christen dann, statt zu beten: >O Gott wie du uns mit Freude erfüllst durch die Ehre des heiligen Kreuzes< (Fest Kreuzerhöhung, 14. September), mit der Zeit gehen und von der >Freude durch die Ehre des elektrischen Stuhls< reden? Oder wenn Jesu Tod durch Giftspritze, wie in einigen Staaten Amerikas üblich, erfolgt wäre, hätten wir dann die Erlösung durch die Spritze? Den goldenen Schuss für die Menschheit? Vermutlich doch nicht ganz, weil kein Blut geflossen wäre. Uns würde sozusagen die Hälfte des Abendmahls, der Eucharistie, fehlen, nämlich der Wein, alias Blut. Und bei der Messe kämen die Priester mit der Hälfte ihrer Wandlungsworte aus. Woran man übrigens erkennt, dass unsere Abendmahlsfeier nicht nur mit dem Tod Jesu, sondern vor allem mit der richtigen Todesart Jesu steht und fällt. Praktisch haben uns also die Römer erlöst. Dank ihrer blutig grausamen Strafjustiz kam es zum Heil für die Welt."[66]

Schon Nietzsche spottete: „Und nicht anders wussten sie ihren Gott zu lieben, als indem sie den Menschen ans Kreuz schlugen ... Blutzeichen schrieben sie auf den Weg, den sie gingen, und ihre Torheit lehrte, dass man mit Blut die Wahrheit beweise. Aber Blut ist der schlechteste Zeuge der Wahrheit. Blut vergiftet die reinste Lehre noch zu Wahn und Hass der Herzen."[67] Erst allmählich erheben einige wenige Theologen ihre Stimme und versuchen, auf die inhumanen Aspekte der Opfer-, Kreuzes-, Blut- und Sühnetheologie aufmerksam zu machen, während so mancher theologische Laie längst darüber hinweg ist. So schreibt z. B. Renate Elian in einem Buch mit dem bezeichnenden Titel „Lobe den Schöpfer, meine Seele ... und vergiss fast alles, was man dir von ihm gesagt hat": „Von Kindheit an .. wehrte ich mich dagegen, dass für mein schuldhaftes Verhalten

Jesus ans Kreuz gehen musste .. Die Vorstellung ... erwirkte in mir jedenfalls nicht die angebliche Befreiung ... Ich konnte diesen merkwürdigen Aussagen einfach nicht glauben – und lehnte mich auf gegen einen Vatergott, dessen Zorn nur noch mit dem Blut seines eigenen Sohnes zu stillen ist. Ich kam mir nicht so sündhaft vor, wie man es mir einreden wollte, und ich hatte ... (Gott) auch nicht gebeten, Jesus für mich sterben zu lassen. Aus diesen Überlegungen heraus konnte ich auch mit dem Abendmahl nichts mehr anfangen, denn dabei ging es wieder um Opferblut ... (Diese) Opfertheorien sind mir bis auf den heutigen Tag uneinsichtig geblieben."[68] Der Aphorismus eines Nicht-Theologen bringt die Sache prägnant auf den Punkt: „Seit er meinen Bruder kreuzigen ließ, um sich mit mir zu versöhnen, weiß ich, was ich von meinem Vater zu halten habe".[69]

Wie gesagt, das normalere Empfinden gläubiger Laien lehnt die Blut-, Opfer- und Kreuzesdogmatik instinktiver und schneller ab als die Theologen. Aber inzwischen erheben sich doch einige Stimmen aus ihren Reihen. E. Drewermann[70], nach jahrzehntelangem Zögern inzwischen doch aus der Kirche ausgetreten, sieht die Problematik dieser Dogmatik darin, „dass ein Gott einen Menschen soll töten müssen, um sich mit ... (der Welt) zu versöhnen; ein solcher Gedanke macht Gott nicht vertrauenswürdig, sondern lässt ihn blutrünstig, barbarisch und roh erscheinen ... warum soll es der scheußlichen Qual von Kreuz und Hinrichtung bedürfen, um irgendeine Schuld vor Gott zu sühnen! Was für ein Moloch von Gott braucht denn solche >Sühneopfer<? Und ... welch ein Mensch von etwas Sensibilität will denn überhaupt auf eine solche Weise erlöst werden? ... statt eines befreiten Aufatmens erzeugen (diese Opfervorstellungen) ... von neuem tödliche Schuldgefühle." Der eben zitierte katholische Theologe sieht in dieser auf das paulinische Rechtfertigungsevangelium zurückgehenden Erlösungslehre, die auch Luther vertrat, einen „verfeierlichten und religiös übermalten Abkömmling des Ödipuskomplexes." Denn es könnte sein, so ein evangelischer Theologe, dass „diese Art von Kreuzestheologie eventuell vorhandene schlimme Erfahrungen mit dem *eigenen* Vater anrührt", und zwar auf eine Weise, „welche die seelische Verletzung oder Verkrüppelung nicht heilt, sondern eher noch vertieft. Denn die Art, wie Gott als Vater hier (angeblich) handelt, ist uneinsichtig, ja empörend – und doch soll man diesen Weg der >Erlösung< bei Strafe der ewigen Verdammnis als gut und heilvoll akzeptieren." Die meisten Universitätstheologen evangelischer und katholischer Provenienz „ignorieren in aller Regel die zwar nicht durchgängig, aber doch immer wieder einmal krankmachende (genauer: neurotisierende) Wirkung einer derartigen Zwangsvorstellung."[71]

Aber es sind eben nur wenige theologische Insider, die ernsthafte Zweifel an der blutrünstigen Kreuzes- und Opferdoktrin der Kirchen äußern. Die meisten Theologen und Prediger der „wahren Lehre" empfinden nicht einmal Unbehagen, wenn sie diese Abstrusitäten verkünden!

Abgesehen von dieser Absurdität eines den himmlischen Vater versöhnenden Blutopfers seines Sohnes befinden sich die diese Versöhnungs- und Erlösungstheorie vertretenden Ratzingers, Wojtylas, Meisners und das Gros der Theologen und Pfarrer auch deshalb auf dem Holzweg, weil der mithilfe der historisch-kritischen Methode rekonstruierte hypothetische Jesus der Geschichte von alledem nichts wusste. Schon 1926 schrieb Rudolf Bultmann, der versierteste und prominenteste Bibelforscher des 20. Jahrhunderts, in seinem Buch »Jesus«: „Im übrigen hat Jesus nicht von seinem Tod und seiner Auferstehung und von ihrer Heilsbedeutung geredet. Zwar sind ihm in den Evangelien einige Worte solchen Inhalts in den Mund gelegt, aber sie stammen erst aus dem Glauben der Gemeinde, und zwar wohl durchweg nicht einmal aus der Urgemeinde, sondern aus dem hellenistischen Christentum. So vor allem die beiden wichtigsten dieser Worte, das Wort vom Lösegeld und die Abendmahlsworte: >Der Menschensohn kam nicht, um sich dienen zu lassen, sondern um zu dienen und sein Leben als Lösegeld für viele zu geben< (Mk 10,45). >Als sie aßen, nahm er das Brot, sprach den Segen und brach es, gab es ihnen und sagte: Nehmt, das ist mein Leib! - >Und er nahm den Kelch, sprach den Dank und gab ihn ihnen, und sie tranken alle daraus. Und er sagte zu ihnen: Dies ist mein Blut des Bundes, das für viele vergossen wird< (Mk 14,22-24)."

Bultmann hat vollkommen recht. Denn zwar sind die Paulusbriefe, um 50 unserer Zeitrechnung entstanden, die ältesten Zeugnisse des Christentums. Aber sie geben historisch, in Bezug auf die Frage der geschichtlichen Existenz Jesu, nichts her. Die ältesten diesbezüglichen Zeugnisse sind daher die sogenannte Spruch- oder Logienquelle Q und das um 70 herum entstandene Markusevangelium. Auch die Spruchquelle Q, die u.a. Traditionen der galiläischen Jesusanhänger enthält, wurde erst um 70 zusammengestellt. Eine aramäische Grundfassung von Q gibt es nicht, hat es nicht gegeben. Das Interessanteste an der Spruchquelle Q in unserem Zusammenhang ist nun: Ihre Jesuserzählungen kennen weder eine Passions- noch eine Auferstehungsgeschichte. Sie ist nach Q bedeutungslos für Erlösung und Heil der Menschen. Nach dieser Quelle lehrte Jesus keinerlei Glaubenswahrheiten, keinerlei Dogmen, vertrat lediglich eine radikale Ethik: Besitzkritik, Gewaltlosigkeit, Heimatlosigkeit, Familiendistanz, er verstand sich als letzter endzeitlicher Prophet des Judentums ohne heidenmissionarische Intentionen.

Auch das Markusevangelium, das zwar die von Bultmann zitierten, auf frühe christliche Gemeinden zurückgehenden Worte vom Lösegeld und Abendmahl enthält, ist im Glauben an die Auferstehung Jesu schwankend. Es endet abrupt mit dem Vers 16,8: „Und sie (die Frauen) gingen hinaus und flohen von der Gruft; denn Zittern und Entsetzen hatte sie ergriffen. Und sie sagten niemandem etwas; denn sie fürchteten sich." Von der faktischen Erscheinung des Auferstandenen wird nichts berichtet. Erst in den später an das ursprüngliche Markusevangelium angefügten Versen 16,9-16,20 wird um so mehr davon berichtet. Natürlich! Denn man konnte ja das trostlose Ende Jesu (die letzten Worte Jesu am Kreuz: „Mein Gott, mein Gott, warum hast du mich verlassen", Mk. 15,34, und die eben zitierte Stelle: Mk. 16,8) nicht so stehenlassen, ohne das Unternehmen Christentum ganz aufzugeben.[72]

Wir sehen: Benedikts XVI. Lehre vom Opfer- und Sühnetod Jesu als Höhepunkt der menschheitserlösenden Liebe hat keine Grundlage in den ältesten Quellen. Zwar finden wir in den Paulusbriefen eine christologische Opfermythologie, aber für alle seriösen Forscher steht fest, dass Paulus ein anderes Christentum geschaffen hat, das mit den Überzeugungen des Wanderpredigers Jesus nichts gemein hat. Spätestens mit Paulus fängt dann auch schon der Betrug der Priester an, ihrem unbedingten Herrschaftswillen eine ideologisch-dogmatische Basis zu verschaffen, indem sie die schlichte, undogmatische Lehre des Galiläers Punkt für Punkt verfälschten. Friedrich Nietzsche hat im „Antichrist" ganz detailliert beschrieben, wie diese Verfälschung vor sich ging und zu ganz anderen „Wahrheiten" führte.[73] Er hat damit geradezu hellseherisch viele Resultate der wissenschaftlichen Exegese des NT im 20. Jahrhundert vorweggenommen.

Wir sehen auch, dass das ganze Unternehmen »Kirche und Papsttum« ohne Basis in der Luft hängt, denn das entscheidende Zentrum, um das sich in der Ideologie, sprich: Dogmatik der Kirche alles rankt, ist ja die Liebe von dem die Menschheit erlösenden Opfertod Jesu und seiner Auferstehung, die beide keine Grundlage in den ältesten Quellen haben, wenn wir vom genialen Erstfälscher Paulus absehen.

g)   Ratzingers Eucharistie – ein subtiler Kannibalismus

Damit ist aber auch der ganze *Eucharistie*-Rummel, den die Kirche primär und zentral bei allen öffentlichen Veranstaltungen, bei allen Papstbesuchen in aller Herren Ländern usw. betreibt, der Sache nach erledigt und widerlegt. Die von Benedikt XVI. in seiner ersten Enzyklika mit Nachdruck und Emphase behauptete „Einsetzung der Eucharistie während des Letzten Abendmahls"[74] fand gar nicht statt, sie geht nicht auf den Juden Jesus zurück, der so etwas für krass gotteslästerlich gehalten hätte, sondern auf die in einem ganz anderen geistigen Milieu denkenden, agierenden und propagierenden hellenistisch-christlichen Gemeinden.

Natürlich konnte der derbe Materialismus der Kirche seit ihren frühesten Zeit auf dieses Machtinstrument der Eucharistie nicht verzichten. Seit den Anfängen des Frühkatholizismus in der Spätantike denkt dieser vom Menschen nicht hoch, obwohl er bis heute ständig von der gottebenbildlichen Würde des Menschen schwafelt. In Wirklichkeit aber nimmt er ganz realistisch die Sinnlichkeit der meisten Menschen, ihr Affiziertsein vom Sinnlich-Sichtbaren sehr viel wichtiger. Daher der ganze Pomp rund um die feierlichen Pontifikalmessen mit der zentralen Rolle der Eucharistie darin, daher das Monumentale der kirchlichen Prachtbauten, das den staunenden Menschenmassen die Größe und Macht der Kirche vorgaukeln soll. Unter allen Kategorien von Priestern lobte Johannes Paul II., Ratzingers Vorgänger, am meisten die Kirchenerbauer, weil sie dem in kirchlicher Sicht im Grunde immer primitiv-neugierig bleibenden Menschentier diese Größe und Macht am sinnfälligsten demonstrieren.[75] „Meine Bewunderung erstreckt sich ... auf alle Kirchenbauer in der ganzen Welt. Immer habe ich mich bemüht, sie zu unterstützen."[76] Dabei scherte es den Pontifex Maximus überhaupt nicht, was man selbst in vielen Klerikerkreisen von der Priesterkategorie der Kirchenbauer hält. Sie werden dort als die oberflächlichsten, veräußerlichsten, hektischsten und ungeistigsten Managertypen im Priesterrock angesehen.[77] Ihn scherte auch nicht, dass man nach dem Jesus des Johannes-Evangeliums Gott nicht in Tempeln und aus Stein gebauten Palästen, sondern „im Geist und in der Wahrheit" anbeten soll.

Aber zurück zum eigentlichen Thema. Es genügt der Kirche nicht, die geistige Gestalt Gottes oder Christi den Menschen nahezubringen – das würden die Menschen in ihrer Mehrheit wegen ihres Schwerpunktes im Sinnlichen gar nicht verstehen, meint sie, sie ist der Überzeugung, dass man diese Gestalt *leiblich-materiell* zubereiten muss, damit sie bei diesen Menschen ankommt. Von daher der Kannibalismus der Eucharistie! Gott, genauer: Christus, der Gottessohn, muss mit seinem Fleisch und Blut gegessen werden. Nur so könne der Glaube massiv gefördert und eingeprägt werden. „Jesus Christus", so der Ratzinger-Papst in seiner ersten Enzyklika, ist „die Fleisch gewordene Liebe Gottes", er „gibt den Jüngern in Brot und Wein sich selbst, seinen Leib und sein Blut als das neue Manna".[78] „Die Liebesfähigkeit dem Nächsten gegenüber" resultiert „immer neu aus der Begegnung mit dem eucharistischen Herrn".[79] (Das Letzte ist ausnahmsweise mal noch recht geistig gesagt. In Wirklichkeit handelt es sich ja um keine Begegnung, sondern um eine Einverleibung, noch krass-konkreter gesagt: um ein Herunterschlucken des unter den Gestalten von Brot und Wein leibhaftig anwesenden Christus, des Gottes in zweiter Person!).

Selbstverständlich hat Ratzinger für diesen eucharistischen Kannibalismus schon wieder eine pseudo-philosophische Begründung parat. Sei es doch „ein subtiler Gnostizismus, der Gott die Materie wegnimmt." Gott werde auf diese Weise „letztlich auf die Innerlichkeit unserer Subjektivität reduziert". Fleisch essen ist da schon objektiver, selbst wenn es vermeintlich das Fleisch eines Gottes ist! Aber es hat alles in der kirchlichen Dogmatik, der Ratzinger stets folgt, einen logischen Zusammenhang, es ist die Logik der Verrücktheit. Wenn man gleich an den Anfang ein verrücktes Prinzip setzt, kann man dann alles Weitere durchaus und durchweg logisch aus dem verrückten Anfangsprinzip herleiten. „Deshalb", so Ratzinger, „ist die Empfängnis Jesu aus der Jungfrau so wichtig: Gottes Geist kann Neues schaffen, in der leibhaftigen Welt, in die Welt des Leibes eingreifen. Und deswegen ist es so wichtig, dass Auferstehung nicht zu einem Interpretament verflüchtigt wird, während man den Leib Christi im Grab verwesen lässt. Nein, die Materie ist Gottes; das ist gerade deswegen so zentral, weil unser subtiler Gnostizismus dies nicht mehr vertragen kann."[80]

Ratzinger hat schon recht: „Theologie ist ... etwas anderes: eine Rationalität, die im Glauben selbst bleibt und den eigenen Zusammenhang des Glaubens entwickelt."[81] Wie gesagt: Ein irrationales Prinzip: „Geburt Jesu aus der Jungfrau" und seine Auferstehung – als unverrückbares, unhinterfragbares Axiom an den allerersten Anfang gesetzt, dann verbleibt alles Weitere in der Rationalität des Glaubens und des Glaubenszusammenhangs. Dazu noch die Einbindung in die Kirche („Zum Akt des Glaubens gehört von seiner Grundstruktur her die Einfügung in die Kirche"[82]), und wir haben das ganze Paket der Ratzingerschen Glaubensphilosophie vor uns mitsamt der »höheren Vernunft des Glaubens«, die Offenbarung und Aufklärung angeblich zu vereinbaren vermag. Und das ist dann nach manchen führenden, überregionalen Zeitungen die „einleuchtende Papst-Theologie ... auf so hohem intellektuellem Niveau, dass auch die postmodernen Philosophen zuhören".[83] Da wüsste man dann doch gern, welcher Philosoph, der diesen Namen verdient, sich diesen „rationalen" Glaubensschwachsinn anhört. Zwar hat Habermas vor einigen Jahren mit Ratzinger in der Münchener Katholischen Akademie diskutiert, aber das war ja wohl eher ein befremdender und peinlicher Fehlauftritt des ersteren.

Doch kehren wir nochmals zum Kronjuwel und Zentrum dieses „rationalen" Glaubenssystems zurück: zum Materialismus und Kannibalismus der Eucharistie: „Katholische Theologie", so Benedikt XVI., „weiß sich auf festem biblischem Grund, wenn sie Gottes erleuchtendes und rettendes Handeln nicht so ausschließlich auf den Einzelnen und sein Gewissen bezieht, sondern Gott gerade auch durch den Leib Christi handeln weiß".[84] Tja, mit dem Einzelnen und seinem Gewissen hatten es Kirche und kirchliche Theologie nie so sehr. Die verbrannte man auf dem Scheiterhaufen – mit Giordano Bruno und Savonarola an der Spitze -, wenn sie zu sehr ihre Einzelmeinung vertraten und ihrem Gewissen folgten. Nein, es müssen schon der »Leib Christi« als Gesamtheit der katholischen Schafe im Pferch Christi und die Eucharistie als zusammenbindende Kraft sein, weil durch den Genuss des Fleisches und Blutes Christi der einzelne erst mit den anderen zum kollektiven »Leib Christi« zusammengeschweißt wird. „Göttliches Handeln ist immer gott-*menschliches* Handeln, also durch einen anderen *Menschen* (den Gott-Menschen Jesus Christus und seine Leiblichkeit) vermitteltes Handeln". Erst „im Leib Christi mitlebend berühre ich den Grund aller Wirklichkeit selbst". Das individuelle Ich muss sterben: „Das >Ich< des >Ich glaube< ist nicht mein altes, in sich verschlossenes Ich; es ist das Ich der >anima ecclesiastica< (der kirchlichen Seele), oder das heißt das Ich des Menschen, in dem sich die ganze Gemeinschaft der Kirche ausspricht."[85] Es bleibt auch nach dem neuesten Pontifex Maximus dabei: Kirchenmoral ist nivellierende Massenmoral!

Der Mensch von heute muss es entweder als metaphorisches Gefasel oder als kollektivistische Gleichmacherei und Verneinung aller Individualität auffassen, wenn Ratzinger Kirche als „Existenzeinheit all derer" bezeichnet, „die >ein Leib< geworden sind. Dieser >Leib< ist allein die Stätte seines >Geistes<".[86] Das Letztere ist im Grund ein ungeheuerlicher, arroganter Anspruch, denn konkret ist damit gemeint: Nur in der und durch die Leiblichkeit der Kirche kann Geist anwesend sein. Aber Ratzinger leitet daraus sogar den Missionsauftrag der Kirche ab, nicht ohne wieder zu betonen, es müsse nicht so sehr der Geist des Menschen sein, den man zu bekehren habe, sondern der leibhaftige Mensch, sein Fleisch und Blut. Ein Geist zahlt nämlich auch keine Kirchensteuer. Deshalb Ratzinger: Kirche „muss die vitalen Kräfte einer Zeit unter das Gericht dieses Wortes stellen" (gemeint ist das Wort Christi), aber sie muss ebenso dem Wort neues Leben, menschliches Fleisch und Blut zur Verfügung stellen".[87] Das ist der Schlussakkord in Ratzingers theologischem System: Der Kirche muss durch Missionierung immer neues Fleisch und Blut zugeführt werden!

h) <u>Die Enzyklika über Ehe, Familie, Monogamie oder Polygamie, Scheidung etc.</u>

Was fehlt in der Liebesenzyklika des Papstes? Welche weiteren gravierenden Mängel weist sie noch auf? Nun, wir sahen gerade, dass die Eucharistie einen so zentralen Raum in dieser Enzyklika einnimmt, dass sie nach diesem Papst durch das Essen und Trinken des Fleisches bzw. des Blutes Christi Kirche als den »Leib Christi« erst erschafft, d.h. den Kollektivkörper aller Gläubigen erst ermöglich. Sehen wir jetzt einmal davon ab, dass dieser kannibalistische Ritus keine Grundlage in den ältesten Quellen des Christentums hat. Beachten wir stattdessen, dass für den Papst die Eucharistie ein besonderer Beweis der Liebe ist, das große Geschenk Gottes an die Menschen. Dann wird ein gravierender Mangel dieser Liebesenzyklika des Papstes um so deutlicher: das Versäumnis, neuralgische Punkte in der Lehre und Praxis der Kirche auch nur anzusprechen. Z.B. die *Interkommunion* zwischen Christen unterschiedlicher Konfession; die *Zulassung wiederverheirateter Geschiedener zum „Tisch des Herrn"*. Priester, die in ökumenischem Geist die Interkommunion praktizierten, indem sie die Konzelebration zusammen mit einem evangelischen Pastor veranstalteten oder auch nur einem Nichtkatholiken das „Brot des Herrn" reichten, wurden vom demnächst seliggesprochenen Wojtyla-Papst aus dem Amt gejagt und von Ratzinger, der an allen derartigen Entscheidungen und Disziplinarmaßnahmen seines Vorgängers beteiligt war, bis heute nicht in ihr Amt zurückgeholt. Das ist in Wahrheit die eucharistische Liebe Benedikts XVI.!

Ähnlich verhält es sich mit den wiederverheirateten Geschiedenen. Sie dürfen weiterhin nicht in den Genuss der Eucharistie kommen. Mitleid und Barmherzigkeit als Frucht der eucharistischen Liebe des Papstes für sie? Fehlanzeige! Da war der alte Josef Ratzinger als Kardinal stur-rigoros, und das bleibt in dieser Hinsicht auch der neue Benedikt. Menschliche Not-Situationen in ihrer Komplexität beachten oder gar begreifen war und ist seine Sache nicht, wie er ja auch schon als oberster Seelsorger der Erzdiözese München mit den Nöten seiner Priester und Laien nicht recht fertig wurde. Lieber predigt er enthoben und entrückt, aber unverbindlich-verantwortungslos über die Liebe Gottes zu allen Menschen. Dabei weiß jeder Psychologe, wie manche Ehe derart zur Hölle ausarten kann, dass die Trennung der einzige Ausweg ist, der auch neue Möglichkeiten des Menschseins und der Liebe eröffnet.[88] Solchen Geschiedenen dann auch noch die „hl. Kommunion" vorzuenthalten, ist der Gipfel der Lieblosigkeit!

Aber die Ehe, so wird mancher einwenden, ist halt ein so großer christlicher Wert, dass daran nicht gerüttelt werden darf, die Geschiedenen daher das Opfer des Ausschlusses von der Eucharistie zugunsten des Wertes der Ehe eben bringen müssen. Das klingt halbwegs einleuchtend, nur stimmt hier vorn und hinten nichts. Vielmehr zeigt sich da schon wieder, dass die Kirche und der Papst wie bei Opfertod Christi und Auferstehung so auch bei der Ehe eine ganz andere Lehre vertreten als der Meister. Wir sagten bereits: In der Logienquelle Q tritt Jesus als Wanderprediger auf, der Heimatlosigkeit, Familiendistanz, Besitzkritik und Gewaltlosigkeit predigt und lebt. Selbst die kanonischen Evangelien, die die Kirche allein gutgeheißen hat, können das nicht ganz verleugnen. Jesus hat in ihnen ein ausgesprochen kühles, teilweise ablehnendes Verhalten zu seiner Mutter Maria, auch zu seinen Geschwistern.[89] Und welche „christliche" Kirche, welcher Kirchengläubige könnte denn auch schon mit solch radikalen Forderungen leben, wie Jesus sie stellt? „Wenn jemand zu mir kommt und nicht seinen Vater und seine Mutter und sein Weib und seine Kinder und seine Brüder und seine Schwestern und dazu noch sein Leben hasst, kann er nicht mein Jünger sein. Wer nicht mit mir geht, kann nicht mein Jünger sein" (Lk. 14,26f). Die meisten Christen verdrängen diesen anarchischen Jesus total aus ihrem Bewusstsein. Er steht einem kirchlichen, gutbürgerlichen, Ehe und Familie als höchste moralische Werte predigenden Christentum tatsächlich diametral entgegen; er will keinen Familien- und Gesellschaftsfrieden, „sondern Entzweiung" (Lk. 12,51ff); er tritt selbst die grundlegendsten, simpelsten Pietätsakte jeder Gemeinschaft wie das Begraben des eigenen Vaters mit Füßen: „Lass die Toten ihre Toten begraben, du aber folge mir" (Lk. 9,59f).[90]

Im Gegensatz zu Jesu Haltung und Lehre betont der Papst in seiner ersten Enzyklika die zentrale Rolle der Ehe. Unter den zahlreichen Varianten der Liebe erscheint ihm „doch die Liebe zwischen Mann und Frau ... als der Urtypus von Liebe schlechthin, neben dem auf den ersten Blick alle anderen Arten von Liebe erblassen",[91] selbst die Gottesliebe. Hallo, hoppla, könnte man jetzt sagen: Hier wird der Papst doch ganz empirisch, innerweltlich, leitet alle Arten der Liebe nicht mehr von der Gottesliebe ab. Aber der Schein trügt, der scheinbare Widerspruch löst sich auf den zweiten Blick gleich wieder auf. Es war halt nur der erste, oberflächliche Blick, der alles anders erscheinen ließ. Denn alsbald dekretiert Benedikt: „Der Eros verweist von der Schöpfung her den Menschen auf die Ehe, auf eine Bindung, zu der Einzigkeit und Endgültigkeit gehören. So, nur so erfüllt sich seine innere Weisung. Dem monotheistischen Gottesbild entspricht die monogame Ehe. Die auf einer ausschließlichen und endgültigen Liebe beruhende Ehe wird zur Darstellung des Verhältnisses Gottes zu seinem Volk und umgekehrt: Die Art, wie Gott liebt, wird zum Maßstab menschlicher Liebe". So etwas kann natürlich nach Benedikt wiederum keine Empirie, kein „irdisches" Erfahrungswissen leisten, sondern nur die Bibel! „Diese feste Verknüpfung von Eros und Ehe in der Bibel findet kaum Parallelen in der außerbiblischen Literatur".[92]

Was wir da vor uns haben, ist wieder die deduktionistische Metaphysik, sprich: von aller realen Erfahrung abgehobene Theologie Ratzingers, die alles von oben nach unten regelt, die genau weiß, was Gott will, was er sich bei seiner Schöpfung gedacht hat, in diesem Fall bei der Erschaffung von Mann und Frau. Schade nur, dass Jesus diesbezüglich offenbar etwas anders denkt als der Papst, dass er die Ehe, diesen nach Ratzinger und CDU-Politikern so entscheidenden „christlichen Grundwert", für nicht so „einzig und endgültig" ansieht wie sein vermeintlicher Stellvertreter auf Erden.

Aber hat Jesus die Einehe und ihre Unauflösbarkeit nicht auf das Entschiedenste verteidigt, und widerspricht diese Verteidigung nicht den obigen Ausführungen? In der Tat, Jesus hat laut den Evangelien scharfe Worte gegen den Ehebruch ausgesprochen (Mt. 5,27f) und verurteilt die Ehescheidung. Im Markus- und Lukasevangelium bedingungslos (Mk. 10,2-12; Lk. 16,18), bei Matthäus mit einer Ausnahme, der Unzucht: »Wer seine Frau entlässt, außer wegen Unzucht, und eine andere heiratet, begeht Ehebruch« (Mt. 19,9).

Es deutet aber alles darauf hin, dass Jesus in dieser Frage ein Zweiklassensystem vorschwebte: eine höhere Klasse der frei Lebenden und Liebenden und eine untere Klasse der Verehelichten. Wenn verheiratete Männer im alten Äon, in den alten Verhältnissen bleiben und ihm nicht folgen wollen, dann sollen sie gefälligst auch ihre Ehe aufrechterhalten und ihrer Ehefrau treu bleiben. Dann sollen sie sie auch nicht mir nichts dir nichts entlassen können. „Wenn ihr schon", so könnte man die diesbezügliche Überzeugung des Meisters und seine fiktive Rede an die Ehemänner ausdrücken, „meinen Lebensstil nicht nachahmen wollt, diese freie, ungebundene, sorglose Lebens- und Liebesweise, wenn ihr eine einzige Frau ganz und gar für euch haben wollt, dann könnt ihr sie auch nicht ohne weiteres verstoßen, dann seid ihr nämlich mit ihr ein Fleisch, ein einziger Leib."[93]

Wir sehen also jeweils zwei Klassen in der Vorstellungswelt Jesu: oben die Kontemplativen, die frei und ungebunden Lebenden und Liebenden, die Reichtum und Besitz Aufgebenden oder nicht Anstrebenden – unten die praktisch Dienenden, die dann gefälligst mit ihrer Arbeit und ihrem Geld für die da oben zu sorgen haben. Und die Verehelichten unter ihnen sollen sich dann auch die Treue bewahren, da sie ja kein höheres Ziel, wie das in der Liebeskommune Jesu vorweggenommene Gottesreich, anstreben: Nur um dessentwillen wären sie befugt, die Ehe hinter sich zu lassen. Bleiben die Reichen und Besitzenden, die nicht gewillt sind, ihr Vermögen in die Jesusgemeinschaft einzubringen: Ihnen gilt das schreckliche Wehe des Meisters in ganz besonderer Weise. Während er noch den reichen jungen Mann durchaus nicht verurteilt, kritisiert er andere auf ihrem Besitz beharrende Personen sehr scharf – auch dies ein Hinweis auf den Zwiespalt und die stark wechselnden Stimmungen im Charakter Jesu.

Theologen, die sich ein liberales Image geben möchten, und Schriftsteller, die unserer scheidungsfreudigen Zeit Konzessionen einräumen wollen, machen es sich zu leicht, wenn sie zeitgeistkonform behaupten, Jesus habe „von Ehe um jeden Preis nie gesprochen", er fordere „zu einer Treue und Wahrhaftigkeit auf, die auch bereit ist, eine Scheidung auf sich zu nehmen".[94] Die Wahrheit ist: Der neutestamentliche Jesus hat tatsächlich die Scheidung rigoros verboten. Aber eben nur der einen Klasse von Menschen, denen, die nicht nach seinem höheren Lebens- und Gottesreichideal leben wollen. Von der Klasse derer, die nach diesem Ideal zu leben bereit waren, forderte er noch viel Rigoroseres, eben auch die Scheidung, die Trennung von allen Familien-, Ehe- und Blutsbindungen, von allem, woran sie hingen, was ihnen bisher das Teuerste, Wertvollste, Liebste war. „Wenn jemand zu mir kommt und nicht Vater und Mutter und Weib und Kinder und Brüder und Schwestern und dazu auch sein eigenes Leben hasst, kann er nicht mein Jünger sein" (Lk. 14,26). In seiner rigorosen Ethik für die höhere Klasse der Menschen, für jene, die ihm bedingungslos folgen sollen, betont er geradezu mit aller Entschiedenheit, dass er gar keinen Familien- oder Gesellschaftsfrieden will. Im Gegenteil: „Feuer auf die Erde zu bringen bin ich gekommen, und wie sehr wünschte ich, es wäre schon entfacht! ... Meint ihr, dass ich gekommen sei, Frieden auf der Erde zu schaffen? Nein, sage ich euch, sondern Entzweiung""(Lk. 12,49; 51). Durch seine Ankunft, seine Predigt, seine Nachfolge sollen die Menschen sich entzweien: „Denn von jetzt an werden fünf in *einem* Haus entzweit sein, drei mit zweien und zwei mit dreien. Es werden entzweit sein der Vater mit dem Sohn und der Sohn mit dem Vater, die Mutter mit der Tochter und die Tochter mit der Mutter, die Schwiegermutter mit ihrer Schwiegertochter und die Schwiegertochter mit der Schwiegermutter" (Lk. 12,52f).

Da tigern die neuen Inquisitoren, die Sektenbeauftragten der beiden »christlichen« Großkirchen überall herum, um Beweise für die Familienfeindlichkeit der neuen Religionen und Sekten zu finden, gründen Kommissionen und Vereine zum Schutz verunsicherter Eltern, denen die Sekten vermeintlich ihre Tochter, ihren Sohn abspenstig gemacht haben. Der Staat, erschreckt durch das hysterische Aufheulen der Kirchen, sieht sich selbst und die Gesellschaft in höchster Gefahr und unterstützt all diese Neugründungen gegen die »familienfeindliche Sektenseuche« mit finanziellen Mitteln. Die Wahrheit ist: Wenn und wo die neuen religiösen und pseudoreligiösen Bewegungen Familien entzweien, zerspalten, Kinder von ihren Eltern trennen sollten, was in den meisten Fällen gar nicht bewiesen ist, wären sie absolut christlich, urchristlich sozusagen und jesuskonform! Sie folgten dem radikalen Anarchisten Jesus in Bezug auf ein höheres Klassenrecht der Auserwählten. Mit Recht betont ein christlicher Bestsellerautor, der Wert darauf legt, »praktizierender Katholik«[95] zu sein, die starke Familienfeindlichkeit der Lehre Jesu: „Familienbande bedeuteten ihm nichts ... Leibliche Verwandtschaft – Mutter, Brüder, Schwestern, Ehefrauen, die Toten der Familie – spielte für ihn keine Rolle ... In seinem Szenario zählten nicht Familienbindungen, sondern Treue zu der einzigen Person, die Zugang zum Gottesreich verschaffen konnte: ihm selbst." Am Ende, so behauptet dieser Theologe, müsse die jesuanische Familienethik „zur persönlichen und gesellschaftlichen Katastrophe führen".[96]

Jesu Ethik kreist um ihn selbst als absoluten, bedingungslosen Mittelpunkt. Alles bezieht er im Glaubens- und Sittenbereich auf sich, und von der Haltung und Einstellung zu ihm macht er das ganze Heil eines jeden abhängig. „Wer Vater oder Mutter mehr liebt als mich, ist meiner nicht wert; wer ... mir nicht nachfolgt, ist meiner nicht wert ... wer sein Leben verliert um meinetwillen, der wird es finden" (Mt. 10,37-39). Und wieder verbindet Jesus an dieser Stelle seine aggressive Familienfeindlichkeit argumentativ damit, nicht den Frieden, sondern das Schwert gebracht zu haben (Mt. 10,34). Feministische Theologinnen wissen sich bei solchen Stellen der Evangelien in ihrem durch nichts zu erschütternden Enthusiasmus für Jesus nur dadurch zu helfen, dass sie sie Fremdeinflüssen zuschreiben, die zu Jesu Denkungsart im Widerspruch stünden! Die ehe- und familienfeindlichen Aussagen Jesu müssten »essenischen Ursprungs« sein. Ehe- und familienfeindliche Sprüche aus Qumran seien „schon Jesus in den Mund gelegt und ihm angedichtet worden". Die „aggressive Sektenmentalität ... scheint von der Qumransekte in das frühe Christentum eingedrungen zu sein"."[97] Es bedarf hier tatsächlich „erheblicher, von starkem Wunschdenken bestimmter >dialektischer< Um- und Hineininterpretationskünste",[98] um einen von aller Ehe- und Familienfeindlichkeit fein säuberlich gereinigten Jesus aus den Evangelien herauszufiltern. Entsprechende Anstrengungen in dieser Richtung sind den verzweifelten Bemühungen eines Schwarzen zu vergleichen, der den Ku-Klux-Klan reformieren möchte.

Dabei zeigt der neutestamentliche Jesus gerade hier, d.h. bezüglich seiner Familienfeindlichkeit, eine weitgehende Übereinstimmung zwischen Lehre und Leben, was sonst nicht immer seine Stärke ist. „Jesus hat Familien auseinandergerissen, auch seine eigene", gesteht der sonst zu jeder Schönfärberei in Bezug auf die makellose Vollkommenheit Jesu bereite Franz Alt.[99] Vorsichtiger, aber in der Sache kaum weniger hart urteilt der jüdische Religionswissenschaftler Schalom Ben-Chorin: Das Verhältnis Jesu zu seiner Familie, insbesondere zu seiner „armen Mutter" sei offenbar ein „gespanntes", ja ein von Grund auf „gestörtes" gewesen, es stelle „einen eklatanten Verstoß gegen das Gebot der Elternehrung" dar, „das im Judentum immer besonders hochgehalten wurde".[100] H. C. Zander spricht von dem „schlimmen Zerwürfnis" Jesu mit seiner Familie[101] und P. de Rosa von der Nichtigkeit und Bedeutungslosigkeit der Familienbande, der leiblichen Verwandtschaft für den Nazarener.[102]

Nicht einmal der leiseste Gedanke kommt dem Papst in seiner ersten Enzyklika, einmal die Naturwissenschaften, die empirische Anthropologie, die Soziologie, die Ethnologie etc. bezüglich des Problems »Monogamie oder Polygamie« zu befragen. Nein, „die Schöpfung verweist den Menschen auf die Ehe ... Dem monotheistischen Gottesbild entspricht die monogame Ehe".[103] Basta!

i) <u>Glauben und Wissen, Evolution und Gottesbeweise - die Stellung der Enzyklika</u>

Viele Theologen mit Ratzinger an der Spitze sind einfach unfähig, Glauben und Wissen reinlich zu unterscheiden. Sie setzen ihren ihnen seit der Kindheit eingetrichterten Glauben mit Wissen und Wissenschaft gleich oder stellen ihn als die höhere Wissenschaft hin. Ratzingers Schüler z.B., der Kardinal Schönborn von Wien, der mit seinem Meister und einigen anderen Theologen und Bischöfen auch den Weltkatechismus Johannes Pauls II. erstellte, widmete sich zwar in zwei ziemlich bekanntgewordenen Aufsätzen dem Thema »Theologie und Evolution«, aber ebenfalls er blieb unfähig, im Rahmen dieser Problematik auch das Gottesbild und folglich auch das Ehebild zu hinterfragen. Kaum etwas Empirisches – wohlgemerkt, in Ausführungen zum Thema Evolution! – störte seine Überlegungen.

Nein, Gott hat die Evolution ins Dasein gerufen, ebenso die Ehe, ohne ihn gäbe es sie nicht. Punkt, Schluss! Einen theologischen „Beweis" dafür liefert uns Schönborn natürlich. Aber er sagt einem Naturwissenschaftler, nicht einmal einem gewöhnlichen Sterblichen irgend etwas. „Was hält alles im Dasein?" fragt der Kardinal. Die simple Antwort: „Gott hält alles, was ist, im Sein. Ohne diesen Halt wäre es nicht". Auch „das Wirken, das Wirkenkönnen aller Dinge" in der Evolution „wird von diesem ,Urwirken' des Schöpfers erhalten". Der „Beweis", dass dem so ist: „Nichts von dem, was materiell existiert, ist ,notwendigerweise' da. Es könnte auch nicht sein". Und „auch das Wirken aller Dinge ist ,kontingent', nicht notwendig, es könnte auch anders sein"" In der Mentalität eines Kardinals ist dann alles ganz einfach. Alles ist kontingent, nicht notwendig. Gott aber ist notwendig. Also muss Gott die Dinge und ihre Evolution erschaffen haben.[104]

Schönborn führt einfach eine unbekannte Größe, Gott, ein und glaubt damit, alle Probleme gelöst zu haben. Von Immanuel Kant scheint er noch nichts gehört zu haben, der alle scholastischen Gottesbeweise, die sogenannten quinque viae (und einer davon ist Schönborns Beweis aus der Kontigenz der Welt) widerlegt hat. Eine lange Reihe von Philosophen hat im Gefolge Kants weitere triftige Argumente gegen den Kontigenz-, den Kausalitäts-, den kosmologischen und den teleologischen Gottesbeweis ins Feld geführt. Der Dominikaner Schönborn bleibt davon unberührt, er folgt dem Vorbild seines mittelalterlichen Lehrers Thomas von Aquin, der die neuzeitliche und moderne, durch die Ergebnisse der Naturwissenschaften gestützte Kritik an den Gottesbeweisen ja noch nicht kennen konnte, insofern entschuldbarer ist als der heutige Kardinal.

Man kann nicht einfach ein Wesen, das man Gott nennt, in ein Denksystem einführen und von desem Wesen dann sagen, es habe alles verursacht, alles geschaffen. Wer so vorgeht, wird sich den Vorwurf der petitio principii, also den logischen Fehler der Unbewiesenheit und Willkürlichkeit des Anfangsprinzips einhandeln. Denn wenn einer behauptet, das Universum sei von Gott erschaffen, dann muss er auch auf die Frage antworten, wer denn Gott erschaffen habe. Wenn er dann entrüstet antwortet, Gott habe niemand erschaffen, er sei unverursacht und existiere seit Ewigkeit, so wird ihm der Kritiker entgegenhalten, dass dann freilich auch das Universum ursachlos-zufällig seit Ewigkeit (in tausenderlei Wandlungen) bestehen kann. Der berühmte englische Philosoph Bertrand Russell kleidete diesen Gedankengang unwiderlegbar und unmissverständlich in die Worte: „Wenn alles eine Ursache haben muss, dann muss auch Gott eine Ursache haben. Wenn es etwas geben kann, das keine Ursache hat, kann das ebensogut die Welt wie Gott sein, so dass das Argument bedeutungslos wird."[105] Ironisch-süffisant pflegte der alte Schopenhauer zu sagen, die Christen würden den Gaul des Kausalgesetzes ausgerechnet dort ausspannen, wo es am interessantesten werde, nämlich bei Gott.

Der Monotheismus, die Existenz Gottes wird vom Ratzinger-Papst wie von seinem Katechismus-Mitarbeiter Kardinal Schönborn als Selbstverständlichkeit gehandelt, als feststehende, nichthinterfragbare Voraussetzung für alles und jedes. Die Ehe? Gott hat sie eingesetzt. Die Evolution? Gott hat sie geplant und realisiert. Die Existenz des gesamten Universums? Gott hat es geschaffen. Das Leid in der Welt, in der Evolution, das Gesetz des Fressens und Gefressenwerdens in ihr? Gott hat das so gewollt. Man müsse es hinnehmen. Der Monotheismus eines Ratzinger, Schönborn, praktisch aller katholischen und evangelischen Theologen stoppt also den kausalen Denkprozess, diese unentbehrliche Grundlage von Logik, Wissenschaft, von klarem, einsichtigem Verstehen und Wissen, willkürlich an einer bestimmten Stelle, nämlich durch die Annahme eines Gottes, der nicht mehr hinterfragt werden darf.[106] Ab hier darf nicht weitergedacht werden!

Die Theologie der beiden christlichen Großkirchen hat vor allem in den letzten Jahrhunderten, in denen eine zeitgemäße Erneuerung ihres Gottesbildes dringend erforderlich gewesen wäre, tief geschlafen. Sie ist in Bezug auf die unbedingt notwendigen Veränderungen ihres Gottesbildes steril und leichenhaft erstarrt. Selbst die fortschrittlichsten Theologen, die fast jedes Dogma der Christologie und Mariologie scharfer Kritik unterziehen, tun so, als ob das Dogma vom unendlich vollkommenen, allmächtigen und personalen Gott über jeden Zweifel, jede Kritik erhaben sei.[107] Zwar hat sich das kirchliche Lehramt endlich und mehr stillschweigend als offiziell dazu durchgerungen, »die Evolution freizugeben«, d.h. Theologen, die sich zu ihr bekennen, nicht mehr zu verfolgen, wie man das noch mit Teilhard de Chardin gemacht hatte. Aber selbst die »mutigsten« Theologen, die nun großspurig verkünden, die Tatsache der Evolution beweise, dass Gott der Schöpfer die Welt in ihre Eigenursächlichkeit und Eigengesetzlichkeit freigegeben habe, denken nicht im Traum daran, daraus Konsequenzen für ihre Gotteslehre zu ziehen. Feministische Theologinnen haben wenigstens das dominant patriarchalisch-maskuline Gottesbild des kirchlichen Christentums attackiert und gefordert, man möge es doch um die Komponente des Weiblichen, Mütterlichen etc. erweitern. Aber selbst die kühnsten Befreiungstheologen, die die Freiheit der kirchlich und staatlich gegängelten Katholiken Südamerikas erreichen möchten, haben das völlig statische Bild eines absolut fertigen, unveränderbaren christlichen Gottes nie in Frage gestellt. Alle christlichen Theologen des gesamten Spektrums von links bis rechts geben vor, genau zu wissen, was Transzendenz bedeutet. Keine Chiffre im Sinne von Karl Jaspers, sondern einzig und allein den unantastbaren, über jeden Zweifel erhabenen, unendlich vollkommenen, persönlichen Gott des kirchlichen Lehramts. Hierin stimmen sogar die progressivsten evangelischen und katholischen Theologen mit ihren Kirchenzentralen voll überein.

j)   Das Problem des Übels in der Welt und Ratzingers „Antwort"

Die Theologie der Kirchen macht sich auch kaum Gedanken darüber, dass eine Welt, die ihr Gott geschaffen hat, infolge seiner angenommenen unendlichen Vollkommenheit doch weit besser beschaffen sein müsste, als sie es tatsächlich ist. Es ist die Theodizeefrage, die Unzählige an der Güte Gottes angesichts der Unermesslichkeit und brutalen Intensität des Leidens in der Welt verzweifeln lässt. Müsste nicht eine von Gottes Güte und Weisheit erschaffene Welt leuchtender Nachglanz seiner Herrlichkeit, verklärtes Abbild seiner Vollkommenheit, zwar endlicher, aber überzeugend vom Urbild zeugender Widerschein der Sonne Gottes sein? Die reale Welt aber macht einen ganz anderen Eindruck. Schon in der Natur ist Grausamkeit in Gestalt der unbarmherzigen biologischen Auslese und des Lebens der höheren Arten auf Kosten der niederen zwar nicht einziges, aber doch wesentliches Prinzip, Prinzip der Höherentwicklung und Vervollkommnung. In der Menschenwelt steigern sich alle negativen Momente der Biosphäre zu tiefer Tragik, weil hier um sich selbst wissendes Bewusstsein in Schmerz und Leid den Tod denkend vorwegnimmt, den Schleier der Vergänglichkeit, der über allen Dingen liegt und einen Tropfen Schwermut auch noch in jede Freude hereinträgt, überall wahrnimmt und das Nagen des Nichts an den Grundfesten des eigenen Seins ständig dumpf erfährt. Millionen von Menschen, die durch die Höllen des 20. Jahrhunderts geschritten sind, stimmen mit dem Bekenntnis eines streng katholisch erzogenen Mannes überein: „Gut, dass es den persönlichen Vatergott nicht gibt und dass ich an ihn nicht zu glauben brauche, sonst müsste ich in ihm den schrecklichen Demiurgen sehen, der unter anderem Phosphor und Napalmbomben auf Kinder herabregnen und Hekatomben in Gaskammern elendiglich verrecken lässt."

An der Theodizeefrage zerbrechen im Grunde alle Theorien, die sich der Mensch von Gott macht. In ihrem Licht erweisen sich die Vorstellungen Gottes als höchstes Wesen und vollkommenes Sein, als krönender Abschluss des Weltentwurfs, als Ruhe- und Zielpunkt der menschlichen Sehnsucht als menschlich-allzumenschliche Konstruktionen, die die real-praktische Bewährungsprobe nicht bestehen.

Nichts von alledem lesen wir in Ratzingers Enzyklika der Liebe. Ihr fehlt das Sensorium dafür. Wie er die Monogamie, die Einehe, vom nichthinterfragbaren Monotheismus, vom Eingottglauben ableitet, sie mit diesem Gott begründet, so auch die Evolution, die Existenz der Welt, das Leid in dieser Welt, das ihn nicht weiter schert. Die unbewiesene Voraussetzung: Gott darf nicht angezweifelt werden. Jeder Zweifel an einer von der Kirche festgesetzten Glaubenswahrheit, tönte er als Kardinal und oberster Glaubenswächter in seinem berühmt-berüchtigten »Glaubensrapport«, sei Todsünde und Häresie. Wenn jeder Zweifel an der Existenz Gottes verrucht ist, dann darf selbstverständlich auch das furchtbare Leiden in der Tier- und Menschenwelt kein Argument gegen ihn sein. Wenn's um Gott geht, um seine Verteidigung, werden Theologen und vor allem Theologenfürst Ratzinger total gefühllos gegenüber dem Leid der Welt. Es ist natürlich auch eine »apologia pro vita sua«, eine Verteidigung und Rechtfertigung ihres eigenen Lebens, wenn sie hier – beim Leid von Menschen und Tieren – so unerbittlich und gefühlskalt werden. Denn wenn sie Gott negierten, wären sie arbeitslos. Deswegen dreht sich bei Theologen, Päpsten, Kardinälen, Bischöfen und Priestern alles um Gott, aber Gott ist nur der Geheimname für ihre Existenzsicherung, ihren Berufsschutz.

Daher auch die lahmen Erklärungen der Liebesenzyklika Ratzingers zum Problem des Übels in der Welt, das so gar nicht zu einem vollkommenen, allgütigen und allmächtigen Gott passen will. Um es gleich vorwegzunehmen: Lösen kann natürlich auch nicht der vermeintlich intelligenteste aller heutigen Kirchentheologen das Problem, wie das ungeheure, keineswegs nur vom freien Willen des

Menschen verursachte Leid der Welt mit einem liebenden Vatergott in Einklang zu bringen sein soll. Ratzinger nimmt wie alle Theologen und Priester, wenn sie nicht mehr weiter wissen, die Zuflucht zum *Geheimnis*. Und er beruft sich dabei auf seinen theologischen Übervater und Gewährsmann, dem er in fast allen seinen Schriften bei wichtigen Fragen immer wieder folgt, auf Augustinus, den Kirchenvater am Ausgang der Antike und im Übergang zum frühesten christlichen Mittelalter, der nach einem Luderleben par excellence die Konversion zum Christentum schaffte und die böse Welt als »massa damnata«, als zur Hölle verdammte Masse, der »civitas Dei«, dem Gottesstaat gegenüberstellte. Also dieser „Augustinus gibt", so Benedikt in seiner Enzyklika, „auf dieses unser Leiden die Antwort aus dem Glauben: >Si comprehendis, non est Deus – Wenn du ihn verstehst, dann ist er nicht Gott<".[108] Ratzinger will damit sagen: es ist nicht etwa so, dass es die Lösung des Theodizee-Problems nicht gibt. Gott kennt sie und hat sie in der Hand. Er behält sie lediglich aus seinem weisen Ratschluss heraus allein für sich. Es ist eben das Geheimnis der nie ganz verstehbaren Übergröße Gottes gegenüber der Kleinheit des Menschen. Wir sollen nicht verstehen, sondern glauben!

Für die Machthaber in der Kirche ist es enorm wichtig, dass ihre Untertanen nicht alles wissen, dass man ihnen vorgaukelt, im Besitz eines *Geheimnisses* zu sein, denn das erhöht den Respekt, ja die Bewunderung für die das Geheimnis Besitzenden und deren Autorität. Deswegen lässt auch Dostojewski, einer der großen Klassiker der Weltliteratur, im »Pro und Contra« überschriebenen »Fünften Buch« seines wohl bedeutendsten Romans „Die Brüder Karamasow" den Großinquisitor zu dem wiedererschienenen Christus sagen: Wir haben „das Recht, ein Geheimnis zu predigen und die Menschen zu lehren, wichtig sei nicht der freie Entschluss ihres Herzens und nicht die Liebe, sondern das Geheimnis, dem sie blind gehorchen müssten, selbst gegen ihr Gewissen ... Und die Menschen freuen sich, dass sie wieder geführt wurden wie eine Herde und dass ihnen die furchtbare Gabe, die ihnen soviel Qual gebracht hatte, endlich vom Herzen genommen war."[109]

Deshalb sagt auch der ehemalige Großinquisitor Ratzinger und jetzige Papst Benedikt in seiner ersten Enzyklika: „Der betende Christ bildet sich selbstverständlich nicht ein, Gottes Pläne zu ändern, oder zu verbessern, was Gott vorgesehen hat." Er „bittet" lediglich um „den Trost seines Geistes ... Eine echt religiöse Grundhaltung vermeidet, dass der Mensch sich zum Richter Gottes erhebt und ihn anklagt, das Elend zuzulassen, ohne Mitleid mit seinen Geschöpfen zu verspüren." Der Mensch solle sich nicht „anmaßen, unter Berufung auf die Interessen des Menschen gegen Gott zu kämpfen", denn sonst gerate er in „die Fänge fanatischer und terroristischer Lehren".[110] Wirklich starker Tobak, womit Liebespapst Ratzinger hier droht! Wohlgemerkt: Er droht Menschen guten Willens, die er in der Gefahr sieht, Fanatiker und Terroristen zu werden, nur weil sie mit dem Problem des ungeheuren Leidens Unschuldiger in dieser Welt nicht fertig werden!

k) »Humanistische« oder »autoritäre Religion« - wofür steht die Enzyklika?

Ratzinger sollte in diesem Zusammenhang auch nicht von „echt religiöser Grundhaltung" sprechen, vielmehr von „kirchlicher Grundhaltung", für die der Gehorsam gegenüber der Kirche und dem von ihr gelehrten Gott tatsächlich wichtiger ist als Liebe und Vernunft. In der Religionspsychologie unterscheidet man ja zwischen dem Typus der »humanistischen Religiosität« und dem der »autoritären Religiosität«, die der von der Hierarchie gewünschten und verordneten »kirchlichen Grundhaltung« entspricht. Der Psychologe und Psychoanalytiker Erich Fromm umschreibt diese autoritär-kirchliche Religiosität folgendermaßen: „Ursprünglich ist der Mensch ein Herdentier. Seine Handlungen bestimmt ein instinktiver Impuls, dem Führer zu folgen und mit seinesgleichen engen Kontakt zu haben. Soweit wir >Schafs-Naturen< sind, gibt es keine größere Bedrohung unserer Existenz als den Verlust des Kontakts mit der Herde und die daraus folgende Isolierung. Was recht und unrecht, wahr und falsch ist, entscheidet die Herde" oder eben der unfehlbare Führer, bei Katholiken der Papst. „Soweit wir Schafe sind, ist die Vernunft in Wahrheit nicht unser Führer. Wir lassen uns von einem ganz anderen Prinzip leiten: von unserer Zugehörigkeit zur Herde."[111]

Fromm gibt uns mit dieser Aussage klar und unmissverständlich den Grund an, warum die Päpste, allen voran Johannes Paul II., aber ähnlich der ihm auch in dieser Hinsicht nacheifernde Benedikt XVI. (mit Großkundgebungen in Köln, Polen, Regensburg usw.) immer wieder Hallelujah schreiende Massenveranstaltungen brauchen, um das Zusammengehörigkeitsgefühl ihrer Untertanen zu festigen; des weiteren auch den Grund, warum Katholiken, die nichts mehr von ihrer Kirche halten, oft den letzten Schritt des Austritts aus ihr nicht wagen, eben weil sie Angst haben, ohne die Stallwärme der Herde nicht auskommen zu können, sei diese auch noch so miefig. Deswegen warnt auch Ratzinger in seiner ersten Enzyklika den Gläubigen: „Auf wen soll er sich verlassen, wenn das menschliche Handeln sich als machtlos erweist."[112] „In betendem Dialog" soll er mit seiner Frage „vor seinem Angesicht ausharren: >Wie lange zögerst Du noch, Herr, Du Heiliger und Wahrhaftiger?<". Aber der Christ soll zeigen, dass er „Gott nicht herausfordern, noch ihm Irrtum, Schwäche oder Gleichgültigkeit unterstellen will". Schön brav also, was immer auch kommen mag, selbst wenn ein Erdbeben das eigene Kind unter den Trümmern begräbt, eine Überschwemmung die

Schwester oder den Bruder mit sich hinwegspült! Denn „dem Glaubenden ist es unmöglich zu denken, Gott sei machtlos, oder aber er >schlafe<". Soll doch „sogar unser Schreien ... die äußerste und tiefste Bestätigung unseres Glaubens an seine Souveränität" sein. Wir haben „gefestigt in der Hoffnung" zu sein, „dass Gott ein Vater ist und uns liebt, auch wenn uns sein Schweigen unverständlich bleibt". Und wir haben „die Tugend der Geduld" zu üben, „die im Guten auch in der scheinbaren Erfolglosigkeit nicht nachlässt", und „die Tugend der Demut, die Gottes Geheimnis annimmt und ihm auch im Dunkeln traut."[113] Wahrhaftig, eine typischere und konkretere Beschreibung der »autoritär-kirchlichen Religiosität«, als sie die Enzyklika gibt, kann es wohl kaum geben.

Es nützt alles nichts. Die Medien mögen noch so laut tönen, Ratzinger sei der brillanteste Denker unter den Theologen, und die katholische Kirche unter ihm erlebe auch wieder einen intellektuellen und religiösen Aufschwung. Die Wahrheit ist nüchterner und sie bleibt bestehen, die Wahrheit nämlich, dass der Katholizismus eine relativ primitve Religionsform ist, eine Religion für die geistig Schwachen und Zurückgebliebenen, die eine autoritär-patriarchalische, eben eine Vater-Religion brauchen oder, wie Ratzinger es sagt, die „in der Hoffnung gefestigt sind, dass Gott ein Vater ist und uns liebt". Somit ist die katholische Kirche in einem Zwischenstadium der religiösen Entwicklung und Reife steckengeblieben. Denn „in der Geschichte der Menschheit sehen wir – oder können wir – diese Entwicklung antizipieren: von der Liebe zu Gott als der hilflosen Bindung an die Mutter-Göttin über die gehorsame Bindung an einen väterlichen Gott zum Stadium der Reife, in dem Gott keine außerhalb des Menschen stehende Macht mehr ist, in dem der Mensch die Prinzipien von Liebe und Gerechtigkeit selbst verkörpert und in dem er mit Gott eins geworden ist und wo er von Gott nur in einem poetischen, symbolischen Sinn spricht".[114]

Ein Mensch, der die Kirche braucht, ist noch unreif, steckt noch immer in der „infantilen Situation", in der man einen Vater braucht. Er „überträgt einen Teil der kindlichen Liebe und Angst, aber auch der Abneigung auf eine Phantasiegestalt, auf Gott. Daneben aber auch auf Gestalten der Realität, nämlich auf die Repräsentanten der herrschenden Klasse", seien es Staatsmänner oder Kirchenfürsten wie der Papst oder die Bischöfe. Der infantil gebliebene Erwachsene „sieht in den Herrschenden die Mächtigen, Starken, Weisen, Ehrfurchtgebietenden, glaubt daran, dass sie es gut mit ihm meinen und nur sein Bestes wollen, weiß, dass jede Auflehnung gegen sie bestraft wird, und ist befriedigt, wenn er durch Gefügigkeit ihr Lob erringen kann. Es sind ganz die gleichen Gefühle, die er als Kind dem Vater gegenüber hatte, und es versteht sich, dass er ebenso geneigt ist, kritiklos an das zu glauben, was ihm von den Herrschenden als richtig und wahr dargestellt wird, wie er als Kind gewohnt war, dem Vater für jede Behauptung kritiklos Glauben zu schenken". Natürlich tut auch die herrschende Klasse in Staat und Kirche alles, um sich „dem Unbewussten der Masse als Vaterfigur suggestiv aufzunötigen". Und sie tut es mit der Droge »autoritäre Religion«: „Eines der wesentlichsten Mittel zu diesem Zweck ist die Religion", schreibt Erich Fromm, und er fügt hinzu, dass „in dieser psychologischen Situation, der der infantilen Gebundenheit der Beherrschten an die Herrschenden, eine der wesentlichsten Garantien der gesellschaftlichen Stabilität liegt".[115]

Diese Kirchenanalyse Fromms stimmt in ihren Ergebnissen mit Sigmund Freuds Einsichten überein. Der letztere hatte ja unter anderem seine Forschungen auch auf zwei sehr analoge „künstliche Massen" gerichtet, auf „Kirche und Heer", und dabei festgestellt, dass die einzelnen in diesen infantil und realitätsuntüchtig gebliebenen Massen an ihren Vater oder Führer libidinös gebunden seien und dass diese Vaterfigur auf sie wie ein Hypnotiseur wirke: „Der Hypnotiseur behauptet, im Besitz einer geheimnisvollen Macht zu sein, die dem Subjekt den eigenen Willen raubt, oder, was dasselbe ist, das Subjekt glaubt es ihm. Diese geheimnisvolle Macht – populär noch oft als tierischer Magnetismus bezeichnet – muss dieselbe sein, welche den Primitiven als Quelle des Tabu gilt, dieselbe, die von Königen und Häuptlingen ausgeht und die es gefährlich macht, sich ihnen zu nähern (Mana)". Über die Kirche hatte Freud u.a. geurteilt, wesentlich für das Zusammengehörigkeitsgefühl der zu ihr Gehörenden sei die „Vorspiegelung (Illusion), dass ein Oberhaupt da ist ... das alle Einzelnen der Masse mit der gleichen Liebe liebt. An dieser Illusion hängt alles; ließe man sie fallen, so zerfiele sofort, soweit der äußere Zwang es gestattete, Kirche", Christus bzw. sein Stellvertreter, der Papst, spiele die Rolle des „Vaterersatzes".[116]

In der Tat: Wer die fenetischen Beifallsstürme der Massen, die bis zu Ohnmachtsanfällen reichenden Ovationen der Nonnen, die überschwänglichen Sympathiekundgebungen auch von weiten Teilen der nichtkatholischen Presse bei allen öffentlichen Auftritten der Wojtyla- und des Ratzinger-Papstes mitangesehen hat, kommt kaum umhin, hier eine Hypnose, die Massensehnsucht nach leadership oder eben die infantilen Kindheitsfixierungen an die vermeintlich sinnstiftende Leitbildfunktion des Vaters im Sinne der Freud/Frommschen Psychoanalyse anzunehmen; wer die naiv kindlich geweiteten und ergebenen Augen der Millionen Menschen sah, die zu ihrem Oberhirten aufschauten; wer die Kommentare der nie etwas dazulernenden Medien zu diesen Ereignissen las, die darin gipfelten, dass der Papst sich als „die Vaterfigur für viele Jugendliche in einer vaterlosen Gesellschaft"[117] erwiesen habe, der kann nur verzweifelt staunen über den Rückfall weiter Teile unserer Gesellschaft, unserer Kultur hinter die Resultate der psychoanalytischen Aufklärung. Als wenn es diese nie gegeben hätte!

l)	Nochmals das Theodizeeproblem in der Enzyklika

Kommen wir zum Ende von Ratzingers „Weisheit" in Bezug auf die von der kirchlichen Theologie nicht lösbare Problematik der Theodizee-Frage. Es ist bezeichnend, dass der in der autoritären Religionsform des Katholizismus befangene und gefangene Papst auch keine andere Antwort weiß als die: Gott ist Vater, und ein Vater braucht seinen Kindern nicht die Gründe mitzuteilen, warum er etwas so und nicht anders macht! Es wäre heutzutage allerdings das Dümmste, was ein menschlicher Vater täte, wenn er seinen nach Gründen für sein Verhalten fragenden Kindern mit stolz geschwellter Brust entgegnete: „Was wollt denn Ihr? Ich habe die Macht, habe mehr Macht als Ihr, könnte Euch mit meiner Macht erdrücken. Also haltet den Mund und akzeptiert, was immer ich tue."

Genau das aber empfiehlt Ratzinger in seiner Liebesenzyklika den Gläubigen. Er beruft sich dabei auf Ijob, den klassischen, unter den Hieben des Schicksals stöhnenden und Gott nach dem Warum dieser ungerechten Schicksalsschläge fragenden Leidensmann des Alten Testaments. Dem hatte Gott ebenfalls mit dem Hinweis auf seine Macht und seine keine Rechtfertigung brauchenden Machterweise stolz und herrscherlich geantwortet: „Wo warst du, als ich die Erde gegründet? Sag es denn, wenn du Bescheid weißt ... Wer verschloss das Meer mit Toren ... Bist du zu den Quellen des Meeres gekommen, hast du des Urgrunds Tiefe durchwandert ... Mit dem Allmächtigen will der Tadler rechten ... Hast du denn einen Arm wie Gott, dröhnst du wie er mit Donnerstimme?" (Ijob 38,4.8.16; 40, 2.9). Ijob hat verstanden: Mit diesem Gott ist nicht zu spaßen! Daher wählt er den Weg der Unterwerfung und der Demut: „Da antwortete Ijob dem Herrn und sprach: Ich hab' erkannt, dass du alles vermagst; kein Vorhaben ist dir verwehrt ... So habe ich denn im Unverstand geredet über Dinge, die zu wunderbar für mich und unbegreiflich sind ... Darum widerrufe ich und atme auf, in Staub und Asche" (Ijob 42,2-6).[118]

Genau diese „Lösung" des Problems der Vereinbarkeit des Leids mit einem vermeintlich unendlich gütigen und liebenden Gott ist auch der Weisheit letzter Schluss in der Enzyklika Benedikts XVI.: Natürlich kann Ijob und jeder Christ „sich bei Gott beklagen über das unbegreifliche und augenscheinlich nicht zu rechtfertigende Leiden, das in der Welt existiert". Aber „oft ist es uns nicht gegeben, den Grund zu kennen, warum Gott seinen Arm zurückhält, anstatt einzugreifen."[119] Darum sei es ratsamer, mit Ijob vor der Allmacht Gottes zurückzustecken, sich zurückzunehmen: „Darum erschrecke ich vor seinem Angesicht; denk' ich daran, gerate ich in Angst vor ihm. Gott macht mein Herz verzagt, der Allmächtige versetzt mich in Schrecken".[120] Und da wollte doch Ratzinger in seiner ersten Enzyklika Gott als pure Liebe, nichts als Liebe darstellen. Unternehmen in jeder Hinsicht kläglich misslungen!

m)   Ratzinger und die Homosexuellen

Wir haben schon einige gravierenden Mängel und Lücken in dem gefunden, was die erste Enzyklika des Papstes so vollmundig unter Liebe versteht. Ratzinger war nie ein großer Liebender, der die ganze Welt umarmt hätte. Man sieht es auch noch heute bereits an seinem Gesicht, seinem Blick bei öffentlichen Auftritten. Etwas verhalten, etwas misstrauisch, etwas lauernd prüft sein Blick, ob ihn wohl auch alle mögen. In diesem Blick liegt auch sein vom Unterbewussten nach außen projiziertes Wissen, dass doch auch er einige Menschen und Menschengruppen nicht mag: die Mitglieder anderer christlicher Kirchen, denen er das »Kirche sein« abspricht und die Interkommunion verweigert; die geschiedenen Katholiken, die er nicht zum »Tisch des Herrn« zulässt; die Zweifler, die sich nicht ergeben in die geheimen Ratschlüsse Gottes fügen wollen und an dessen Güte angesichts des unverschuldeten Leids in der Welt nicht glauben können und die Ratzinger deshalb der Sünde der Häresie bezichtigt. Diese drei Gruppen haben wir bereits besprochen. Aber da kommen noch weitere hinzu.

Ratzinger mag auch nicht – zumindest offiziell und lehramtlich – die *Homosexuellen*,[121] obwohl diese auf allen Stufen der kirchlichen Hierarchie überproportional vertreten sind. Aber das wird unter der Decke gehalten, und die offizielle lehramtliche Zurechtweisung der Homosexuellen ist vielleicht gerade deshalb im Ton so scharf, weil sie den wahren Zustand in der Hierarchie verschleiern, ja unbedingt wegdekretieren möchte. Immerhin gibt es ja auch einen Fortschritt der Amtskirche in Bezug auf die Homosexuellen. Sie gesteht endlich ein, dass es eine »homosexuelle Veranlagung« gibt,[122] nachdem sie Homosexuelle in allen Jahrhunderten ihres Bestehens diskriminiert, verfolgt, gefoltert, verbrannt, verstümmelt, auf jede nur mögliche Weise bestraft und Katastrophen aller Art – Überschwemmungen, Waldbrände, Erdbeben etc. – als Folge der Todsünde der Homosexualität hingestellt hatte.

Vielleicht erkennt die Amtskirche, vor allem seit Herausgabe des unter der Leitung Ratzingers zustande gekommenen Weltkatechismus Johannes Pauls II. im Jahr 1992 mittlerweile diese homosexuelle Veranlagung ja auch um so lieber an, als sie damit von der nicht anlagemäßigen, sondern in den katholischen Zuchtanstalten (Priesterseminaren, Schülerinternaten, Klöstern, Konvikten etc.) erworbenen Homosexualität vieler ihrer Zöglinge geflissentlich ablenken kann.

Sei's drum. Veranlagung hin oder her. Auch wenn es sie gibt, wie die Amtskirche inzwischen zugibt, sie ist in deren Augen eine unglückliche und eine sündige dazu, wenn sie betätigt wird. Homosexuelle Handlungen sind nach der Wojtyla/Ratzinger-Version des „Katechismus der Katholischen Kirche" eine „schlimme Abirrung", „in sich nicht in Ordnung", „sie verstoßen gegen das natürliche Gesetz", „sie sind in keinem Fall zu billigen".[123] Als Papst Benedikt XVI. bläst Ratzinger ins selbe Horn. In seinem jüngsten Dekret für die Priesteramtskandidaten bekräftigt er: jede homosexuelle Handlung ist ein Akt schwerer Sünde, gerichtet gegen den Plan Gottes, das Naturgesetz. Homosexuellen fehle die „affektive Reife", sie seien beziehungsbehindert, unvermögend, korrekte Beziehungen einzugehen.[124] Ratzinger bleibt also der Großinquisitor der Kirche, auch als Papst, denn das stimmt genau mit dem überein, was er 2003 in der vatikanischen Erklärung gegen die rechtliche Anerkennung homosexueller Lebensgemeinschaften gesagt hatte. Da können die Medien noch so laut die Saulus-Paulus-Wandlung des so gütig gewordenen Ratzingers verkünden. Er bleibt sich treu und schließt wie eh und je trotz seiner »bescheiden-demütig-liebenden« Zuwendung zu allen Menschen die Homosexuellen aus der kirchlichen Gemeinschaft der Gläubigen aus.

Freilich fehlen nicht die üblichen Beschwichtigungen, die den Homosexuellen eher heuchlerisch erscheinen müssen. Man solle ihnen „mit Achtung, Mitleid und Takt begegnen. Man hüte sich, sie in irgend einer Weise ungerecht zurückzusetzen"[125] (gerecht zurücksetzen darf man sie dann wohl?). Es fehlt auch nicht die gute therapeutische Beratung durch die Amtskirche, die für die Homosexuellen wie Hohn klingen muss. Da sie sich sexuell nicht betätigen dürfen, sollen sie sich „mit dem Kreuzesopfer des Herrn vereinen", sollen sie „die Tugenden der Selbstbeherrschung" üben, „die zur inneren Freiheit erziehen", und sich „durch das Gebet und die sakramentale Gnade Schritt um Schritt, aber entschieden der christlichen Vollkommenheit nähern". Denn sie seien „zur Keuschheit gerufen".[126]

Das ist in Wirklichkeit trotz der salbungsvollen Worte Zynismus pur. Da hat ein homosexuell Veranlagter den Drang zum eigenen Geschlechtsgenossen, soll ihn aber nach dem Willen der Kirche und des Ratzinger-Papstes ein Leben lang unterdrücken. Wieder erweist sich der Papst hier als sich selbst widersprechender Prediger leerer Worte. Denn was sollen seine netten Aussagen über die „Verfasstheit des Wesens Mensch, das aus Leib und Seele gefügt ist", der „dann ganz er selbst wird, wenn Leib und Seele zu innerer Einheit finden", wenn doch der Homosexuelle nur Seele sein darf und den Leib ausklammern soll. Benedikt XVI. hat in seiner Liebesenzyklika noch schönere Formulierungen auf Lager: „Wenn der Mensch nur Geist sein will und den Leib sozusagen als bloß animalisches Erbe abtun möchte, verlieren Geist und Leib ihre Würde ... Aber es lieben nicht Geist oder Leib – der Mensch, die Person, liebt als ein einziges und einiges Geschöpf, zu dem beides gehört. Nur in einer wirklichen Einswerdung von beidem wird der Mensch ganz er selbst. Nur so kann Liebe – Eros – zu ihrer wahren Größe reifen ... der christliche Glaube hat immer den Menschen als das zweieinige Wesen angesehen, in dem Geist und Materie ineinander greifen und beide gerade so einen neuen Adel erfahren".[127]

Tja, das ist alles ganz wunderbar. Dann ist es aber um so grausamer von seiten Ratzingers, dass er die Homosexuellen von all dem Schönen ausschließt. Die „Leibfeindlichkeit", die Ratzinger in seiner Enzyklika so vehement als nicht vereinbar mit dem Christentum anprangert[128] - er verlangt sie rigoros von den Homosexuellen! Wehe, wenn die ihren Leib betätigen, ihren Körper in die Liebe einbringen. Todsünde, Sünde gegen die Natur, gegen Gott, gegen die Ehe, die menschliche Gesellschaft überhaupt, schreit dann der zum Papst mutierte, aber unverändert gebliebene Großinquisitor. Die Kirche hat alle leibfeindlichen manichäischen und gnostischen Strömungen tatsächlich dogmatisch verurteilt, sie selbst aber ist, was die Homosexuellen, die Priester, die Ordensfrauen und Ordensmänner anbetrifft, absolut leibfeindlich! (Über diese drei letzteren Gruppen werden wir noch später sprechen müssen).

Worin liegt also zutiefst die rigorose Lieblosigkeit des Papstes Benedikt gegenüber den Homosexuellen? Kurz und prägnant: Darin, dass er ihnen das volle Menschsein, die Möglichkeit der ganzheitlichen humanen Selbstverwirklichung abspricht. Denn, so tönt ja, wie wir hörten, Benedikt in seiner Liebesenzyklika, „nur in der wirklichen Einswerdung von beidem (d.h. von Geist und Leib) wird der Mensch ganz er selbst. Auch die wahre Liebe und Liebesfähigkeit wird den Homosexuellen vom Ratzinger-Papst verwehrt. Denn „nur so (d.h. in der Einswerdung von Geist und Leib) kann Liebe – Eros – zu ihrer wahren Größe reifen". Die wahre Größe des Menschseins und seines Höhepunktes, der Liebe, ist nach Ratzinger den Homosexuellen versagt, weil sie ja ihren Leib bei allem, was mit Liebe, Freundschaft und ähnlichem zu tun hat, nicht einbringen dürfen.

Fürwahr, eine seltsam inhumane Liebeslehre, die uns da der Papst in seiner ersten Enzyklika auftischt. Und da kommt nun ein ganzes Heer hirnamputierter oder um ihren Posten in der Redaktion bangender[129] Journalisten daher und preist diese Enzyklika als wichtigstes Dokument und bedeutendstes Manifest der Liebe im 21. Jahrhundert! Zwar ist Ratzinger clever genug, die Homosexuellen in diesem päpstlichen Rundschreiben gar nicht zu erwähnen. Das hat er an anderer Stelle häufig genug getan, sowohl als Chef der Glaubenskongregation wie schon als Papst. Noch im Mai 2005 – da war er gerade einen Monat im Amt – prangerte der Papst die Verbindung Homosexueller „als anarchische Freiheit" an, „die sich fälschlicherweise als wahre Befreiung des Menschen darstellt".[130] Wie gesagt, der Papst erwähnt die Homosexuellen wohlweislich nicht in seiner Enzyklika, aber diese müssen die Ausführungen derselben zur Notwendigkeit des Zusammengehens von Geist und Leib in der Liebe zwecks Erreichung der wahren menschlichen Selbstverwirklichung und der echten Reife im humanen Werdeprozess als Ohrfeige gegen sich selbst empfinden, da ihnen ja nach allen lehramtlichen Aussagen der Kirche und insbesondere Ratzingers die Betätigung ihres Leibes in der Liebe rigoros verboten ist.

Und es kommt noch schlimmer, wenn das überhaupt noch möglich sein sollte. Denn sexuelle Beziehungen homosexuell Veranlagter sind nach Ratzinger eigentlich nicht menschlich, weil solche Beziehungen, wie er in der oben erwähnten diesbezüglichen vatikanischen Erklärung von 2003 nachdrücklich betont, nur „menschlich sind, wenn und insoweit sie die gegenseitige Hilfe der Geschlechter in der Ehe ausdrücken und fördern und für die Weitergabe des Lebens offen bleiben". Also, Homosexuelle aufgepasst! Ihr solltet euch auch keine gegenseitige Hilfe leisten, denn die ist der Ehe Heterosexueller vorbehalten.

Homosexuelle Lebensgemeinschaften, womöglich noch mit einem adoptierten Kind? Dazu Ratzinger in der erwähnten Erklärung: „Es gibt ... gute Gründe zur Annahme, dass diese Lebensgemeinschaften für die gesunde Entwicklung der menschlichen Gesellschaft schädlich sind, vor allem wenn ihr soziales Gewebe zunehmen würde." Immer mehr gleicht der Status Homosexueller in der Kirche dem von Aussätzigen, die man am besten meidet. Selbst Gottesdienste verbietet man ihnen. Eben (wir schreiben den 21. April 2006, Papst Benedikt ist gerade einmal ein Jahr im Amt) haben Bayerns katholische Bischöfe ökumenische Homosexuellen-Gottesdienste zum Christopher Street Day untersagt. Der Vatikan hatte eigens bei den Bischöfen interveniert und diese Gottesdienste verboten. Die Situation der Homosexualität hat sich also unter dem „liebenden" Papst Benedikt sogar noch verschlechtert, denn in den Jahren zuvor fand im Bistum Augsburg jeweils ein ökumenischer Gottesdienst im Rahmen des Christopher Street Day statt.[131] Homosexuelle haben keine Heimat in der Rom-Kirche! Haben keine Möglichkeit, in dieser Kirche ihrer Liebe eine Gestalt zu geben. Man wundert sich, wie viele infolge einer verkorksten doktrinär-kirchlichen Sozialisation trotzdem noch in der Kirche bleiben. Dabei ist es im Rahmen einer autonomen, säkularistischen Ethik ganz klar und evident: Heterosexuelle wie Homosexuelle haben in der Liebe und im Geschlechtsakt nur eine Norm zu erfüllen, nämlich die, den Partner, die Partnerin als Menschen, als Person in ihrer Würde zu sehen, sie nicht als Objekt, als Manipulationsinstrument zu behandeln.

n) Widersprüche bei Ratzinger in puncto Ehelosigkeit der Priester und Ordensleute. Papst Benedikt XVI. – ein Häretiker?

Aber die enge und engstirnige Liebesdoktrin des Ratzinger-Papstes legt sogar noch den Heterosexuellen diverse Einschränkungen auf. Man denke an die zum Zölibat, zur Ehelosigkeit verpflichteten Priester und Ordensleute, soweit sie heterosexuell sind. Sie haben sich zwar freiwillig zu ihr verpflichtet, obwohl hinter diese Freiwilligkeit viele Fragezeichen zu setzen sind, die wir an anderer Stelle ausführlich behandelt haben.[132] Aber auch dieser Klasse von Menschen wird ja vom Papst die volle Reifung, die ganzheitliche Selbstverwirklichung, die Erreichung des »homo totus und humanus« (des ganzen und humanen Menschen) verwehrt, da der Mensch laut Enzyklika „nur im Miteinander von Mann und Frau >ganz< wird", da „der Mensch gleichsam unvollständig ist – von seinem Sein her auf dem Weg, im anderen zu seiner Ganzheit zu finden". „Erst gemeinsam stellen beide (Mann und Frau) die Ganzheit des Menschseins dar, werden >ein Fleisch< miteinander".[133]

Wenn, wie Ratzinger in seiner ersten Enzyklika nachdrücklich betont, „der Eros ... wesensmäßig im Menschen selbst verankert ist", zugleich aber „von der Schöpfung her den Menschen auf die Ehe verweist", wenn sich „nur so seine innere Weisung erfüllt", nur der in die Ehe mündende Eros dem „Verhältnis Gottes zu seinem Volk" entspricht und „diese feste Verknüpfung von Eros und Ehe" der „Maßstab menschlicher Liebe" ist,[134] dann sind – mit Verlaub gesprochen – die von der Amtskirche zum Zölibat, zur Ehelosigkeit verpflichteten Priester und Ordensleute arme Hunde, weil ihnen die liebende „Mutter" Kirche etwas ganz Wesentliches und Entscheidendes für ihr Menschsein vorenthält und verbietet, ja weil sie dann nicht einmal gottgemäß leben, nicht im richtigen Verhältnis zu Gott stehen, denn der hat ja gerade nach Ratzingers Enzyklika die Weisung gegeben, den in jedem Menschen verankerten Eros in der Ehe auszuleben.

Man sieht hier auch, in welche Unlogik, in was für fatale Widersprüche sich der „brillante" Denker Ratzinger verwickelt, denn ausgerechnet der Elitetruppe der Kirche, den Priestern und Ordensleuten, die nach amtskirchlicher Satzung streng von den Laien getrennt sind und wegen ihres „jungfräulichen" Status über diesen stehen, fehlt die entscheidende und gottgewollte Komponente des Menschseins: die Liebe, die sich nach der Ratzinger-Enzyklika natur- und gottgemäß nur in der Ehe voll verwirklicht. Hier hat also der oberste Lehrer der katholischen Christenheit, auch amtskirchlich betrachtet, durch sein unüberbietbares Lob der Ehe einen kapitalen Bock geschossen, denn das Konzil zu Trient hatte ja in seiner 24. Sitzung (1563) das Dogma proklamiert: „Wer sagt, der Ehestand sei dem jungfräulichen Stand oder der Ehelosigkeit vorzuziehen, und es sei nicht besser und seliger, in Jungfräulichkeit und Ehelosigkeit zu bleiben, als eine Ehe einzugehen, der sei ausgeschlossen."[135] Formulieren wir nochmals die unausweichliche Alternative: Entweder Papst Benedikt hat mit seinem gar nicht mehr überbietbarem Lob der Ehe Recht, dann hat das Trienter Konzil mit seinem Dogma der konstitutiven Überlegenheit und höheren Seligkeit der Jungfräulichkeit und Ehelosigkeit gegenüber der Ehe einen schweren Irrtum begangen. Oder das Tridentinum hat Recht, dann steht der Ratzinger-Papst zur offiziell-dogmatischen Lehrverkündigung der Kirche in krassem Gegensatz. Dieser Gegensatz besteht in jedem Fall, egal wie wir die Worte der Enzyklika auch drehen wollen. Der Gegensatz zwischen dem, was die erste Enzyklika des Papstes zur Ehe sagt, und dem, was das Trienter Konzil dazu sagt, ist unaufhebbbar. Streng genommen, ist also der Ratzinger-Papst ein Häretiker, da er gegen das tridentinische Dogma verstößt, während seine Enzyklika ja keinen dogmatischen Rang hat.

Es ist auch höchst unlogisch und inkonsequent, wenn Ratzinger die Ehe derart lobt, jedoch an der Ehelosigkeit der Weltpriester und Ordensleute weiter festhält, ihnen daher ein widernatürliches, unerträgliches Joch aufbürdet. Also mit der Bruderliebe, der Liebe des Josef Ratzinger alias Benedikt XVI. zu seinen Brüdern und Schwestern im zölibatären Joch mangelt es auch, obwohl doch wenigstens diese Bruderliebe von ihm ganz groß geschrieben werden müsste, weil er mit seiner umfassenden Liebe zu allen Menschen in Wirklichkeit nur die Liebe zu den Brüdern im Glauben meint.

Wie das? Sollte der Papst einen Etikettenschwindel begangen haben und mit seiner universalen Liebe zu allen Menschen und Menschengruppen in Wirklichkeit exklusivistisch nur die eigenen Glaubensbrüder gemeint haben? Wir stehen an diesem Punkt tatsächlich vor einem weiteren eklatanten Mangel der Enzyklika. Denn Benedikt beginnt zwar seine Enzyklika mit dem erhabenen Satz aus dem ersten Johannesbrief, Kap. 4, Vers 16: „Gott ist die Liebe, und wer in der Liebe bleibt, bleibt in Gott, und Gott bleibt in ihm", und er betont, dass diese Worte „die Mitte des christlichen Glaubens, das christliche Gottesbild und auch das daraus folgende Bild des Menschen und seines Weges in einzigartiger Klarheit aussprechen",[136] dass sich „auf diesen Kernsatz der ganze Glaube der Kirche stützt".[137]

Aber entweder weiß Ratzinger nicht, weil er nicht auf dem aktuellen Stand der neutestamentlichen Exegese ist, oder er verschweigt, dass diese von ihm zitierte grundlegende Aussage des 1. Johannesbriefs intoleranterweise nur die Brüder und Schwestern innerhalb der Gemeinde der Rechtgläubigen meint. Nur ihnen soll die Liebe gelten, den anderen der Hass! Gerd Lüdemann, einer der aktuell versiertesten Kenner des NT, Ordinarius für Geschichte und Literatur des frühen Christentums an der Universität Göttingen, erhebt denn auch „schwer wiegende Einwände" gegen die exegetischen Ausführungen der Enzyklika. „Denn zum einen bezeichnet das Liebesgebot in den unter dem Etikett >Johannes< überlieferten Schriften nur das Gebot der Bruderliebe, nie das der Nächsten- oder gar der Feindesliebe. Es taugt daher nicht als Botschaft für den Raum außerhalb der Kirche. Der Papst verschweigt damit eine elementare historische Einzelheit, die zum Verstehen der Schriften des Johannes unumgänglich ist. Zum anderen waren die Gemeinden des Johannes weit davon entfernt, nach der Liebe zu leben, die Benedikt XVI. seiner heutigen Kirche empfiehlt. Der erste Johannesbrief, aus dem die Enzyklika eingangs zitiert, knüpft das Brudersein an den rechten Glauben. Ebenso der zweite Johannesbrief, den die Enzyklika nicht nennt. Hier führt Johannes näher aus (Verse 9-11), man dürfe nur denjenigen Bruder auf der Durchreise aufnehmen, der bekennt, dass Christus ins Fleisch gekommen ist. Dagegen soll der ketzerische >Bruder<, der anders über die Menschwerdung Christi dachte, fortan keine Gastfreundschaft mehr, ja nicht einmal einen Gruß erhalten. Die Vorsichtsmaßnahme ist nach Johannes nötig, damit die rechtgläubige Gemeinde nicht mitschuldig an den bösen Werken der Dissidenten werde. Diese Anweisung steht in einem Brief, der in Ermahnungen zu gegenseitiger Liebe geradezu schwelgt und der Gemeinde bezeugt, dass sie die Wahrheit erkannt hat. Trotzdem treibt seinen Verfasser Johannes nun eine mit Lieblosigkeit gepaarte Berührungsangst um, ausgelöst durch den >falschen< Glauben christlicher Brüder, die einst zum Gemeindeverband des Johannes gehörten. Und nicht nur dies: Angeblich verkörpern sie sogar den kollektiv verstandenen Antichrist (Vers 7) und sind damit endgültig zum Tabu geworden ... Es gehört zum kleinen Einmaleins der wissenschaftlichen Exegese, Texte aus ihrem historischen Zusammenhang heraus zu interpretieren. Die neue Enzyklika tut dies nur dem Scheine nach und erschleicht biblische Autorität durch Ausblendung historischer Wirklichkeit. Indem sie die von Lieblosigkeit geprägten Schriften des Johannes als Grundlage für Ausführungen über die Liebe verwendet, streut ihr Verfasser interessierten >Christgläubigen< und der Öffentlichkeit Sand in die Augen."[138]

Auch dem Basler Bischof Kurt Koch, der den offiziellen Kommentar zu Ratzingers Enzyklika verfasst und ihn der deutschen Ausgabe der Enzyklika im Christiana-Verlag[139] angegliedert hat, scheinen diese Zusammenhänge und die exegetischen Grundlagen nicht bekannt zu sein. Oder sollte es so sein, dass er sie verschweigen wollte? Jedenfalls bezeichnet er die erste Enzyklika Ratzingers trotz ihrer zahlreichen exklusivistischen, verschiedene Menschengruppen ausschließenden Aspekte als „das entscheidende >Regierungsprogramm< von Papst Benedikt XVI.", das „von der grenzenlosen Liebe Gottes in der heutigen Welt in Wort und Liebestätigkeit glaubwürdig Zeugnis" gibt.[140]

Die Enzyklika »Deus caritas est«, als „Programmschrift des neuen Pontifikats"[141] apostrophiert, verkündet trotz ständigen Gebrauchs des Wortes Liebe kein neues Programm für die etwa 400.000 Priester, das sie vom Joch der Ehelosigkeit befreien würde und damit die der Liebe widersprechenden Untugenden der Heuchelei, der Verstellungskunst, der Doppelmoral usw. mit einem Schlag aus der Welt schaffen könnte. Denn diese Untugenden blühen und gedeihen, ja wuchern im Schatten des kirchlichen Zölibatsgesetzes. Weil dieses Gesetz es verbietet, macht man es heimlich, aber mit schlechtem Gewissen und voller Angst, es könnte herauskommen. Man versteckt die Freundinnen, die Bräute, ja sogar die heimlichen Ehefrauen, die man sich mit dem Segen eines Mitbruders, der es ähnlich macht, antrauen lässt, wobei freilich alles unter den ehernen Siegel der Verschwiegenheit bleiben muss. Die Kirche weiß trotzdem von unzähligen Fällen der Übertretung des Zölibats[142] durch ihre Priester, Ratzinger weiß es ebenfalls, aber auch er, der sich in seiner ersten Enzyklika als alle Menschen Liebender hinstellt, ändert nichts an der zwiespältigen Moralstruktur der Kirche, die dem Motto folgt: »Hauptsache, die Fassade glänzt, der Dreck dahinter hat verborgen zu bleiben und geht die Welt nichts an!«

Die Kirche weiß, Ratzinger weiß, wieviele Priesterkinder in kirchlichen Internaten aufwachsen, denn sie zahlt ja für sie, solange der Vater, d.h. der betreffende Priester seinen Mund hält und sich schön brav bei gelegentlichen Besuchen seines Kindes, seiner Kinder von diesen als Onkel ansprechen lässt, der sie nur aus reiner allgemeiner Nächstenliebe visitiert. Ein Priester ist bekanntlich ein Mann, der sich von fremden Kindern als Pater, als Vater, von den eigenen als Onkel ansprechen lässt. Kein Wort von all diesen gravierenden Lieblosigkeiten in Ratzingers Liebesenzyklika! Sie ist das unvollständigste Programm der Liebe, das ich kenne.

o) <u>Sexueller Missbrauch von Kindern und Jugendlichen durch Kleriker – Folge des Zölibatsgesetzes?</u>

Und die schwerwiegenden Mängel in Ratzingers programmatischer Liebesenzyklika gehen ja noch weiter. Warum verschweigt er z.B. die furchtbaren Folgen des Zölibatsgesetzes in Gestalt *des mannigfachen sexuellen Missbrauchs von Kindern und Jugendlichen durch die Priester seiner Kirche*? Hier in Deutschland mit seinen der Kirche gegenüber rückgratlosen Politikern und Richtern wird dieser Missbrauch weitgehend totgeschwiegen bzw. in den wenigen deswegen anberaumten Prozessen meistens niedergeschlagen. In den in dieser Hinsicht viel offeneren USA sind ganze Diözesen inzwischen pleite, weil sie hohe Schmerzensgelder an die Eltern der überaus zahlreichen Opfer der perversen Sexlust von

Priestern zahlen müssen.[143] Was wäre das für eine wirkliche, auch der Wahrheit eine Gasse bahnende Liebesenzyklika geworden, wenn Ratzinger gerade an diesem Punkt Liebe zu Kindern und Jugendlichen gezeigt hätte, indem er rückhaltlose Aufklärung und Offenlegung aller Fälle und strenge Bestrafung der Täter angekündigt hätte, zugleich Sanktionen gegen jene Bischöfe, die die priesterlichen Missetäter lediglich an eine andere Stelle ihrer Diözesen versetzen, um sie aus der Schusslinie zu nehmen und dem Protestgeschrei der Gläubigen zu entziehen? Die Kommissionen, die noch Johannes Paul II. unter dem Druck der aus allen Ländern gemeldeten Missbrauchsfälle eingerichtet hatte, sind pure Augenwischerei, eher Vertuschungs- und Verheimlichungsapparaturen als Aufklärungsagenturen.

p)   Ratzinger über Maria, die Frauen und die Nonnen

Auch kein gutes Wort in der „Programmschrift der Liebe" für die Frauen. Wohlgemerkt: für die Frauen (Plural) nichts, für *die* Frau schon, nämlich für Maria, die Ratzinger als „Spiegel aller Heiligkeit"[144] preist. Man beachte dabei die Raffinesse Ratzingers. Denn Maria *spiegelt* nur die Heiligkeit eines Größeren, eines Mannes, ihres Sohnes wieder. Ihre eigene Heiligkeit ist nur eine abgeleitete: „Sie ist demütig: Sie will nichts anderes sein als Dienerin des Herrn". Das ist „das ganze Programm ihres Lebens: Nicht sich in den Mittelpunkt stellen, sondern Raum schaffen für Gott ... sich dem Wirken Gottes ganz zur Verfügung stellen." Ihr Wollen ist nur „Mitwollen mit dem Willen Gottes ... mit Gottes Willen wollend kann sie nur eine Liebende sein ... Maria, die Jungfrau, die Mutter, zeigt uns, was Liebe ist und wo sie ihren Ursprung ... nimmt", nämlich bei Jesus, bei Gott.[145])

Ja, so haben die Patriarchen der Kirche Maria als Vorbild aller Frauen gern: als Dienerin, als Gehorsame, Verfügte, als Spiegel des Mannes, als nur das wollend, was er will. Eine in ihren wesentlichen Herrschaftsstrukturen reine Männerkirche kann gar kein anderes Frauenleitbild brauchen. Deswegen darf die Frau keine leitenden Funktionen in der Kirche übernehmen, darf sie nur untergeordnete Dienste ausüben, darf sie nicht Priester werden. Was wäre das für eine echte Liebesenzyklika geworden, wenn Ratzinger in ihr der Hälfte der Kirchenmitglieder, nämlich den Frauen, die Möglichkeit eröffnet hätte, die Priesterweihe zu empfangen. Oder wenn er wenigstens den wenigen mutigen Frauen (etwa 20 bis 30), die es bisher gewagt haben, sich von einem abtrünnigen Bischof zu Priesterinnen weihen zu lassen, die diskriminierende Last der Kirchenstrafen, der Exkommunikation, des Ausschlusses von allen Sakramenten der Kirche abgenommen hätte. Nein, nicht einmal das hat der „Liebende" getan.

Zwar sind auch diese Frauen in der falschen Ideologie der Kirche gefangen und befangen, da der Jude Jesus nicht einmal daran dachte, eine neue Priesterkaste zu gründen. Und nichts hinderte sie daran, alle Ketten, die sie noch mit der sie durch alle Jahrhunderte hindurch so schlecht behandelnden Kirche verbinden, zu sprengen und eine eigene Kirche der Freiheit und der gleichen Rechte aller Frauen zu gründen. Aber es spricht eben nicht für die vermeintlich so große Liebe des Ratzinger-Papstes, wenn er die trotz aller Sanktionen gegen sie treu im Pferch verbleibenden Frauen von allen Führungsposten in der Kirche rigoros fernhält. „Wer also auf einen päpstlichen Ruck hofft bei den Fragen Verhütungsmittel, Frauenordination oder der Zulassung Wiederverheirateter zur heiligen Kommunion, der wird auf andere Päpste warten müssen".[146] Hier irrt allerdings das Zitat noch ganz am Ende. Welcher künftige Papst würde es schon wagen, die Männerherrschaft in der Kirche, die durch und durch patriarchale Hierarchiestruktur durch die Einführung der Frauenordination in Frage zu stellen? Das Machtestablishment im Vatikan, die vielen Mitglieder und Sympathisanten des erzreaktionären »Opus Dei«, die Mitglieder der »Großen Vatikan-Loge« - sie alle würden mit vereinten Kräften einen wirklichen Reform-Papst zur Strecke bringen, wie sie das mit dem Luciani-Papst, Johannes Paul I., aller Wahrscheinlichkeit nach ja schon vollbracht haben.[147]

Ein solches Schicksal droht Benedikt XVI. mitnichten. Diesem zarten, etwas femininen Papst geht es weit mehr „um die Feinheiten, um die Vierteltöne und Nuancen".[148] Echte Reformen sind nicht seine Sache. Er soll die dogmatische Ideologie der Kirche in ihrer Substanz bewahren, auf etwas anderes hat man ihn bei seiner Wahl zum Papst nicht festgelegt. Kosmetische Prozeduren also und leere Worthülsen wie die über die Liebe – mehr darf und kann man von ihm nicht erwarten.

Man hat mit Recht vom bisherigen Pontifikat des neuen Papstes gesagt, er brilliere durch das, was er nicht tut. Denn die vielen Beschränkungen und Begrenzungen der ohnehin kargen Liebe der „Mutter" Kirche zu den Menschen hat er ja schon während seiner Zeit als Glaubenswächter des Vatikans eisern durchgesetzt und lehrmäßig fixiert, jetzt kann er sich im Turm dieser ghettohaften Liebe mit ihren vielfältigen Verboten vornehm und zurückhaltend benehmen und es genießen, von einer dümmlichen Presse deshalb als total gewandelter Kirchenmann der Güte gepriesen zu werden, der gar keine Verbotstafeln mehr aufstelle. Ganz genau so sieht auch des neuen Papstes Taktik in Bezug auf die Frauen aus. Formell kein böses Wort gegen sie in seiner Liebesenzyklika. Er brilliert durch das, was er an die Frauen Diffamierendem und Zurücksetzendem nicht sagt. Gesagt hat er es ja längst in seiner Zeit als oberster Inquisitor der Kirche. Und davon zurückgenommen hat er nichts.

Dennoch kann ein tiefer schürfender Analytiker der ersten Enzyklika des Papstes auch den Ausführungen Benedikts über *die* Frau Maria allerhand entnehmen, was dessen weiterhin bestehende negative Sicht der anderen Frauen bestätigt. Maria ist nämlich auch in dieser Enzyklika die Frau der ganz einzigartigen „jungfräulichen Reinheit und Schönheit", zu der „die Menschen aller Zeiten und aller Erdteile ... kommen".[149] Sie ist als einzige Frau unbefleckt empfangen, also seit Beginn ihres Daseins von der alle Frauen und Männer (außer Jesus) belastenden und erniedrigenden Erbsünde frei. Dieses unmenschliche kirchliche Dogma hebt ja Benedikt in seiner Enzyklika keineswegs auf, er umschreibt es nur mit schöneren Worten. Indem sodann die Kirche Jesus ohne Mitwirkung des Mannes aus Maria entstanden sein lässt, diskriminiert sie nicht nur den Mann und den Sexus in Form des koitalen Orgasmus, sie entwertet auch alle Frauen, die nicht auf dem „jungfräulichen Wege" Mariens Kinder empfangen und geboren haben. Diese müssen zwangsläufig und sollen auch ein schlechtes, die richtende und heilende Nähe der Kirche erforderlich machendes Gewissen bei allem haben, was mit dem Kinderkriegen zusammenhängt. Das alles, insbesondere Marias Rolle als Mutter und Jungfrau, ist nicht ohne religionsgeschichtliche Vorläufer, Vorbilder, Parallelen, aber nur in der römisch-katholischen Kirche als einer religiösen Superorganisation ist es so perfekt und konsequent systematisiert, durchstrukturiert und in den Dienst einer überaus engmaschig wirkenden Sexualrepression gestellt worden.

Die Kirche hat über Jahrhunderte hinweg das Bild Marias als Jungfrau einseitig hervorgehoben und jeder Generation von Katholiken doktrinär eingetrichtert. Das hat eine lange Tradition. Schon bei Augustinus heißt es: „Es wage die eheliche Fruchtbarkeit nicht, sich mit der jungfräulichen Unversehrtheit zu messen und gar Maria vorzuschützen und den gottgeweihten Jungfrauen zu sagen: Maria vereinigte in ihrem Leben zwei verehrenswerte Güter: die Jungfrauenschaft und die Fruchtbarkeit".[150] In feierlichen dogmatischen Erklärungen hat die Kirche die Jungfräulichkeit als den höheren Stand festgeschrieben[151] und dabei fast nie versäumt, Maria als das Urbild dieser Jungfräulichkeit und Keuschheit, als *die* Jungfrau, als „Jungfrau der Jungfrauen hinzustellen. Sie wurde erhoben über alle Engel und Heiligen und praktisch zur Göttin gekürt. Schon Luther grollt: „Die Maria hat man im Papsttum zu einem Gott gemacht und damit greuliche Abgötterei aufgerichtet."[152] Gleichsam als flankierende Dogmen, die der weiteren Erhöhung der Jungfräulichkeit Mariens dienen sollten, schuf die Kirche noch zwei die Katholiken in ihrem Gewissen bindende Lehrsätze: den ihrer Unbefleckten Empfängnis, wonach sie schon im ersten Augenblick ihres Lebens frei vom Gift der mit der Zeugung weitergegebenen Erbsünde gewesen sei (1854), und den ihrer Himmelfahrt, d.h. „dass die unbefleckte, immer jungfräuliche Gottesmutter Maria nach Vollendung ihres irdischen Lebenslaufs mit Leib und Seele zur himmlischen Herrlichkeit aufgenommen worden ist"[153] (1950).

In der Mitte des 20. Jahrhunderts wagte ein Papst – Pius XII. – das Dogma der Aufnahme Mariens mit Leib und Seele in den Himmel zu proklamieren! Nur ein Anachronismus? Keineswegs. Denn in der sexualrepressiven Strategie der Kirche spielt die göttliche Jungfrau Maria die Rolle einer besonders scharfen und wirksamen Waffe. In der sexuell frustrierten, mystisch erotisierten Phantasie zölibatärer Hierarchen wächst Maria wirklich zu einem gewaltigen, herrlichen und herrscherlichen, den Feinden, insbesondere dem sich vermeintlich so gern in den Mantel der Sexualität einhüllenden Urfeind des Menschengeschlechts, dem Satan, panische Furcht einflößenden Weib empor. Ihre Phantasie findet nur Befriedigung, wenn sie diese Frau mit immer neuen Hoheitstiteln ausstatten. Christus, so sagte Pius X. im Jahre 1904, „sitzt zur Rechten der Majestät im Himmel, Maria aber steht als Königin zu seiner Rechten, die sicherste Zuflucht und teuerste Helferin aller, die in Gefahr sind".[154] Papst Pius XII. zufolge „herrscht sie zugleich mit ihrem Sohne".[155] Nach dem Regensburger Alt-Bischof R. Graber ist die Marienverehrung angesichts der „in vollem Gange" befindlichen „antichristlichen Verschwörung keine religiös-sentimentale Liebhaberei, sondern geradezu die Rettung der Welt", einer Welt, die gespalten ist in die „Kinder Mariens" und die „Kinder Satans".[156] In frommen Flugblättern und Traktätchen, in Hunderttausenden von Exemplaren unters Volk gebracht, wird Maria als „Wunderwaffe" gegen die Unkeuschheit hingestellt. Besonders die Jugend soll durch sie gegen die Giftschwaden der Sexualität gewappnet werden. „Wir wollen das Marienideal für die sittliche und religiöse Erziehung unserer Jugend nicht entbehren", heißt es in einer von einem Dr. theol. G. Kremer verfassten und in einem katholischen Kirchenblatt veröffentlichten Flugschrift m. d. T. „Marienverehrung und der Jungmann". Denn, so geht der Text weiter, Jugend sei „ein Gären und Ringen im Menschen, ein stürmisches Drängen und Wachsen", ein „Erwachen der Leidenschaften", eine Zeit „des äußeren und inneren Kampfes". „In dieser Jugendnot muss ein Ideal vor der Jugend stehen, stark und machtvoll, ein lichtes, helles Ideal, das selbst nicht berührt wird von dem Drängen und Gären ..., das durch seinen Glanz das Unedle und Gemeine überstrahlt und den schwankenden Sinn nach oben zieht. Dieses Ideal soll dem jungen Menschen Maria sein, in der sich eine alles überstrahlende Reinheit und Schönheit verkörpert ... Maria steht vor dem Jungmann als unerreichte Anmut, Hoheit und Würde, wie sie in der Natur, Kunst und Menschenwelt nicht zu finden ist ... *Da ist die hehre Frau und Seelenbraut, der du dich hingeben kannst mit der ganzen aufquellenden Liebeskraft deines jugendlichen Herzens ... Wie kann ein junger Mann zu ihr aufschauen, ohne mit* heiligem Idealismus erfüllt zu sein? ... Das Marienideal kann unserer männlichen Jugend viel bedeuten. Gerade darum haben wir in unseren Jugendvereinen und Kongregationen das Marienbanner entfaltet. Oh, dass sich unsere katholische männliche Jugend um dieses Banner scharen wollte!"

Der Psychoanalytiker W. Reich hat seinerzeit diesen für damalige katholische Keuschheitstraktätchen recht typischen Text als Grundlage einer seiner Analysen verwendet.[157] Er kommt zu dem Ergebnis: „Der Marienkult wird zur Durchsetzung der Keuschheit mit großem Erfolg herangezogen ... Die Orgasmussehnsucht (der Jugendlichen, m. A.) muss verdrängt werden, und ihre Energie verschärft die zärtliche Strebung, gestaltet sie zu einer schwer lösbaren Bindung an das mystische Erlebnis. Sie geht mit heftiger Abwehr ... *jeder* natürlichen genitalen Beziehung zu einer Frau einher. Die ganze Kraft und große Liebe, die der gesunde junge Mann im orgastischen Erleben mit der Geliebten aufbringt, stützt beim mystischen Mann, *nach* der Verdrängung der genitalen Sinnlichkeit, den mystischen Marienkult."

Sicherlich wird sich Ratzinger als Papst Benedikt XVI. hüten, die zahllosen die Frau erniedrigenden Aussagen von Kirchenfürsten und Päpsten aller Jahrhunderte zu wiederholen.[158] Aber er wird wie alle seine Vorgänger an der überragenden Stellung des größten katholischen Kirchenlehrers, Thomas von Aquin, ohne den Hauch einer Kritik festhalten, obwohl dieser, dessen Philosophie und Theologie noch immer in den meisten Priesterseminaren gelehrt wird, die These vertrat und extensiv begründete, dass „das Weib sich zum Mann verhält wie das Unvollkommene und Defekte zum Vollkommenen". Er wird auch einen Papst Pius II. nicht schelten, obwohl dieser den in Klerikerkreisen bis heute gern kolportierten Spruch von sich gab: „Wenn du eine Frau siehst, denke, es sei der Teufel, sie ist eine Art Hölle." Und auch nicht die Kirchensynode von Tyrnau 1611 wegen deren Aussage: „Alle Bosheit ist klein gegen die Bosheit des Weibes. Besser ist die Gottlosigkeit des Mannes als ein wohltuendes Weib." Selbst beim sympathischsten aller Päpste des 20. Jahrhunderts, dem jovial-gemütlichen Johannes XXIII., ging die Angstphobie so weit, dass er sich, wie er in seinem Tagebuch bekennt, sogar hütete, seine Mutter und seine Schwester direkt anzuschauen, weil auch von ihnen wie von jeder Frau die Versuchung ausgehe.

Zwar ist das gesamte dogmatische Lehrgebäude der Kirche in jedem einzelnen Dogma wie in deren ganzem Zusammenhang eine einzigartige institutionelle Verrücktheit, eine kollektive Neurose. Aber hier bei den Maria betreffenden Dogmen und Lobpreisungen für sie, an denen sich auch Benedikt XVI. in seiner ersten Enzyklika extensiv beteiligt,[159] zeigt sich diese Verrücktheit noch eklatanter, noch krasser als bei anderen Dogmen der Kirche. Benedikt demonstriert mit seinem extravaganten, fast ekstatischen Lob Mariens in der Enzyklika, dass er keinesfalls beabsichtigt, diese absolut irrationalen Mariendogmen anzutasten, geschweige denn abzuschaffen, obwohl er doch ständig betont und die Medien es ihm nachbeten, dass er Offenbarung und Vernunft, Dogma und Ratio für vereinbar hält. Aber genau hier springt diese totale Unvereinbarkeit besonders anschaulich in die Augen.

Kann man sich doch kaum einen größeren Gegensatz denken als den zwischen der Mutter Jesu, wie sie selbst die kanonischen, also von der Kirche allein und exklusiv anerkannten Evangelien schildern, und dem Gegenstand des katholischen oder auch des orthodoxen Marienkultes. Hier die Frau mit den vielen Töchtern und Söhnen, von denen der erste einem Seitensprung mit einem Nichtjuden entstammt, die Frau, die ihren Erstgeborenen für religiös überspannt, für verrückt hält und an seine messianische Sendung nicht glaubt – dort die Frau, die als Gebärerin des Christus, der zweiten Person der Gottheit, als Gottesmutter und Gottesgebärerin, göttlich verehrt wird. Sie soll als ewige, ewig sündenlose Jungfrau, als unbefleckt Empfangene, von der Erbsünde Freie, mit Leib und Seele in den Himmel Aufgefahrene die Hauptgarantie für die Durchsetzung der Weltmission ihres Sohnes und der Kirche darstellen. Die Frau, die das Patronat, die Schirmherrschaft über alles übernommen hat, was ihr »geliebter« Sohn durch die Vermittlung der Kirche in der Welt tut.

In den Anfängen des Christentums musste dem farbigen, bunt schillernden Himmel der vielen Göttinnen des Heidentums eine Frau entgegengesetzt werden, die es mit ihnen aufnehmen konnte. Damit war die unvorstellbar steile Karriere der einfachen, kleinen Mirjam aus Nazareth grundgelegt: der Aufstieg von der unscheinbaren, in Misskredit geratenen jüdischen Mutter eines in ihren Augen missratenen, religiös in die Irre gehenden Sohnes zur numinosen Königin des Universums, zur Wärme und Geborgenheit spendenden Allmutter des Lebens, zur neuen Eva.[160] Die alten Herren in Rom, der Weltzentrale des Katholizismus, stricken auch weiterhin bis zum heutigen Tag am Modell, am Archetypus Maria, um sie jeder, auch unserer Zeit als Ideal, als übermenschliche Chimäre vorzusetzen. Diesem Bemühen dienen die von der offiziellen Kirche geförderten Marienerscheinungen, die sie als echt und authentisch erklärt hat: im Jahr 1830 die vor Cathérine Labouré, in der Rue du Bac 1846 die in La Salette, 1858 in Lourdes, 1879 in Knock in Irland, 1917 in Fatima, 1933 in Banneux in Belgien. In der permanenten Weltumarmungsstrategie der Päpste spielt die göttlich erhöhte Übermutter und Jungfrau Maria eine zentrale Rolle. Deshalb weihen sie periodisch die ganze Welt ihrem »Unbefleckten Herzen«, zuletzt noch Papst Johannes Paul II. am 24. März 1984, also jener Papst, der die Re-Evangelisierung Europas und der Welt mit Hilfe der Gottesmutter Maria zum höchsten programmatischen Ziel seiner Amtszeit erklärt hat.[161] „Vor einer riesigen Menge und einem Fernsehpublikum von Millionen weihte er feierlich den gesamten Planeten dem Unbefleckten Herzen Mariä. Nur ein Papst konnte etwas so Komisches tun – oder etwas so atemberaubend Unsinniges, je nachdem, was man glaubt oder nicht glaubt. Auf jeden Fall betonte es die Tatsache, dass die Macht des Papstes wie die Marias sich auf alle Enden der Welt erstreckt, und bis in den Himmel."[162]

Aber noch viel atemberaubender ist doch der Umstand, dass die Mutter eines unehelichen Sohnes, dazu noch von vier weiteren Söhnen und mindestens drei Töchtern (Mt. 13,55ff; Mk. 6,3), zur unbefleckten, unberührten, sündelosen und allerreinsten Jungfrau hochstilisiert wurde, die außer vom Heiligen Geist nie von einem Mann berührt worden sei. Mit dieser Erhöhungsstrategie Marias trat die Kirche im Laufe der jahrhundertelangen Herausbildung ihrer Theologie auch dem Vorwurf der illegitimen, unehelichen Geburt Jesu entgegen. Das war demnach ebenfalls eine Kompensation, nein: eine Überkompensation ungeheuren Ausmaßes, denkt man an die entgegengesetzte Ausgangssituation. Dahinter stand eine ungeheure Angst, die Angst davor, den Stifter des Christentums sozusagen nackt und entblößt vor den Augen der Weltöffentlichkeit aller künftigen Jahrtausende als uneheliches Kind auszustellen. Der Stifter des Christentums ein illegitimer Sohn Marias – unmöglich! Dagegen musste der Mythos der Jungfrau und Gottesmutter Maria aufgebaut werden, die nur vom Hl. Geist befruchtet worden sei!

Das kanonische Evangelium des Matthäus sagt es ja eindeutig: „Weil indessen Joseph, ihr Mann, rechtschaffen war und sie (doch) nicht in Schande bringen wollte, gedachte er, sie heimlich zu entlassen" (Mt. 1,19). Maria war schwanger, aber eben nicht durch Joseph, ihren Verlobten. Was aber macht unser Joseph, der stets nur kirchenapologetisch argumentierende Ratzinger-Papst daraus? Maria, betont er nachdrücklich, ist die Frau der „jungfräulichen Reinheit und Schönheit ... herausragend unter den Heiligen".[163] Ratzinger mag ja in einer nebulösschwärmerischen Anhänglichkeit dieser illusorischen Maria wirklich zugetan sein. Aber sie wirklich lieben? Liebe ohne Wahrheit und Wahrhaftigkeit, ohne Realitätsgehalt – wie soll das gehen? Wo doch diese Maria selbst nach dem Zeugnis der kanonischen Evangelien eine ganz andere war, jedenfalls keine Jungfrau, und ihrem Verlobten nur mit Abstrichen treu. Der weiß nur eins ganz genau, nämlich dass er Marias Schwangerschaft nicht verursacht hat. Das ist – und das müsste wiederum unser Joseph Ratzinger als gelehrter Theologe wissen – die Lücke, die Leerstelle, die frühchristliche Mythenbauer dann mit der Befruchtung der Jungfrau durch den Heiligen Geist füllen werden, und zwar noch nicht Paulus, der erste christliche Autor, und auch nicht das älteste, das Markusevangelium, wohl aber der schon raffiniertere Verfasser des Matthäusevangeliums und noch weit ausführlicher der des Lukasevangeliums.

Aber hat Joseph Ratzinger alias Benedikt XVI. es nötig bzw. ist er berechtigt, die Gläubigen derart im Unwissen über den wahren Sachverhalt zu lassen, indem er in seiner ersten, doch als programmatisch geltenden Enzyklika die Unwahrheit, nämlich den Unsinn mit der unbefleckten Jungfräulichkeit Mariens weiter aufrechterhält?[164]

Es ist vor allem eine Klasse in der Kirche, die Ratzinger mit diesem Unsinn permanent und nachhaltig schädigt: das Heer von tausenden und abertausenden Nonnen. Zahllosen jungen Frauen hat die Kirche in Vergangenheit und Gegenwart das Gelübde der Jungfräulichkeit abgenommen, hat ihnen unentwegt Maria als das höchste weibliche Vorbild der Jungfräulichkeit angepriesen, hat ihnen durch Einübung falscher Jesus- und Marienmystik die echte sexuelle Erfüllung vorenthalten, bis sie alt, grau und steril wurden. Mit anderen Worten: Die Kirche hat viele von ihnen um ihr Leben betrogen, auch um das Leben mit eigenen Kindern![165] Insofern hätte es sich Benedikt XVI. in seiner Programm-Enzyklika geradezu als Pflicht aufdrängen müssen, befreiende Wahrheitsworte zum falschen Marienkult in der katholischen Kirche zu sagen. Wahre Liebe täte das, auch wenn dadurch so manches Nonnenkloster seine Novizinnen verlöre. Aber das ist der Preis der Wahrheit: „Wahre Worte sind nicht angenehm, angenehme Worte sind nicht wahr" (Laotse). Ratzinger hat den bequemeren Weg gewählt.[166]

q)   Ratzinger und das Leid der Tiere

Es sind also, wie wir sahen, viele Gruppen und Kategorien von Menschen, die Ratzinger in seiner doch vermeintlich allen Menschen gewidmeten und zugedachten Liebesenzyklika ausklammert, aussperrt, ausschließt. Ganz zu schweigen von der Kategorie der Tiere, die in der Kirche seit eh und je keine Heimstatt und kein Bürgerrecht haben. Was wäre das doch für eine Sensation der Liebe gewesen, wenn der Papst in seiner Enzyklika im Namen seines Schöpfergottes auch nur gegen einen Aspekt unserer unüberbietbar brutalen Ausbeutung der Tiere scharf protestiert hätte, z.B. gegen das diesjährige Robbenschlachten. 325.000 Sattelrobben und 10.000 Klappmützenrobben hat die kanadische Regierung heuer zur Tötung freigegeben! Tötung ist da noch ein viel zu feines Wort. Man erschlägt sie mit Knüppeln oder schießt ganze Salven in sie hinein, wenn sie nicht gleich tot sein wollen. Kurz vor Weihnachten hatte auch die Organisation Europäischer Tier- und Naturschutz gegen den Papst protestiert: „Das Blut unschuldiger Tiere" klebe an der „mittelalterlichen Kopfbedeckung" Benedikts, d.h. an der sogenannten Camauro, dem roten Käppchen mit Hermelinbesatz, die auch Johannes XXIII. getragen und mit in sein gläsernes Grab genommen hatte.[167]

Ratzinger, der nie ein wirklich origineller Denker war, bleibt eben auch als Papst der offiziellen Kirchenideologie bezüglich der Tiere treu, insbesondere seinem obersten philosophisch-theologischen Vorbild, dem hl. Augustinus, der schon in der christlichen Antike die Losung ausgab: „Deum et animam scire cupio – nihil omnino" (Gott und die Seele begehre ich zu kennen – sonst nichts). Alles außer der gottebenbildlichen Würde der menschlichen Seele ist doch für die Kirchenherren nur ausbeutbares und auszubeutendes Objekt! Nicht einmal wert, Gegenstand echter Forschung zu sein. „Und die Menschen", so Augustinus, „gehen hin und bewundern die Berggipfel, die gewaltigen Meeresfluten, die breit daherbrausenden Ströme, des Ozeans Umlauf und das Kreisen der Gestirne und vergessen darüber sich selbst."[168] Hätten die Menschen die Bergesgipfel, die gewaltigen Meeresfluten usw., also die Natur in ihrer Gesamtheit, in ihren Zyklen und Wechselwirkungen, ihren Feinheiten und Feinstrukturen nur tiefer bewundert, sich mehr in sie eingefühlt, dann wäre es nicht zu jener immer groberen und roheren – eben unökologischen – Missachtung der Lebewesen und aller Naturdinge überhaupt gekommen. Diese Missachtung trug dann vor allem in der Neuzeit maßgeblich dazu bei, dass totaler Industrialismus und Technokratie ihre Herrschaft ohne größeren Widerstand antreten konnten, zugleich setzte aber auch die Verödung der Außenwelt und der menschlichen Innenwelt ein, und der heute fast unaufhaltsam erscheinende Todesmarsch unseres Umfeldes ist ja längst in vollem Gange.[169] An dieser Entwicklung trägt also auch die Kirche ein gerüttelt Maß Schuld.[170]

r)   Sozialität, Solidarität und das eigentliche Phänomen der Liebe in der Enzyklika

Trotz all ihrer Mängel und diverse Menschengruppen kaltherzig ausschließenden Aspekte hat man die Enzyklika »Deus caritas est« dennoch mit außerordentlichem Lob bedacht, weil sie doch das Wesen der Liebe so treffend beschreibe. So schrieb z.B. die inzwischen zum führenden Kirchenblatt unter den überregionalen Tageszeitungen aufgestiegene FAZ in ihrer Sonntagsausgabe vom 09. April 2006, dass diese Enzyklika „zwar in ihrem konkreten, sozialpolitischen Teil konventionell, also recht enttäuschend" sei, dass darin „jeder Neuansatz der Diskussion des Verhältnisses von Gerechtigkeit und Nächstenliebe fehle",[171] dass aber „die theologisch einleitende Dialektik der Unterscheidung von ‚eros' und ‚agape', von Begehren und Geben, einen neuen Ton" angeschlagen habe. In die gleiche Kerbe schlägt „Welt Am Sonntag": Vieles „erhält in diesem leisen, aber eindringlichen Schreiben neuen Glanz, als sei es erstmals tief gedacht worden, so dass es im Wortsinn ‚einleuchtet'. Der Leser erhält eine Ahnung davon, wie sehr der Glaube an die Liebe die Welt verwandelt ... Das Lehrschreiben zeigt den Papst ... als großen Gelehrten, der souverän ... in der Philosophie, Psychologie und Soziologie zu Hause ist".

Es stimmt, dass dem Schreibtischmenschen Ratzinger das Hinuntertauchen ins Praktische, in die konkrete Sozialpolitik nicht liegt, er sich deshalb lieber, wenig originell, auf das in der katholischen und päpstlichen Soziallehre schon Gesagte verlässt und beruft, ohne allerdings zu versäumen, die Unentbehrlichkeit der Caritas-Dienste der Kirche für die Gesellschaft nachdrücklich zu betonen, obwohl alle Eingeweihten doch wissen, dass der Staat und die Gemeinden die Dienste der Kirche jeweils mit 90 bis 100 % bezahlen. Die Kirche tut nichts umsonst! Agape, die schenkende und sich verschenkende Liebe preisen zwar alle Kirchenlehrer und Prediger, aber die konkrete Praxis der Kirche ist vor allem ein Handaufhalten, ein Nehmen, kein Geben, eben ein Profit-Eros.

Ganz besonders aber stimmt in dem obigen Zitat aus der FAZ dessen zweiter Teil nicht, nämlich dass Ratzinger in seiner ersten Enzyklika bezüglich der Unterscheidung von Eros und Agape ganz neue Töne angeschlagen habe. Diese Behauptung wiederholen zwar stereotyp auch andere Blätter. Die Botschaft ist dennoch falsch, denn gerade in diesem Punkt ist die Enzyklika noch unorigineller als anderswo. Es gibt seit mindestens hundert Jahren eine gewaltige psychologische, philosophische und theologische Literatur zur Thematik und Problematik von »Eros und Agape«, von vom Menschen zu Gott oder zum Zentrum des Seins aufsteigender (Eros) und von Gott zum Menschen gnädig herabsteigender Liebe (Agape). Dem, was in dieser Literatur an Subtilem, Feinsinnigem, Tiefschürfendem, psychologisch und psychoanalytisch Einfühlsamem und Klärendem gesagt ist, hinken Ratzingers Darlegungen zu diesem Thema hoffnungslos hinterher. Er scheint nicht einmal eine Ahnung davon zu haben, was allein in einer der bedeutendsten Richtungen der Philosophie der ersten Hälfte des 20. Jahrhunderts, der Phänomenologie, darüber geschrieben worden ist.[172] Zwar erwähnt Ratzinger andernorts gelegentlich die „phänomenologische Schule – von Husserl bis Scheler"[173], aber man hat nicht den Eindruck, dass er sich mit deren Phänomenologie der Liebe näher bekanntgemacht hat.

Dürftig erscheint auch die Liste der von der Enzyklika aufgezählten Formen der Liebe,[174] wenn man sie z.B. mit den von W. Schubart in seinem Klassiker „Religion und Eros" herausgearbeiteten Gestalten und Varianten der Liebe vergleicht.[175] Aber auch einige Theologen vor Ratzinger haben weit mehr zur Ergründung der Liebe und zur Entdeckung ihrer vielen Formen beigetragen als der letztere in seiner Enzyklika.[176]

Es ist aber andererseits klar, dass Journalisten, die meist nur die Oberfläche der Dinge tangieren und kaum jemals die grundlegende Literatur zu einem bestimmten Thema studieren, mangels Vergleichsmöglichkeit dann jeden Gedanken des Papstes zu einer epochalen, ganz neuen Idee hochstilisieren, vor allem wenn sie katholisch sind, was inzwischen praktisch bei allen großen Magazinen und überregionalen Zeitungen wie der „Süddeutschen", der „Welt", der FAZ, aber auch bei „Spiegel" und „Stern" der Fall ist.[177]

Unabhängig und unbeirrt aber das Resümee eines Kommentators der TAZ zum Thema Liebe in der ersten Enzyklika des Ratzinger-Papstes: „Leider aber ist der Papst, und das macht ihn als Denker sehr dürftig, kein Suchender. Die Ergebnisse seiner Forschungen stehen im Gegenteil immer schon vorher fest. Das ist so langweilig wie unseriös ... Ausgerechnet die schmallippige Herzjesuküsserei ... als allein Seligkeit offerierenden Weg zu Liebe, Glück und Göttlichkeit festzuschreiben, ist eine armselige Romanze in oll: Der Papst, mag er noch so auf poppig machen, hat am Ende doch immer nur die alte katholisch-dogmatische Drangsal auf der Pfanne. Es gibt nichts Schöneres und Größeres als die Liebe. Was sie ist und wie man sie lebt, davon weiß der Papst wenig, spielt sich aber als Kenner auf, bietet einen einzigen, als trostfern verlässlich diskreditierten Weg an und erklärt alles andere für minderwertig. Das mag zu seinen Pflichten als katholischer Vorstandsvorsitzender gehören, hilfreich ist es nicht ... der Papst ist nur ein Freibeuter, der Reisende in die Falle lockt, um sie anschließend auszuplündern." Es gebe Zweizeiler über die Liebe, so der Kommentator der TAZ, darin „sind mehr Weisheit und Liebe als in 80 Seiten päpstlichen Enzyklikentums."[178]

s)   Die „Hure Vernunft" oder kritische Einwände gegen Ratzingers These: Nur durch den Glauben kann die Vernunft gereinigt und befreit werden

Aber nicht nur die Liebe, auch die *Vernunft* wird in der Enzyklika des Papstes Benedikt stiefmütterlich und ungerecht behandelt. Die Vernunft brauche, so der Papst, als unentbehrliche Stütze den Glauben. Dieser „öffnet uns neue Horizonte weit über den eigenen Bereich der Vernunft hinaus. Aber er ist zugleich auch eine reinigende Kraft für die Vernunft selbst. Er befreit sie von der Perspektive Gottes her von ihren Verblendungen und hilft ihr deshalb, besser sie selbst zu sein. Er ermöglicht der Vernunft, ihr eigenes Werk besser zu tun und das ihr Eigene besser zu sehen".[179]

Hier zeigt sich überdeutlich, dass der Ratzinger-Papst der alte Großinquisitor der Kirche geblieben ist, der im Namen des Glaubens die Vernunft kontrollieren und maßregeln möchte. Auch der starre und sture Verteidiger der Kirche um jeden Preis, denn die 2000 Jahre lange Geschichte des Verhältnisses von Glaube und Vernunft ist doch zugleich eine an sich nicht wegzuleugnende Geschichte ständiger Übergriffe des Glaubens auf die Vernunft, des permanenten Versuchs, sie zu versklaven, sie zur ancilla theologiae, zur Magd der Theologie zu erniedrigen.[180] Im Namen des Glaubens, dieser doch laut Ratzinger „reinigenden Kraft", dieser „Befreierin von Verblendungen der Vernunft", wurden Menschen haufenweise zu Sektierern, Ketzern, Schismatikern, Apostaten abgestempelt, zur Abschörung der Wahrheit durch die Folter gezwungen und auf dem Scheiterhaufen verbrannt;[181] wurden Kreuzzüge und Eroberungsfeldzüge, ja Vernichtungen ganzer Stämme und Völker zu gerechten Kriegen verklärt, und Ratzingers Hinweis auf die die Vernunft erweiternde „Perspektive Gottes" hilft dabei gar nichts, weil all diese Maßnahmen gegen Ungläubige bzw. nicht Rechtgläubige ja gerade stets »im Namen Gottes« („Gott will es so!") geschahen. Die menschliche Vernunft konnte erst fruchtbar und ihrer Natur gemäß arbeiten, als sie sich in Neuzeit und Moderne von der Vormundschaft, von den Fesseln des Glaubens und der Kirche freimachte. Ein langer, nicht ohne Rückschläge und Rückschritte sich vollziehender Prozess![182]

Wie wenig man in Ratzingers Hinweis auf die die Vernunft reinigende und erweiternde „Gottesperspektive, auf die „Begegnung mit dem lebendigen Gott",[183] die doch nach diesem Papst so befreiend auf die Vernunft wirkt, irgend etwas Positives zu entdecken vermag, zeigt doch die Tatsache, dass sich Machtmenschen aller Art, Tyrannen, Diktatoren, Gewaltherrscher jeglicher Provenienz, päpstliche wie weltliche, stets zur Rechtfertigung ihrer Megaverbrechen auf Gott, auf Gottes Willen und Absichten, auf den Spruch »Gott will es so!« beriefen.

Mit dem durch ganz Europa verbreiteten Ruf »Gott will es so!« peitscht der von der Kirche auch dafür heiliggesprochene Mönch Bernhard von Clairvaux die Kreuzzügler an, gegen die muslimische Welt in den Krieg zu ziehen, um das „Heilige Land" zu „befreien". Martin Luther beruft sich auf den ihm gegebenen Befehl Gottes, den Fürsten die Weisung zu erteilen, die Bauern totzuschlagen: „Prediger sind die allergrößten Totschläger. Denn sie ermahnen die Obrigkeit, dass sie entschlossen ihres Amtes walte und die Schädlinge bestrafe. Ich habe im Aufuhr alle Bauern erschlagen; all ihr Blut ist auf meinem Hals. *Aber ich schiebe es auf unseren Herrgott; der hat mir befohlen, solches zu reden."*[184] Und so geht es weiter bis zu Hitler, der sich für seine Verbrechen auf die Vorsehung, bis zu Saddam Hussein, der sich für seine Kriege auf Allah, bis zu George Bush, der sich für seinen Überfall auf den Irak auf den christlichen Gott beruft. Auch Winston Churchill suchte die Kampfkraft der Armeen der Alliierten mit dem Ruf »Vorwärts, christliche Soldaten« zu stärken, und sicher wusste er sich auch im Einvernehmen mit Gott, als er die deutsche Zivilbevölkerung jahrelang bombardieren ließ und das mit hilflosen Flüchtlingen vollgestopfte Dresden in einem Flammenmeer ausradierte. Selbst den letzten Herrscher der Habsburger Monarchie, Kaiser Karl, sprach Johannes Paul II. selig, obwohl er doch den Giftgasbefehl gegen die italienischen Truppen im 1. Weltkrieg gegeben hatte.

Die Heiligen Kriege, die Kriege im Namen Gottes und des Glaubens sind sogar die schlimmsten, mörderischsten, widervernünftigsten, irrationalsten, weil sie unter der Sonne des vermeintlichen Wohlwollens des Absoluten gar keine Differenzierungen und Nuancierungen mehr zulassen, weil sie nur Schwarz und Weiß kennen. Auch dafür hat eine clevere Kirche die gültige Formel geprägt: »Extra ecclesiam nulla salus«, außerhalb der Kirche, der eigenen Gruppe, des eigenen Stammes oder Staates kein Heil! Außerhalb ihrer Grenzen kann es nur Blindheit, Verbohrtheit, Schlechtigkeit, bösen Willen geben, der sich gegen das Licht und das Gute sperrt. Dieses »Außerhalb« sind die »Ungläubigen«, die es mit allen Mitteln, moralischen wie unmoralischen, zu bekämpfen gilt. Es ist der Kampf, notwendigerweise und in höchster und letzter Perspektive zum apokalyptischen Endkampf hochstilisiert, der Kampf zwischen Licht und Finsternis, Gut und Böse, Himmel und Hölle, Auserwählten und Verdammten, Neuer Welt und altem Äon, Neuer Ordnung und alter Ordnung.[185]

Ganz im Gegensatz zu Ratzingers These wird die menschliche Vernunft in diesen »Heiligen Kriegen« durch den Glauben an Gott nicht etwa gereinigt und zu sich selbst befreit, sondern im Gegenteil zu den irrationalsten, unvernünftigsten Verbrechen und Untugenden getrieben, zu gewalttätiger Intoleranz, zu blindestem Fanatismus, zu aggressivstem Eifer gegen die „Feinde", zu Rachsucht, Hass, Rücksichtslosigkeit und Brutalität, zur Erhebung des Missionierungs-, Eroberungs- oder sogar Vernichtungswillens zu höchsten menschlichen Tugenden. Es ist dieser Glaube, der die menschliche Vernunft bis zur völligen Blindheit verfinstert.

Die Kirchen, die evangelische wie die katholische, haben die Autonomie der menschlichen Vernunft nie anerkannt. Das Zweite Vatikanische Konzil hat zwar die Autonomie der weltlichen Bereiche, damit auch der Vernunft, nolens volens akzeptiert. Aber man muss genauer hinsehen. Dann merkt man, dass es ihnen stets nur eine *relative* Autonomie zubilligt. Das letzte Oberkommando über alle Bereiche bleibt immer der Kirche und ihrem nur von ihr richtig interpretierten Gott erhalten! Ständige Lehre der Päpste ist, was Papst Pius XI. im Anschluss an einen seiner Vorgänger so ausdrückte: „An die Spitze unserer Ausführungen setzen Wir den von Leo XIII. schon in helles Licht gestellten Satz: >Nach Recht und Pflicht walten Wir kraft unserer höchsten Autorität des Richteramtes über die gesellschaftlichen und wirtschaftlichen Fragen< ... Die von Gott Uns anvertraute Hinterlage der Wahrheit und das von Gott Uns aufgetragene heilige Amt, das Sittengesetz in seinem ganzen Umfang zu verkündigen, zu erklären und – ob erwünscht, ob unerwünscht – auf seine Befolgung zu dringen, unterwerfen nach dieser Seite hin wie den gesellschaftlichen, so den wirtschaftlichen Bereich vorbehaltlos Unserem höchstrichterlichen Urteil."[186] Kurz und bündig dekretierte Johannes Paul II.: „Aus der christlichen Sicht der Person folgt notwendigerweise die richtige Sicht der Gesellschaft."[187]

Man muss sich das mal vorstellen: Eine Kirche mit einer absurden, irrationalen, bizarr-unvernünftigen, irrwitzigen Ideologie, sprich: die Vernunft verhöhnenden Dogmatik beansprucht die absolute Oberhoheit über die menschliche Person und den gesamten gesellschaftlichen und wirtschaftlichen Bereich, also über die individuelle, soziale, ökologische und ökonomische Vernunft. Und keiner unserer Zwerge, d.h. der Politiker aller Parteien, schreit: „Unfug" oder wehrt sich dagegen. Im Gegenteil, sie schließen immer neue Staatskirchenverträge in den einzelnen Bundesländern nach Vorbild des Hitlerkonkordats ab, das den Kirchen so viele profitable, noch heute in Geltung befindliche Privilegien bescherte; sie freuen sich darüber, von den Kirchen vereinnahmt zu werden. Lieber kürzen sie dem Bürger die sozial notwendigen Zuwendungen, als dass sie darauf verzichteten, die evangelischen, katholischen und ökumenischen Kirchentage entscheidend mitzufinanzieren, ebenso wie alle möglichen Jubelfeiern der Kirchenfürsten. Sie zahlen kräftig zu, damit 1.300 Gäste aus Kirche, Politik und Wirtschaft zum 70. Geburtstag von Kardinal Lehmann im Mai 2006 eingeladen werden und luxuriös feiern können. Sie jubeln, weil sie dem „Himmlischen" nahestehen können.[188]

Die Kirche braucht den blinden Rausch der Massen, deren Faszination durch das Pompöse, Monumentale, weil sie nichts Tieferes, Spirituelles zu bieten hat, weil sie selbst glitzernde Oberfläche ohne Inhalt bzw. mit abstrusem Inhalt ist. Aber müssen die Politiker aller Couleur das mitmachen? Nur ihre eigene Oberflächlichkeit lässt sie sich mit der Kirche verwandt fühlen, wobei allerdings der Wunsch dahintersteht, die Kirche möge mit ihrer bei den unaufgeklärten Massen noch vorhandenen Autorität die vielen illegitimen Handlungen der Politiker decken, indem sie das Volk zu unbedingtem Gehorsam der staatlichen Obrigkeit gegenüber aufruft, zum ehrlichen Steuerzahlen z.B. Eine Hand wäscht schließlich die andere!

Ratzinger alias Benedikt XVI. hat einen engen Geistesverwandten, und zwar einen, auf den er sonst gar nicht gut zu sprechen ist: Martin Luther. Spricht er doch der von Luther gegründeten Kirche das Kirchesein ab. Aber Luther hat lediglich deutlicher, massiver, direkter, schroffer, radikaler zum Ausdruck gebracht, was Ratzinger mit der die menschliche Vernunft reinigenden und befreienden Kraft des Glaubens meint. Spricht Ratzinger von der »relativen Autonomie« der Vernunft (auf gut deutsch: sie hat sich letztlich dem Glauben immer und überall unterzuordnen, seinen Vorgaben anzupassen), spricht Luther ganz unverblümt von der „Hure Vernunft". Ebenso schlimm wie gegen die Ketzer, die Hexen, die aufrührerischen Bauern und die Juden[189] wütet er gegen die Philosophen und die Philosophie, weil er in ihr die eigentliche Verkörperung und Repräsentation der Vernunft sieht, sie praktisch mit ihr gleichsetzt. Im Namen Gottes glaubt Luther, diese (philosophische) Vernunft verdammen zu müssen. „Ich wenigstens glaube, Gott diesen Gehorsam zu schulden, gegen die Philosophie wüten ... zu müssen."[190] Die eigene denkerische Leistung der Vernunft sei zu nichts nütze, führe zu keinen richtigen Ergebnissen, sei Hochmut und falsche Selbstsicherheit. Wie der Mensch in seinem totalen Sündersein nichts könne, so könne auch die ebenso wie der ganze Mensch verdorbene (philosophische) Vernunft gar nichts. Hier rächt sich Luthers Verachtung der Philosophie, der reinen Vernunfttätigkeit an ihm selbst. Denn da die Natur des Menschen ihm zufolge total verdorben ist, ist es auch die zu dieser Natur gehörige menschliche Vernunft. Diese kann dann auch keine gerechten Urteile rechtsphilosophischer und moralphilosophischer Art mehr fällen. Damit gibt es dann logisch-konsequenter Weise bei Luther auch keine naturrechtliche Begründung mehr für das, was seine „Kirche" oder der Staat als Norm und Gesetz aufstellt. Normen, Gesetze, Anordnungen, Befehle dieser Institution können reinste Willkür, purer Despotismus sein. Sie brauchen keine innere Begründung in der Vernunft des Menschen zu haben. So entmündigt Luther den Menschen, indem er sein edelstes Organ, die Vernunft, verketzert und die Philosophie zur „Hure" herabwürdigt. Damit desavouiert er am Ende aber auch seine eigene Lehre und seine Verurteilungen anderer Lehren. Denn eine vernünftige Begründung und Akzeptanz seiner Lehre und seiner Verdikte gegen andere kann es nun nicht mehr geben, da ja die Vernunft bei dieser Begründung und Akzeptanz keine Rolle spielen darf. Sie ist ja nach ihm bei allem wahren Erkennen heillos fehl am Platz.

Man kann also berechtigterweise sagen: Die sich auf Luther stützenden und berufenden evangelischen Sektenbeauftragten handeln konsequent, wenn sie alle neuen nichtkirchlichen, religiösen Bewegungen verunglimpfen, ungerecht beurteilen, wahrheitswidrig verleumden und verteufeln. Sie brauchen sich ja dabei – ganz im Sinne Luthers – durch die Vernunft, durch vernünftige Wahrheitssuche, durch wirklichkeitsentsprechendes Erkennen nicht lenken, einschränken oder beeinträchtigen zu lassen. Hat man einmal die Vernunft bei den entscheidenden Glaubens- und Lebensfragen hinter sich gelassen, braucht man sich nicht mehr durch sie „gefesselt" zu fühlen, kann man – ganz wie Luther – herrlich maßlos und wirklichkeitswidrig sein!

Klar, dass Luther dann auch den *Humanismus* ablehnt und verketzert,[191] denn auch dieser hält ja wie die Philosophie viel von der Vernunft des Menschen. Gegen den großen Humanisten Erasmus von Rotterdam wütet Luther fast ebenso furchtbar wie gegen Thomas Müntzer: „Ebenso wie Erasmus habe ich auch Müntzer getötet; der Tod liegt auf meinem Hals."[192] Merke: Die Reformation Luthers ist „anti-rational" und „anti-humanistisch", da sie ja von den Fähigkeiten und der Schöpferkraft des Menschen nichts hält. Daher sollten Staatsmänner und Medien endlich nicht mehr darauf hereinfallen, dass evangelische Sektenbeauftragte die sogenannten Sekten als irrational und inhuman diffamieren, sich selbst aber gleichzeitig als rational und die „human rights" schützend anpreisen.

Man sieht: Ratzinger und Luther sind Brüder im (Un-)Geist. Kirchenvertreter, evangelische wie katholische, müssen es immer besser wissen als alle anderen, wollen stets die Vernunft bevormunden, zurechtweisen, reinigen, befreien, wenn's gar nicht anders geht: verunglimpfen und verleumden. Die Arroganz, der Hochmut, die Überheblichkeit liegt nicht in der säkularen, autonomen Vernunft, sondern in der theologischen „Vernunft", die gar keine ist, weil sie sich selbst von vornherein dadurch entmündigt, dass sie behauptet, eine höhere Wahrheit zu lehren, nämlich die der Offenbarung, die höher sei als alle Vernunft.

Es gibt tausendfach Belege für diese Arroganz der theologischen „Vernunft". Karl Jaspers, einer der führenden Philosophen des 20. Jahrhunderts und einer der am intensivsten um Objektivität bemühten Denker, hat sie bei Karl Barth gesammelt, dem nach ihm „heute bekanntesten und angesehensten protestantischen Theologen". Der bediene sich „jener ›Psychologie‹, die nicht zur realen Erkenntnis, sondern zum Diffamieren brauchbar ist", er spreche ironisch von „Hohenpriestern und Propheten" der Philosophie, nenne sie „Narren, Gerichtete, ins Unheil gelangte arme Menschen", „arme verlorene Heiden". Die Philosophie sei für Barth „überflüssiger Unfug", man könne den Philosophen nur „freundlich distanzierend" oder mit „gelegentlich recht grimmigem Humor" entgegentreten.[193] Jaspers seinerseits kam nach schmerzlichen Erfahrungen zu dem Ergebnis, dass man mit Theologen nicht diskutieren könne: „Zu den Schmerzen meines um Wahrheit bemühten Lebens gehört, dass in der Diskussion mit Theologen es an entscheidenden Punkten aufhört, sie verstummen, sprechen einen unverständlichen Satz, reden von etwas anderem, behaupten etwas bedingungslos, reden freundlich und gut zu, ohne wirklich vergegenwärtigt zu haben, was man vorher gesagt hat, - und haben wohl am Ende kein eigentliches Interesse. Denn einerseits fühlen sie sich in ihrer Wahrheit gewiss, erschreckend gewiss, andererseits scheint es sich für sie nicht zu lohnen um uns ihnen verstockt scheinende Menschen."[194] „Das Maß der Kritiklosigkeit" in offenbarungsgläubigen Theologen sei so groß, dass es „von uns kaum verstanden werden kann".[195]

Doch was bietet denn der nach Ratzinger die Vernunft reinigende, befreiende, vereigentlichende Offenbarungsglaube? Bringt er uns neue Wahrheiten, zu denen die Vernunft nicht kommen kann oder die dieselbe bisher nicht entdeckt hat? Fehlanzeige! Was Jesus und Mohammed in den Heiligen Schriften des Christentums und Islams über die innere Natur Gottes oder der unsichtbaren Geister, über den Himmel und das Paradies, über das Innere der menschlichen Seele oder die Struktur des Kosmos, überhaupt über alle weltanschaulichen Fragen mitteilen, ist ausgesprochen dürftig, praktisch nichts, jedenfalls nichts, was nicht bereits besser und schöner durch Dichter und Denker aller Zeiten geschildert oder besungen worden wäre.[196] Die »herrlich-großartige Offenbarung« Gottes an Jesus wie an Mohammed wird von den Theologen nur behauptet und großspurig proklamiert, sie ist inhaltlich gar nicht zu greifen. Eine psychologische Analyse oder eine phänomenologische Wesensschau religionsgeschichtlich behaupteter Offenbarungen gelangt jedenfalls ohne weiteres zu dem Resultat, dass es keine Offenbarung, sondern nur Inspirationen, Intuitionen, Erleuchtungserlebnisse, Klärungserfahrungen mit besonderer, manchmal ekstatischer Intensität und Eindringlichkeit gibt. Der Eindruck, von den höchsten Höhen, den tiefsten Tiefen der Wirklichkeit ergriffen zu sein, kann einem Individuum schon wie eine Offenbarung erscheinen. Aber es ist eine subjektive, subjektiv-reale, keine objektiv-reale Offenbarung, die aber sehr schnell, wenn ein prominentes Individuum sie von sich behauptet, von den Priestern angeeignet, verfälscht und zu Machtzwecken missbraucht wird.[197]

Ratzingers Behauptung der reinigenden, befreienden, erweiternden und vereigentlichen Wirkung des Offenbarungsglaubens auf die menschliche Vernunft ist also keine Lehr-, sondern eine Leerformel, sie entbehrt jeder Evidenz, jeder Begründung, und sie hat die ganze menschliche Kultur- und Geistesgeschichte gegen sich. Die Offenbarung, von der die Theologen sprechen und die sie mit den absurden, vermeintlich von Gott geoffenbarten, von der Amtskirche lediglich definierten und verkündeten Dogmen gleichsetzen, ist nicht suprarational (übervernünftig), sondern subrational (untervernünftig)!

Aber diese Subrationalität ist schwer zu ertragen, deswegen wird sie ja in einer Art Überkompensation in die Suprarationalität, die Übervernünftigkeit des Glaubens umgefälscht. Die logische Konsequenz ist, dass dann natürlich alle Spuren der Un- und Widernünftigkeit des Glaubens in Literatur und Kultur radikal weggewischt und Verbotstafeln aufgestellt werden müssen, wie z.B. der kirchliche Bücherindex beweist, der praktisch alle Schriften der Klassiker der Aufklärung und fast alle großen Romane der letzten vier Jahrhunderte unter Kauf- und Leseverbot stellte und erst im siebten Jahrzehnt (!) des 20. Jahrhunderts aufgehoben wurde, und zwar nicht etwa aus Einsicht in die eigene Unvernünftigkeit, sondern weil sich ohnehin kaum jemand mehr an das Indexverbot hielt und die Kirche mit dessen Aufhebung schon wieder ihr Image in der Öffentlichkeit verbessern konnte. Man tut was für die Fassade, und die Presse jubelt gleich wieder über den Fortschritt in der Kirche. Die Kirchenvertreter tun ständig etwas für die Fassade, und Ratzinger wurde, wie wir schon sahen, Papst, weil er der beste Fassadenreiniger und –polierer ist, weil er die irrationale Dogmen- und Morallehre der Kirche so schön, sanft und wohlklingend in eine pseudowissenschaftliche und pseudophilosophische Terminologie zu übersetzen vermag. Man weiß, was man an ihm hat, und man weiß auch, dass er den gewaltigen Dreck hinter der Fassade unangetastet lässt. Der Idealfall für die schmutzige, mafiose Diktatur der Kirche!

t)   Kritik an Ratzingers Verurteilung aller Relativismen

Aufgrund der von Ratzinger in seiner ersten Enzyklika so betonten Reinigungs- und Befreiungskraft des Glaubens für die Vernunft, seiner Suprarationalität, also Überlegenheit über diese kann sich unser Mann ja auch so pressebegeisternd über alle *Relativismen* erheben. Der dem zugrunde liegende Trick ist: Wenn hier einer alle Relativismen, also Atheismus, Agnostizismuns, Marxismus, Liberalismus, Sozialismus, Säkularismus, Kommunismus usw., praktisch jeden –ismus (fehlt nur der Katholizismus!) derart anprangert und verurteilt, dann muss ja die Masse den Eindruck bekommen, dass dieser Eine über allen Relativismen steht, der Vertreter des einzigen Wahren und Absoluten ist, nämlich der unfehlbaren Lehre der Kirche. Der tut das von einer höheren Warte aus, sollen die Leute denken, von einem unbedingten Standpunkt her. Wozu dann noch Beweise für die eigene Absolutheit, die erübrigen sich bei einem Papst. Eine stringente und detaillierte Widerlegung der aufgezählten Relativismen kann man sich dann auch ersparen! Sie ist auch vernünftig betrachtet, gar nicht möglich, weil alles, aber auch alles in unserer Welt relativ und kontingent ist. Es gibt die Wirklichkeit, also gibt es auch die ihr entsprechende Wahrheit. Wir Menschen sind aber immer nur auf dem Weg zur immer besseren Erkenntnis der Wahrheit. Wer behauptet, im Besitz der absoluten Wahrheit zu sein, ist ein Scharlatan und Rattenfänger.

Päpste sind die größten Scharlatane und Betrüger, weil sie den Drang, die Sehnsucht vieler Menschen nach etwas Absolutem, nicht mehr Relativem, nach etwas unendlich Wahrem und Beglückendem ausnutzen, indem sie behaupten: »Hier bei uns wird Eure Sehnsucht erfüllt«. Päpste, auch der jetzige, sind im allgemeinen nicht so dumm, nicht zu wissen, dass sie über das Absolute nicht verfügen können; vermutlich zweifeln auch sie bisweilen, ob es das Absolute überhaupt gibt; oder sie sind zynisch genug, es für eine Illusion, für das »Opium des Volkes« zu halten. Aber aus ihrer Machtbesessenheit, ihrem Machtrausch heraus und dem Glauben, dass »nur das Absolute tröstet«, erheben sie ihre Lehre, die relativer und irrationaler gar nicht mehr sein kann, zur absoluten Wahrheit, zum unbedingten höchsten Heils- und Erlösungswert, dem schrankenlose Verehrung und Anbetung gebühren. Sie proklamieren eine Viertel-, Halb- oder Gar-nicht-Wahrheit als unumstößliche, über Gedeih und Verderb entscheidende Heilswahrheit, als irrtumsfreies Dogma, erklären irgendwelche exotischen Texte aus ferner Vergangenheit als Heilige Schrift, die nicht angetastet werden darf. Nur so kann man letztlich verstehen, wie es zu den ekstatisch-enthusiastischen Ovationen der Massen für den verstorbenen Papst, aber auch für den neuen Papst beim Kölner Weltjugendtreffen 2005 kommen konnte. Die päpstliche Machtgeilheit und – besessenheit bedient sich der absoluten Glückssehnsucht der Massen, ihres unbegrenzten Heilsverlangens und steigert es zum kollektiven, keine rationalen Inhalte mehr aufweisenden Wahn.

Die päpstliche Arroganz und Hybris, im unfehlbaren Besitz der absoluten Wahrheit und Heilsgewissheit zu sein, kennt keine Grenzen. Dabei war Ratzinger einst, vor vielen Jahren, auch in dieser Hinsicht viel bescheidener. Das Amt korrumpiert offenbar den Charakter. Als er noch kein Bischof, kein Kardinal, kein Papst, nur ein einfacher Theologieprofessor war, beschrieb er den Glauben in seinen Analysen als etwas durchaus Relatives, hütete er sich, den Glauben über die Vernunft zu stellen, sah vielmehr Glaube und Unglaube, Glaube und Vernunft, Glaube und Atheismus in einer unentschiedenen, einer Remis- oder Pattsituation. Das war ein Standpunkt, der also durchaus dem des Agnostizismus ähnelte, den er heute apodiktisch als Relativismus verdammt.

In seinem auch heute noch grundsätzlichsten theologischen Buch „Einführung in das Christentum"[198] schildert Ratzinger eloquent dieses Unentschieden zwischen Glaube (Theologie) und säkularer Vernunft (Unglaube). Nichts finden wir diesbezüglich in diesem Buch von Ratzingers späterem päpstlichen Triumphalismus der absoluten Selbstgewissheit des Glaubens, seiner selbstsicheren Überlegenheit über die autonome Vernunft. Er spricht vielmehr in ihm von der „Ungeborgenheit seines eigenen Glaubens", von der „bedrängenden Macht des Unglaubens inmitten des eigenen Glaubenwollens"; er räumt ein, dass „seine Situation sich gar nicht so vollständig von derjenigen der anderen unterscheidet", nämlich derjenigen, die nur auf ihre Vernunft setzen. „Im Gläubigen", so Ratzinger damals in aller Offenheit, „gibt es die Bedrohung der Ungewissheit, die in Augenblicken der Anfechtung mit einemmal die Brüchigkeit des Ganzen, das ihm gewöhnlich so selbstverständlich erscheint, hart und unversehens in Erscheinung treten lässt". Ja, auf dem Grunde des Zweifels, der den Gläubigen heimsuche, erscheine sogar „die bodenlose Tiefe des Nichts". Ihn „scheint nur ein über dem Nichts schwankender, loser Balken zu halten, und es sieht aus, als müsse man den Augenblick errechnen können, in dem er versinken muss. Nur ein loser Balken knüpft ihn an Gott". Der Gläubige, soweit er „nicht fraglos dahinlebt", sei „stets vom Absturz ins Nichts bedroht". Ihm werde in seiner „scheinbar völlig bruchlos verfügten Welt ... jählings ... der Abgrund sichtbar, der unter dem festen Zusammenhang der tragenden Konventionen lauert ... In einer solchen Situation steht dann nicht mehr dies oder jenes zur Frage, um das man sonst vielleicht streitet – Himmelfahrt Marias oder nicht, Beichte so oder anders-, all das wird völlig sekundär. Es geht dann wirklich um das Ganze, alles oder nichts. Das ist die einzige Alternative, die bleibt, und nirgendwo scheint ein Grund sich anzubieten, auf dem man in diesem jähen Absturz sich dennoch festklammern könnte. Nur noch die bodenlose Tiefe des Nichts ist zu sehen, wohin man auch blickt."[199]

In dieser Situation komme sich der Gläubige, insbesondere der den Glauben verkündigende Theologe „wie ein Clown vor, oder vielleicht noch eher wie jemand, der, aus einem antiken Sarkophag aufgestiegen, in Tracht und Denken der Antike mitten in unsere heutige Welt eingetreten ist und weder sie versehen kann noch verstanden wird von ihr."[200] Was in dieser katastrophalen Situation des Glaubens dem Gläubigen allein bleibe, sei, dem nicht Glaubenden, sich nur auf die Vernunft Stützenden die Worte entgegenzuhalten: „Vielleicht ist es (aber) doch wahr". Denn wie sehr dieses »Vielleicht« auch ein – wenn überhaupt – nur ganz schwaches Argument für den Glauben sei und „wie sehr sich auch der Unglaube dadurch gerechtfertigt fühlen mag, es bleibt ihm die Unheimlichkeit des >Vielleicht ist es doch wahr<. Das >Vielleicht< ist die unentrinnbare Anfechtung, der er sich nicht entziehen kann."[201]

Man sieht, wie bescheiden der noch relativ junge, damals etwa vierzigjährige Theologieprofessor Ratzinger die Ansprüche des Glaubens ansetzte, wie gering er die Sicherheit und Selbstgewissheit des Glaubens einschätzte. Ein Beeindrucktsein von der Größe, dem Wert, der Eigengewissheit der Vernunft scheint bei Ratzinger in diesen damaligen Ausführungen durch. Ganz agnostisch beendet er diese mit dem Ergebnis: „Der Glaubende wie der Ungläubige haben, jeder auf seine Weise, am Zweifel *und* am Glauben Anteil ... Keiner kann dem Zweifel ganz, keiner dem Glauben ganz entrinnen ... Es ist die Grundgestalt menschlichen Geschicks, nur in dieser unbeendbaren Rivalität von Zweifel und Glaube, von Anfechtung und Gewissheit die Endgültigkeit seines Daseins finden zu dürfen."²⁰² Hätte nur der zum Papst Avancierte die Zweifel und Anfechtungen seiner jüngeren Jahre in seine bombastisch-triumphalistische, keine Bedenken und Einwände zulassende bzw. sie mit leichter Hand wegwischende erste Enzyklika aufgenommen. Er bzw. sie wäre authentischer und wirklichkeitsnäher! Vom „Sprung des Glaubens",²⁰³ einem Sprung voller Risiken nach dem früheren Ratzinger, ist jedenfalls in der Enzyklika nichts mehr zu sehen.

u) <u>Ratzinger zu Mynareks Kritik an ihm</u>

Ich habe seinerzeit (1969) in einer Besprechung²⁰⁴ von Ratzingers „Einführung in das Christentum" neben einigen kritischen Einwänden und Bedenken Ratzingers damalige Sicht des Glaubens im großen und ganzen positiv beurteilt. Aber es gab eine ganze Reihe von Rezensionen von Theologen, die ihn sehr scharf kritisierten. Ratzinger veröffentlichte daraufhin seine Antwort an alle Kritiker und Rezensenten in einem Aufsatz, der den Titel trug: „Glaube, Geschichte und Philosophie. Zum Echo auf >Einführung in das Christentum<".²⁰⁵ Er war damals – trotz einiger Empfindlichkeiten, die in diesem Aufsatz mehr oder weniger deutlich zu spüren sind – noch durchaus in der Lage, berechtigte Kritik von unsachlicher zu unterscheiden. Bescheiden und dankbar resümierte er: „Ich möchte ausdrücklich sagen, dass ich gerade auch aus den kritischen Rezensionen viel gelernt habe. Am meisten bereichert und belehrt fühle ich mich durch die Ausführungen von H. Mynarek und durch die sorgfältige Analyse, die O. Loretz einem Teil meiner Darstellung des alttestamentlichen Gottesbildes gewidmet hat ... Sehr viel genauer als W. Kasper²⁰⁶ hat sich H. Mynarek über den philosophischen und theologiegeschichtlichen Ort meines Buches geäußert, den er in der >neoaugustinischen Richtung ...< findet."²⁰⁷

v) <u>Ratzingers Lob des einfachen, einfältigen Glaubens</u>

Es liegt durchaus in der Konsequenz von Ratzingers damaligem Wissen um die Brüchigkeit, Ungewissheit, Ungesichertheit und mangelnde Überzeugungskraft des Glaubens, dass er gegen Schluss seiner „Einführung in das Christentum" schweres Geschütz gegen Kritiker der Kirche auffährt. War es ihm damals doch noch klar, dass das Glaubensgebäude der Kirche echter und radikaler, d.h. bis auf den Grund vordringender Kritik nicht standhalten kann. Ein „versteckter Stolz" sei in vielen Kirchenkritikern wirksam, eine „gallige Bitterkeit ... die heute schon anfängt, zum Jargon zu werden. Leider gesellt sich nur allzu oft eine spirituelle Leere dazu." Das Kriterium, wodurch man falsche Kirchenkritik von wahrer unterscheiden könne, sei, ob man im „Miteinander" der Kirche bleiben wolle oder

der „Isolierung" anheimfalle.[208] Mit anderen Worten: Nur wer in der Herde bleibt, hat ein Recht zu kritisieren.[209]

Dagegen lobt Ratzinger den einfachen Glauben derer, die nicht fragen und nicht hinterfragen, die daher also auch gar nicht in Gefahr geraten, an der Lehre der Kirche irre zu werden oder sie gar zu verlassen. „Die wirklich Glaubenden messen dem Kampf um die Reorganisation kirchlicher Formen kein allzu großes Gewicht bei. Sie leben von dem, was die Kirche immer ist. Und wenn man wissen will, was Kirche eigentlich sei, muss man zu ihnen gehen. Denn die Kirche ist am meisten nicht dort, wo organisiert, reformiert, regiert wird, sondern in denen, die einfach glauben und in ihr das Geschenk des Glaubens empfangen."[210] Ein schönes Lob der Einfältigkeit und Naivität der immer mehr schrumpfenden Masse der Gläubigen. Nur hilft das hier nicht weiter, wo es um die *Wahrheit* des Glaubens, d.h. der Dogmen der Kirche geht und um sein Verhältnis zur Vernunft.

w) <u>Ratzingers falsche Verwendung des Glaubensbegriffs</u>

Aber Ratzinger macht sich bereits in seiner „Einführung in das Christentum", in der er im Vergleich zu seinen Publikationen während seiner Zeit als Kardinal und Glaubenswächter der Kirche doch noch relativ gemäßigte Positionen vertrat, eines Etikettenschwindels schuldig, eines Schwindels, den allerdings alle Kirchenfürsten und –theologen immer wieder begehen. Sie sprechen ständig beredt und in allgemeinen Floskeln von der Vereinbarkeit von Glaube und Vernunft, werden aber nie konkreter, weil sie dann zugeben müssten, dass sie mit Glaube nicht einfach Seinsvertrauen und Wertbejahung oder Wirklichkeitsaffirmation[211] meinen, sondern den Glauben an eine mythische Offenbarung und an die Dogmen der Kirche, von denen jedes eine direkte Verhöhnung, Verspottung und Erniedrigung der Vernunft darstellt und mit dieser selbstverständlich in keiner Weise vereinbar ist. Dieser Etikettenschwindel zieht sich durch fast alle Werke Ratzingers, angefangen bei der „Einführung in das Christentum" bis hin zu seiner ersten Enzyklika, die er als Papst Benedikt XVI. herausgebracht hat. Der Psychoanalytiker Erich Fromm unterscheidet deshalb zwischen »rationalem« und »irrationalem Glauben«, welch letzterer genau mit dem Dogmenglauben der Kirche identisch ist: „Wenn man das Problem des Glaubens auch nur ansatzweise verstehen will, muss man zwischen dem rationalen und dem irrationalen Glauben unterscheiden. Unter einem irrationalen Glauben verstehe ich einen Glauben (an eine Person oder eine Idee), bei dem man sich einer irrationalen Autorität unterwirft. Im Gegensatz dazu handelt es sich beim rationalen Glauben um eine Überzeugung, die im eigenen Denken oder Fühlen wurzelt. Rationaler Glaube meint jene Qualität von Gewissheit und Unerschütterlichkeit, die unseren Überzeugungen eigen ist.

Glaube ist ein Charakterzug, der die Gesamtpersönlichkeit beherrscht, und nicht ein Glaube an etwas ganz Bestimmtes. Rationaler Glaube ist in produktivem, intellektuellem und emotionalem Tätigsein verwurzelt. Der rationale Glaube ist eine wichtige Komponente des rationalen Denkens, in dem er angeblich keinen Platz hat ..."[212]

Die Schriftstellerin Marie Ebner-Eschenbach meint das Gleiche wie Fromm, wenn sie scheinbar paradox behauptet: „Glaube ist Aberglaube, aber der Geist ist Glaube." Das heißt: Jeder Dogmenglaube ist Aberglaube, aber Glaube als Gefühl des Sinnvollen, als grundlegendes positiv getöntes Lebensgefühl, als ein Plus des Optimismus in mir gegenüber aller durchaus berechtigten Skepsis, als Seinsaffirmation, als Tendenz zu positiven Werten – das ist pulsierender vitaler Geist im Menschen, das ist das Leben selbst in uns. Aber genau diesen Glauben, diesen Geist, dieses Leben negieren ja die Kirchen, die Theologen, der Ratzinger-Papst, denn sie sehen das Leben schon in seinem Ursprung negativ, verdorben, verfälscht, nämlich mit der Erbsünde behaftet und daher zum Tod und zur Höllenstrafe verurteilt, wenn, ja wenn man nicht ganz schnell die Vermittlung der Kirche, ihrer Priester, in Form der demütigen Beichte und Buße in Anspruch nimmt, womit die „Heilsnotwendigkeit" der Kirche wieder „bewiesen" wäre. Somit ist auch die „Kultur des Lebens", die Papst Benedikt XVI. im Anschluss an seinen Vorgänger immer wieder als eigenste Kultur der Kirche hervorhebt, ein massiver Etikettenschwindel.

x) <u>Was die Enzyklika, was die Kirche dem Staat vorschreibt. Das Problem der karitativen Dienste der Kirche und der Subsidarität</u>

Wenn schon, wie wir sahen, die Vernunft als solche nach Ratzingers Liebesenzyklika etwas Defizitäres ist, das erst durch den Glauben gereinigt, vereigentlicht und erweitert werden kann, dann braucht im Rahmen dieser seltsamen Logik natürlich auch ein wesentlicher Aspekt und Bereich derselben, nämlich die »soziale Vernunft« die Hilfe der Kirche, um richtig zu funktionieren. Gerechtigkeit ist „Ziel und daher auch inneres Maß" der sozialen und politischen Vernunft. Der Staat als Verwalter dieser Vernunft hat nach der Enzyklika vor allem und primär für Gerechtigkeit zu sorgen. Aber da eben die sozial-politische Vernunft auch defizitär, mit Mängeln behaftet ist, bedarf sie der helfenden Kraft der Kirche.[213]

Das fängt nach der Enzyklika schon bei der Kardinalfrage als solcher an: „Was ist Gerechtigkeit?" Zwar sei dies „eine Frage der praktischen Vernunft" und damit der sozial-politischen Vernunft, und es sei Aufgabe des Staates, diese Frage zu beantworten. Aber das könne er eben nicht allein, ebenso wenig wie die soziale Vernunft. Die Kirche müsse helfend eingreifen. Sie hindert die soziale Vernunft und in ihrem Schlepptau den Staat, „ethisch zu erblinden", sie verhindere „das Obsiegen des Interesses und der Macht, die die Vernunft blenden", sie banne die Gefahren, die ihr von daher drohen. „Genau hier ist der Ort der Katholischen Soziallehre anzusetzen: Sie will nicht der Kirche Macht über den Staat verschaffen ... Sie will schlicht zur Reinigung der (sozialen) Vernunft beitragen und dazu helfen, dass das, was recht ist, jetzt und hier erkannt und dann auch durchgeführt werden kann."[214]

Wir haben hier das uralte Axiom kirchlicher Vormachtstellung vor uns: »Was recht ist, bestimmt die Kirche. Das so Bestimmte soll dann der Staat durchführen«. Nicht bloß die Philosophie, auch die Politik ist weiterhin »ancilla theologiae«, Magd der Theologie, der Kirche! „... sie weiß, dass es nicht Auftrag der Kirche ist, selbst diese Lehre politisch durchzusetzen".[215] Das soll gefälligst der Staat tun, da macht sie sich die Hände nicht schmutzig, genau wie bei der Inquisition: Sie bestimmte, wer schuldig ist. Die Hinrichtung hatte in den meisten Fällen der willfährige Staat zu vollziehen. Aber das Licht, die Leuchte für den Staat, den Führer für ihn macht die Kirche, die theoretischen Vorgaben liefert sie. So stellt sie sich als unentbehrlich dar, und sie weiß auch alles besser als der Staat. „Sie will der Gewissensbildung in der Politik dienen und helfen, dass die Hellsichtigkeit für die wahren Ansprüche der Gerechtigkeit wächst und zugleich auch die Bereitschaft, von ihnen her zu handeln, selbst wenn das verbreiteten Interessenlagen widerspricht ... die Kirche hat die Pflicht, ... durch die Reinigung der Vernunft und durch ethische Bildung ihren Beitrag zu leisten, damit die Ansprüche der Gerechtigkeit einsichtig und politisch durchsetzbar werden."[216]

Bedenkt man, wie oft in den letzten Jahrzehnten die Zentrale der Kirche in immer neue Finanzskandale verwickelt war, wie oft sie in ihrer Verblendung und Geldgier mit der Mafia zusammenarbeitete (Affäre Calvi, Affäre Sindona, Affäre Marcinkus usw.[217]), dann erkennt man die fast schon unendliche Kluft zwischen Anspruch und Wirklichkeit, zwischen dem Ideal des von Benedikt XVI. gezeichneten Verhältnisses von Kirche und Staat mit totaler Vorrangstellung der ersteren und der Tatsache, dass die real existierende Kirche als erste selber die Reinigung, Heilung, ethische Bildung usw. braucht, die sie dem Staat aufdrängen will. Wieder einmal betätigt sich hier Ratzinger als Polierer einer vatikanischen Fassade, hinter der sich eine monströse Ansammlung von Bestechung, Korruption und undurchsichtigen Verbindungen auch zu den zweifelhaftesten Finanzagenturen, Wirtschaftsunternehmen und politischen Diktaturen verbirgt. So lange Ratzinger alias Papst Benedikt XVI. diese dunklen Machenschaften des Vatikans und der römischen Kurie nicht antastet, ist er nicht glaubwürdig, ist seine Enzyklika pure Heuchelei!

Großspurig richtet Benedikt an die Adresse des Staates die Mahnung, unbedingt für „gerechte Ordnung" zu sorgen, weil „ein Staat, der nicht durch Gerechtigkeit definiert wäre, nur eine große Räuberbande wäre, wie Augustinus einmal sagte".[218] Dass mitten im Herzen der Kirche, in ihrer Zentrale, dem Vatikan, die größte Räuberbande sitzt, verschweigt der Papst geflissentlich; dass seit siebzehn Jahrhunderten in den oberen Etagen der Kirche an nichts derart engagiert gearbeitet wird wie an der Mehrung des Reichtums dieser Institution, und zwar per fas et nefas, also ohne alle moralischen Skrupel – kein Wort darüber seitens des Ratzinger-Papstes. Allein die kriminelle Energie, mit der Päpste und Klöster Grundbücher fälschen ließen, schreit nach Entschuldigung und Wiedergutmachung durch den jetzigen Papst. Keinerlei Gewissenskrupel konnten sie dabei bremsen. Die größten Schenkungen an die Kirche, dank derer diese sich zum größten Grundbesitzer des Abendlandes aufschwang, beruhten auf Fälschungen. Die berühmt-berüchtigte »Konstantinische Schenkung« (Kaiser Konstantin soll im 4. Jahrhundert dem Papst Silvester I., gest. 335, und dessen Nachfolgern Rom und das ganze Abendland geschenkt haben) – nachweislich eine Fälschung! Die sogenannten »Pseudo-Isidorischen Dekretalen«, in denen päpstliche Primats- und Landrechte »bewiesen« werden – eine erst im 16. Jahrhundert aufgedeckte Fälschung! Diese Dekretalen sind in Wirklichkeit eine im 9. Jahrhundert entstandene kirchenrechtliche Sammlung von gefälschten Briefen ur- und frühchristlicher Oberhirten. Papst Gregor VII. »bewies« mit Hilfe einer in Wirklichkeit erst im 10. oder 11. Jahrhundert angefertigen Urkunde, dass Karl der Große ganz Gallien dem Papsttum zinspflichtig gemacht und ihm ganz Sachsen geschenkt habe. Um alle Zweifel, z.B. an der Konstantinischen Schenkung, zu beseitigen, zwangen die Päpste jeden künftigen Kaiser des Hl. Römischen Reiches Deutscher Nation, die gefälschte Urkunde über diese Schenkung zu bestätigen. Theologen und Historiker, die die Echtheit der Urkunde bezweifelten, wurden als Ketzer verfolgt.

Beim Geld kennt die Kirche bis heute kein Pardon – trotz allem Gefasel auch des neuen Papstes und gerade von ihm von der Gottes-, Nächsten- und Feindesliebe. Nicht ohne ihre kriminelle Umtriebigkeit hat sie es geschafft, gleich nach dem Staat der größte Grundbesitzer in Deutschland zu werden. Die Prozesse, die geführt wurden und werden von durch die Kirche um ihr Erbe gebrachten Familienangehörigen, weil Kirchenvertreter dem Verstorbenen noch kurz vor dem Tod seine Güter abluchsten, füllen Bände! Vor Zwangsvollstreckungen wegen nichtgezahlter Kirchensteuer schreckte »Mutter Kirche« nie zurück, obwohl diese Steuer den Kirchen ohnehin über 9 Milliarden Euro jährlich einbringt und obwohl sie der deutsche Staat, der den Bürgern immer neue Opfer auferlegt, obendrein großzügig mit jährlich 24 Milliarden Euro auf Grund des immer noch in Geltung befindlichen Hitlerkonkordats und der diversen Länderverträge mit den

Kirchen weiterhin mästet. Trotzdem jammern die Verteidiger dieser fettleibigen, monströs aufgeblähten Kirche fast jeden Tag in den Medien, dass Gehälter ihrer Angestellten gekürzt und langjährige Mitarbeiter entlassen werden müssen. Der Kirchenprofit ist eben wichtiger als deren Schicksal!

Ratzinger alias Benedikt XVI. hat nicht vor, irgendetwas an der Ausbeutung des Staates durch die Kirche zu ändern. Vorsorglich mahnt er schon in seiner ersten Enzyklika mit erhobenem Zeigefinger: „Nicht den alles regelnden und beherrschenden Staat brauchen wir, sondern den Staat, der entsprechend dem Subsidiaritätsprinzip großzügig die Initiativen anerkennt und unterstützt, die aus den verschiedenen gesellschaftlichen Kräften aufsteigen."[219] Ja, Subsidarität wird von den Kirchenvertretern und, wie man sieht, auch vom Papst in seiner ersten Enzyklika ganz groß geschrieben. Er erwähnt zwar beiläufig „die verschiedenen gesellschaftlichen Kräfte", ohne eine einzige zu nennen, aber er meint mit Subsidarität, mit der Delegierung von Aufgaben des Staates an diese Kräfte, wie alle seine Vorgänger immer nur die Kirche. Deshalb schießt sofort nach dem eben zitierten Satz der Enzyklika der Knüppel aus dem Sack: „Die Kirche ist eine solche lebendige (subsidiäre) Kraft: In ihr lebt die Dynamik der vom Geist Christi entfachten Liebe, die den Menschen nicht nur materielle Hilfe, sondern auch die seelische Stärkung und Heilung bringt..."[220]

So etwas kann natürlich nicht der Staat, so etwas können ebenso „natürlich" keine anderen gesellschaftliche Kräfte und humanitären Institutionen, so etwas macht am besten die Kirche, weshalb ihr der Staat gefälligst in allen Richtungen und Zweigen ihres karitativen Wirkens massiv unter die Arme zu greifen hat, etwa indem er ihr, wie er das ja längst tut, ihre Kindergärten, Altenheime, Kliniken, konfessionellen Schulen, theologischen Universitätsfakultäten und kirchlichen Hochschulen etc. in der Regel mit 90 bis 100 % „mit"-finanziert. Trotzdem ließ dann seinerzeit Helmut Kohl den bedeutungsschweren Satz vom Stapel, dass ohne den karitativen Dienst der Kirchen der Staat unter der Last seiner sozialen Aufgaben zusammenbräche (den Satz muss ihm sein enger Freund, Kardinal Lehmann, eingeflüstert haben!). Das Gegenteil jedoch ist wahr: Ohne das Geld des Staates gäbe es keine Kirche mehr in Deutschland. Dies deshalb, weil ihre mega-irrationale Lehre keinen Hund mehr hinterm Ofen hervorlockt, nur noch ein kleines Häuflein dümmster Schafe an diese Lehre glaubt und mit den freiwilligen Spenden dieses Häufleins nicht mal zehn Pfarrer ernährt werden könnten, während die Kirche im jetzigen Status mit ihrer Finanzkraft alle wichtigen Bereiche des Staates, der Gesellschaft und der Medien in ihrem Sinne beeinflussen und schmieren kann.

Es ist geradezu eine Frechheit, wenn Benedikt XVI. in seiner Enzyklika dieses Verhältnis von Kirche und Staat, in dem der Staat immer nur der Gebende, die Kirche immer die Nehmende ist, als „fruchtbare Zusammenarbeit" bezeichnet. Denn, so der Papst, „in dieser Situation sind zahlreiche Formen der Zusammenarbeit zwischen staatlichen und kirchlichen Instanzen entstanden und gewachsen, die sich als fruchtbar erwiesen haben",[221] vor allem, so muss man hinzufügen, als besonders lukrativ für die Kirche. Staat zahlt, Kirche nimmt – eine schöne „Zusammenarbeit". Aber wenn schon der Atheist Schröder diese Zusammenarbeit nicht beendet hat, wird es CDU-Frau Merkel bestimmt nicht tun. Hans Küng, ein „progressiver" Opportunist und Verteidiger der guten Zusammenarbeit von Kirche und Staat, lobt Frau Merkel deshalb auch über den grünen Klee wegen ihres freundlichen Lächelns, mit dem sie so viel fraulichen Charme in die kalte Welt der Regierenden gebracht habe. Die ausländischen Staatenlenker werden wohl eher deshalb dankbar sein, weil sie sich gegen den Willen der Steuerzahler in Deutschland zu einer weiteren 9-Milliarden-Zahlung an die EU verpflichtet hat,[222] ganz abgesehen davon, dass Deutschland ohnehin der größte Netto-Zahler der Union ist.

Geradezu mit den Kolben ins Gesicht aber schlägt der uns alle so liebende Papst jeden die Verhältnisse Kennenden, wenn er die „Transparenz des Wirkens" der kirchlichen Instanzen hervorhebt. Behauptet er doch allen Ernstes, dass „die kirchlichen Instanzen mit der Transparenz ihres Wirkens und der treuen Erfüllung ihrer Pflicht, die Liebe zu bezeugen, auch die zivilen Instanzen mit christlichem Geist befruchten und eine wechselseitige Abstimmung fördern, die zweifellos der Wirksamkeit des karitativen Dienstes nützlich sein wird."[223]

In Wirklichkeit ist in der Kirche, der evangelischen wie der katholischen, nichts transparent, am wenigsten ihr Finanzgebaren. In Deutschland wie in zahlreichen anderen Staaten verpflichtet der Gesetzgeber die Kirchen ja nicht einmal zur Offenlegung ihrer Bilanzen. Das wirkliche Budget der einzelnen deutschen Bistümer wird nicht bekanntgemacht, kennt oft nur der Bischof, nicht einmal der Verwalter des Finanzressorts einer Diözese. Die Kirchen hüten das Geheimnis ihres immensen Vermögens sorgfältiger als das Beichtgeheimnis! Und fast ebenso erfolgreich gelingt es ihnen, ihre vielfältigen und weitverzweigten Verbindungslinien mit den herrschenden Mächten in Demokratien wie Diktaturen, in Industrie und Wirtschaft vor den Augen der Öffentlichkeit zu verbergen.[224]

Gerade die Regierungszeit Johannes Pauls II., den doch sein Nachfolger, Benedikt XVI., so schnell wie möglich heilig sprechen möchte (wahrscheinlich wird er wider alle vorgeschriebenen kirchlichen Regeln und vatikanischen Gepflogenheiten bei seinem Besuch der hysterisch am Wojtyla-Papst hängenden Katholiken Polens Ende Mai 2006 diesen schon seligsprechen), war besonders fruchtbar und produktiv in Bezug auf die Knüpfung anrüchiger Verbindungen. „Das Pontifikat Johannes Pauls II. hat sich als Glücksfall für Geldjongleure und Krämerseelen, für Kriecher und Lumpen, für internationale Polit- und Finanzgängster ... erwiesen."[225] Vieles läuft in dieser Hinsicht über die Schiene des »Opus Dei«, der geheimsten Organisation innerhalb der die Geheimnisse von Profit und Macht ohnehin sorgsamst hütenden kirchlichen Hierarchie.[226] Dem »Opus Dei« vor allen anderen Interessengruppen verdankt der vorige wie der jetzige Papst sein höchstes Amt in der Kirche.[227]

Auch wenn die Enzyklika Benedikts XVI. nachdrücklich die vielen Liebesdienste der Kirche im Staat und für den Staat betont, es bleibt bei der alten kirchlichen Dominanzlehre: die Kirche muss immer eine Extrawurst braten, will sich mit anderen karitativen oder humanitären Vereinen zum Wohl des Staates und der Gesellschaft nicht vermischen, sondern bewahrt und betont ihnen[228] und dem Staat als ganzem gegenüber die Einzigartigkeit und Überlegenheit ihres Charakters. Insofern ist Kirche immer und überall ganz antidemokratisch ein »Staat im Staat«, was selbst die atheistischen Machthaber in den Staaten des Ostblocks nicht verhindern konnten, obwohl es damals wie heute etwa in China Hunderte, ja Tausende von Überläufern gab, d.h. von der Kirche gern verheimlichte Gruppen von Priestern, die christliche, von der Vatikankirche getrennte patriotisch-sozialistische Vereinigungen bildeten und am Aufbau des Sozialismus mitzuarbeiten bereit waren. Kaum war der Ostblock zusammengebrochen, kehrten sie wieder reumütig in den Schoß der Kirche zurück, einer Kirche, die jetzt um so ungestrafter und rücksichtsloser ihr Ideal des überlegenen »Staates im Staat« durchsetzen kann.

Wie gesagt, auch in Ratzingers von den Medien so hochgelobter Enzyklika einer Liebe voller Lockerheit, Güte und Gelassenheit fehlen diese kirchlichen Herrschaftsmerkmale der karitativen Dienste in einem Staat keineswegs. „Um so wichtiger ist es", betont die Enzyklika nachdrücklich, „dass das kirchliche Liebeshandeln seine volle Leuchtkraft behält und nicht einfach als eine Variante im allgemeinen Wohlfahrtswesen aufgeht".[229] Merke: Liebe hat man in der Kirche nie bloß als solche, als Eines, Einziges und Einheitliches, zu ihrem Specificum gehört vielmehr, dass man auch missioniert und evangelisiert bzw. sich missionieren und evangelisieren lässt. Daraus resultiert dann erst die „volle Leuchtkraft" dieser Liebe. In der Sprache der Enzyklika: Es muss eben „eine glückliche Verbindung von Evangelisierung und Liebeswerk gelingen".[230] Es darf nach der Enzyklika nicht so sein, „dass das karitative Wirken sozusagen Gott und Christus beseite lassen müsste".[231] Es muss immer klar bleiben, „dass der Liebesdienst ein Akt der Kirche als solcher ist ... dass das eigentliche Subjekt der verschiedenen katholischen Organisationen, die einen karitativen Dienst leisten, die Kirche selber ist."[232] Wehe, ein Katholik oder eine katholische Gruppe machte etwas ohne Abstimmung mit der Kirche. „Der Mitarbeiter jeder katholischen karitativen Organisation will (nein, er muss!) mit der Kirche und daher mit dem Bischof dafür arbeiten, dass sich die Liebe Gottes in der Welt ausbreitet."[233] Von Liebe, die sich in der Welt ausbreiten soll, spricht die Enzyklika. Die von ihr geforderte enge Bindung dieser Liebe an die Kirche, an den Bischof, also an die hierarchisch-theokratische Struktur aber beweist: Es geht um Herrschaft über die Welt, Weltherrschaft unter dem Mantel der Liebe!

„Das innere Offensein für die katholische Dimension der Kirche", wie es die Enzyklika von den Mitarbeitern karitativer Dienste fordert, ist nichts anderes als die „Berücksichtigung des spezifischen Profils des Dienstes, den Christus von seinen Jüngern erwartet",[234] d.h. »Geht zu allen Völkern, und macht alle Menschen zu meinen Jüngern; tauft sie auf den Namen des Vaters und des Sohnes und des Heiligen Geistes, und lehrt sie, alles zu befolgen, was ich euch geboten habe« (Mt. 28,19). Die Liebesenzyklika des Papstes: In Wirklichkeit eine Enzyklika der Glaubensoffensive und der Weltmission!

„Wer Christus liebt, liebt die Kirche",[235] und die Kirche will dasselbe wie der von ihr konstruierte Christus (denn der Jude Jesus wusste sich ja zu nichts anderem gesandt als „zu den verlorenen Schafen des Hauses Israel", Mt. 15,24), nämlich die Bekehrung aller Menschen zu ihr, wenn nötig mit Feuer und Schwert, wie die Zeiten beweisen, in denen sie noch die alleinige Macht hatte.

Sagen wir es salopp und doch sachbezogen: Der Katholik bleibt ein armer Hund! Er darf sich der Liebe, der liebenden Aktion nie ganz frei, uneingeschränkt, ohne Rücksichtnahme auf wesensfremde Normen hingeben. Liebt er, dann muss er im gleichen Atemzug an den ganzen Katalog von Christus und Kirche denken. Denn „die praktische Aktion bleibt zu wenig, wenn in ihr nicht die Liebe zum Menschen selbst spürbar wird, die sich von der Begegnung mit Christus nährt".[236] Und wie gesagt: „Wer Christus liebt, liebt die Kirche."

Wer sich diese, zugegeben monoton wirkenden salbungsvollen, süßlichen Sprüche der Enzyklika bis zu diesem Punkt angehört hat, wird der, ja wird es nicht aus ihm geradezu herausschreien, dass er eine Liebe ohne diesen ganzen Kirche-Christus-Ballast will, eine freie Humanität der Liebe und nur der Liebe, ohne alle Wenn und Aber?!

y) Die Armen in der Sicht der Liebesenzyklika Benedikts XVI.

Den Armen wird in dieser Enzyklika nicht viel Raum zugestanden. Das ist in der Sicht des Ratzinger-Papstes ganz logisch, weil dieser Armut nie als etwas Primäres, sondern stets nur als Sekundäres, Zweitrangiges sah und sieht. Primär ist Gott. Wenn man mit Gott im Reinen ist, erträgt man das Sekundäre viel leichter, also auch die Armut. Das ist schon die ganze Armutstheologie Ratzingers. Der Mann hat zwar in seiner Kindheit und Jugend im Haus seiner Eltern relative Armut erlebt, danach aber nie mehr. In der wohlwollenden und spendablen Atmosphäre der Reichen und Mächtigen in Gesellschaft und Kirche ging es dem Professor, nachher dem Erzbischof von München und dem Kardinal und Glaubenskontrolleur in Rom stets blendend. Mit konkreter Armut traf er nach der Frühphase seines Lebens nie mehr zusammen. Und seine Armutstheologie ist eben auch der Spiegel seiner Lebenserfahrung. Denn bei ihm bewahrheitete es sich ja: Weil er Gott so fromm diente, ging es ihm in seinem Leben allezeit gut.

Nur auf diesem biografischen Hintergrund ist eine zentrale Aussage Ratzingers zu verstehen, die den wirklich Armen und Notleidenden wie blanker Zynismus erscheinen muss. „Das Merkwürdige" sei nämlich, so Ratzinger noch als Kardinal, „dass gerade bei den Armen ... der Hunger nach Gott sehr groß ist. Sie sind keineswegs der Meinung so vieler Europäer, zuerst müsse das Irdische geklärt werden, dann könne man auch über Dinge wie die Gottesfrage reden."[237] In der Enzyklika klingt das dann so: „Oft ist gerade die Abwesenheit Gottes der tiefste Grund des Leidens" der Armen.[238]

Kirchenfürsten, in Palästen lebend, von einem Heer dienstbarer Geister umgeben, in teuren Gewändern einherschreitend, sind einfach nicht fähig, die simple Wahrheit einzusehen, dass es einem wirkliche Not Leidenden schnurzegal ist, ob Gott existiert oder nicht existiert, wenn nur seine ärgste Not gelindert wird. Sie können auch gar nicht verstehen, dass Gott einem solchen armen Kerl nicht gleich hilft. Ihnen selbst wird doch immer gleich geholfen, und wenn die Rolle des liebenden Gottes Vater Staat übernimmt. Die Kirche im Freistaat Bayern klagte z.B. herzzereißend, dass ihr das nötige Geld fehle, um das Geburtshaus des Ratzinger-Papstes in Marktl am Inn zu erstehen. Nichts leichter als das: Stoibers Finanzkasse war sofort bereit, helfend einzuspringen. Eine Million Euro für einen Herzenswunsch der Kirche wurden ohne weiteres bewilligt. Man weiß ja, was man an ihr hat in einem Land, das noch so viele brave, kirchentreue Schafe aufweist. Die bleiben ja dann auch treue Staatsbürger und zahlen brav ihre Steuern, auch für Ratzingers Geburtshaus.

Es nützte nach Papst Benedikt auch nichts, wenn kirchliche Helfer einem Armen ihre ganze Habe verschenkten, denn das Spezifische christlicher Liebe wäre ja damit noch nicht erreicht. Also lässt man es lieber. Die echte Christusgesinnung der Liebe müsse im Helfer sein, sonst sei die helfende Tat wertlos.[239] Auch hier wäre es dem wirklich Armen total schnuppe, ob der ihm seine Habe schenkende kirchliche Helfer die richtige Gesinnung hat. Aber Kirche macht halt nichts ohne theologischen Vorbehalt, ohne theologische Vorgaben, ohne theologische Vorbedingungen.

Nur wenn es um den Staat als Helfer geht, wird jede Hilfe, jede Geldzuwendung gierig von der Kirche angenommen, egal aus welcher Motivation oder Gesinnung heraus das geschieht, egal, ob der zuteilende Vertreter des Staates Atheist, Sozialist, Libertinist, korrupt oder ehrbar ist. Da ist die Kirche endlich mal uneingeschränkt großzügig, liberal und tolerant. Endlos lange und heftig stritt sich z.B. Wolfgang Huber, Ratsvorsitzender der Evangelischen Kirche in Deutschland und Bischof der Evangelischen Kirche Berlin-Brandenburg, also oberster Repräsentant des deutschen Protestantismus. mit der Koalition aus SPD und PDS in Berlin, weil diese, anstatt ein Wahlpflichtfach Ethik und Religion anzubieten, wie das Huber und Sterzinsky, der Kardinal von Berlin, wünschten, ein Fach staatlicher Wertevermittlung für alle Schüler der 7. Klasse verbindlich gemacht hatte, den Religionsunterricht aber nur als ein rein freiwilliges Angebot außerhalb des Lehrplans zuließen. Mit allen Methoden des Marketings wurde von der Firma Huber-Sterzinsky die Kampagne betrieben. Aber siehe da: „Mitten im schönsten Streit darüber, wie herzenskalt und provinziell die Berliner SPD mit der Religion im Allgemeinen, mit dem politisch-juristischen Gebot der Religionsfreiheit und ihrem vermeintlichen Gefolgsmann Huber im besonderen umsprang, schloss Huber für die evangelische Kirche einen Staatskirchenvertrag mit dem Land Berlin ab. In ihm wird die Frage des Religionsunterrichts ausgeklammert: Wie in schönsten Kalte-Kriegszeiten kam man überein, nicht übereinzustimmen".[240] Hauptsache, der Vertrag steht und das Geld des Staates, sprich: der Bürger fließt an die Kirche!

Die katholische Kirche in Italien hat ihrerseits auch keinerlei moralische Bedenken, kräftig mit Berlusconi zusammenzuarbeiten. Im Gegenteil, sie lobt ihn ganz offiziell. Berlusconi setzt sich „wie wir dafür ein, die Werte der Demut und des Fleißes zu fördern und zu bewahren", betonte Kardinal Silvio Oddi, Protektor des Geheimordens »Opus Dei«.[241] Fleißig sind sie, die Herren der Kirche, das muss man zugeben, vor allem wenn es darum geht, die Hände überall aufzutun, wo es Geld gibt. Und die „Geistes"-Verwandtschaft ist ja da. Auch als Kardinal, so Berlusconi, „hätte ich der heiligen Mutter Kirche wohl vieles geben können". Er gibt auch so genug. Bei dem, was er tut, fällt immer wieder auch etwas für die

Kirche ab. Im Dunstkreis von Mafia und »Opus Dei« machte er eine sagenhaft steile Karriere. „Er kontrolliert das Privatfernsehen Italiens, beaufsichtigt das Staatsfernsehen Rai, besitzt mit seiner Familie den größten Verlag Mondadori und darüber hinaus Zeitungen, setzt verbliebene freie Blätter unter Druck, nennt den Fußballklub AC Mailand sein Eigen und erlässt Gesetze, die ihn vor Strafen für Delikte wie Bilanzfälschung schützen. Alles im Dunstkreis von Leuten mit Mafia-Kontakten und mit dem Segen vieler im Vatikan."[242]

Berlusconi wurde in einem Mailänder Kolleg der Salesianer-Patres erzogen. Das Geld für seine ersten Firmenkäufe kam von der Privatbank Rasini, in der sein Vater Luigi Prokurist war und bis zum leitenden Direktor aufstieg. In dieses Finanzhaus kaufte sich der Sizilianer Giuseppe Azzaretto ein, ein Mitglied des einflussreichen Malteserordens und des Ordens vom Heiligen Grab, dem auch in Deutschland einflussreiche Persönlichkeiten aus Wirtschaft und Finanzwesen angehören. Berlusconi ist auch Mitglied in der Geheimloge P2 (Propaganda Due), die zwar später vom italienischen Parlament als verfassungsfeindlich erklärt und aufgelöst wurde, aber weiterhin einflussreiche Freunde im Vatikan und unter den Kardinälen hat. Die dreifache Bluttat 1998 im Vatikan unter den Schweizer Gardisten des Vatikans (Oberst Alois Estermann, Kommandant der Schweizer Garde, und seine Frau Gladys, erschossen von Vizekorporal Cédric Tornay, der sich dann selbst tötete) geht auf einen Kampf zwischen Anhängern dieser Loge unter den Kardinälen und Opus Dei-Leuten zurück. Aber der Vatikan vertuscht alles. Der Chef des vatikanischen Presseamtes Navarro-Valls, Mitglied des Opus, und der Abschlussbericht vom Februar 1999 sprechen nur noch von einer irrationalen Wahnsinnstat, einem „raptus di follia".[243]

Den Vatikan können permanenter Machtmissbrauch und selbst die übelsten Auswüchse gigantischer Medienkonzentration nicht erschüttern oder zu Protesten bewegen, wenn er an ihnen mitprofitieren kann. Geharnischter Protest kommt von dieser Seite nur, wenn einige Theologen das Machtkartell von US-Kapital und Kirche, vertreten dort besonders durch von Johannes Paul II. eingesetzte Bischöfe des Opus Dei, in Südamerika durch ihre radikale Option für die Armen in Frage stellen. Machtmensch Wojtyla und sein damaliger Glaubenskontrolleur Ratzinger, beide sensibel wie Seismografen, wenn es darum geht, auch nur kleinste Antastungen der Macht des Papsttums zu registrieren, hatten sofort die Gefahr gewittert, die die »Von-unten-Perspektive« der Befreiungstheologie für ihre »Von-oben Sicht« der Kirche bedeutete. Begründer und Cheftheoretiker der südamerikanischen Befreiungsbewegung wie die Theologen Leonardo Boff (Brasilien), Gustavo Gutiérrez (Peru) und Jon Sobrino (El Salvador) haben glaskar den Punkt dieser Bewegung herausgeschält, der dem Papst und seinem Glaubenswächter ein Dorn im Auge sein musste: Kirche und Papsttum müssten sich zu den Armen und Randsiedlern der Gesellschaft bekennen. Aber dies nicht etwa so, dass sie ihnen lediglich ein paar Almosen hinwerfen, sondern dass von nun an durchgehend alles, die ganze politische, wirtschaftliche, soziale, kulturelle, religiöse Lage, aus der Perspektive der Ausgebeuteten, des Volks, derer da unten, gesehen, analysiert und bewertet werden müsse. Die »Option für die Armen«, ihre Gleich- und Vorrangstellung in der Kirche müsse oberstes Prinzip werden. Die Underdogs des Fortschritts sollen nicht nur befreit, sondern an die Schalthebel der kirchlichen Macht gelassen werden. Genau dadurch drohte der hierarchischen Kirche, die zudem stets eine Kirche der Reichen, der Mächtigen, der Unterdrücker gewesen war, eklatante Gefahr.

Der polnische Papst, für den nicht erst Rebellion, sondern schon sachlich fundierte Kritik an den kirchlichen Herrschaftsstrukturen stets ein Sakrileg war, schritt schnell zur Tat. Befreiungstheologen wie die gerade genannten wurden vor Ratzingers Nachfolgebehörde des »Heiligen Offiziums« bestellt, die heute den harmlosen Namen »Kongregation für die Glaubenslehre« trägt, wurden stundenlang vernommen und zu Unterwerfungserklärungen genötigt. Aber auch diese nützten kaum etwas. Sie erhielten trotzdem Rede- und Schreibverbot, das sogenannte »Bußschweigen«, und wurden von den kirchlichen Vorgesetzten bzw. Ordensoberen entwürdigend behandelt. Franziskanerpater Boff erklärte, nachdem er das Priesteramt aufgegeben und den Orden, der von Rom zu diesem Zweck unter Druck gesetzt worden war, verlassen hatte: „Die subjektive Erfahrung, die ich in diesem 20jährigen Ringen mit der Lehrautorität gemacht habe, ist diese: Sie ist grausam und unbarmherzig. Sie vergisst nichts, sie verzeiht nichts, sie verlangt alles. Jede erforderliche Zeit und alle nötigen Mittel werden eingesetzt, um das Ziel zu erreichen: nämlich die Gleichschaltung der theologischen Intelligenz ... Ich habe das Gefühl, vor eine Mauer gelangt zu sein. Ich komme nicht mehr weiter.« Er wollte nicht »die eigene Identität opfern ... Es gibt Grenzen, die nicht überschritten werden dürfen: das Recht, die Würde und die Freiheit des Menschen. Wer sich ständig beugt, wird letztendlich krumm und damit entmenschlicht ... Bevor ich ganz verbittere ..., wechsle ich lieber den Weg."[244]

Ratzinger in seiner Eigenschaft als Präfekt der Glaubenskongregation verfasste gleich zwei Instruktionen (1: Über einige Aspekte der Theologie der Befreiung vom 3. September 1984; II: Über die christliche Freiheit und die Befreiung vom 5. April 1986), die als kirchenoffizielle Verurteilung der Befreiungstheologie und der Kirche der Armen gelten; vgl. auch Ratzingers ZEHN KRITISCHE BEMERKUNGEN ZUR THEOLOGIE VON GUSTAVO GUTIÉRREZ, März 1983.

Bei dieser negativen Haltung gegen die Befreiungstheologie ist Ratzinger auch als Papst Benedikt XVI. stur geblieben. Den Marxismus, von dem er Spurenelemente in der Befreiungstheologie auszumachen glaubte, bekämpft er auch in seiner ersten Enzyklika auf das Heftigste. Hier sieht er ihn als Feind des karitativen Systems der Kirche, als „Mittel ideologisch gesteuerter Weltveränderung", als „radikalste Form ... von verschiedenen Variationen einer Philosophie des Fortschritts". Zur marxistischen Strategie gehöre „die Verelendungstheorie. Sie behauptet, wer in einer Situation ungerechter Herrschaft dem Menschen karitativ helfe, stelle sich faktisch in den Dienst des bestehenden Unrechtssystems, indem er es scheinbar, wenigstens bis zu einem gewissen Grad, erträglich mache. So werde das revolutionäre Potential gehemmt und damit der Umbruch zur besseren Welt aufgehalten". Deswegen werde der „karitative Einsatz" der Kirche „als systemstabilisierend denunziert und angegriffen". In Wirklichkeit sei dies „eine Philosophie der Unmenschlichkeit. Der jetzt lebende Mensch wird dem Moloch Zukunft geopfert, einer Zukunft, deren wirkliches Heraufkommen zumindest zweifelhaft bleibt."[245]

Ratzinger alias Benedikt hat aus seiner Sicht schon recht, dass er seine erste Enzyklika als Liebes-, nicht als Gerechtigkeitsenzyklika konzipiert hat. Gerechtigkeit, auf die alle ein natürliches und gleiches Anrecht haben, die sie zur Not auch revolutionär erkämpfen müssen, hat die Kirche nie so gern gesehen und gemocht. Sie hat es lieber mit der Liebe und Gnade, sprich: mit Almosen für die Armen, die durch Armut demütig Gewordenen, die dann aber auch dafür dankbar sind, dass die Kirche ihnen diese Almosen gibt (die sie noch davon vom Staat hat). Hier waltet ein analoges Gesetz: Wie man die Menschen durch die Lehre von der Erbsünde und den ständig begangenen persönlichen Sünden in eine Schuldverfasstheit hineinmanövriert, aus der sie dann die Kirche durch Beichte und andere Sakramente gnädiglich herausholt, so brächte die Kirche am liebsten alle Menschen in die Situation der Armut, um sie dann durch Almosen für sich zu gewinnen. Der Papst als gewiefter Theologe sagt es natürlich nicht so unverblümt wie seine Freunde vom Opus Dei, die ihn ins Papstamt gebracht haben. Aber die Haltung der Kirche zur Kreatur Mensch („Staub bist du und zum Staub kehrst du zurück" = offizielles Aschermittwoch-Ritual der Kirche) ist immer die gleiche geblieben. Der Opus Dei-Gründer Escriva de Balaguer sagt es nur unverschämt offen: „Ich nenne dir die wahren Schätze des Menschen auf dieser Erde, damit du sie dir nicht entgehen lässt: Hunger, Durst, Hitze, Schmerz, Schande, Armut, Einsamkeit, Verrat, Verleumdung, Gefängnis".[246]

Dieser arme, gepeinigte, gequälte, gedemütigte und erniedrigte Mensch lechzt dann natürlich nach der Hilfe von seiten der Kirche, nach ihrer Liebe, nach der Erlösung durch den von ihr konstruierten Christus. Er wagt nicht einmal mehr auf sein angestammtes Recht auf Gleichheit und Gerechtigkeit zu pochen. Er will nur noch die Gnade der Liebe geschenkt bekommen. Genau deshalb ist Ratzingers erste Enzyklika ganz konsequent nicht der Gerechtigkeit und den Menschenrechten, sondern der Liebe gewidmet. Denn der Auftrag, den jeder Mensch auf dieser Erde hat, ist ihm nach Ratzinger von Gott geschenkt. In den Worten der Enzyklika: „Dieser Auftrag ist Gnade. Je mehr einer für die anderen wirkt, desto mehr wird er das Wort Christi verstehen und sich zueignen: >Unnütze Knechte sind wir< (Lk. 17,10). Denn er erkennt, dass er nicht aufgrund eigener Größe oder Leistung handelt, sondern weil der Herr es ihm gibt." Wir alle sind „nur Werkzeug in der Hand des Herrn". Deswegen sei es „Hochmut ... selbst und aus Eigenem die nötige Verbesserung der Welt zustande bringen zu müssen ... Gott regiert die Welt, nicht wir." Deswegen darf uns auch nicht „die Erfahrung der Endlosigkeit der Not ... in die Ideologie treiben, die vorgibt, nun das zu tun, was Gottes Weltregierung allem Anschein nach nicht ausrichtet – die universale Lösung des Ganzen".[247] Wahrlich, der Autor der Liebesenzyklika ist nicht einen Zentimeter weit abgewichen von seiner harten Verurteilung der Armentheologie südamerikanischer Befreiungstheologen. Der Großinquisitor, der diese Verurteilung ausgesprochen hatte, hat sich lediglich als Papst die Maske der Liebe aufgesetzt.

Drittes Kapitel

Der Papst und der Sport

Welches Verhältnis hat Joseph Ratzinger, nunmehr Papst Benedikt XVI., zum Sport? An und für sich gar keins! In seinen Gesprächen mit dem Journalisten Peter Seewald[248] gesteht er, in der Schule immer der Letzte und Schwächste im Sport und Turnen gewesen zu sein, dies zweifelsohne auch deshalb, weil es ihn, den ehrgeizigen und wissensdurstigen Primus der Klasse, gar nicht interessierte: „... ich war eher schüchtern und recht unpraktisch, ... weder sportlich noch organisatorisch oder administrativ begabt."[249]

Das hat sich auch später nicht grundlegend geändert. Noch beim Kölner Weltjugendtreffen im August 2005, seinem ersten offiziellen Auftritt als frischgekürter Papst im Ausland, schaut er verständnislos drein, als er im Rahmen der persönlichen Begrüßung der prominentesten Besucher des Treffens Pele, dem besten Fußballer der Welt, gegenübersteht. Erst einer seiner Berater beendet die von den Fernseh-Kameras festgehaltene, aber natürlich nirgendwo negativ kommentierte Peinlichkeit, indem er ihm zuflüstert, um wen es sich handelt.

Nun wäre eigentlich zu erwarten, dass ein sportlich so uninteressierter und unengagierter Mensch wie Ratzinger zu diesem Thema sich auch nicht äußert. Das wäre das Natürlichste. Aber da vergessen wir den »missionarischen Impuls« in ihm. Seit den Tagen seiner frühesten Jugend ist er immer „vom Thema Kirche ausgegangen, und es ist in allem präsent. Nur war mir dabei wichtig und ist mir immer wichtiger geworden ..., dass sie da ist, damit Gott gesehen wird. Insofern würde ich sagen, ich betreibe das Thema Kirche in dem Sinn, dass der Ausblick auf Gott entsteht."[250]

Von daher ist klar: Die Leute sollen durch Ratzinger auch beim Sport lernen, zu Gott aufzuschauen. Als positiver Nebeneffekt fällt dann in Ratzingers Kalkül schon an, dass die Menschen auch für die Kirche Sympathie hegen und sie dementsprechend auch mit finanziellen Zuwendungen bedenken werden. Aber es macht sich immer besser, zuerst Gott vorzuschieben und die Kirche erst an zweiter Stelle zu nennen. Zu viele haben zu viele negative Erfahrungen mit ihr. Da dient die besondere Hervorhebung Gottes, der ja für viele über aller Kritik steht, als geeignetes Mittel zur Rechtfertigung der Kirche gleichsam durch die Hintertür.

„Dass Rom so ziemlich der gottfernste Punkt des Universums" ist[251], wollen ja viele nicht wahrhaben, dass es unter den Päpsten viele Atheisten gegeben hat, auch nicht. Dass auch heute ein Papst durchaus Atheist sein könnte, wenn er das für sich behält und nach außen massiv die Sache der Kirche betreibt, ist für Leute mit Insiderwissen absolut klar. Und nur darauf kommt es an: Du qualifizierst dich für den Karriereaufstieg in der Kirchenhierarchie, wenn du die Sache der Kirche vehement voranschiebst. Wie's drinnen aussieht, geht niemand was an! Es ist besser, dies sogar dem eigenen Beichtvater zu verschweigen. Selbst der könnte dich – natürlich nur um der hl. Sache der Mutter Kirche willen! – bei den Vorgesetzten verpfeifen.

Zurück zum Sport: Kirche ist seit ihren frühesten Anfängen purer Wille zur Macht, radikaler Wille zur Herrschaft über die ganze Welt. „Das Papsttum ist nichts anderes als der Geist des toten Römischen Reiches, auf dessen Grab es gekrönt sitzt."[252] Der Vatikan als oberste Zentrale dieser Kirche weiß, so wie es schon die Kaiser des Imperium Romanum wussten: Herrschaft, Weltherrschaft gewinnt und hat man nicht ohne die Massen. Und die Massen trifft man heute besonders beim Sport an. Also muss man Interesse für den Sport heucheln. Also muss auch Ratzinger, in dem der missionarische Impuls der Kirche besonders lebendig ist, sein Interesse für den Sport entdecken. Es gab diesbezüglich für ihn gar keine Alternative. Kirche wird immer und überall auf jedes Zeitgeist-Pferd aufspringen, wenn es ihr den Applaus der Massen und die Zunahme der Popularität einbringen kann. Und Ratzinger als Repräsentant dieser Kirche tut dasselbe. Schon die ehrwürdigen Kirchenväter des frühen Christentums nannten die Kirche wegen ihrer korrupten Anpassungsmanie an Macht und Masse die Hure (ecclesia meretrix).

Schon vor der Fußball-WM 1978 hatte Kardinal Ratzinger glasklar erkannt, dass er an einem so gewaltige Menschenmassen bewegenden und erregenden Ereignis wie der WM nicht vorbeikommt. Kirche muss überall mitreden, mitmischen, wenn sie nicht Einfluss verlieren will. Auch für seine Mitbrüder im Amt, die noch nicht so weit waren, das zu erkennen, betonte er: „Fußball ist zu einem globalen Ereignis geworden, das die Menschen rund um unseren Erdkreis über alle Grenzen hinweg in ein und derselben Seelenlage in Hoffnung, Ängsten, Leidenschaften und Freuden verbindet. Kaum irgendein anderer Vorgang auf der Erde kann eine ähnliche Breitenwirkung erzielen."[253] Nolens volens besuchte Ratzinger daher auch als Erzbischof von München ein, zwei Fußballspiele, da es ja diesmal beim reinen Theoretisieren, dem er sich so gern hingibt, leider nicht bleiben konnte. Sonst wäre das Ganze unglaubwürdig geworden. Er war also immerhin ein paarmal im Stadion präsent, egal wie viel er vom Spiel verstand und wieviele prominente Fußballer er kannte. Pele jedenfalls war (bis 2005) nicht unter den ihm bekannten Fußballgrößen.

Nun kam also die Fußball-WM 2006, und der inzwischen Papst gewordene Erzbischof von München musste sich natürlich im Namen des »Immer-und-Überall-Präsent-und-Dominant-Sein-Müssens« der Kirche gleich ein paarmal „gewichtig und bedeutsam" zu diesem Großereignis äußern. Und nicht nur das. Ratzinger gab auch das Startsignal für alle unterpäpstlichen Kirchengeister in Deutschland, es ihm gleichzutun. Allen voran für die beiden Vorsitzenden der Großkirchen in Deutschland: Lehmann und Huber. Vergessen und weggewischt war alles frühere Gerede von Kirchenoberen über den Fußball als Gottes- und Religionsersatz, der sogar der „einzig wahren christlichen Religion" gefährlich werden könnte. Im Gegenteil, was man noch vor ein paar Jahren oder Jahrzehnten als Blasphemie, als Gotteslästerung an den Pranger gestellt hätte, wurde nun getauft und geheiligt: Lehmann und Huber, die beiden Hauptorganisatoren des großen ökumenischen Gottesdienstes im Münchener Liebfrauendom zur Eröffnung der WM ließen einen großen gläsernen Ball vor den Altar stellen, womit sie, jubelten schon wieder alle dienstbaren Journaille-Geister, „inszenatorischen Mut"[254] bewiesen hätten.

Danach durften Kinder aus allen Kontinenten im Rahmen einer quasi-liturgischen Handlung Fürbitten sprechen und Nachbildungen ihrer Herkunftsländer auf dem gläsernen Ball anbringen. Schließlich gewinnt man den Nachwuchs am besten über den Fußball! Und wieder jubelte die Presse: „Anschaulicher hätten die verschlungenen Wege zwischen dem Mikrokosmos Fußball und dem Makrokosmos Erdball kaum in Szene gesetzt werden können."[255] Der pompöse Einzug von Kardinälen und Bischöfen des orbis catholicus wischte dann endgültig alle Rest-Bedenken der Gläubigen weg, denen noch in den Ohren klingen mochte, wie sehr einst die Kirche in diversen Predigten gegen den professionellen Sport und den dämonischen Körperkult gewettert hatte. Weggewischt war auch die einstige Warnung des prominenten protestantischen Theologen Karl Barth vor den „herrenlos gewordenen Erdgeistern",[256] zu denen seiner Meinung nach auch der Fußball gehöre und denen man doch gefälligst den Zugang zur Kirche verweigern und damit die Entheiligung des Sakralraumes verbieten möge.

Die hierarchische Kirche hat keinerlei Probleme damit, Positionen aufzugeben, die nicht mehr populär sind, und neue zu beziehen, die konträr zu den preisgegebenen stehen. Skrupellos aber predigt sie großspurig, dass sie immer und überall die »eine ewige und unveränderliche Wahrheit Gottes und der Kirche« in die

Welt trage. Dabei wird die neu bezogene Position selbstverständlich sofort wieder in ein moralisches Mäntelchen gehüllt.

Die „Moral" durfte also auch in den Ansprachen von Kardinal Lehmann und dem Ratsvorsitzenden der EKD nicht fehlen. Lehmann hob »Kooperation und Teamgeist« hervor, die im Sport spielerisch eingeübt würden, was wir doch „auch sonst im Leben brauchen"[257] (vor allem er und die meisten Bischöfe, da sie ja von der Kooperation mit der »Kirche von unten« und den Initiatoren von Kirchenvolksbegehren bekanntlich fatal wenig halten!). Blieb Lehmann in seiner Predigt im Liebfrauendom noch im Rahmen des allgemein Pädagogischen, so wurde Huber schon theologischer, um nun auch noch effektiver die Wasser des Fußballs in die kirchlichen Glaubenskanäle leiten zu können. Es gebe ja, so Huber, die Kluft, zumindest aber Distanz zwischen Wollen und Vollbringen. Wer es also bei der WM nicht vollbringe, d.h. verliere, der müsse nicht traurig sein. O-Ton Huber: „Wer nicht gewinnt, ist noch kein Versager."[258] Man könne auch verlieren trotz bester Vorbereitung, Leistung und Taktik. Es sei immer auch ein Geheimnis bei zwei einigermaßen ebenbürtigen Mannschaften, warum die eine gewinne, die andere verliere.

Göttin Fortuna, sagt der Volksmund, verteilt ihre Glückslose eben nach Stimmung und Laune. Aber bei Bischof Huber ist es gleich Gottes Geheimnis selbst, der jenseits allen rationalen Kalküls der Menschen die einen gewinnen, die anderen verlieren lässt, so wie ja auch sein oberster Gewährsmann Luther Gott als den hinstellte, der ohne Rücksicht auf die Verdienste der Menschen die einen zum Himmel, die anderen zur Hölle abkommandiert.[259] Aber das ist ein theologisches Geheimnis und für dieses, so dürfen wir wohl Hubers Predigt ergänzen, ist in erster Linie die Kirche zuständig. Jedoch habe dieses von der Kirche verwaltete Geheimnis Gottes eine befreiende Wirkung, die auch den Verlierern im Fußball zuteil werde, wenn sie denn den Trost der Kirche in Anspruch nehmen. Alle Wege führen halt letztlich nach Rom oder Wittenberg! Und der Priester muss notwendigerweise immer zwischengeschaltet werden, wenn's darum geht, den Menschen Gnade und Trost Gottes zukommen zu lassen.[260] Es ist diese Vermittlung durch die Priester ein einträgliches Geschäft für die Kirche und ein besonders einträgliches in Deutschland, wo der Staat längst wieder zum Kirchenstaat und die Kirche längst wieder zur Staatskirche mutiert und degeneriert ist.

Zurück zu Bischof Huber, dem Seelentröster bei verlorenen WM-Spielen. Wo so getröstet wird, kann die größte deutsche Tageszeitung, die ebenfalls längst zum Kirchenmedium mutiert ist, natürlich nicht zurückstehen. Der deutschen Nationalmannschaft lässt sie nach der Niederlage im Halbfinale der WM 2006 den Trost zuteil werden: „Man muss auch mal verzichten können. Dazu haben wir den Papst. Das ist eine Leistung, die weit über das Erreichen des Endspiels der Fußball-WM hinausreicht – und Papst wird man nicht im Elfmeterschießen, sondern nur im Konklave von Rom. Für Ratzingers Auswärtssieg haben die Italiener mindestens ein Finale in Berlin gut."[261]

Wo und wenn Kirche tröstet, ist die Vertröstung auf das Jenseits nicht weit. Fußball, so Ratzinger als oberster Magier der kirchlichen Illusionisten, sei „eine Art versuchter Heimkehr ins Paradies".[262] Ein Versuch halt nur, der uns aber das wahre Paradies im Jenseits erahnen lässt und nahebringen kann. Denn wir treten im Fußballspiel „aus dem versklavten Ernst des Alltags und seiner Lebensbesorgung heraus in den freien Ernst dessen, was nicht sein muss und gerade darum schön ist."[263] Denn das sei „letztlich mit dem Spiel gemeint: ein Tun, das ganz frei ist, ohne Zweck und Nötigung, und das dabei doch alle Kräfte des Menschen anspannt und ausfüllt."[264]

Man sieht: Der Mann muss über das Fußballspiel sprechen, weil es eben ein Massenphänomen ist, bei dem die Kirche auf keinen Fall fehlen darf. Aber Ahnung vom Fußball hat er nicht. Sagen Sie einem Profi-Fußballer, er müsse nicht gewinnen, das müsse nicht sein und sei „gerade darum schön" und paradiesisch. Er hielte sie für verrückt! Sagen Sie ihm dann noch, er sei bei seinem Tun „ganz frei, ohne Zweck und Nötigung" (obwohl auf der Reservebank schon ein paar Spieler warten, die seinen Platz einnehmen wollen), dann kriegen Sie vielleicht sogar ein Kopfstoß à la Zidane verpasst. Ratzingers Rede ist abgehobenes theologisches Geschwätz, das mit der Realität Fußball nichts zu tun hat! Es hat lediglich den Zweck, Fußballer und Fußball-Verantwortliche sympathisch für die Kirche zu stimmen, Leute, die ohnehin nicht auf den Inhalt einer Theologenrede achten, sich lediglich geschmeichelt fühlen, dass ein Kirchenfürst zu ihnen in die Niederungen des Sports herabsteigt, der oftmals so korrupt ist wie die Kurie in Rom.

Michael Horeni, vorderster Sport-Redakteur bei der FAZ, hält diesen Theologenquatsch trotzdem in tiefster Ehrfurcht vor der Majestät des Papstes für „philosophische Gedanken" (eine Beleidigung für jede seriöse Philosophie!) und merkt gar nicht, wieviel ungewollte Ironie in seiner Aussage steckt, die Deutsche Fußball-Liga müsse „auf solche philosophischen Gedanken natürlich nicht kommen."[265] Nein, wahrlich nicht! Sie würde sich damit lediglich dem Spott ausliefern.

Die Kirche hat längst kapiert, dass es bei der Masse, somit auch bei den Fußballfans gar nicht darauf ankommt, was man sagt, sondern wer was sagt oder noch genauer: in welcher (Ver-)Kleidung wer etwas sagt. Kommt der Papst in seinen altmodisch-eleganten, von den teuersten Maßschneidern Roms entworfenen, Numinoses vorgaukelnden Gewändern einher, dann ist das allein als solches ein divinatorisches Ereignis, das bei vielen eine übernatürliche Gänsehaut hervorruft. Auf das, was er sagt, wird gar nicht geachtet. Der Papst und seine Vasallen wissen längst, dass Religion, religiöse Rede an den Ohren der Masse als »Nullmeinung« vorüberrauscht, um so mehr legen sie Wert auf Gewänder, Gesten und geheimnisvolle Riten, die allein schon durch ihre ständige Wiederholung, ihre Reproduktion und Repetition, in den kritiklos Glaubensbereiten die Illusion schaffen, dahinter müsse dann doch eine Art Offenbarung stecken, die nur den Priestern zuteil werde. Sie sind alle Schauspieler - Johannes Paul II. war keine Einzelerscheinung, er war nur Schauspieler par excellence, im Gegensatz zu einigen dabei nicht so gekonnt wie er oder unbeholfener wirkenden Kirchenfürsten. Aber auch der Ratzinger-Papst ist ein Schauspieler, nur von anderem Kaliber. Würde er den Wojtyla-Papst in dessen populistischer, rustikal-distanzloser Manier getreu nachahmen, erntete er nur Gelächter. Nein, er muss den Intellektuellen, den Feingeist, den etwas distanziert und skeptisch Dreinschauenden spielen, der hochkritisch über allen Irrtümern des Zeitgeistes steht und danach um so mehr bejubelt wird, wenn er sich dann doch herablässt, eine solche Zeitgeistererscheinung wie den Sport positiv zu bewerten.

Die Kirche, die ständig betont, nicht dem Zeitgeist hinterherzulaufen, trifft sich durchaus auf Augenhöhe mit der inszenierten Eventkultur unserer Tage, mit Massenveranstaltungen wie den großen Rock- und Pop-Festivals. Beispiel: die Kirchentage, die über die verkrustete, erstarrte Struktur der Alltagskirche hinwegtäuschen sollen. Beispiel: der Papstbesuch 2005 in Köln. „Man glaubte zunächst, alle Besucher seien religiös gebunden. Aber viele wollten lediglich den Papst sehen, einen ziemlich verknöcherten Professor, der für Jugendliche zunächst nicht als Partner in Erscheinung getreten war. Aber das hat sie nicht davon abgehalten, zu Hunderttausenden nach Köln zu kommen."[266]

Nicht der Papst als der konkrete Mensch, als individuelle Person war von Bedeutung, sondern der Typus Papst als mumifizierte numinose Repräsentanz einer antik-antiquierten Institution, die in Blindgläubigen, aber Begeisterungssüchtigen immer noch Schauer pseudomystisch-nostalgischer Erregung wecken kann. „Es geht um eine unbestimmte Sehnsucht, die sich ... auf eine >leere Transzendenz< richtet. Diese Sehnsucht, die daraus folgende Suche und eine tragende Gemeinschaftserfahrung sind zentral – nicht das Finden eines konkreten Gottes."[267] Was die Masse Mensch sich bei Mega-Events wünscht, ist ein „Minimalkonsens mit maximaler Gefühlsbeteiligung."[268] Das Objekt der Anbetung durch die Masse ist dabei austauschbar. Massenerlebnisse in Fußballstadien unterscheiden sich nicht im geringsten von kirchlichen Großereignissen. Fußballstars wie Ballack, Klose,

Kahn und Popstar Benedikt beim Weltjugendtag in Köln stehen durchaus in einer Reihe. Kurze Zeit später können es schon wieder andere Götter sein! Dem nächsten Papst, wenn es den dann noch geben sollte, wird man genau so zujubeln wie dem jetzigen, und das völlig unabhängig von seinem Erscheinungsbild, von dem, was er sagen oder tun wird!

Aber nun kommen die Dunkelmänner und klären uns mit »theologischer Sach- und Fach-Kompetenz« darüber auf, was von diesen Massenerlebnissen zu halten ist. Denn das letzte und entscheidende Wort müssen immer sie haben. Wen wundert es also, „dass sich Bischöfe wie Karl Lehmann oder Wolfgang Huber der WM-Euphorie bedienten, Interviews zum Zusammenhang von Fußball, Religion und Nation gaben, den neuen, fröhlichen Patriotismus absegneten und Großleinwände und Flaggen in Kirchen als Ausdruck von einigender Zivilreligiosität okay fanden?"[269] Dahinter stand wieder einmal der gemeinsame Wille der beiden Großkirchen, das alte Herrschaftsprinzip, das sich so formulieren lässt: „Wir möchten von der Welle eines neuen Wir-Gefühls profitieren, indem wir uns als Deuter und Anführer dieser Zivilreligiosität betätigen. Dann schaffen wir es vielleicht, unsere starke Position in der Gesellschaft zu bewahren."[270]

Dabei nahmen die Herren der Kirche im Rahmen der Nutzbarmachung der allgemeinen WM-Euphorie für ihre Zwecke durchaus auch die sonst von ihnen stets verteufelte Magie in Kauf, denn wer wollte leugnen, dass die sich bekreuzigenden oder ihre Hände faltenden oder den Blick zum Himmel richtenden oder wie einst der Wojtyla-Papst den „heiligen" Rasen küssenden und von ihm Kraft empfangen wollenden Spieler bei der WM Magisches im Sinne hatten, nämlich die Absicht, den Himmel, ihren Gott oder die von ihnen geglaubten höheren Wesen zu ihren Gunsten zu beeinflussen. Die Religionswissenschaft weiß ohnehin, dass alle religiösen Gesten einen magischen Unterstrom haben, ja dass die kirchliche Liturgie, Messen, Sakramente, Sakramentalien usw. von Magie förmlich durchsetzt sind. So weit würden allerdings Papst und Bischöfe in ihrer universalen Vereinnahmungstendenz der WM-Euphorie bei aller zur Schau getragenen Toleranz doch nicht gehen wie jener iranische Fan, der in seinem magischen Erfolgsstreben vor dem Spiel des Irans gegen Portugal absolut auf Nummer sicher gehen wollte und sowohl in eine Moschee als auch in eine Kirche ging: „Ich werde", erklärte er, „erst zu meinem, dann zu eurem Gott beten. Denn in diesen Zeiten machen alle Götter Fehler." Sie machten sie – der Iran schied aus!

Der bitter enttäuschte Fan hat jetzt eine ganze Palette von Erklärungsmöglichkeiten für seinen Misserfolg: Vielleicht haben die Götter ja so wenig Ahnung vom Fußball wie der oberste Stellvertreter der kirchlichen Gottesversion Joseph Ratzinger. Oder sie interessieren sich überhaupt nicht fürs Fußballspiel. Oder sie sind dem iranischen Fußballfan böse, dass er zwar sie, aber auch die Konkurrenz um Hilfe bat. Oder sie waren aus von Irdischen nie zu durchschauenden Gründen für den Gegner. Oder aber es gibt sie schlicht und einfach nicht. Christoph Metzelder, Verteidiger im deutschen Team, ist da schon ein bisschen rationaler als unser Iranfan. Er bete zwar, aber nie um den Sieg. „In der anderen Mannschaft ist doch schon einer, der entweder zu Gott oder Allah um den Sieg betet."[271]

Helfen nicht die Götter, dann helfen vielleicht die Göttinnen. Scolari, Portugals Nationaltrainer, versuchte es jedenfalls mit der Muttergottes von Fatima, Portugals berühmtestem Wallfahrtsort, deren Statue er in der Umkleidekabine seiner Spieler höchstselbst aufstellte. Aber auch auf sie war kein Verlass. Portugal verlor das Halbfinale gegen Frankreich mit 0:1.

Brasilianische Zauberkünstler des Fußballs wie Kaká, Zé Roberto und Lúcio wandten sich lieber an Marias Sohn Jesus Christus. Sie hatten es eigentlich nicht nötig, galten schon vor der WM als künftige Weltmeister, aber sicher ist sicher sagten sie sich wohl. Außerdem wollen sie ja als Mitglieder der evangelikalen Religionsgemeinschaft „Athleten für Christus" möglichst in jdem Spiel eine Botschaft rüberbringen. Wieso nicht? Die Ratzingers, Lehmanns, Küngs, Hubers usw. tun es im Rahmen ihrer Religionsgemeinschaften ja auch. „Immer wenn möglich versuche ich, etwas über Jesus und das Leben mit Gott zu sagen, versuche zu raten und zu helfen", erklärt Kaká auf der brasilianischen Homepage von „Athleten für Christus". Lúcio trug schon vor Jahren T-Shirts mit Aufschriften „Gott ist meine Kraft", „Jesus liebt dich", „100 Prozent Jesus" usw. Aber auch Jesus half den Brasilianern nichts. Sang- und klanglos schieden sie schon im Viertelfinale gegen Frankreich aus. Und auch Gerald Asamoah, der derselben evangelikalen Vereinigung wie die drei Brasilianer angehört, hatte auf das falsche Pferd gesetzt. Während der ganzen WM ließ ihn Klinsmann auf der deutschen Ersatzbank schmoren, was möglicherweise ein Fehler war, denn mit seiner ungestümen Durchsetzungskraft und seiner Fähigkeit, mehrere Gegner zu binden, hätte er wahrscheinlich mehr bewirkt als der zu unerfahrene Podolski, der nur im Spiel gegen Schweden glänzte, sonst aber blass blieb und viele Chancen vergab. Aber Klinsmann hörte wohl nicht auf Jesus und so kam auch dessen Jünger nicht zum Einsatz.

Fazit: Auf die Götter, Göttinnen und Halbgötter aus dem Jenseits war bei der WM 2006 im allgemeinen wenig Verlass, mit Ausnahme vielleicht Italiens, dass mit einer Schwalbe eines seiner Spieler die durchaus drohende Ausschaltung durch Australien verhinderte. Aber sollte der Himmel mit einer solch unfairen Aktion die Vergabe des Elfmeters an Italien bewirkt haben? Oder sollte er – Moral hin oder her – den italienischen Verteidiger Mazeratti zu der obszönen Beleidigung gegen Zidane inspiriert und ermuntert haben, die wegen dessen Kopfstoß und anschließendem Feldverweis das besser als Italien spielende Frankreich um den WM-Titel brachte? Waren es die Gebete von Millionen Italienern, die schon im Halbfinale Italiens gegen Deutschland den Schiedsrichter motivierten, den Elfmeter für die Deutschen nicht zu geben, obwohl doch der Oberarm des italienischen Verteidigers eindeutig und für alle sichtbar zum Ball ging? Der Himmel geht eben bisweilen auch krumme Wege, werden wohl die Italiener sagen, und die Chefzentrale seines Bodenpersonals ist nun einmal in unserem Land. Darauf muss doch auch der liebe Gott Rücksicht nehmen. Wenn er schon seine Hände schützend über den Vatikan hält trotz dessen megaschmutzigen Geschäften in allen Jahrhunderten seines Bestehens, trotz dessen Kontakten zu der Mafia, ihren Bankiers und Anwälten wie Calvi und Sindona[272], dann musste er doch geradezu unsere viel kleineren Sünden durchgehen lassen, die wir zwecks Gewinnung der WM begangen haben.

Andererseits: „Das kann Gott nicht gewollt haben! ... die Italiener noch dafür zu belohnen, dass sie an der Sperre für Torsten Frings was gedreht haben; dass sie die tapferen Australier durch einen unberechtigten Elfer aus dem Turnier schossen und dazu noch ... mit dem Weltmeistertitel den Fußballskandal im eigenen Lande vergessen zu machen" suchten.[273] Für so viel Dusel scheint dann die Erklärung „okay, die Italiener beten viel"[274], doch zu schwach. Halten wir's lieber mit Goethe, der für seine Erklärung des Unerklärlichen zwar auch die Götter heranzieht, dies aber mit einem Augenzwinkern und so unverbindlich salopp tut, dass man für seine Götter auch problemlos Schicksal, Zufall, Laune der Natur, Umstände und alles mögliche einsetzen kann. Belassen wir's also bei Goethe: „Alles geben die Götter, die unendlichen, ihren Lieblingen ganz, alle Freuden, die unendlichen, alle Schmerzen, die unendlichen, ganz."

Den Papst jedenfalls kann man bei alledem nicht der Parteinahme bezichtigen. Der wusch schon vorher seine Hände in Unschuld und war damit von vornherein fein raus. Durch seinen Intimus Georg Gänswein ließ er gegenüber der „Gazzetta dello Sport" erklären: „Der Papst ist immer unparteiisch, und deshalb wird er am Dienstag ein ganz großes Herz haben, das sowohl für Deutschland als auch für Italien schlägt." Schon wieder jauchzte eine Zeitung: „Deus et Germanus et Romanus est!"[275]

Aber wer für zwei gegeneinander spielende Teams gleichzeitig ist, ohne dem einen oder dem anderen seinerseits den geringsten Sympathievorsprung zu gewähren, der beweist damit nur, dass er ganz andere Ziele als die des Spiels verfolgt, dass er vielmehr zustimmungsgeil ist, von beiden Mannschaften und deren Fans unbedingt geliebt werden möchte. Dass ihn das Spiel als solches und sein

Ausgang gar nicht interessieren, ihm völlig egal sind. Erneut zeigt sich hier, dass dem Kirchenboss Ratzinger alles, also auch die Fußball-WM nur dazu wichtig ist, noch mehr Popularität zu erhaschen, einen noch größeren Bonus für die Kirche herauszuschinden. »Ich bin für euch beide, für Deutschland und Italien, damit ja ihr beide dankbarerweise dann auch für mich und meine Kirche seid« - auf diesen Nenner lässt sich die wahre Absicht hinter der hier debattierten Aussage des Papstes bzw. seines in seinem Auftrag sprechenden Intimus bringen.

Dabei zerstört eine solche Haltung wie die des Papstes das Wesen, den Charakter jedes Konkurrenzspiels. Jedes derartige Spiel lebt von der Spannung, die aus der Identifikation des Zuschauers mit einer der beiden gegeneinander spielenden Parteien resultiert. Ohne diese Identifikation geht keiner mehr zu einem Fußballspiel, allerhöchstens ein paar Ästheten, die sich dann aber auch nur einige wenige Spiele brasilianischer oder afrikanischer Teams ansehen, weil von denen noch am ehesten das Kreative, Künstlerische, Akrobatische und Virtuose zu erwarten ist. Wer sich lieber als am Ästhetischen am Energetischen, an Fitness und Schnelligkeit berauscht, der gehe lieber gleich zu einem Leichtathletik- oder Schwimmwettbewerb und nicht zum Fußball!

Des Papstes „weise" Erklärung, er sei für beide, für Deutschland und Italien, zeugt daher entweder von Ignoranz, von völliger Unkenntnis bezüglich des Wesens und Charakters des Spiels oder von Verdrängung dieser Einsicht zugunsten des Effekts der Popularitätsmaximierung bei Italienern und Deutschen.

Dabei müsste doch der scheinbar so umfassend belesene Intellektuelle Joseph Ratzinger wissen, dass die Soziologie die Kategorie der »geteilten Gefühle« längst kennt und sie für spielkonstitutiv hält. Und nicht nur für spielkonstitutiv, sondern für einen wesentlichen Bestimmungsfaktor jeglichen Zusammenlebens überhaupt. „Geteilte Gefühle selbst sind diese Hauptsache; der Stoff, aus dem das Zusammenleben gemacht ist. Ohne die elementare Übereinstimmung geteilter Gefühle könnte keine Familie Geborgenheit bieten, kein Kind großgezogen, keine Arbeit verrichtet, kein Feind abgewehrt, keine Regierung legitimiert, keine Fremdherrschaft erkannt werden. Ohne geteilte Gefühle könnten wir keines unserer Probleme lösen. Geteilte Gefühle wachsen deshalb seit Jahrhunderten in den Rahmen, in denen sie gebraucht werden: als Familie, Freundschaft, Vereine, Unternehmen, Sprach- und Religionsgemeinschaften, Staatsvolk."[276] Geteilte Gefühle oder teil-kollektive Identitäten „sind das Herzstück unseres Lebens in Gesellschaft".[277]

Dass nun aber ausgerechnet eine Fußball-WM in der Lage ist, die höchste und die meisten Menschen umfassende Synthese zustimmender und geteilter Gefühle hervorzubringen, dass sie in dieser Hinsicht weit vor anderen eine ähnliche Dialektik der Gefühle schaffenden Mechanismen und Unternehmungen rangiert, ist erstaunlich, bestätigt aber massiv, dass diese Dialektik ein grundlegendes Element des sozialen Lebens ist. Man stelle sich nur den unweigerlichen Kältetod eines jeden Fußballspiels vor, wenn sich die Zuschauer nicht auf eine der beiden Seiten schlügen, wenn z.B. beim Halbfinale Deutschland – Italien, das viele als das beste und spannendste Spiel der WM 2006 ansahen, die italienischen Fans nicht für Italien, die deutschen nicht für Deutschland gewesen wären und für ihr Land gejubelt hätten. Aber über diesen Niederungen der Leidenschaften muss natürlich der Papst als Herr aller Schafe, unabhängig von deren Nationalität, souverän und hochüberlegen stehen. Im Irrtum befindet er sich trotzdem, denn „eine Weltmeisterschaft ist Sinnbild einer Weltgesellschaft ... Ein feierlicher globaler Wettbewerb kann nur stattfinden, wenn Nationen gegeneinander antreten. Die Weltgefühle, die dabei stimuliert und genossen werden, setzen Nationsgefühle voraus und ziehen sie nach sich."[278]

So sehr gehört übrigens die Teilung der Gefühle, die Identifikation mit nur einem der beiden Teams zum Charakter des Fußballspiels, dass z.B. Türken, deren Nationalmannschaft für die WM sich nicht qualifiziert hatte, mit der deutschen Mannschaft, Deutsche in Spielen, an denen diese nicht beteiligt war, mit Togo oder Ghana hielten. Aber, wie gesagt, Ratzinger schaut da nicht durch oder will es im Namen seiner übergeordneten Kircheninteressen nicht wahrhaben.

Anders stellt sich die Sache natürlich bei den Lokalgrößen der Kirche dar. Kardinal Meisner von Köln kann es sich gar nicht erlauben, für eine andere Mannschaft als den 1. FC Köln zu sein. Sonst träten viele Kölner Katholiken aus der Kirche aus.[279] Kardinal Lehmann in Mainz muss natürlich Sympathie für den FSV Mainz 05 bekunden, denn es ist ja sein Geschäft, die Schäfchen an der Stange zu halten. Also auch hier bestätigt sich das Gesetz der geteilten Gefühle, wenn auch diesmal bedingt und bestimmt durch andere Geschäftsinteressen des Missionsladens Kirche.

Aber zurück zu Ratzinger. Wäre es denn gar so schlimm, wenn der „Unfehlbare" sich mal zurücknähme und erklärte, er habe eingesehen, dass er auf manchen Gebieten Wissensdefizite habe und deshalb jetzt nicht mehr zu allem und jedem seine Stimme erheben werde? Wie man so etwas, und zwar teilweise sogar humorvoll, machen kann, zeigte während der WM ein anderer Papst, der Literatur-Papst Marcel Reich-Ranicki. Der gibt unumwunden zu, dass Fußball ihn „wohl nicht besonders interessiert" habe, dass er sich „jetzt auch Fußballspiele im Fernsehen" ansehe, „aber nie lange. Ich habe bislang kein Spiel dieser WM ganz gesehen. Es wird mir doch sehr schnell langweilig." Wie er denn die Weltmeisterschaft 1954 erlebt habe, wird er vom Interviewer gefragt. Ach, da sei er „noch in Polen" gewesen und habe dort „von der WM nichts mitbekommen" (obwohl, der Autor dieses Buches kann es bezeugen, die polnischen Zeitungen damals voll von Berichten darüber waren). „Und 1990?" lautet die weitere Frage des Reporters. Lachend gibt R.-R. zurück: „Ach, da war auch eine Weltmeisterschaft?" Und es macht ihm auch nichts aus, seine Unkenntnis in Bezug auf den Unterschied zwischen Fußball und Handball zu bekennen: „Übrigens, können Sie mir vielleicht sagen, warum Fußball so ungleich viel mehr Aufmerksamkeit erhält als Handball?" Er scheut sich auch nicht, aus seiner Sicht die Inferiorität des Fußballs gegenüber der Literatur zu behaupten. Sport und Literatur seien zwar „nahe Verwandte, die sich ähneln". Aber „sie ähneln sich zu sehr, um sich aufrichtig lieben zu können. Es sind im Grunde feindliche Brüder." Denn beide appellieren „auf verschiedenen Ebenen und mit unterschiedlichen Mitteln an dieselben Gefühle. Die fundamentalen Emotionen, mit denen sich die Literatur befasst – Heldentum, Leidenschaft, Solidarität, Ruhmsucht -, dominieren auch in den Sportwettkämpfen, nur sind sie ungleich einfacher, oberflächlicher, direkter. Was die Literatur dem Leser bietet, kann man auch im Stadion finden, ohne Verschlüsselung, ohne Intellekt, ganz und gar unkompliziert ... Das Sporterlebnis, soviel scheint mir jedenfalls sicher, macht für viele Menschen die Kunst überflüssig. Sport ist Kunstersatz."[280]

Das während einer euphorischen Fußball-Weltmeisterschaft in einem Interview zu sagen, erfordert, egal ob das Urteil richtig oder falsch ist, eine Portion Mut. Der Ratzinger-Papst, ein Bücherwurm ebenso wie Reich-Ranicki und zu diesem Thema wahrscheinlich ähnlich denkend wie dieser, würde es niemals wagen, so offen zu sprechen. Er könnte ja Sympathisanten verlieren.

Nein, kein Politiker und kein Kirchenpolitiker will Sympathisanten verlieren, alle wollen sie im Gegenteil welche dazugewinnen. Was eignet sich dafür mehr als eine Fußball-WM? Man kann's allerdings auch in fast schon peinlicher Weise übertreiben. „Claudia Roth drängt auf die Fußballseiten" titelte eine Zeitung.[281] Was hatte die Grünen- Politikerin, die so gern auch eine Art Päpstin wäre, nämlich das moralische Gewissen dieser Partei, denn Peinliches getan? Nun, sie hatte sich in einem „heroischen" Akt, ohne diesmal wie so oft in Tränen auszubrechen, selbst angezeigt. Man solle doch gefälligst prüfen, ob sie eines Verbrechens schuldig sei, weil sie doch Anstecker mit einem durchgestrichenen Hakenkreuz getragen, somit evtl. ein Vergehen wegen Verwendens des Kennzeichens einer verfassungswidrigen Organisation begangen habe. Aber wenn sie schuldig gesprochen werden sollte, dann, darauf legte sie Wert, wolle sie in eine Gefängniszelle mit einem anderen Papst (darunter macht sie's nicht!), nämlich mit Fifa-

Boss Sepp Blatter höchstpersönlich. Der habe ja schließlich auch durchgestrichene Hakenkreuze als Verbotsschilder an den WM-Stadien anbringen lassen.

Selbstverständlich durfte in dieser erlauchten Riege Prominenter, die sich im Rahmen der WM mit ihren Aussagen wichtig zu machen suchten, Ratzingers langjähriger Gegenspieler, sozusagen der theologische Gegenpapst Hans Küng nicht fehlen. Beide spielen sich ja trotz mancher einst offen ausgetragenenen Streitigkeiten im Rahmen einer mit der Zeit ganz von allein zustande gekommenen strategischen Übereinkunft die Bälle zu. Indem Ratzinger die Konservativen, Küng die „Progressiven" in der Kirche bedient, repräsentiert, mit Lehrstoff versorgt usw., demonstrieren sie der Öffentlichkeit die Spannweite des Katholischen, so dass keiner mehr aus der Kirche austreten muss. Er findet ja jede weltanschauliche Position bereits in der Kirche vor. Weshalb also in die Ferne schweifen? Daher gilt: Auch der liberalste, kritischste, progressivste Theologe, der in der Kirche verbleibt, stützt und rechtfertigt noch diese geistliche Diktatur.[282] Und Küng betont ja auch immer wieder mal, dass er nie daran gedacht habe, aus diesem System auszutreten. Wenn einer nie Zweifel an einer Institution hegte, die so unsagbar schwere Verbrechen in jeder Epoche ihres Bestehens begangen hat, was soll man wohl dann von seinem Charakter halten?[283]

Was Küng also auch immer tut, es dient auch seiner Kirche. Und er tut sehr viel, auch dort, wo die offizielle Kirche nicht so gut hinkann. Lange vor der Fußball-WM 2006 hat er erkannt, dass Sport eine Massenbewegung ist und man auf sie jedweden Einfluss nehmen muss. Und da kaum etwas so korrupt ist wie die Welt der Finanzen, der Politik und auch Teile der Sportpolitik, war es für Küng nicht schwer, in die offenen Arme der Sportfunktionäre zu fliegen, die für die vermeintliche Sauberkeit des Sports liebend gern theologische Fürsprecher in Anspruch nehmen.

Also Küng ist überall in der Welt des Sports zu finden, er ist dort noch omnipräsenter als der Papst. Er hat „auch zum Hochleistungssport erstaunlich viel Kontakt ... ist in der Welt der Funktionäre ein gefragter Mann geworden."[284] Im Mai 2005 während des Evangelischen Kirchentages in Hannover hält er für den Deutschen Fußball-Bund (DFB) einen Vortrag. Ende September desselben Jahres haben die deutschen Olympier nichts Besseres zu tun als Küng zu einer Diskussion in die Frankfurter Paulskirche zu laden. Seine „atemberaubende" Einsicht in dieser Diskussion: Eigentlich sei der Sport ein Musterbeispiel für ein System, das sich feste, sinnvolle Regeln gebe. Und da eine Hand bekanntlich die andere wäscht und er so oft von den Herren des Sports eingeladen wird, revanchiert sich Küng auch artig, indem er betont, dass er jetzt auch seine Vorträge vor Bossen aus Wirtschaft und Politik mit Beispielen aus dem Fußball einleite. Selbstverständlich kommt dann auch Jacques Rogge, der Präsident des Internationalen Olympischen Komitees (IOC), gern der Einladung Küngs nach, an der Uni Tübingen eine „Weltethos-Rede" zu halten.

Es kommt den Verantwortlichen des Sports gar nicht so sehr darauf an, was ein prominenter Theologe sagt, Hauptsache, er ist bekannt und kann mit seiner Reputation Geltung und Eigengewicht der Sportfunktionäre vergrößern. Denn was Küng bei seinen Auftritten in der Welt des Sports zum Besten gibt, ist ebenso banal wie seine ganze »Weltethos-Ideologie«, die auch nicht sonderlich höher als das moralische Hauptmotto der »Bild-Zeitung« steht, die stets unverbindlich verkündet: »Seid nett zueinander«, ansonsten aber ihre ganz eigenen Profitinteressen verfolgt.

Küng hat angeblich alle Religionen und Philosophien durchforstet, aber was als Ertrag herausspringt, ist dürftig. In ihnen allen finde man die goldene Regel, dem anderen nicht anzutun, was man sich selbst nicht antun lassen möchte; des weiteren den Imperativ, Ehrfurcht vor dem Leben zu haben (woran sich Küng als fleischessender Artgenosse selber nicht hält, indem er gegen die Qual und Tötung der nach katholischer Lehre aber ohnehin seelenlosen Tiere[285] mit keinem Wort, geschweige denn mit irgendwelchen Aktionen ankämpft); sodann die Normen: „Handle gerecht und fair", „Rede und handle wahrhaftig" und ‚Achtet und liebet einander'. Küng versäumt auch nicht, (sich) lobend hinzuzufügen, dass diese allgemeinen Normen und Imperative der Menschheit auch in die Olympische Charta und den „Ethic Code" des IOC Eingang gefunden haben.

Natürlich, so der Theologe, gebe es allüberall, auch im Sport Probleme mit der Einhaltung dieser Imperative und Grundnormen. Aber „das kennt man schon seit den Zehn Geboten der Bibel".[286] Falsch! Das kannte man schon viel früher, denn auch die zehn Gebote hat die Bibel aus viel älterem Kulturgut übernommen.[287] Und auch die Probleme damit gab es seit jeher.

„Küngs Einwechslung auf ihm bisher ungewohnte Spielfelder" sollte nach dem Willen der Sportfunktionäre zeigen, „dass der Sport mehr denn je nach moralischer Unterstützung verlangt, so, als suchte er vor dem Hintergrund von Kommerzialisierung, Doping, Auswüchsen von Gewalt und Korruption nach einer Leitlinie". Allen Ernstes behauptet E. Simeoni in ihrem Interview mit Küng, er sei von den Sportfunktionären „gebeten" worden, „den Sport moralisch aufzubügeln."[288]

Wie sieht diese moralische Aufbügelung des Sports durch Küng aus? Wir sagten schon, dass er den Minimalkonsens seines Weltethos-Konzepts, dessen elementarste Grundregeln auf den Sport übertragen möchte. Hinzu kommen dann noch so „tiefe" Gemeinplätze wie: „Wenn die Leistung das einzige ist, was zählt, dann geht ein Mensch kaputt, physisch und psychisch." „Unter Umständen muss man auch sagen, das mache ich nicht mit und dann werde ich eben nicht Olympiasieger. Manchmal muss man verzichten, um Schaden von sich abzuhalten." „Man kann nicht immer alles haben. Manchmal muss man erkennen: Hier habe ich meine Grenzen." Gerade als Sportler sollte man sich „der ethischen Dimension des Sports" bewusst sein. „Nehmen Sie Fritz Walter. Oder Max Schmeling" als Beispiele. „Ein Spiel, in dem gekämpft wird, aber Fainess geübt wird, ist ein schönes Spiel: Das hat einen befreienden Sinn". Wenn ein Kopfstoß gegen den Gegner passiert, „hat man das Gegenteil von fairem Sport." „Das Ethos ist eine befreiende Angelegenheit, weil nur seine Einhaltung den Menschen richtig spielen lässt." „Man kann keine edlen Theorien aufstellen auf der Grundlage einer idealen Welt." „Der Mensch ist ... nicht um der Regeln willen da, sondern die Regeln sind um des Menschen willen da."[289]

Das alles könnte auch Kollege und Gegenpapst Ratzinger ohne Probleme unterschreiben, und der Jubel der Presse bliebe wie bei Küng nicht aus. Der hält obendrein noch ein paar Botschaften für die Skifahrer parat, wozu er sich berechtigt fühlt, weil er einmal im Jahr mit einem Skilehrer Ski fährt, wiewohl er sich dabei „überlegen muss, wieviel ich mir davon erlauben kann". Gerade der Skisport „hat etwas Herausforderndes". Eine „Challenge" sei es z.B., bei schlechtem Wetter eine Piste zu bewältigen. Aber grundsätzlich sei vom Skisport ebenso wie vom Fußball Fairness zu verlangen. Denn „auch Skifahrer sind keine Engel, obwohl sie hin und wieder fliegen." Meilenweit und katastrophal würden sie allerdings fliegen, wenn sie als Skirennfahrer die Empfehlung Küngs befolgten, die er so richtig herzig-naiv formuliert hat: „Ich würde den Skirennfahrern am liebsten manchmal zurufen: Schaut doch auch einmal die Berge an, ihr Knaben."[290] Vielleicht befolgen ja die Organisatoren von Skirennen Küngs Rat und setzen für die Abfahrer verbindlich fest, einmal während der Abfahrt innezuhalten und mindestens eine Minute lang die Berge anzuschauen.

Natürlich fehlt auch bei Küng wie bei jedem Theologen, der sich zum Sport äußert, nicht der erhobene Zeigefinger, sprich: die Warnung vor der Vergötzung des Sports, seiner Auffassung und Behandlung wie eine Ersatzreligion. Das hat man von Theologen, päpstlichen und bischöflichen Hirten ihrer Schafe schon oft gehört, was Küng so ausdrückt: „Der Fußball kann eine ernsthafte Konkurrenz sein zur Religion, er kann Ersatzreligion werden. Man spricht ja sogar vom Gott Fußball ... die gesamte Stimmung" bei einem Fußballspiel „suggeriert dem einzelnen, das, was er gerade erlebt, sei das Größte. Wenn der Fußball nur die Leere des Kopfs und des Herzens füllt und sonst nichts drin ist, wird's gefährlich".[291]

(Hier könnte man allerdings auch einwenden, ob es nicht eine noch viel größere Gefahr darstelle, wenn man Menschen von Kindesbeinen an eine abstruse Dogmatik mit unsäglich irrationalen Glaubensvorschriften in ihre leeren Köpfe und Herzen eintrichtert.[292])

„Man soll", so Küng, „nicht anbeten. Die Vergötzung ist das Problem. Und das ist nicht nur im Sport so. Genauso gibt es die Vergötzung des Geldes."[293] Da hat allerdings ein mehrfacher Millionär wie Küng gut reden. Aber er sage einem Sportler, der aus ärmsten Verhältnissen kommt und durch den Sport zu Vermögen gelangt ist, er möge diesen gefälligst nicht überbewerten. Richtig ist: Man soll im Leben niemanden und nichts vergötzen. Niemanden und nichts, auch nicht den Papst, weder den Wojtyla- noch den Ratzinger-Papst. Was aber bei Auslandsreisen der beiden letzten Päpste oder beim Begräbnis des vorletzten so geschieht – diese hysterisch-ekstatisch-orgiastischen Ovationen und Devotionen -, erfüllt mit Leichtigkeit den Tatbestand der Vergötzung eines Sterblichen und ist als soziologisches Massenphänomen von den unseligen Zeiten der Vergötzung des „größten Staatsmanns und Feldherrn aller Zeiten" kaum zu unterscheiden.

Aber wieso kaprizieren sich die Herren der Kirche, egal ob Ratzinger, Küng oder andere Theologen katholischer und evangelischer Provenienz, derart vehement gegen die „Ersatzreligion Sport"? Weil er gar keine Ersatzreligion ist. Er ist Religion! Aber genau das wollen die Herren nicht wahrhaben, nicht akzeptieren. Denn dann wäre der Sport auf einer Stufe, einer Ebene mit ihrer eigenen Religion, stünde gleichberechtigt neben ihr. Und dann wäre auch die Gefahr riesengroß, dass ebenfalls ihre eigene Religion als Götzendienst desavouiert wird.

Es gibt zwar unzählige Definitionen von Religion. Aber eine (ebenso wohl noch einige andere, aber das steht hier nicht zur Debatte) lässt sich als gemeinsamer Nenner auf alle Religionen und vermeintlichen Ersatzreligionen anwenden: die Definition des Psychologen und Psychoanalytikers Erich Fromm, wonach Religion alles das ist, was einem Menschen »letzte Orientierung« und ein »Objekt der Verehrung« bietet.[294] Eben! Und diese beiden Strukturelemente enthält jede Religion ebenso wie jede von den Kirchen desavouierte Ersatz- oder Pseudoreligion.

Die Analogien zwischen der als so einzigartig und hochüberlegen gepriesenen Kirchenreligion und der vermeintlichen Ersatzreligion Sport bzw. Fußball sind ja auch frappierend. Küng nennt einige dieser Analogien sogar selbst, ohne allerdings daraus den einzig richtigen Schluss zu ziehen, nämlich dass überhaupt kein wesentlicher Unterschied zwischen Kirchenreligion und Ersatzreligion besteht. Küng gibt nämlich zu: „... das Ritual im Stadion zeigt deutliche Parallelen zur

Liturgie. Wenn Leute einen Pokal küssen, erinnert das an das Küssen von Ikonen. Wenn der Pokal hochgehoben wird, erinnert das an das Zeigen der Monstranz."[295] Man könnte noch hinzufügen: Während der Abendmahlsfeier reicht man den Kelch ebenso von Hand zu Hand wie die Spieler der siegreichen Mannschaft den Pokal untereinander weiterreichen.

Und nicht erst der Pokal. Schon der einfache Ball, der bei Fußballspielen verwendet wird, ist für viele ein regelrechtes Kultobjekt. Man beachte, wie selbst oder gerade Spitzenspieler damit umgehen, ihn streicheln, ihn küssen, ihn segnen, ihre Verehrung für ihn mit virtuosen Kunststücken demonstrieren. Der Ball des Finales einer Fußball-WM wird als besonderes Kultobjekt behandelt und ehrerbietig aufbewahrt. „Der Ball ist demnach ein monotheistisches Kultobjekt."[296]

Und die Analogien nehmen kein Ende! Wer unter den erschwerten Bedingungen des Gerangels um Eintrittskarten für WM-Spiele eine erwirbt, fühlt sich mystisch-ekstatisch in den siebenten Himmel erhoben oder er feiert den Erwerb wie ein Konvertit, der, katholisch geworden, zum ersten Mal ein Sakrament empfängt.

Nehmen wir des weiteren den Schiedsrichter, im Leben oft eine graue Maus und mit Minderwertigkeitskomplexen behaftet. Sonst würde er nicht bei jedem in der Aufgeregtheit eines Spiels verständlichen Protest oder Schimpfwort von Spielern die gelbe Karte zücken. Aber kaum dass er das Spiel angepfiffen hat, ist er der göttlich unfehlbare Papst, dem sich alle zweiundzwanzig Spieler bedingungslos unterordnen müssen, egal welchen Mist er auch zusammenpfeift. Selbst die Linienrichter mit ihren beschränkten Kompetenzen sind vergleichbar den Kardinälen, an die der Papst auch ein paar Befugnisse delegiert. Eine Berufungsinstanz gegen den Papst gibt's ebensowenig wie eine gegen den Schiedsrichter. Den Video-Beweis lässt die Fifa partout nicht zu. Papst hat Papst zu bleiben. Autoritarismus par excellence in Kirche und Fußball!

Wir brauchen die Parallelen, Analogien, ja Identitäten zwischen Kirchenreligion und Fußball hier nicht weiterzuführen. Schon auf Grund des bisher Gesagten ist klar: Der Fußball ist nichts anderes als die säkularisierte, zivile Form der Kirchenreligion, die ihre Bedeutung, Wertigkeit und Rolle längst an diesen abgetreten hat. Nicht einmal zwischen »sakral« und »profan« lässt sich dabei derart unterscheiden, dass man die Sakralität für die Kirchenreligion, die Profanität für die Fußball-Religion reserviert. Denn Fußball-Spieler und Fußball-Fans erleben die gleichen heiligen, numinosen Schwingungen, Erregungen, Erhebungen, Triumphe, Entzückungen, Entrückungen, Verzweiflungen, Niedergedrücktheiten usw.

wie die Kirchengläubigen. Auch das Wunder, bekanntlich des Glaubens liebstes Kind, fehlt bei der Fußball-Religion nicht. Wenn ein Team trotz besonders schlechter Prognosen, noch dazu ersatzgeschwächt und an sich von minderer Qualität als der Gegner, dann dennoch das Unwahrscheinliche schafft und gewinnt, erleben das die Anhänger dieses Teams als Gnade, als Wunder, als Mysterium im Sinne der geheimnisvollen Hilfe einer unsichtbaren Macht.

Die Herren der Kirche stehen dabei natürlich vor einem Dilemma. Einerseits fürchten sie die Konkurrenz der Droge Fußball, müssen sie also als Ersatzreligion heruntermachen, andererseits konnten sie sich doch der Faszination durch »Masse und Macht« noch nie entziehen, müssen also Sympathie für die vom Fußball religiös bewegte Masse zur Schau tragen. Gefordert war da als verlängerter Arm des Papstes in Deutschland (und hier fand schließlich die Fußball-WM statt) besonders Kardinal Lehmann, Vorsitzender der Deutschen Bischofskonferenz. Und er tat in schon grotesk zu bezeichnender Verbeugung vor dem Fußball sein Bestes: „Respekt, Respekt, Herr Lehmann. Beim fliegenden Trikotwechsel am Eröffnungstag der Weltmeisterschaft haben Sie zweimal eine prima Figur abgegeben: morgens am Altar in Purpurrot, abends auf der Torlinie in Himmelblau. Ganz genau so, wie es die Kleiderordnungen der universalen katholischen Kirche und des globalen Fußballverbandes für die öffentlichen Einsätze ihrer Stars vorgeschrieben haben. Hier wie dort lief die deutsche Nummer 1 gleichen Namens, aber nicht in derselben Rolle, zur WM-Premiere auf: Eure Eminenz Karl Kardinal Lehmann huldigte als Primas der Deutschen Bischofskonferenz im Münchner Liebfrauendom dem sportlichen Spektakel bei Kerzenlicht; der exzellente Torhüter Jens Lehmann, nicht verwandt oder verschwägert mit dem Kirchenmann, hielt als Primus zwischen den Pfosten in der Arena unter Flutlicht, was er halten konnte."[297]

Hier durfte selbstredend auch der oberste Spieler von der evangelischen Fraktion in Deutschland nicht fehlen, Bischof Huber, der noch emsiger als Kardinal Lehmann die Talkshows unseres Staatskirchenfernsehens bevölkert und überall zur Stelle ist, wo er Einflussmöglichkeiten wittert. Obwohl sicher ist, dass die evangelisch-katholische Ökumene nie zustande kommen wird, praktizierten hier, bei der WM, die beiden doch wenigstens den „wahren", utopischen Geist der Ökumene oder, nüchterner gesagt, „den Mannschaftsgeist ... Denn der Mainzer Kardinal ... demonstrierte die Ökumene mit seinem evangelischen Pendant Wolfgang Huber"[298] in geradezu vorbildlicher Weise, obwohl er, wenn's hart auf hart käme, ganz genau wie sein großer Boss in Rom erklären würde, dass die endgültige Vereinigung der beiden Kirchen leider, leider nicht zustande kommen könne, weil die evangelische Kirche keine wirklichen Priester, keine gültige Priesterweihe habe und weil sie den Papst in Rom nicht als den obersten Herrn aller Kirchen mit allen seinen absoluten Vollmachten anerkenne.[299]

Aber was kümmern schon den Fußball-Fan diese „grundlegenden" theologischen Differenzen? Der sieht nur die beiden deutschen Chefs ihrer Kirchen einträchtig am Altar stehen und konstatiert hochzufrieden, dass auch sie seinem Fußball-Gott die nötige Reverenz erweisen und das Opfer ihres rituellen Klimbims darbringen.

Der rechte Fan will Krieg auf dem Schlachtfeld des Fußballs, aber Frieden in Hütten und Palästen. Also begrüßt er es, wenn Lehmann und Huber trotz nicht auszuräumender theologischer Differenzen, um die er sich gar nicht schert, bei allen öffentlichen Auftritten friedlich daherkommen, ganz nach dem Vorbild des Papstes, der dem WM-Organisationschef Beckenbauer bei einer Audienz fest beide Hände für das Gelingen des Groß-Spektakels drückte, nicht ohne wieder seine Überparteilichkeit genau wie sein Gefolgsmann Lehmann zu betonen: „Gott segne alle. Schließlich will die Weltkirche überall am Ball bleiben."[300]

Und sie bleibt es mit allen nur möglichen Mitteln, auch bei den Vereinten Nationen, bei denen besonders, denn die haben doch auch eine weltumspannende Funktion. Hier muss noch einmal Küng ins Spiel kommen, der ja die „liberale" Seite der Kirche repräsentiert und deshalb da besser intervenieren kann. Also der hat seine „profunden" Ansichten zum Sport auch Kofi Annan zur Kenntnis gebracht: „Sport, findet Küng, sei eigentlich in vielen Punkten der Weltpolitik ganz ähnlich. Er hat in einer Expertengruppe für den Generalsekretär der Vereinten Nationen, Kofi Annan, das ‚neue Paradigma für Weltpolitik' schriftlich niedergelegt. Darin heißt es, dass die verschiedenen Nationen sich nicht als Gegner oder Feinde, sondern als Partner, als Konkurrenten, als Opponenten ansehen. Für Wirtschaftsunternehmen gilt das auch. Statt Konfrontation ist Verständnis gefragt, statt Aggression Integration, statt Revanche Kooperation. Die Anwendung dieses Paradigmas auf den Sport würde heißen, dass man nicht der Meinung ist, ich muss mit allen Mitteln siegen und der andere ist mein Feind. Man sieht diese Haltung nicht nur bei Boxern. Manche scheinen ihren Gegner wirklich zu hassen. Aber es muss klar sein, dass der Sport ein Spiel ist und kein Existenzkampf."[301]

In einem wichtigen, für sie wichtigsten Punkt bleibt sich die Papstkirche immer treu: in der Tendenz, alles, aber auch alles, jeden Bereich des Lebens und der Gesellschaft zu dominieren, zu infiltrieren, zu unterminieren. Der Sport als Spitzenphänomen suggestivster Breitenwirkung bildet diesbezüglich keine Ausnahme, er ist im Gegenteil der Gegenstand des ganz besonderen Interesses der Kirche. Es ist kurios, ja absurd, dass eine derart „durch und durch verknöcherte

Konfession"[302] mit einem derart „knöchern theologenintellektuellen"[303] Papst, der es als Kardinal sogar noch fertigbrachte, „die Inquisition als Menschheitsfortschritt zu verkaufen – weil dort ja nicht einfach verbrannt, sondern vorher noch ‚befragt' wurde"[304], es doch tatsächlich schafft, die Verantwortlichen des supermodernen Massenmediums Sport für sich einzunehmen, wo doch schärfste Ablehnung, verbunden mit einem schallenden Gelächter ob der Unvereinbarkeit von Feudalkirche und Sport die einzig angemessene Reaktion wäre. Aber es ist, wie es überall ist: die ungeheure Menge von Kriechern,[305] Schleichern, Speichelleckern, von Feiglingen und Karrieregeilen in allen Berufen und Bereichen wagt es nicht, diesem monströsen Relikt aus vergangenen Zeiten irgendwo und irgendwann Einhalt zu gebieten.[306]

Viertes Kapitel

Der Papst und die Medien

»Pecunia non olet«. Geld stinkt nicht, und auch die Macht, die man mit Hilfe des Geldes erringt oder erzwingt, stinkt nicht. Da aber heute ohne die Verbreitung durch die Medien keine Macht effektiv werden kann, stinkt es der Kirche zum dritten auch nicht, ständig massiven Einfluss auf Fernsehen, Rundfunk, Presse, Verlage, Internet etc. pp. auszuüben, und das weitgehend unabhängig vom moralischen oder unmoralischen Charakter des medialen Organs, um das es sich gerade handelt Die Kirche verurteilt zwar theoretisch den Satz, der Zweck heilige die Mittel, aber wenn es ihr in den Kram passt, werden die bösen Mittel für den guten und heiligen Zweck dann so lange uminterpretiert und beschönigt, bis sie gar nicht mehr so schlecht erscheinen.

Beispiele gefällig? Der sensationellste Hammer war wohl – selbst oder gerade für brave und biedere Katholiken – das Zweckbündnis zwischen dem Vatikan und der »Bild«-Zeitung, dem neuen Papst und ihrem Chefredakteur Kai Diekmann. Aber, wie gesagt, Geld, Macht und Einfluss stinken ja nicht, und der (Missionierungs-)Zweck ist ein guter. Schließlich hat die »Bild« tagtäglich die meisten Leser in Deutschland. Ganz originell war die „mutige" Kontaktaufnahme des Ratzinger-Papstes zu »Bild« allerdings auch wieder nicht, denn schon sein sensationslüsterner Vorgänger Johannes Paul II. hatte ähnliche Kontakte geknüpft. Im November 2004 hatte er Diekmann zusammen mit dem Geschäftsführer des Weltbild-Verlags in Privataudienz empfangen, um der »Bild-Volksbibel« seinen allerhöchsten, al-lergnädigsten Segen zu erteilen.

Die Zusammenkunft der drei Männer war symbolisch und sozusagen geschichtsträchtig. Der „Herr der Weltkirche" einträchtig zusammen mit dem Repräsentanten der meistgelesenen Boulevardzeitung und dem offiziellen Vertreter des von den deutschen Bischöfen finanziell massiv unterstützten Weltbild-Verlags, der deshalb auch immer mehr Verlage aufkaufen und in den Fußgängerzonen zahlreicher deutscher Städte immer neue pompöse Buchhandlungen eröffnen kann. (Hier könnte einer fragen, was es andere angeht, wofür die Bischöfe ihr Geld ausgeben. Der Haken daran ist nur, dass es *unser* Geld ist, vom Staat durch Steuern eingebracht, die er in Höhe von jährlich 14 Milliarden Euro an die Kirche weitergibt, die Kirchensteuer in Milliardenhöhe dabei noch nicht einmal mitberücksichtigt.[307])

Sicherlich war es dem neuen Papst nicht entgangen, hatte ihn womöglich noch sympathischer für das triviale Massenblatt gestimmt, dass dieses sofort nach dessen Wahl auf seiner ersten Seite den Jubelschrei „Wir sind Papst" ausgestoßen hatte. Das stimmte zwar vorn und hinten nicht, denn das deutsche Volk ist in seiner Mehrheit gar nicht katholisch, und die nichtkatholischen christlichen Gemeinschaften erkennen den Papst als Stellvertreter Gottes und höchsten Herrn der Christenheit gar nicht an, weswegen sich ja auch der gute Joseph, als er noch der gestrenge Glaubenswächter des Vatikans war, revanchierte und ihnen im Dokument »Dominus Jesus« prompt das Attribut, Kirche zu sein, wegorderte. Außerdem ist das Papstamt immer nur an eine Person geknüpft, wenn auch die »Bild« sicherlich glaubte, mit ihrem Jubelschrei am Glanz dieses Amtes irgendwie zu partizipieren.

Sei's drum. Die „Wege des Herrn" waren jedenfalls schon bereitet, als der Ratzinger-Papst nach dem Vorbild seines Vorgängers jetzt erneut einer Begegnung mit dem Chefredakteur des Massenblatts zustimmte. Sie fand im Anschluss an eine Generalaudienz in der Audienzhalle des Vatikans statt. Für Öffentlichkeit war also gesorgt, denn Tausende sind bei diesen Generalaudienzen ja jeweils zugegen. Aber das reichte selbstredend nicht. »Bild« veröffentlichte am 15. Dezember 2005 auf ihrer Titelseite das Foto, auf dem die Beiden, der Papst und Diekmann, in voller Größe zu sehen sind und der letztere dem ersteren die nagelneue »>Bild<-Gold-Bibel« präsentiert, die das Blatt in Zusammenarbeit mit dem Weltbild-Verlag herausgibt. Unter dem Foto zitiert »Bild« ein paar Worte, die der Pontifex Maximus zu Diekmann sagte: „Vielen Dank und Gottes Segen! Ich danke Ihnen für das Gute, das Sie getan haben, Ihre Arbeit wird Früchte tragen."[308] Klar doch, bei den finanziellen und ökonomischen Kapazitäten des Springer-Konzerns und dem weltweit kolportierten Segen des Papstes!

Trotzdem lässt das Ganze einen üblen Nachgeschmack zurück. Selbst ein 200-Prozent-Katholik wie Hans Maier, einst bayerischer Kultusminister und Chef des Zentralkomitees der deutschen Katholiken, kritisiert: „>Bild< will offenbar auf seiner Titelseite Sex-Postille und Kirchenzeitung in einem sein ... Im Genre des Halb- und Außermoralischen, der Emotionalisierung, des täglichen Appells an die Instinkte (unter Ausschaltung des gesunden Menschenverstandes)" habe es diese Zeitung „weit gebracht. Wäre ich Chefredakteur, ich wäre darauf nicht stolz. Eine Gold-Bibel, dem Papst überreicht, ist kein Lösegeld."[309] Nach dem ehemaligen Bundestagspräsidenten Wolfgang Thierse (SPD) „entbehr es nicht einer gewissen Pikanterie, dass der Papst an jener Stelle abgebildet und zitiert wird, an der sonst der Nackedei des Tages zu sehen ist. Dass einmal im Jahr der Papst eine Bibel geschenkt bekommt und vielleicht mal auf Seite drei oder sieben freundlich über ihn geschrieben wird, kann nicht vergessen machen, was sonst jeden Tag auf den übrigen Seiten stattfindet – und das ist nicht gekennzeichnet durch besondere Sanftmut oder Rücksicht auf Menschen und ihre Schicksale."[310]

Auch die Grüne Christa Nickels, ehemalige Bundestagsabgeordnete und noch vor kurzem Mitglied im Zentralkomitee der deutschen Katholiken, meint, dass das Treffen von Papst und »Bild«-Chef und die positiven Worte des Papstes dabei den Eindruck erweckten, der Chefredakteur habe „ein päpstliches Gütesiegel nicht nur für die Bibel-Aktion bekommen, sondern für sein ganzes Blatt. Von einer erfahrenen Institution wie der katholischen Kirche würde ich erwarten, dass sie diesen Anschein verhindert."[311] Wollte sie gar nicht, liebe Frau Nickels! Gerade weil die Kirche so erfahren ist, lässt sie keine Chance aus, in die Medien zu kommen. Und wie man sieht, finden sich, das weiß die Kirche aus Erfahrung, immer genügend Verteidiger, die dann die Schuld für die Peinlichkeit nicht der Kirche, sondern dem anderen Beteiligten in die Schuhe schieben.

Der Papst, tönt denn auch Leo-Ferdinand Graf Henckel von Donnersmarck, Präsident der Deutschen Assoziation des Malteserordens, habe sich „kaum entziehen" können, er habe „so low key geantwortet, wie es irgend ging, vielleicht etwas gepeinigt und gequält."[312] Also fast schon wieder ein Märtyrer, der gute Papst, hereingelegt von einem trickreichen Blatt.

Ähnlich entschuldigend der katholische Vorzeigephilosoph Robert Spaemann. Der vermutet, dass dem Papst „seit Jahrzehnten kein Exemplar dieses Blattes vor die Augen gekommen ist." Also der Papst zwar kein Fast-Märtyrer, aber ein Unwissender! Dabei wird im Vatikan im allgemeinen nichts dem Zufall überlassen, alles wird gewissenhaft vor-recherchiert und vorkalkuliert. Der „brillante" Theologe Ratzinger, „das theologische Superhirn"[313] kennt die »Bild« nicht?! Er steigt, könnte ein Apologet einbringen, eben nicht in die Niederungen eines solchen Massenblattes herab. Dann wüsste er aber auch nicht um die Privataudienz, die doch bereits Johannes Paul II. im November 2004 dem Chefredakteur der »Bild« und dem Geschäftsführer des Weltbild-Verlags gewährt hat – und das wäre dann schon ein erhebliches Defizit im Ratzinger-Superhirn. Aber Spaemann nimmt lieber einen uninformierten Papst in Kauf als einen mit der »Bild«-Zeitung verbandelten. „Hätte er sich vorher informieren müssen?" fragt Spaemann treuherzig und gibt auch gleich die Antwort: „Ja, wenn es sich um eine Privataudienz gehandelt hätte."[314] Kurzum: Ohne Privataudienz kennt Ratzinger die »Bild« nicht!

Man sieht, zu welchen Verrenkungen und Ausflüchten papstergebene Katholiken fähig sind. Dabei wird Robert Spaemann stets als unabhängiger „Philosoph" geführt, den große überregionale Zeitungen und Zeitschriften immer dann um Stellungnahmen bitten, wenn ein möglichst neutrales, objektives Urteil zu ethischen und kirchlichen Fragen abgegeben werden soll. Unabhängiger Philosophieprofessor, befragt zu solchen Themen – das macht sich gut! Dabei hat Spaemann eine schwer katholische Schlagseite: Er ist Sohn des evangelischen Pfarrers Heinrich Spaemann, der zum Katholizismus konvertierte, Priester wurde und dann jahrzehntelang, wie bei Konvertiten nicht selten, die römisch-katholische Kirche glühend-enthusiastisch verteidigte und ein von deutschen Bischöfen eifrig empfohlenes Muster katholischer Frömmigkeit darstellte. Robert selbst hat ein paar Jahre im Kloster verbracht, um Mönch zu werden. Dann wurde er doch lieber Philosoph, der aber sein Denken auf der Basis der katholischen Weltanschauung nie aufgab, prinzipienfest bis stur zu ihr steht und sie auch bis zu seiner Emeritierung auf seinen Lehrstühlen in München und Salzburg gehörig zum Ausdruck brachte. So einer muss natürlich ein Freund des Papstes sein, so dass ihn »Die Zeit« „einen alten Weggefährten Ratzingers"[315] nennt. Da der Ratzinger-Papst in fast all seinen Reden und Predigten die Harmonie von Glaube und Vernunft behauptet, wodurch die Sache nicht besser wird, weil er nur generalisierende Leerformeln verwendet, ohne einen einzigen Beweis für diese Harmonie zu erbringen, muss jetzt natürlich auch sein alter Kumpel Spaemann immer wieder Vorträge „über die Vernünftigkeit des Glaubens an Gott" halten, zuletzt im Oktober 2006 in der »Kathol. Akademie in Bayern«.

Die Kirche weiß: Es ist wichtig, prominente und einflussreiche Zeitgenossen für sich einzunehmen, damit diese dann als Multiplikatoren der Kirchenideologie fungieren oder von ihr begangene Fehltritte, Takt- und Geschmacklosigkeiten bagatellisieren bzw. beschönigen. Joseph Ratzinger versteht sich besonders gut auf diese Methode der Sympathiewerbung und -gewinnung. Ein Musterbeispiel dafür ist der Journalist und Autor Peter Seewald. Der war zunächst nach eigener Aussage ein kritischer Journalist, früher mal katholisch, dann aus der Kirche ausgetreten und Agnostiker geworden. Aber die Gespräche mit Ratzinger und die Art, wie dieser sich in diesen gab, führten dazu, dass Seewald sich bekehrte und wieder in die Kirche eintrat. Kein Wunder also, dass Seewald den päpstlichen Kontakt mit der »Bild« keineswegs anstößig findet und ihn auch gleich durch den Rückgriff auf die höchste Autorität, auf Jesus, rechtfertigt. Wenn einem andere Argumente zu schwach erscheinen, dann muss eben Jesus her! Nein, sagt Seewald frohgemut, Benedikt XVI. „hat keine Berührungsängste, wenn es darum geht, seine Botschaft unter die Leute zu bringen. Da ist er nicht päpstlicher als der Papst. Jesus hat sich auch mit den Sündern eingelassen."[316] »Bild«-Chefredakteur Diekmann in einer Reihe mit der stadtbekannten Dirne des Evangeliums – ob diese Seewaldsche Auslassung dem ersteren gefallen wird?

Aber Seewald ist ja der »Bild« andererseits auch richtig dankbar: „... bei der Schlagzeile >Wir sind Papst< habe ich mich doch gefreut, dass es noch jemanden in Deutschland gibt, der sich freut – im Kontrast zu der miesepetrigen Einstellung von vielen."[317]

Der Journalist Seewald ist irreversibel ein Minnesänger des Papstes geworden. Wie kam es dazu? Nun, zunächst einmal kam ein relativ kritisch eingestellter Journalist namens Seewald im Auftrag der »Süddeutschen Zeitung« zu Kardinal Ratzinger mit der Bitte um ein Interview. Mit so einem werden Kirchenleute wie Ratzinger spielend fertig. O-Ton Ratzinger: „Damals war er ganz offensichtlich einigermaßen kritisch mir gegenüber eingestellt; dennoch bemerkte ich, dass im Lauf des Gesprächs sein Interesse an dem wuchs, was ich zu sagen hatte und dass am Ende einige seiner Vorbehalte gegen mich und meine Sache an Schärfe verloren hatten. Nun fragte er nicht mehr einfach als Journalist, der ein Interview mit anderen abwickelt und selber dabei außen stehenbleibt. Die Fragen, die er stellte, waren seine eigenen Fragen ... So waren wir beide selbst im Spiel und nicht einfach damit beschäftigt, ein Buch zustandezubringen, das möglichst viele Leser finden sollte."[318]

Ratzinger hatte wieder eine Seele gerettet! Denn, so der Kardinal, „der Journalist Peter Seewald, der als suchender Agnostiker im Dialog mit mir das Buch ‚Salz der Erde' geschaffen hatte, war inzwischen zur katholischen Kirche zurückgekehrt, der er in seiner Jugend angehört hatte, und wollte nun mit mir ... nicht mehr von außen an den Glauben heran fragen ... sondern als Glaubender nach Verstehen des Glaubens suchen: fides quaerens intellectum, der Glaube auf der Suche nach Einsicht, hatte Augustinus formuliert."[319]

Wenn man einen vorher Suchenden und Zweifelnden so weit hat, dann ist dieser auch zum Flug in mythische Höhendimensionen bereit, dann nimmt er gerade einem rhetorisch geschulten Kirchenfürsten wie Ratzinger, diesem nach Seewald so „bescheidenen, sehr weißhaarigen und leicht zerbrechlich wirkenden Mann"[320], auch alle Irrationalitäten des Dogmenglaubens ab. „... als mir Joseph Kardinal Ratzinger im Kloster gegenübersaß, ein großer Weiser der Kirche, und mir geduldig das Evangelium erzählte, den Glauben des Christentums von der Entstehung der Welt bis zu ihrem Ende, da war von Tag zu Tag deutlicher etwas von dem Geheimnis zu spüren, das im Innersten die Welt zusammenhält. Und im Grunde ist es vielleicht ganz einfach."[321] Ja, in der Taktik der Vereinfachung des barock-komplizierten Glaubensballastes, des mit leichter Hand Übergehens der vielen Kuriositäten und Abstrusitäten der katholischen Dogmatik, der Senkung des Denkniveaus in denen, die ihnen einmal auf den Leim gegangen sind, sind die Theologen Roms ganz große Klasse. Dazu sind sie ja auch ideologisch dressiert worden!

Ratzinger gibt zu, dass „auch dem glaubenden Menschen von heute der Glaube im Kontext unseres modernen Denkens weithin dunkel" vorkommt, „wie ein erratischer Block, der sich nicht in unsere Weltsicht einordnen lässt".[322] Aber mit dem Journalisten Seewald hat er es schon geschafft, der versucht schon, gemeinsam mit Ratzinger „mit den beiden Flügeln zu fliegen", zu „sehen, wie Glaube und Vernunft auch heute zusammengehen".[323] Den hat er schon auf Katechismus-Niveau heruntergeschraubt. O-Ton Ratzinger: „So entstand in den Gesprächen eine Art Einführung in das Christentum oder, wenn man so will, eine Art Katechismus."[324]

Katechetische Unterweisung im besten Falle auf Gymnasial-Niveau – toll, wie ein Reporter der „Süddeutschen" wie Seewald sich so etwas andrehen lässt! Denn in der Tat sind die beiden Gesprächsbände zwischen Ratzinger und Seewald u. d. T. „Das Salz der Erde" und „Gott und die Welt", in denen der Journalist artig fragt und der (damals noch) Kardinal schlicht und einfach antwortet, ein simpler Katechismus der katholischen Kirche in Interviewform: Nichts Neues, nichts Originelles, nichts Geniales! Ratzinger gesteht das gelegentlich sogar ein: „Ich habe nie versucht, ein eigenes System, eine Sondertheologie zu schaffen. Spezifisch ist, wenn man es so nennen will, dass ich einfach mit dem Glauben der Kirche mitdenken will ... Das ist keine isolierte, aus mir selbst herausgezogene Theologie, sondern eine, die möglichst breit sich öffnet in den gemeinsamen Denkweg des Glaubens hinein ... Ich könnte mir keine rein philosophische Theologie denken."[325] Nein, nur keine Philosophie! Denn die verlangt ja eigen- und selbstständiges Denken, das dann auch zu Ergebnissen kommen kann, die dem Kirchenglauben zuwiderlaufen. Und da attestiert ein Christian Feldmann, der sich noch dazu einen „kritischen Biographen" nennt, dem Papst in seinem Buch „Papst Benedikt XVI." das „Philosophenhirn eines Plato". Armer Plato!

Aber das demütige, jedoch sachlich zutreffende Eingeständnis Ratzingers übersehen auch andere päpstliche Dauerjubler in den Medien geflissentlich. Die beiden Gesprächsbände wurden schon wieder zum Top-Ereignis hochstilisiert. »Der Spiegel«: „So offen und auskunftsfreudig hat sich noch kein hohes Mitglied der Kurie gezeigt."[326] (Da wundert man sich dann doch über die Ahnungslosigkeit der betreffenden Spiegel-Reporter und -Redakteure. Was tun die eigentlich in Rom bei ihrem ständigen Heranpirschen an Kurienbeamte, wenn sie die Aussagen Ratzingers schon als optimale Auskunft ansehen?). Der NDR bläst ins gleiche Horn wie »Der Spiegel«: „Unbedingt lesen, denn ein derart tiefer Einblick in das, was die katholische Kirche heute zum einzig wahren Glauben erklärt, dürfte so leicht nicht noch einmal zu gewinnen sein."[327] (Hier bleibt nur die Alternative: Entweder der Mann beim NDR hat die beiden Gesprächsbände überhaupt nicht gelesen, bejubelt sie einfach nur, weil ein Theologe wie Ratzinger sowieso nur glänzend schreiben und entwerfen kann, oder er hat sie zwar gelesen, aber vorher noch nie in ein katholisches Buch oder einen kirchlichen Katechismus hineingeschaut, so dass ihm jetzt alles, was Ratzinger dem Seewald antwortet, völlig neu erscheint).

Die »Süddeutsche Zeitung« will da nicht zurückstehen und macht sogar die bravartigen, sich stets auf der offiziellen Kirchenlinie bewegenden Antworten Ratzingers zu etwas geradezu Revolutionär-Kritischem: „... dieser Mann liest seiner Kirche die Leviten, wie sie ihr seit Martin Luther nicht mehr gelesen worden sind."[328] (Hier muss nun etwas besonders schiefgelaufen sein beim Rezensenten der »Süddeutschen«! Jedenfalls Luther kann er nicht gelesen haben. Sonst wüsste er, dass Luther den Papst als „den letzten und mächtigsten Antichrist"[329] und das Papsttum nebst Kurie als „Gewürm des römischen Sodom" bezeichnet hat. „Der wahre Antichrist", so Luther, „sitzt in Gottes Tempel und regiert in dem roten Babel. Rom und die römische Kurie ist die Synagoge des Satans." Man müsse „diese Pest des Erdkreises mit Waffengewalt angreifen und die Sache nicht mit Worten, sondern mit Eisen entscheiden ... warum brauchen wir nicht jeder Art Waffen wider solche Lehrer der Verderbtheit, wider diese Kardinäle, Päpste und die ganze Grundsuppe des römischen Sodoms und waschen unsere Hände in ihrem Blut?"[330] Selbstverständlich verschweigen die Ökumene-Utopisten der protestantischen Kirchen ihrem allerdings immer rarer werdenden Kirchenvolk Luthers radikale Papst- und Kurienkritik, was einer fundamentalen Irreführung ihrer gläubigen Schafe gleichkommt. Aber sollte nicht wenigstens ein Rezensent der »Süddeutschen« den wahren Sachverhalt kennen? Stattdessen bringt er das absurd-unmögliche Kunststück zustande, den absolut romtreuen, romhörigen Kardinal Ratzinger mit dem absolut romfeindlichen Luther auf eine absolut kirchenkritische Linie zu setzen. Aber bei Journalisten, die sich als päpstliche Minnesänger versuchen, ist halt kein Ding unmöglich!).

Noch am relativ sachlichsten im Vergleich mit den eben zitierten, völlig daneben liegenden Bewertungen der beiden Gesprächsbände von Ratzinger und Seewald durch Presse und Rundfunk urteilte »Die Zeit«: „Einen neuartigen Religionsunterricht"[331] nennt sie das, was die beiden da zusammengeschustert haben. Tja, wenn die Interview-Form einer Katechismus-Unterweisung schon etwas Neuartiges ist, dann hat »Die Zeit« diesmal damit recht.

Natürlich bemühten sich Großverlage wie Heyne und Knaur, die ohne besondere Rücksicht auf die Qualität alles auf den Markt werfen, was Profit verspricht, eifrigst um die Taschenbuchrechte für die beiden Gesprächsbände von Ratzinger und Seewald. Katechismus hin oder her – der Name Ratzinger, hochgejubelt in allen Medien, macht's, d.h. er verspricht hohe Auflagen. Und Ratzinger hat sein Missionsziel auch erreicht, denn er wollte ja, wie wir sahen, „ein Buch zustandebringen, das möglichst viele Leser findet."[332] Dafür braucht er, braucht der Vatikan, auch gar keine Reklame zu machen. Das kostete Geld und das gibt der Vatikan ungern aus. Nein, die Werbung besorgen schon kostenlos die Print- und elektronischen Medien.

Selbst der »Stern«, der sich auf seine kritische Haltung einiges zugute hält, stimmt in den Chor der kritiklosen Lobredner Ratzingers ein, indem er ihn in einem pompösen 9-seitigen Bericht über ihn einen „stets ... alle anderen übertreffenden Geist des Ausnahmetheologen" nennt.[333] Das ist natürlich Werbung par excellence für ihn. Ich bin ziemlich sicher, dass die Autorin des »Stern«-Berichts, Ulrike Posche, nie ein Buch von Ratzinger von A bis Z gelesen hat. Wenn aber doch, dann hat sie nicht die Bücher anderer Theologen gelesen, sonst käme sie nicht zu dem naseweisen Schluss von dem alle anderen übertreffenden Geist des Ausnahme-Theologen Ratzinger.

Aber so läuft das: Ein Medienorgan übernimmt vom anderen, ein oberflächlich beeindruckter Journalist vom anderen die hehre Mär vom alles überragenden Geist des Theologenpapstes Ratzinger und schon ist ein neuer Mythos geboren, ein neuer Götzenkult gezeugt. Inzwischen scheinen mehr Medienvertreter an Ratzinger als an den „lieben Gott" zu glauben!

Andreas Petzold, Chefredakteur des »Stern«, merkt offenbar noch nicht mal, dass er sich hart an der Grenze zur Lächerlichkeit bewegt, wenn er in seinem Editorial zum »Stern«-Heft, in dem der Bericht von Ulrike Posche über den Papst steht, seiner Verwunderung Ausdruck gibt, „wie unbefangen und offen die Vertreter des Kirchenstaates mit dem >Stern<-Team umgingen". Selbst im päpstlichen Sommersitz Castel Gandolfo ließ man es fotografieren. Da muss man doch wirklich Gott danken für so viel Entgegenkommen, obwohl ich keine Diktatur kenne, die sich bei Besuchen ausländischer Gäste anders verhält. Imagepflege nennt man das! Aber vielleicht ging's ja in diesem Fall einer geistlichen Diktatur doch noch ein wenig intimer zu als in waffenstarrenden Diktaturen. Brachte doch die Posche dem Heiligen Vater hausgemachte Leberwurst im Glas nach Rom mit, weil der nach Aussage seines Freundes, des Kardinals Meisner von Köln, „durchaus mal ein gutes Wurstbrot schätzt".[334] Essen wird der Papst die so ergeben überreichte Leberwurst trotzdem nicht. Dazu ist man im Vatikan zu vorsichtig und besorgt um das eigene Leben. Zu frisch ist noch die Erinnerung an den

Luciani-Papst Johannes Paul I., der unter immer noch unaufgedeckten Umständen nach einem Pontifikat von nur einem Monat zu Tode kam.[335]

Frau Posche bemüht sogar die Katzen des Vatikans, um zu beweisen, dass der frühere Präfekt der Glaubenskongregation und jetzige Papst nie wirklich ein „Panzerkardinal" war. „Nein, nein", so Posche, „ein Panzer tritt anders auf. Die Katzen wussten das immer", sie sind „die besseren Menschenkenner", denn sie liebten ihn schon als Kardinal, kamen zu ihm gerannt und rieben sich schnurrend an seinem Soutanensaum.[336] (Ob sie das auch gemacht hätten, wenn sie wüssten, dass Ratzinger, egal, ob als Papst oder als Kardinal, ihnen wie all ihren Tierschwestern und –brüdern in unbedingter Treue zur kirchenamtlichen Lehre die Seele abspricht? Sie haben ja nur Glück, weil Ratzinger kein Katzenfleisch mag. Er zieht Schweinefleisch vor und Wurstbrot, garantiert ohne Beimengungen von Katzenfleisch).

Besonders angetan ist die »Stern«-Reporterin von der Bescheidenheit des Papstes. Das kommt bei den Menschen bekanntlich immer gut an: Ein Diktator, der sich bei Empfängen ganz bescheiden gibt, wohl wissend, dass er alle diktatorischen Vollmachten ohnehin in der Hand hat. In unserem Fall ist es ein besonderer Diktator, der noch mehr Vollmachten als jeder weltliche Diktator hat, nämlich das „gottgegebene" Privileg der Unfehlbarkeit und den Jurisdiktionsprimat über die ganze Kirche, ja das Richteramt über die ganze Welt, wie es z.B. in der Enzyklika »Quadragesimo Anno« ausführlich betont wird. Für die »Stern«-Reporterin aber ist das alles halb so schlimm: „Der neue Papst sagte ‚Wir', wo Karol Wojtyla ‚Ich' gesagt hatte: ‚Wir wissen, dass der Papst kein absoluter Monarch ist'. Das hörte sich beinahe schon fehlbar an."[337] Oh sancta ignorantia einer »Stern«-Autorin! Der Papst, so Frau Posche weiter, will doch „lediglich ein einfacher ‚Mitarbeiter der Wahrheit' sein."[338] Dazu Annegret Laakmann, Sprecherin der katholischen Laienorganisation »Wir sind Kirche«: „Ja, er ist ein lieber alter Herr. So wie der ‚Weihnachtsmann'. Oder der ‚liebe Gott'. Aber in Wirklichkeit ist Benedikt weiterhin der gestrenge Hüter seiner Wahrheit. Was ihm fehlt, ist der Dialog und der Respekt gegenüber dem Kirchenvolk." Sie wisse auch nicht, warum der Papst so populär ist wie Madonna oder Michael Jackson.[339]

Nun, das kann man schon wissen.[340] Die gläubige Masse ist geistig nicht anspruchsvoll. Sie ist schnell bereit, jedem prominenteren Zeitgenossen einen fast unbegrenzten Kredit zu gewähren und dafür das eigene Denkvermögen abzuschalten. Rock- und Pop-Stars, Schauspieler, manche Politiker, revolutionäre Führer, Bestseller-Autoren – der Papst, wie sein Vorgänger, liegt mit denen auf derselben Linie. An diese Idole heftet sich die Massensehnsucht von in sich selbst keinen Halt findenden Individuen nach „leadership", nach Geführtwerden durch einen Prominenten, der vermeintlich die richtige Daseins- und Wertorientierung besitzt. Es ist auch Infantilität im Spiel, die Kindheitsfixierungen selbst noch vieler Erwachsener an die Leitbildfunktion des eigenen Vaters als der personifizierten Verkörperung des gesellschaftlich-normativen Über-Ichs im Sinne der Psychoanalyse. Diese schlummernden Fixierungen aktualisieren, potenzieren, aktivieren sich schlagartig bei geringfügigsten Anlässen. In unserem Fall: Eine freundliche Geste, ein Lächeln des Papstes genügt, und die bis zu Ohnmachtsanfällen, Ekstasen und Orgasmen reichenden Ovationen für Benedetto brechen, alle Schallgrenzen überschreitend, explosiv hervor.

Der kirchliche Massenmensch glaubt obendrein, dass ein Mann wie der Papst als „Stellvertreter Gottes auf Erden" doch einen besonderen, einzigartigen Kontakt zu den „metaphysischen Tiefen" des Seins, zum Übernatürlichen, Übersinnlichen, Überirdischen, Überweltlichen, Jenseitigen haben müsse. Und die ganze einstudierte Gestik des Ratzinger-Papstes, seine Körpersprache, das Ritual seiner wohlerwogenen Gebärden, schneeweißes Gewand usw. zielen ihrerseits ja auch darauf ab, die Masse der Gläubigen und Glaubensbereiten davon zu überzeugen, dass er wirklich einen besseren und effektiveren Draht zum Himmel, zu Gott, zum Grund der Wirklichkeit u.ä. hat als jeder andere Mensch, als der Normalsterbliche, dass er über die besondere Fähigkeit verfügt, die Menschen auf die Brücke zu geleiten, die sie ins Paradies führt. Alte Seelenbilder, archetypische Relikte der menschlichen Psyche fokussieren sich im Epizentrum Papst. Das alles kennt die clevere Kirchenhierarchie, im selben Sinne hat sie schon den schauspielerisch noch talentierteren Wojtyla-Papst für ihre Zwecke der Manipulation der Massen und, wie man sieht, auch der Medienberichterstatter eingesetzt.[341]

Ratzinger hat auch längst begriffen, dass man als Papst eben nicht zu allem stehen muss, was man einst völlig zu Recht gesagt hat. Noch im westfälischen Münster, wo er 1963 den Lehrstuhl für Dogmengeschichte und Dogmatik übernommen hatte, kritisierte er in seinen Vorlesungen die Vereinnahmung des Titels »Heiliger Vater« durch die Päpste. Damals war einer seiner Hörer der spätere Bischof von Limburg, Franz Kamphaus. Der beschreibt das so: „Der jetzige Papst Benedikt XVI. hat uns damals darauf aufmerksam gemacht, dass es gefährlich ist, sich in der Nachfolge Jesu ‚Vater' (Papst) nennen zu lassen oder gar ‚Heiliger Vater'. Jesu Wort stehe dagegen: ‚Nur einer ist euer Vater, der im Himmel; nur einer ist euer Meister, ihr alle aber seid Brüder' (Mt. 23,8f.)."[342]

Heute hat Ratzinger als Papst Benedikt nicht mehr das Geringste dagegen, dass man ihn mit „Heiliger Vater" anredet. Es ist praktisch die häufigste Anrede an ihn. Kardinal Meisner, Erzbischof von Köln und sein engster Vertrauter in der Deutschen Bischofskonferenz, zugleich Duzfreund von Ratzinger, würde ihn aber nie mit »Joseph« ansprechen, sondern immer nur ehrerbietig mit »Heiliger Vater«.[343] Und der Papst korrigiert das nicht. Das Amt macht eben den Menschen! Der »Stern« setzt sogar noch eins drauf und stattet den Papst mit dem Superlativ »Sanctissimus Pater« (Heiligster Vater) aus, nicht ohne hinzuzufügen, dass selbst Binsenwahrheiten einen höheren Wert annehmen, „wenn der Papst es sagt".[344] Diese sich für säkularisierte Intellektuelle haltenden Autoren beim »Stern« ersterben doch in ehrfürchtiger Anbetung, wenn sich auch nur am entferntesten Horizont ein Fetzen Numinoses zeigt.

Auch Bischof Kamphaus, noch einer der relativ geradlinigsten unter den deutschen Bischöfen und derjenige, der in der Sache der Schwangerenkonfliktberatung am längsten Widerstand gegen die Weisungen Roms geleistet hatte, ehe er dann auch umfiel, „kann nicht verhehlen, dass ich nach den Begegnungen in Münster manche Äußerungen des späteren Kardinals Ratzinger nicht recht einzuordnen wusste und verstanden habe. Manches hat mich auch traurig gemacht. Darf man das früher Gesagte nicht so wörtlich nehmen?"[345] Als Papst spielt Ratzinger eben die fundamentalistisch-restaurative Rolle des Kardinals und Glaubensinquisitors weiter, nicht die des einst gemäßigt progressiven Theologen von Münster. Bischof Kamphaus fällt es schwer, dies zu verstehen.

Dabei ist es doch ganz einfach. Machtpolitische Motive stehen dahinter. Die vielen Labilen und Infantilen, die ein Objekt der Verehrung und einen Rahmen der Orientierung suchen, sehnen sich ebenso wie die Opfer der »vaterlosen Gesellschaft« von heute nach einer alle umarmenden gütigen Vatergestalt. Das war selbst im sozialistischen Sowjetrussland mit dem Kult für „Väterchen Stalin" nicht viel anders. Schon der Wojtyla-Papst hatte erkannt, dass man den Massen einen „Heiligen Vater" darbieten müsse. Ratzinger hat diesbezüglich von ihm gelernt und von ihm übernommen. Am eindrucksvollsten für die Bewunderer des Wojtyla-Papstes war die Art und Weise, wie er sich beim X. Weltjugendtag in Manila Anfang des Jahres 1995 mit der Rekordzahl von vier Millionen Besuchern als „*die* Vaterfigur ... in einer vaterlosen Gesellschaft" präsentierte.[346] Spätestens dieses Ereignis muss dem Joseph Ratzinger klargemacht haben: Ich muss mich den Leuten ebenfalls als »Heiliger Vater« darstellen. Wenn ich dieses Vakuum in ihnen ausfülle, erhöhe ich ungemein die Autorität des Papsttums und der Kirche. Der Papst muss, hatte schon Sigmund Freud gesagt, den Massen vorspiegeln, sie in der Illusion wiegen, dass das Oberhaupt der Kirche „alle Einzelnen der Masse mit der gleichen Liebe liebt", denn „an dieser Illusion hängt alles; ließe man sie fallen, so zerfiele sofort ... die Kirche". Christus bzw. sein Stellvertreter, der Papst, müsse also notgedrungen die Rolle des „Vaterersatzes" spielen.[347]

Wie klar die Machthaber der Kirche die Funktion der Väterlichkeit als Herrschaftsinstrument seit langem kannten, geht auch aus einem weiteren Detail hervor, das der Theologe Ratzinger in seinen Münsteraner Vorlesungen ans Licht brachte. Er deckte auf, dass das Erste Vatikanische Konzil (1870) der Trias der Französischen Revolution »Freiheit – Gleichheit – Brüderlichkeit« eine ganz andere, reaktionäre Trias entgegensetzen wollte, nämlich »Gehorsam – Ungleichheit – Väterlichkeit«. Nur wegen äußerer Umstände seien die entsprechenden Konzilstexte, die ein Gegengift gegen die fast 100 Jahre vorher von der Französischen Revolution proklamierten Menschenrechte und Universalwerte darstellen sollten, nicht verabschiedet worden.[348] Da berufen sich unsere Politiker, besonders diverse der CDU/CSU, ständig auf die christlichen Werte als Basis unseres Gemeinschaftswesens und sind dabei in ihrer Ignoranz für die Tatsache blind und taub, dass die „christlichste" aller Kirchen die höchsten Menschheitswerte Freiheit, Gleichheit, Brüderlichkeit am liebsten durch Konzilsbeschluss annulliert hätte.

Auch der hier schon mehrfach erwähnte »Stern«-Bericht über Benedikt XVI. schwelgt in hohen Tönen über des neuen Papstes Väterlichkeit, ja auch Mütterlichkeit, und merkt nicht, dass das im Verständnis des Vatikans genau die Werte sind, die der Mündigkeit, Emanzipation und Aufklärung der Menschen entgegengesetzt sind und gegen sie eingesetzt werden sollen. Denn mit der Väterlichkeit des Papstes korreliert und korrespondiert die bleibende Infantilität und des Nicht-erwachsen-werden-sollen der Masse. Aber was soll's. Auch »Stern«-Autorin Posche will sich der Verzückung durch den neuen Vater der Menschheit nicht entziehen: „Schon wenn er in Soutane und Mozetta, mit dem Pileolus auf den Haaren, als ganz und gar weiße Gestalt aus dem Flieger steigt, reagieren die Menschen, als hätten sie eine Engelserscheinung. In Valencia haben selbst Bischöfe und Kardinäle ihre Fotohandys gezückt, um den Moment festzuhalten, in dem der Papst mit ochsenblutroten Schuhen – Gerüchten zufolge von ‚Prada' – auf die Erde niederkommt."[349]

Das Vater-Image des Benedetto-Papstes erspart dem zarten Greis auch jeden größeren Energieaufwand. Die gläubige Masse ist ja nicht anspruchsvoll, wenn sie nur einen sie liebenden Übervater zu haben glaubt. „Früher ... beeindruckte er erst dann, wenn er den Mund auftat. Heute wirkt schon sein bloßer Auftritt ..., ‚Fratelli e sorelle', Brüder und Schwestern muss er nur sagen, schon bricht der Jubel aus. Laut, massig, unausweichlich", ein geradezu Pawlowscher „Reflex".[350] Wenn Benedikt sich dann doch entschließt, ein paar Worte an die Masse der Gläubigen zu richten, merkt man, was er von ihr hält: anspruchslose „Oblaten" offeriert er ihr, „kleine Katechesen, einfach zu schlucken, biblische Unterweisungen ... das Schöne ist: Jeder begreift sofort, worum es ihm geht ... Ihr seid

Abbilder Gottes – also, liebe Christenkinder, benehmt euch auch so."[351] Seine „Hohe Theologie" reserviert er für die Gebildeten. Fern vom Trubel der Masse hält er seine theologische Vorlesung während seines Bayernbesuchs im September 2006 nur vor einem ausgesuchten intellektuellen Publikum an der Universität Regensburg und tritt dann, wie wir später noch sehen werden, trotzdem arg ins Fettnäpfchen.

Der »Stern« bemüht sich auch, das Geheimnis von Ratzingers Väterlichkeit, ja auch Mütterlichkeit zu lüften, und spart auch da nicht mit artigen Komplimenten, die den Hardliner der Glaubensinquisition vergessen machen sollen. Benedikt XVI. sei „ein herzlicher Mann, der Kindern auf den Kopf küssen kann, weil er im Grunde selbst ein geliebtes Kind geblieben ist, mit einem geküssten Gesicht ... Es ist bei Ratzinger ... das hochbegabte Kind im Manne, das die Menschen in ihrem mütterlichen Kern berührt."[352]

Seine Rolle als im Tiefsten kindlich gebliebener, väterlich-mütterlicher Papa spielt Ratzinger tatsächlich perfekt. Aber welcher Diktator würde schon hart, streng, eiskalt erscheinen wollen, wenn ihm die Massen zujubeln? Man schaue sich aber mal Ratzingers anderes Gesicht an, jenes Gesicht, das zu Tage tritt, wenn er kritisiert wird oder ihm etwas gegen den Strich geht. Der Autor dieses Buches hat es einmal an der Universität Wien erlebt. Ratzinger, damals noch „nur" Theologieprofessor, hielt dort einen Gastvortrag zum Thema Christentum und Antike. Als ich ihn, durchaus sachlich und nüchtern, in der nachfolgenden Diskussion auf einige Abhängigkeiten des Christentums von der antiken Kultur und Philosophie aufmerksam machte, die Ratzinger ausgelassen hatte, um das Christentum günstiger aussehen zu lassen, verfinsterte sich seine Miene und vom gelassenen Kind im Manne war bei ihm nichts mehr zu sehen. Ich saß nach dem Vortrag noch eine Weile mit ihm und ein paar Kollegen der beiden Wiener theologischen Fakultäten in einem Café zusammen, aber Ratzinger bemühte sich krampfhaft, sich mit den anderen Anwesenden zu unterhalten und kein Wort mehr mit mir zu wechseln. Nur beim Abschied musste er ja jedem die Hand geben, und als er bei mir angelangt war, zischte er mir feindselig zu: „Also Sie sind auch schon unter die Wiener Zyniker gegangen!" Während Ratzinger mich vor dieser Begegnung noch außerordentlich gelobt hatte (siehe das Lob Ratzingers eingangs dieses Buches), war ich von nun an in seinen Augen nur noch der »Feind«, der nicht mehr für ihn existierte. Das tat mir zwar nicht weiter weh, aber es zeigt doch, wieviel von seinen Sprüchen über die Liebe[353] zu halten ist, insbesondere seinem vor den Massen oft wiederholten Spruch: „Der Maßstab ist nicht mehr bloß, den Nächsten wie sich selbst zu lieben, sondern wie Jesus uns geliebt hat. Das ist das neue Christliche ..."[354]

Davon ist er selbst meilenweit entfernt! Es ist ja mit ein Grund, weswegen viele Menschen von der „rein geistigen, übernatürlichen, nicht sexuellen Liebe" nichts mehr hören wollen, weil die Priester so oft von ihr gepredigt haben, ohne ihr im Leben zu entsprechen.

Ratzingers »Wende« vom einigermaßen aufgeschlossenen Theologen zum erzkonservativen, rückwärts gewandten, bei der Verteidigung der hierarchischen Kirche mitleids- und lieblos agierenden Klerikalen ist vor allem mit dem Jahr 1968 verknüpft. Der Aufstand der Studenten, der damals seinen Höhepunkt erreichte, ließ ihn in seiner tiefsten Seele erzittern. Angsterfüllt musste er erleben, dass ihm während einer Vorlesung das Mikrophon aus der Hand geschlagen wurde. Von Kollegen hörte er, dass ihre Vorlesungen verhindert oder niedergebrüllt wurden, dass es allenthalben zu Tumulten und Demonstrationen gegen die Macht der Ordinariern kam.

Ratzinger, damals noch Ordinarius in Tübingen, sieht sich also „einer neuen, ungewohnt starken, vielfältigen, antiautoritären und linken Protestbewegung gegenüber, gegen die er sich hilflos fühlte."[355]

Nun hätte doch der Professor Ratzinger, wie es andere weniger furchtsame Ordinarien durchaus taten, seinem ja schon immer verkündeten Programm der Christus-Liebe entsprechend, auf die protestierenden Studenten zugehen, in einen Dialog mit ihnen eintreten können. In seinen Augen waren es ja verirrte Schafe, die er in den Pferch der Kirche zurückzuführen hatte. Doch da überwog die Furcht, und wo die Furcht ist, ist keine Liebe, sagt der Liebes- und Lieblingsjünger Jesu, Johannes, den Ratzinger doch so oft zustimmend zitiert hatte. Dass Erstsemester ihm auf die Füße spucken und mit Trillerpfeifen seine Vorlesungen stören[356], ist einfach zu viel für ihn. Dem stets in autoritären Verhältnissen Aufgewachsenen geht es schon gegen den Strich, dass sogar die Katholische Hochschulgemeinde vehement fordert, den Studentenpfarrer selbst zu wählen und nicht mehr vom zuständigen Ortsbischof bestimmen zu lassen.

Kurzum: Zum Martyrium, selbst dem minimalsten, fühlt sich Ratzinger nicht geboren, nicht erkoren, wie er auch überhaupt in seinem ganzen Theologenleben immer lieber aus dem Hinterhalt agierte und die anderen vorschickte. „Der zarte und eher schüchterne Professor litt schwer unter den Unruhen, konnte sich dagegen nicht wehren. Er muss die Trillerpfeifen, mit denen man seine Vorlesung störte, wie Pfeile empfunden haben, die sich in seine Haut und Sinne bohrten."[357] Ratzinger tritt daher die „Flucht vor den 68er Radaubrüdern in Tübingen"[358] an und geht nach Regensburg. 1969 wird er Professor für Dogmatik an der Universität dieser beschaulichen Provinzstadt.

Aber der Tübinger Schock sitzt tief. Und wer etwa glaubt, dass der die Liebe und Gnade Gottes zu den Menschen stets im Munde führende Theologe Ratzinger irgendeine ihm real oder vermeintlich angetane Kränkung jemals vergisst oder vergibt, der täuscht sich gewaltig im Charakter dieses Mannes. Im ruhigen Regensburg sitzt Ratzinger keineswegs ruhig da als der einzig seinen Studien und Vorlesungen hingegebene Gelehrte. Nein, weil er sein Trauma, „das angstvolle Scheitern in der Begegnung mit der kritischen Öffentlichkeit nie überwunden hat",[359] entfaltet er jetzt eine ungeheure Energie mit dem Ziel der Sammlung aller rechtskonservativen, rückwärts gewandten, restaurativen Kräfte, Persönlichkeiten, Medienorgane und Institutionen. Hinter der Fassade des stillen, bescheidenen, zarten und schwachen, mit seiner Schwäche sogar immer wieder mal kokettierenden geistlichen Biedermanns war Ratzinger stets ein unendlich ehrgeiziger, mit einem grenzenlosen Willen zur Macht ausgestatteter Karrierist, der es nie ertrug, in einer Reihe mit anderen zu stehen, der jeden potentiellen Konkurrenten misstrauisch beäugte und bekämpfte, jeden sich regenden Machtimpuls bei anderen im Keim zu ersticken suchte. Daher musste sein Weg konsequent im Papstamt kulminieren. Über das Mittelalter des Augustinus, des Bonaventura, des Thomas von Aquin ist Ratzinger nie hinausgekommen. Die heimliche Wiederherstellung des Mittelalters, in dem die katholische Kirche die einzige, alles beherrschende, normierende Autorität war, ist das Ziel seines Pontifikats. Alle moderneren Theologen jenseits dieses Mittelalters, allen voran Karl Rahner, betrachtete er als seine Feinde.

Der »Stern« macht sich in seiner Naivität und Ahnungslosigkeit geradezu lächerlich, wenn er in völliger Verkennung des Charakters Ratzingers dessen Angst und Aversion gegen das Papst-Amt hervorhebt: „Dem Erwählten ... war bang und bänger geworden mit jedem Wahlgang, und auf einmal spürte er, wie er später bekannte, ‚das Fallbeil' auf sich niedergehen. Er hätte gehofft, dass der Kelch an ihm vorüberginge, aber die Herren Kardinäle waren anderer Meinung gewesen ..."[360] Sie waren ja auch von allen reaktionären Seiten her, insbesondere vom »Opus Dei«, zugunsten der Papstwahl Ratzingers gehörig bearbeitet worden.[361]

Keiner, der Ratzinger einigermaßen kennt, nimmt ihm das Märchen vom Wunsch eines beschaulichen, zurückgezogenen Lehnsesseldaseins in Regensburg ab. Kirchenkritiker Horst Herrmann schloss sogar Wetten ab, dass kein anderer als Ratzinger Papst werden würde. Er behielt recht, täuschte sich allerdings in seiner in Interviews geäußerten Hoffnung, der Mann werde als Papst ein anderer sein, als er es als gestrenger Glaubenskontrolleur war. Nur der »Stern«, sonst nicht gerade gutgläubig, nahm Joseph, dem »Mimen der Bescheidenheit«, die Regensburger Ruhe-Version ab: „Er fühlte sich zum Gelehrtenleben berufen ... Und wenn er träumte, dann wollte Joseph Ratzinger am liebsten irgendwann wieder in seinem kleinen Haus in Pentling zwischen Bienenstock und Anemonen sitzen, den Nachbarskater Chico schnurrend auf dem Schoß, den älteren Bruder Georg am Klavier und das Regensburger Land mit seinen Hopfenhügeln, Wäldern und Würsten vor der Tür erahnend. Ach, und dann dicke Bücher schreiben, das war sein Traum. Eigentlich."[362]

Welch eine Idylle! Doch sie ist von vorn bis hinten unwahr. Mit seinem Professorendasein zwar war Ratzinger ans Ende gelangt. Das sollte nach seinen Plänen nicht mehr lange weitergehen, genügend Lehrstühle hatte er schon abgeklappert, und mit den Studenten hatte er auch nichts Sonderliches mehr vor. Kollegen nannten ihn ja schon den Wanderprofessor. Aber von Regensburg aus, aus der scheinbaren Versenkung in der Provinz, alle nur denkbaren Verbindungen zu allen möglichen gesellschaftlich einflussreichen Kräften knüpfen – das wollte er mit aller Macht, allem Ehrgeiz, aller Energie, allem Rachedurst für die in Tübingen erlittene Demütigung von Seiten aller „linken" Brüder. Jede Abweichung von seinem „einzig richtigen" Kurs war ihm nun marxistisch vergiftet, verseucht. Die Befreiungstheologen Südamerikas sollten es ein paar Jahre später, als er schon der Chef der Glaubenskongregation im Vatikan war, gehörig zu spüren bekommen.[363]

Der alles kühl vorausplanende Ratzinger musste allerdings jeden Anschein vermeiden, eine der Hauptursachen seiner Wandlung zu einem stockkonservativen, autoritären, von nun an das reaktionärste Establishment in Kirche und Staat vehement unterstützenden Klerikalen sei sein »68-er Trauma« gewesen. Also betätigte sich der »cooperator veritatis«, als der er sich gern bezeichnet, als Beschöniger, „um die Wahrheit solange zu bearbeiten, bis sie passt."[364] In seinen Erinnerungen „Aus meinem Leben" behauptet er: „Ich habe nie Schwierigkeiten mit den Studenten gehabt, sondern in der Vorlesung immer zu einer großen Zahl aufmerksamer Hörer sprechen können ... Das Mikrophon ist mir nie entrissen worden ... Der Kontakt mit den Studenten war sehr gut."[365] Zeitzeugen berichten es anders. Die Trillerpfeifen der „aufmerksamen" Hörer erwähnt Ratzinger lieber gar nicht.

Aber das ist auch nicht so wichtig. Wichtiger ist, die Aktionen zu beachten, die Ratzinger energisch betreibt, die Kontakte, die er knüpft, zu registrieren. Da ist der enge Kontakt zu Bischof Graber von Regensburg, „dem Rechtsaußen der deutschen Bischöfe"[366]. Mit ihm und der Regensburger Fakultät hatte Ratzinger vereinbart, dass der für Judaistik vorgesehene Lehrstuhl für ihn in „Dogmatik und Dogmengeschichte II" umgewidmet wird, „und er sich zusammen mit Graber stärker politisch gegen die Linke und für den Kontakt mit dem Osten engagieren würde."[367] Die Autoren Corell und Koch sprechen vom „bekannten Rechtsradikalismus"[368] Bischof Grabers, erwähnen aber nicht seinen anscheinend ebenfalls von ihm vertretenen Antisemitismus. Jedenfalls erzählte mir mein Doktorvater, Prof. Josef Hasenfuß, Kardinal Döpfner habe ihn, seinen Duzfreund, angerufen, er solle als Mitglied des Komitees für jüdisch-christliche Zusammenarbeit die jüdischen Mitglieder dazu bringen, keinen Prozess gegen Bischof Graber anzustrengen. Die waren aufgebracht, weil Graber eine von Wallfahrern häufig besuchte Grotte mit Szenen von Jesus folternden Juden partout nicht beseitigen wollte. Der geschmeidige, nach allen Seiten hin angepasste Prälat Hasenfuß, der sich seiner Freundschaft mit Ottaviani, dem damals reaktionärsten Kardinal im Vatikan, ebenso rühmte wie seiner guten Verbindungen zu prominenten Juden, schaffte es. Der Prozess fand nicht statt. Und auch die Presse, in diesem Fall einige Regionalzeitungen und Lokalblätter, konnte man dazu bringen, den Fall mit Schweigen zu übergehen.

Auch mit Hasenfuß verband Ratzinger bald eine enge Freundschaft, die bei diversen Einflussnahmen eine Rolle spielte. Aber davon später mehr. Zurück zu Bischof Graber. Diverse, Ratzingers Größe und Ruhm besingende Biografen und Presseorgane tun sich schwer, dessen „sonderbare Sympathie"[369] für Bischof Graber zu verstehen. Hatte doch dieser 1933 den Nationalsozialismus gerühmt, weil dessen „Totalitätsanspruch ... dem Liberalismus mit seinem schrankenlosen Freiheitsbegriff den Todesstoß versetzt hat".[370] Aber da haben wir doch schon die Affinität Graber-Ratzinger. Ratzinger zählt stets bei seinem Kampf gegen alle neuzeitlichen Relativismen den Liberalismus an vorderster Stelle auf. Dessen Freiheitsbegriff passt in keiner Weise ins autoritär-hierarchische Weltbild Ratzingers.

Natürlich würde eine Aussage Grabers wie die folgende bei Ratzinger wahrscheinlich nur ein ironisches Lächeln hervorrufen. Graber lobte nämlich seinerzeit „die germanische Rasse" als eine „in die Geschichte eintretende gesunde, unverbrauchte Rasse. Sie ist nicht angekränkelt von der sittlichen Fäulnis der ausgehenden Antike ..., sondern tritt froh und freudig mit ihren blauen Augen und blonden Haaren hinein in die Welt, die ihr gehört."[371] Auch eine weitere Aussage Bischof Grabers würde möglicherweise jetzt, da er Papst geworden ist, Ratzinger nicht mehr so ganz schmecken, wo er sich doch selbst immer mehr als alleinigen Retter und Vater der Menschheit versteht. Graber sagt nämlich: „Die nationalsozialistische Bewegung hat einen unverkennbar messianischen Schwung ... in der der Führer als Retter, Vater und irdischer Heiland erscheint", so „dass die Hingabe und der Elan des Führers in einem echten Sinn gläubig genannt werden kann."[372]

Andererseits ist es schon sehr merkwürdig, dass Prof. Ratzinger mit seinem von allen gelobten »Elefantengedächtnis« Bischof Grabers Verlautbarungen zum Nationalsozialismus nicht gekannt oder nicht mehr in seinen auf seinen kirchengeschichtlichen Studien beruhenden Erinnerungen parat haben sollte. Dennoch stellte er, wie gesagt, die engen Kontakte zum damaligen Regensburger Bischof her. Der eigentliche Grund kann nur sein: Beide, Ratzinger und Graber, haben die gleiche radikal reaktionäre, rechtskonservative Gesinnung und Ideologie, auch wenn Ratzinger viel cleverer als der andere ist und diese gegenüber der Öffentlichkeit und den Medien geschickt zu verbergen weiß.

Und Bischof Graber ist wichtig. Denn über ihn kommt Ratzinger an einen weiteren einflussreichen Prominenten heran, der die echte und rechte Gesinnung hat und viel für die „Rettung des christlichen Abendlandes" tut und tun kann: an Otto von Habsburg, den Sohn des letzten habsburgischen Kaisers, Europa-Abgeordneter und CSU-Politiker. Den beglückwünscht Graber 1964 zur Geburt seines zweiten Sohnes, wobei er zugleich bedauernd hinzufügt, dass „die Wirkungsmöglichkeiten des Hauses Habsburg heute nicht mehr die selben sind wie früher, um gegen die zerstörerischen Mächte des Verfalls zu arbeiten."[373] Graber erwägt sogar ganz offen in seiner Regensburger Kirchenzeitung eine neue Allianz zwischen Bayern und Österreich, einen „Südstaat, eventuell im Bündnis mit Frankreich", gerichtet gegen den Rest Deutschlands, wenn dieser weiterhin sozialistisch-liberal bleiben sollte.[374]

Hier trifft sich Bischof Graber wieder mit Ratzinger, denn der betont in seinen Gesprächen mit Seewald, dass er eigentlich gar kein patriotischer Deutscher, wohl aber ein patriotischer Bayer sei: „Wir waren schon von der Familie her sehr patriotische Bayern. Unser Vater stammte aus Niederbayern, und Sie wissen ja, dass es in der bayerischen Politik des 19. Jahrhunderts zwei Strömungen gab: einerseits die mehr reichsorientierte, also deutschnational orientierte, und andererseits die mehr bayerisch-österreichische, auch frankophil-katholische Richtung. Meine Familie hat ganz eindeutig dieser zweiten Strömung angehört, die sehr bewusst bayerisch-patriotisch und auf unsere Geschichte stolz war. Meine Mutter stammte aus dem Tirolischen, aber da war ja auch wieder dieses süddeutsch-katholische auf andere Weise sehr stark und lebendig gegenwärtig. Insofern haben wir uns mit unserer eigenen Geschichte sehr identifiziert und waren uns auch bewusst, dass dies eine Geschichte ist, die sich sehen lassen kann."[375]

Ratzinger distanzierte sich in diesem Zusammenhang auch von der „nationalistischen Geschichte" Deutschlands, „die dann zu den großen Unglücken von 1933 bis 1945 führte. Im Gegenteil, gerade die Katastrophe des Nationalismus hat uns in unserer eigenen Geschichtsauffassung bestärkt."[376] Ratzinger übergeht geflissentlich, dass die nationalsozialistische Bewegung gerade in seinem heißgeliebten Bayern, wo Hitler sich am wohlsten fühlte, ihren Anfang nahm und zunächst dort auch über den größten Zulauf verfügte. Nur in einem anderen Zusammenhang gibt er dann zu, dass es auf dem bayerischen „Land bei den Bauern leider schon eine große Anzahl von Nazis gab". Auch Ratzingers Vater, dieser doch so „praktische Bayer", „hat keine öffentliche Opposition geübt, das wäre auch in dem Dorf gar nicht möglich gewesen".[377]

Otto von Habsburg und Ratzinger, durch Bischof Graber zusammengebracht, entdecken ebenfalls ihre gemeinsamen Ziele. Ersterer wird geradezu zum „politischen Mentor" Ratzingers und dieser praktisch zum „Hofkaplan" des Hauses Habsburg.[378] Beide, Otto und Joseph, starten gemeinsame Aktionen, um ihre Idee eines katholisch-habsburgisch geprägten Paneuropas, eines europäisch-katholischen Großreiches, der Realisierung näher zu bringen. Wenn CDU/CSU-Politiker sich so vehement gegen eine Aufnahme der Türkei in die EU wehren, ist das selbstverständlich auch auf die Einflüsse der beiden zurückzuführen. Europa soll unter sich bleiben und eine katholische Festung werden. Das ominöse Zitat über das Inhumane und Aggressive des Islams in der Regensburger Vorlesung Benedikts XVI. im September 2006 stellt keineswegs eine marginal-zufällige Bemerkung des Papstes dar, sondern ist eine Mahnung des Papstes an die europäischen Regierungen, dem Islam das weitere Vordringen in Europa zu verwehren, um dem Katholizismus das weite Feld dieses Kontinents zum alleinigen Schalten und Walten zu überlassen. Deshalb soll auch Gott, der Gott im Verständnis der katholischen Kirche, in die Verfassung der EU. Angela Merkel z.B., vornehmlich das Vollzugsorgan dessen, was andere europäische Politiker wollen, setzt sich, besonders nach ihrem Besuch beim Papst, energisch dafür ein, ohne freilich zu bedenken, dass im katholischen Großraum Europa kein relevanter Platz für die evangelische Kirche reserviert ist.

Macht braucht Symbole, braucht Vorbilder. Otto von Habsburg und Ratzinger erreichen den Höhepunkt ihrer gemeinsamen Aktionen, indem sie den Wojtyla-Papst dazu bringen, den letzten Kaiser des Hauses Habsburg, Karl, den Vater Ottos, im Jahr 2005 seligzusprechen. Hier ist noch ein Dritter im Bunde zu erwähnen, der erzreaktionäre Bischof Krenn von St. Pölten, Kollege Ratzingers an der theologischen Fakultät der Universität Regensburg, inzwischen wegen der skandalösen Vorgänge im St. Pöltener Priesterseminar von seinem Bischofsamt zurückgetreten. Der ist neben den Beiden besonders aktiv bei der Förderung der Seligsprechung des letzten österreichisch-ungarischen Kaisers im Hinblick auf die damit verbundene politisch-symbolische Rolle eines selig-, vielleicht bald heiliggesprochenen Kaisers für das katholische Paneuropa. (Bekanntlich ist die »Paneuropa-Union« die politische Organisation Ottos von Habsburg, der auch von 1984 bis 1999 für die CSU als Abgeordneter im Europa-Parlament saß.) In dem von Ratzinger und Otto von Habsburg gesponnenen Netzwerk der Rechten spielt diese Organisation keine unwesentliche Rolle. Erzkonservative Bewegungen und Gruppierungen, z.B. »Opus Dei« oder die »Katholische Pfadfinderschaft Europas«, beide gefördert von Ratzinger und Krenn, artikulieren sich politisch über die Paneuropa-Union, ohne deshalb eigens aus der Deckung heraustreten zu müssen.

Der seliggesprochene Kaiser Karl soll sozusagen der politische Schutzpatron und Heilige geistige Führer des wieder katholisch werdenden Großeuropas sein, natürlich mit dem allerobersten Segen des Papstes, der die faktische Oberherrschaft innehaben soll. Schließlich war es das „Bestreben" Karls, wie es im Seligsprechungstext heißt, „der Berufung des Christen zur Heiligkeit auch in seinem politischen Handeln zu folgen". Deshalb sei er dem politischen Willen des damaligen Papstes, Benedikt XV., gefolgt, indem er dessen Aufforderung, nach dem Zusammenbruch der Habsburg-Monarchie wenigstens die Macht in Ungarn wieder an sich zu reißen, zu realisieren versucht habe, freilich ohne Erfolg. Papst Benedikt XV., der oft als Friedenspapst des 1. Weltkriegs Apostrophierte, war so friedlich nicht. Seine Aufforderung an Kaiser Karl, die Macht in Ungarn an sich zu nehmen, entsprang dem Wunsch, Österreich-Ungarn für den Katholizismus als Staatsreligion zu erhalten.

Auch gegen Kaiser Karls Seligsprechung erhoben sich triftige Einwände selbst seitens strammer Katholiken. 1916 nach dem Tod von Franz-Josef zum Kaiser gekrönt, rechtfertigte er wiederholt vor der Öffentlichkeit den Einsatz von Giftgas in militärischen Auseinandersetzungen. Ob er dann 1917 tatsächlich auch den Giftgaseinsatz an der österreichisch-italienischen Front befohlen hat, dem Tausende italienische Soldaten zum Opfer fielen, ist noch nicht ganz geklärt. Es reichte aber, um ihn von Teilen der Öffentlichkeit, insbesondere in Österreich, als »Chemical Karli« zu verspotten, dies in Analogie zum »Chemical Ali«, jenem General Saddam Husseins, der Gasangriffe auf kurdische Dörfer befohlen haben soll.

Aber schon die theoretische, verbale Rechtfertigung von Giftgaseinsätzen gegen den Feind wirft ein ungünstiges Licht auf die vom Vatikan getätigte Seligsprechung Kaiser Karls und auf deren Befürworter und Förderer. Trotzdem bejubelten die Kirchenpresse, fast alle Bistumsblätter und zahlreiche konservative Zeitungen in Europa diese Beatifikation des letzten habsburgischen Kaisers. Und Ratzinger könnte sich gedacht haben: Man kann sich die Kaiser nicht aussuchen. Er war schlussendlich der letzte Kaiser der Habsburg-Dynastie, und besser so einer als gar keiner. Wir brauchen schließlich das Kaiser-Symbol für die Wiederauferstehung eines katholischen Europas.

In Ratzingers ehrgeizigen Plänen für ein katholisches Bollwerk Europa spielte der Aufbau einer ideologischen Kaderschmiede eine bedeutende Rolle. Der aus bescheidenen Verhältnissen stammende Ratzinger fühlt sich hingezogen zu Adligen, die seine Ideologie teilen. Das ist neben Otto von Habsburg auch die Baronesse Alma von Stockhausen. Die besitzt zusammen mit einem Schüler Ratzingers ein großes Haus im Schwarzwald, in dem die sich „als Mystikerin auf der Suche nach den Bedürfnissen der ‚deutschen Seele'"[379] bezeichnende Baronesse eine esoterische Wohn- und Betgemeinschaft um sich geschart hat.

Hier hakt Ratzinger ein. 1970 vollzieht er die offizielle Umgründung dieser Gemeinschaft in eine katholische Akademie, die Gustav-Siewerth-Akademie. „Bescheiden", wie es seinem Wesen entspricht, charakterisiert er diese Akademie als einen „bescheidenen Versuch", ein „geistiges Zentrum junger Menschen" zu errichten, die seine eigene Theologie „aus dem bloß Akademischen herausheben" sollen.[380] Als Mitgründer dieser Akademie firmierte der ursprünglich evangelische Theologe Heinrich Schlier, der zum Katholizismus konvertiert war und nunmehr seine Hauptaufgabe darin sah, exegetische Beweise aus dem Neuen Testament für die Stiftung der Kirche und des Papsttums durch Jesus zu liefern.

Obwohl die Akademie nur aus zwei bis drei Dutzend Studenten und Lehrern besteht, erhält sie 1988 die staatliche Anerkennung durch Baden-Württembergs Kultusminister Gerhard Meyer-Vorfelder, den späteren Präsidenten des Deutschen Fußballbundes (DFB). Auch die Zusicherung der Bafög-Förderung und der Aufnahme ohne Numerus Clausus, d.h. selbst mit schlechten Zensuren, macht die Akademie für Studierwillige interessant, ebenso der Hinweis für künftige Journalisten, dass an ihr Prof. Guido Knopp lehrt, der bekannte Autor der Fernseh-Serien über diverse Aspekte der Geschichte des Dritten Reiches. Freilich ist vor der Aufnahme ein detaillierter Personenfragebogen zu beantworten und ein Bewerbungsgespräch zu absolvieren.

Offen gibt die Akademie zu, „dass sie Kandidaten für politische, kirchliche und journalistische Führungsaufgaben ausbilden will".[381] Es wäre eine interessante Aufgabe, die Namen der Journalisten zu eruieren, die nach Absolvierung der Gustav-Siewerth-Akademie in die Redaktionen großer Zeitungen und Zeitschriften hineingeschleust wurden. Das würde erklären, warum in diesen immer weniger Kritik an Kirche und Papsttum zu lesen ist und das Echo auf alle kirchlichen Events stets so monoton-gleichförmig-positiv erschallt.

Das Programm der Akademie atmet ganz und gar den Geist von Ratzingers Absichten und Überzeugungen. Ziel der Akademie ist laut ihrer Website: 1. Die „Vermittlung der abendländischen Wertvorstellungen, die aus der Durchdringung von griechischer Metaphysik und christlichem Offenbarungsgut als Voraussetzung von Naturwissenschaft und Technik entstanden sind".[382] Man beachte: Ratzinger ist nie über das theologische Mittelalter hinausgekommen, in dem diese in vielem problematische und heute auch von vielen intelligenteren Theologen kritisierte „Duchdringung" unter Führung des hl. Augustinus und des Doctor Angelicus Thomas von Aquin durch die Scholastik betrieben worden ist. Viele bezweifeln heute, ob die Bereitstellung der Terminologie der griechischen Philosophie für die Inhalte der jüdisch-christlichen Religion der letzteren angemessen war. Und ebenso problematisch und umstritten ist die These Ratzingers und der Akademie, dass die christlichen Glaubensinhalte, noch dazu in ihrer spezifisch katholisch-dogmatischen Prägung, die Voraussetzung für die Entstehung von Naturwissenschaft und Technik gewesen seien. Man beachte nur das Schicksal, das die Kirche großen Naturwissenschaftlern und nichtscholastischen Philosophen in Renaissance und beginnender Neuzeit bereitet hat. Dann wird man eines Besseren belehrt.[383]

Angesichts des eben besprochenen ersten Zielpunktes des Programms der Akademie kann der zweite Programmpunkt („Erarbeitung einer christlichen Anthropologie und Gesellschaftslehre in Auseinandersetzung mit den Ergebnissen der modernen Natur- und Sozialwissenschaften") nur bedeuten: Umdeutung dieser Ergebnisse, und zwar so lange, bis sie dem stockkonversativen, restaurativen Menschen- und Gesellschaftsbild Ratzingers in der Nachfolge der mittelalterlichen Größen Augustinus, Bonaventura und Thomas von Aquin in allem entsprechen.

Und auch der dritte Programmpunkt der Akademie („Kritik der nihilistischen Züge des Zeitgeistes") steht voll in Übereinstimmung mit Ratzingers sich bis zum Überdruss wiederholenden Geißelungen des Zeitgeistes, dessen angeblich alles durchdringenden Relativismus, der in den Nihilismus münde. Zentraler Ort seiner Reden zur Verdammung des Relativismus seine im Vatikan vor Beginn des Konklaves gehaltene Rede vor den Kardinälen. In diesem Buch (s. 2. Kap., Abs. t) wurde Ratzingers Verurteilung des Relativismus bereits detailliert widerlegt.

Es bedarf keiner großen Imaginationsfähigkeit, um sich demnach massiv-anschaulich vorzustellen, in welchem Geist Journalisten, die aus dieser Akademie hervorgehen, ihre Arbeit in den Redaktionsstuben und Fernsehstudios verrichten werden. Und sie werden sich kaum mit den letzten Positionen an diesen

Orten begnügen. Hat doch der mit der Akademie und Ratzinger zusammenarbeitende Otto von Habsburg 1990 in einer Rede bei einer Feier der Akademie deren Studenten Führungspositionen in dem von Ratzinger und Co. neugestalteten Europa in Aussicht gestellt. Jedenfalls: „Die Vermittlung eines christlichen Weltbilds", um das sich die Akademie gemäß ihrem Programm bemüht, ist „am äußersten rechten Rand des theologischen Spektrums angesiedelt", wie selbst der sich als „kritischer Biograf" Ratzingers apostrophierende, aber mit Superlativen für ihn nicht geizende katholische Theologe Christian Feldmann zugibt.[384]

Das rechte Spektrum der Akademie – das ist die Linie Graber, Otto von Habsburg und Ratzinger. Unter anderem rekrutierte Otto von Habsburg Nachwuchs für die von ihm geführte »Paneuropa-Union« aus der Akademie. Und für Bischof Graber sorgte Ratzinger in dem Sinn, dass dem Bischof die Ehrendoktorwürde der Universität Regensburg verliehen wurde. Ratzinger, der in fast jeder Ansprache, auch als Papst, ständig die Harmonie von Vernunft und Dogma „beweist", die Vernünftigkeit des Glaubens betont, vermochte offenbar den Begriff der Vernunft so weit zu fassen, dass darin auch die okkultesten Ansichten Grabers noch locker unterzubringen waren. Es sind nämlich nach Bischof Graber „keine Mythologien", vielmehr „Fakten, Tatsachen, die wir einkalkulieren müssen", wenn man annimmt, dass man „durch Kontakt mit dem Erzengel Gabriel" übernatürliche Wellen von oben in sich aufnehmen kann, durch die man dann gegen die Wellen von unten, z.B. das Böse der Rundfunkwellen, gewappnet ist. Wenn man das nicht akzeptiert, „wird alles unrealistisch, unwahr und verfälscht".[385]

Auch die merkwürdige Mystik und Esoterik der Baronesse Alma von Stockhausen, die weiterhin als Prorektorin der Gustav-Siewerth-Akademie geführt wird, ist für Ratzinger offenbar kein Gegensatz zu seinem eigenen, recht eigenwilligen Vernunftbegriff. Ausgangspunkt dieser Mystik: Eine Erscheinung, ähnlich der der Maria von Fatima, im spanischen Garandabal, von der Alma fasziniert ist und die sie auf die Idee der Gründung der Akademie gebracht hat. Natürlich gehört dazu auch eine Gründungslegende. Die Baronesse behauptet, eine Gruppe marxistischer Studenten eingeladen und sofort zum Katholizismus bekehrt zu haben.[386] Man bemerkt schon, in welche Richtung das Ganze gehen soll, denn auf der Website der Akademie lesen wir: „Ein weiterer Arbeitsschwerpunkt der Akademie ist somit die Aufhellung der wechselseitigen Abhängigkeit des Marxismus/Neomarxismus (insbesondere der Frankfurter Schule) von der neodarwinistischen Naturerklärung". Die Frankfurter Schule Adornos und Horkheimers ist Ratzinger seit je ein Dorn im Auge, spätestens seit der Studentenrevolte 1968.
Aber Ratzinger steht der Baronesse Alma auch noch in anderer ideologischer Hinsicht nahe, nämlich in eschatologisch-apokalyptischer. Er glaubt nämlich wie

sein damaliger Freund, der Theologe Urs von Balthasar, ein anderer Klassiker der konservativ-restaurativen Bewegung, dass das Ende der Welt bald kommen werde, genau so, wie das die Marias von Fatima und Garandabal prophezeit haben und die Baronesse es unerschütterlich glaubt.

Noch immer meinen diverse, auch einigermaßen seriöse Magazine und Papstkritiker, Benedikt XVI. sei ein „nüchterner Denker" (»Der Spiegel«), ein „rational denkender Mensch" (Horst Herrmann).[387] Deswegen können sie sich dann auch die Pilgerreise Benedikts ins Abruzzendörfchen Manopello zum vermeintlichen Schweißtuch der Veronika, auf dem das Antlitz Jesu zu sehen sein soll, schwerlich erklären. Wir werden auf diese Reise in einem weiteren Kapitel noch zurückkommen. Fakt ist, dass Ratzinger in seinem Begriff von Vernunft und Rationalität alles Mögliche unterzubringen vermag, auch Pilgerreisen zu ominösen Wallfahrtsorten mit unseriösen Heiligenbildern und zu diversen, mit Sicherheit Fälschungen darstellenden Reliquien. Deswegen plädiert er ja ständig für die Erweiterung des Wissenschaftsbegriffs. Aber wehe, die Wissenschaft folgte ihm darin. Es wäre das Ende absolut jeglicher Aufklärung, die ohnehin schon von der postmodernen Beliebigkeit ständig mit Füßen getreten wird.

Die Gustav-Siewerth-Akademie, „bis heute weiter ... einer der Knotenpunkte des Ratzinger-Netzwerks"[388], hat neben der Baronesse Alma von Stockhausen noch ein paar weitere Esoterisch-Apokalyptisch-Konservative von adligem Geblüt anzubieten: einen Verwandten der Baronesse, Armin von Stockhausen, der für die Hochschulseelsorge zuständig ist, und vor allem den Grafen Albrecht von Brandenstein-Zeppelin, der als Rektor der Akademie fungiert. Der Mann ist steinreich und verfügt über einflussreiche Verbindungen. Er ist ein Urenkel des Grafen Zeppelin, mit dessen Namen die Entwicklung der Zeppeline im Ersten Weltkrieg für militärische Zwecke und danach der Zivilzeppeline bis 1936 verbunden ist. Hier liegen auch die Wurzeln des Reichtums der Familie Zeppelin bzw. Brandenstein-Zeppelin. Die war auch noch mit anderen Unternehmerfamilien bis Ende 2005 am Nachfolgeunternehmen der Zeppelinwerke, MTU (Maschinen und Turbinen Union), beteiligt, die bekanntlich auf die Herstellung schwerer Dieselmotoren, auch für den militärischen Einsatz, spezialisiert ist. Hauptaktionär von MTU war allerdings nicht Brandenstein-Zeppelin, sondern bis vor kurzem Daimler Chrysler. Beim Ringen um den Verkauf von MTU soll sich Albrecht von Brandenstein-Zeppelin nach Meinung der Financial Times Deutschland vom 27.02.2006 allerdings „recht gierig gezeigt haben". Jedenfalls empfanden Daimler Chrysler und der neue Investor EQT aus dem Einflussbereich der schwedischen Unternehmerfamilie Wallenberg einen „von Brandenstein-Zeppelin ausgehandelten Exklusivvertrag zwischen dem US-Finanzinvestor Carlyle und den Familien als äußerst unfair". Von da aus geht sogar eine mögliche Verbindungslinie vom Rektor der Ratzinger-Akademie zur Bush-Familie, denn George Bush sen. und George Bush jun., der jetzige US-Präsident, sind Großinvestoren bei Carlyle, „der sich weltweit gern bei Rüstungsunternehmen einkauft".[389]

Doch dem sei, wie es will. Wichtiger ist die zum wiederholten Mal bestätigte Erkenntnis, dass großes Geld und bigotte Frömmigkeit sich keineswegs ausschließen, vielmehr gut miteinander können. Der Akademie-Direktor Brandenstein-Zeppelin jedenfalls kann sowohl als Leiter der Gruppe Bodensee-Oberschwaben des »Bundes Katholischer Unternehmer« (BKU) wie auch als stellvertretender Vorsitzender des »Vereins für Pilgerfahrten« und des Vereins »Medjugorje Deutschland« problemlos fungieren und agieren. Und ein anderer kann es auch, Brandenstein-Zeppelins langjähriger Freund und Weggefährte, Hubert Liebherr, Vorsitzender der beiden Vereine (Jahrgang 1951) und Sohn des Großunternehmers Liebherr aus Schwaben mit Holding in der Schweiz und 56 Gesellschaften weltweit, die vor allem in der Bauwirtschaft aktiv sind (Herstellung von Baumaschinen, Kühlschränken, Kränen usw., 20.000 Angestellte).

Die beiden Freunde haben also nach einem mehr oder minder lockeren Playboyleben den »Herrn« erlebt oder eigentlich die »Frau«. Das heißt: Sie halten nach Erweckungserlebnissen à la Bush jun. die Marienerscheinungen von Fatima, Lourdes und Medjugorje für echt und werben dafür in Presse, Rundfunk und Fernsehen. Der Graf und Akademie-Rektor von Brandenstein-Zeppelin ist nach eigenen Angaben Mitbetreiber des größten katholischen Radio- und TV-Senders der Welt, des amerikanischen „Global Catholic Network" (ETWN), der in Kürze auch in Deutschland senden soll; außerdem Herausgeber der katholischen Zeitung „Kirche Heute" und Inhaber eines christlichen Buchversandes. ETWN hat sich unter anderem ebenso wie Ratzingers Akademie die Überbrückung der Differenzen zwischen katholischem Glauben und Naturwissenschaft zum Ziel gesetzt. Die größten Differenzen liegen bekanntlich zwischen naturwissenschaftlicher Evolutions- und katholischer Schöpfungslehre. Die Nivellierung der Differenzen sieht dann so aus, dass katholische „Experten" beim Sender den Leuten klarmachen, dass mit den je 24 Stunden dauernden sechs Schöpfungstagen in Wirklichkeit viel längere „Solartage" gemeint seien. Schon ist das Problem kein Problem mehr!

Mitstreiter Liebherr ist auch nicht müßig. Er gründete den Verein „Kirche für den Osten". Es ist ja bekanntlich ein alter Wunsch der Päpste, das kommunistische bzw. orthodoxe Russland endlich zum Katholizismus zu bekehren. Da können die Kirchen, die Liebherr in Russland baut, nur nützlich sein.

Ganz besonders aber bemühen sich die beiden Erweckten um Medjugorje, das zu ihrem Leidwesen von der Amtskirche offiziell immer noch nicht anerkannt ist. Wenn die Massen – und der Katholizismus ist »massenaffin«, wie das neue Modewort lautet – so häufig nach Medjugorje hinpilgern, wird Freund Ratzinger am Ende nicht nein sagen können und seinen päpstlichen Segen dafür erteilen, auch wenn er deshalb schon wieder seinen Vernunftbegriff erweitern muss. Bis es so weit ist, tun Liebherr und von Zeppelin alles, was an Reklame nur möglich ist, um den kroatischen Marienwallfahrtsort Medjugorje, wo seit 1981 die Gottesmutter sechs „Sehern" regelmäßig erscheinen und Botschaften verkünden soll, zu einem Fatima des 21. Jahrhunderts zu machen. Der schon erwähnte Verein »Medjugorje e.V. Deutschland« und der »Verein für Pilgerfahrten« organisieren großangelegte Werbeaktionen und bringen Tausende von deutschen Wallfahrern in diesen vernehmlich von Kroaten bewohnten Teil von Bosnien-Herzegowina.

Das Interesse an diesem Wallfahrtsort wuchs noch einmal, als das sog. »Tränenwunder« geschah: eine dort befindliche Skulptur des auferstandenen Christus soll Tränen aus dem rechten Bein absondern. Wer hier an etwas Unanständiges denkt, begeht schon wieder eine sakrale Ehrfurchtslosigkeit. So hatten die Mohammed-Karikaturen in einer dänischen Zeitung doch etwas Gutes. Auch die katholische Kirche und der Ratzinger-Papst sowie Bayerns Stoiber können jetzt wieder verstärkt den Schutz der religiösen Empfindungen einfordern!

Die Amtskirche mit Ratzinger an der Spitze wird erkennen müssen, dass Medjugorje wichtig ist: Als offiziell anerkannter Wallfahrtsort wird es nach Serbien hin ausstrahlen und endlich die orthodoxen Serben in den Schoß der katholischen Kirche heimführen, ein Unternehmen, das im Zweiten Weltkrieg unter der Schirmherrschaft der Nazis bekanntlich nicht ganz gelungen ist.

Zwar waren damals die Anstrengungen in dieser Richtung enorm. Von zwei Millionen orthodoxen Serben wurden 240.000 gewaltsam zum Katholizismus bekehrt, 299 serbisch orthodoxe Kirchen hatte man ausgeraubt und vernichtet, 750.000 Serben grausam ermordet.[390] Aber diese Anstrengung, ein Gemeinschaftswerk der faschistisch-katholischen Bewegung Kroatiens, der berüchtigten Ustascha-Partei von Pavelic, der Nazis und des Vatikans mit unterschiedlichen Anteilen, konnte wegen des Ausgangs des Zweiten Weltkriegs und des Rückzugs der deutschen Truppen letztlich nicht zum „erfolgreichen" Abschluss gebracht werden. Diese hatten 1941 durch ihren Einmarsch in Jugoslawien die Errichtung des unabhängigen Staates Kroatien erst ermöglicht, somit auch alle Schandtaten des Ustascha-Regimes, unter anderem das berüchtigte KZ Jasenovac, von dem auch Todestransporte nach Auschwitz gingen. Dieses Lager stand übrigens unter der Leitung von Franziskaner-Patres, von denen sich einige durch besondere

Grausamkeit hervortaten, wie ja auch große Teile des katholischen Klerus Kroatiens unter dem „gütigen" Protektorat von Primas und Erzbischof Stepinac am „Gotteswerk" gegen die Serben beteiligt waren. Papst Pius XII., ein Gegner des Königreichs Jugoslawiens, unter anderem deshalb, weil dort 1937 das jugoslawisch-vatikanische Konkordat durch Volksabstimmung abgelehnt worden war (es war unter seiner Regie in seiner Funktion als Staatssekretär von Papst Pius XI. konstruiert worden), empfing Pavelic trotz Kenntnis seines Charakters in feierlicher Privataudienz und verabschiedete ihn mit den besten Wünschen für seine weitere Arbeit. Das war im Mai 1941, aber der Pacelli-Papst verdammte auch die folgenden Untaten von Pavelic und seiner Henkersknechte bis zum Ende des Krieges nicht.

Im Gegenteil: Wohin sollte Pavelic nach der Niederlage fliehen, nachdem man ihn gleich mehrfach zum Tode verurteilt hatte? Natürlich nach Rom, in die Arme der Heiligen Mutter Kirche. Freilich nicht direkt in den Vatikan, das hätte zu großen Ärger mit der Presse gegeben, wo doch schon der kroatische Theologieprofessor Krunoslaw Draganovic, während des Krieges »Umsiedlungsbeamter« für die Deportation von Juden und Serben, 1944 Unterschlupf im Vatikan gefunden hatte. Aber Freund Draganovic hatte eine kroatische Hilfsorganisation in Rom aufgebaut und die kümmerte sich um Pavelic, indem sie ihn bis Ende 1949 versteckte. Danach ermöglichte der Professor den Transfer von Pavelic nach Argentinien. Man vergisst doch seine Freunde aus guten alten Tagen nicht!

Ob nun diese Dinge den beiden Brüdern im Geist, dem Akademie-Direktor von Zeppelin und dem Herrn Liebherr genügend bekannt sind, entzieht sich meiner Kenntnis. Sicher aber ist, dass die Beiden Medjugorje zu einem monumentalen, kirchlich anerkannten Wallfahrtsort machen wollen, der auf vorgeschobenem Post den orthodoxen Kirchen Südosteuropas die magische, Massen anziehende Strahlkraft des Katholizismus signalisieren soll. Der Ratzinger-Papst, davon sind die Beiden überzeugt, wird da mit der Zeit gewiss mitziehen, denn Marienerscheinungen, bei denen die Gottesmutter wie in Fatima, Lourdes, Tschenstochau, Medjurgorje usw. immer vor dem bösen Teufel warnt, sind ja auch nach Ratzinger die stärkste Waffe gegen das Dämonische, das er überall am Werk sieht, wo man sich der »katholischen Wahrheit« nicht unterwerfen will. Original-Warnung Ratzingers: „Mit dem Verschwinden des Dämonischen geht das Verschwinden des Heiligen Hand in Hand!"[391] Da kann Ratzingers bischöflicher Konfrater Graber nur sekundieren: „Sehen die Leugner des Teufels denn nicht, dass sie durch ihre Leugnung das grauenhafte Böse in der Welt dann ganz in uns Menschen hineinverlegen, dass dann wir allein schuldig sind für all die Grausamkeiten der Kriege und Konzentrationslager."[392] Die Kirche war schon immer groß in der Reduzierung und Minimalisierung eigener Schuld. So auch hier: Der Hauptfaktor bei den größten Verbrechen in Kirche und menschlicher Gesellschaft war nicht der Mensch, sondern der Teufel! Wir dürfen getrost Ratzingers Vernunftbegriff schon wieder erweitern, nämlich um das Dämonische. Es ist ja etwas „ganz Rationales": die Hauptursache aller Großverbrechen in Welt und Kirche!

Aber Ratzingers Knüpfungen von Kontakten, die seiner Karriere dienlich, für die Wiederherstellung eines rekatholisierten Europas nützlich sein konnten, betrafen nicht allein sein Hätschelkind, die Gustav-Siewerth-Akademie und die prominenten Personen in ihrem Umfeld. Sein Ehrgeiz und Machthunger ging weiter und höher. Für den Aufbau eines politischen Netzwerks aller Rechtskonservativen in Deutschland und Europa brauchte er einflussreiche Politiker, die seine Sache in der breiten Öffentlichkeit vertreten und in den Medien präsent, ja dominant sein konnten. So entstanden enge Kontakte zu Franz Joseph Strauß, Hans Maier, etwas später zu Edmund Stoiber und anderen.

Besonders eng in vielen Bereichen war die Zusammenarbeit Ratzingers mit Hans Maier. Wir sahen bereits, dass ein CDU-Minister, nämlich Meyer-Vorfelder, die Gustav-Siewerth-Akademie mit ihrem Ziel der ideologischen Schulung künftiger Führungskräfte in Politik, Wirtschaft und Medien, merkwürdigerweise staatlich anerkannt hat. Dort, wo Ratzinger sieben Jahre lang, von 1970 bis 77, regelmäßig einwöchige Sommerkurse hielt, dürften wir dann auch den bayerischen CSU-Kultusminister Hans Maier gelegentlich antreffen, der zum ganz besonderen Gesinnungsfreund Ratzingers wurde und als damaliger Chef des Zentralkomitees der deutschen Katholiken (ZdK) zusätzlich über einen großen Einfluss verfügte, zudem problemlos auch die unwichtigste Mitteilung aus dem ZdK in die Medien lancieren konnte.

Es wäre untertrieben, wenn man behauptete, die Kooperation von Ratzinger und Maier sei lediglich gedeihlich gewesen. Denn „dort, im bayerischen Kultusministerium Hans Maiers, hatte das rechte Netzwerk seinen hauptsächlichen Anker".[393] Maier war ja auch tonangebend im »Bund Freiheit der Wissenschaft«, der die ganze Phalanx rechter Professoren umfasst. Das Wissenschaftsverständnis dieses Bundes dürfte nicht weit von Ratzingers hier schon häufig charakterisiertem Wissenschaftsbegriff entfernt sein. Gegen diesen protestierten seinerzeit Regensburger Studenten, indem sie einen Sarg mit der Inschrift „Hier wird die Wissenschaft zu Grabe getragen" in den Hörsaal schleppten. Auch im Dunstkreis bayerischer kirchlicher Akademien begegneten sich die beiden rechtskonservativen Chefideologen Maier und Ratzinger wiederholt.

Eine gewisse Krönung ihrer Gemeinschaftsaktionen war die gemeinsame Herausgabe der Schrift „Demokratie in der Kirche"[394], in der sie aber die Möglichkeit echter Demokratie in der Kirche gerade verneinen. Diese Schrift erschien ursprünglich im Jahr 1970. Wie sehr die beiden »Brüder im Geiste« in ihrer Ablehnung echter Demokratieformen in der Kirche auch heute noch voll übereinstimmen, zeigt die Tatsache, dass diese Schrift 30 Jahre später unverändert noch einmal von den Beiden herausgebracht wird und dann sogar noch ein drittes Mal, nämlich nach 35 Jahren, also im Jahr 2005, erscheint, diesmal als Taschenbuch. Ratzinger und Maier haben in die späteren Ausgaben dieser Schrift lediglich je einen Zusatzkommentar eingefügt. Ansonsten ist alles beim alten geblieben. Im ersten Teil der Schrift, der Ratzinger zum Autor hat, werden gleich zwei Fliegen mit einem Schlag erledigt, die Demokratie und der Marxismus, Ratzingers Erzfeind: „Die vollständige Demokratie wäre ... nicht mehr eine Herrschaftsform, sondern Herrschaftslosigkeit, An-archie allein wahre Demokratie, weil sie allein das Ende der Manipulation bedeuten würde. Die Radikalisierung westlicher demokratischer Ideale geht hier unvermittelt in die marxistische Utopie der klassenlosen Gesellschaft über; Marxismus konstituiert sich dabei aus den Frustrationen der westlichen Gesellschaft noch einmal neu."[395] Selbstredend darf bei dieser Art von „Begründungen" in den Verlautbarungen des Papstes und der deutschen Kardinäle, der Kaspers, Lehmanns, Meisners, Wetters der liebe Gott niemals fehlen (vielleicht ein Symptom ihres unterbewussten Wissens um die Schwäche ihrer „Beweis"-führung).[396] Jedenfalls tönt auch Ratzinger: „Der Mensch ist in dieser Vision (von Demokratie) mit Gott verwechselt, indem er als das Wesen der absoluten Freiheit angesehen wird ... der Begriff der Freiheit bleibt im Ressentiment gegen die augenblicklich erfahrenen Bindungen stecken und endet damit in der Scheinwahrheit des Traums ..."[397] Ohnehin ist „der herrschaftslose Mensch" nach Ratzinger „ein Widerspruch in sich selbst"[398], womit sich auch das Ideal einer vollständigen Demokratie in Nichts auflöst.

Demokratie in der Kirche ist aber nach Ratzinger auch deshalb nicht möglich, weil das Kirchenvolk „selbst und als ganzes" nie der eigentliche „Souveränitätsträger" sein kann. Das sei zwar für das Volk im Staat prinzipiell möglich, nicht aber in der Kirche, denn „das kirchliche Regiment nimmt strukturell im Aufbau der Kirche nicht die gleiche Stellung ein, wie sie die staatlichen Institutionen im politischen Gemeinwesen besitzen".[399] Ratzinger versäumt es, hier klar zu sagen, was die Herren der Kirche bei anderer Gelegenheit nicht müde werden zu betonen: Die „heilige Herrschaft", die Hierarchie des Papstes und der Bischöfe, sei von Gott und seinem Christus eingesetzt und könne daher nicht dem Willen des Volkes unterliegen. Papst und Bischöfe seien nicht von Volkes, sondern »von Gottes Gnaden«.

Zum „Beweis" bemüht Ratzinger hier den „Apostel" Paulus, der nun gerade nicht von Jesus eingesetzt sein kann, weil er diesen persönlich gar nicht kannte.

Trotzdem wird der Römerbrief des Paulus autoritativ ins Spiel gebracht, weil „nach Röm 13 das prinzipielle Vorhandensein von ‚Herrschaft' eine Schöpfungsordnung ... ist", weil „also zwar nicht der bestimmte Herrscher unmittelbar und vom Volk unabhängig ‚von Gottes Gnaden' sein Amt hat, aber sehr wohl das Bestehen von Herrschaftsordnungen als solchen dem Menschen gemäß und unerlässlich und insofern ‚von Gottes Gnaden' ist."[400]

Deswegen kritisiert Ratzinger an dieser Stelle alle Kirchenvolksbegehren und -bewegungen, jegliche Aktionen einer »Kirche von unten«, weil „der Kampf um neue Formen kirchlicher Strukturen weithin ihr einziger Inhalt zu werden scheint", während doch das Gros der einfachen Gläubigen „gar nicht immer neu weiter wissen möchte, wie Bischöfe, Priester und hauptamtliche Katholiken ihre Ämter in Balance setzen können, sondern was Gott von ihnen im Leben und im Sterben will und was er nicht will."[401] Genau das ist des Kardinals Ratzinger und des Papstes Benedikt gleichbleibendes und gleichgebliebenes Programm, auch und gerade gegenüber der Presse, den Medien insgesamt: Die Ämter der Kirche, ihre fundamental antidemokratischen Strukturen aus jeder Diskussion heraushalten, sie als sakrosankt und unantastbar in eine höhere numinose Sphäre verlagern und jedem Versuch einer sachlichen Kritik entziehen.

Inzwischen ist dieses Programm dank Ratzinger und seiner überaus einflussreichen Propagandatruppe auch schon weitgehend realisiert. „So gibt es kaum etwas, was die akademische Karriere eines jungen, rational denkenden Wissenschaftlers stärker gefährden könnte als offen vorgetragene Religionskritik."[402] Man darf hinzufügen: Ebenso den Aufstieg in den Redaktionsstäben der Zeitungen, des Rundfunks und Fernsehens, wobei es gar nicht speziell um Religionskritik geht (nichtchristliche Religionen darf man ruhig kritisieren), sondern darum, die Amtskirche nicht zu beanstanden bzw. sie nur positiv darzustellen. Das Ganze ist natürlich auch ein moralisches Problem. Denn damit wachsen Lüge und Heuchelei in unserer Gesellschaft rasant weiter. Können doch einigermaßen noch bei Verstand befindliche junge Journalisten und Akademiker nicht die Augen vor der Tatsache verschließen, dass ihnen in Gestalt der Hierarchie, repräsentiert von alten Männern in seltsamen Frauenkleidern, das geballte Mittelalter entgegentritt, welchem Firlefanz sie trotzdem zugunsten ihrer Karriere huldigen müssen.

Die Absurdität, zugleich Doppelmoral und Heuchelei, besteht darin, dass „es häufig entschiedene, jedoch gut getarnte Atheisten und Agnostiker sind, die in kirchlichen Beratungsstellen arbeiten, die in den Schulen Religionsunterricht erteilen, die feierliche Messen komponieren, religiöse Skulpturen herstellen oder die Drehbücher für religiös gefärbte Fernsehserien schreiben". Es ist eine widerliche „chamäleonhafte Überlebensstrategie", zu der die Präpotenz der Kirche in unserer bundesrepublikanischen Gesellschaft und Öffentlichkeit Menschen zwingt. Die Kirche, die Medien, oft genug auch der Staat stellen „enorme *finanzielle* Mittel bereit, die es so attraktiv machen, sich als tätiger Mensch irgendwo im weit gefächerten Umfeld der Religion zu verorten."[403] So verwundert es nicht, dass es auch das gibt: Bisher selten, aber in Zukunft möglicherweise immer häufiger: Gutmeinende Berater vom Arbeitsamt raten Arbeit suchenden zum Eintritt oder Wiedereintritt in die Kirche, um ihre Chancen auf dem Arbeitsmarkt zu verbessern. Man frage nicht nach dem Charakter jener Politiker, die vieles von alledem wissen, aber nichts dagegen unternehmen. Für Ratzinger aber ist es „eher ein Zeichen von Gesundheit", wenn man „wenig Interesse" für die Organisationsstrukturen und die Strategien der Hierarchie aufbringt.[404]

Das Papsttum als höchste Spitze der katholischen Hierarchie macht gerade in der Person der letzten beiden Päpste derart viel Aufhebens von sich, arrangiert derart viele Massenkundgebungen rund um sich selbst, dass man geradezu den Eindruck bekommen kann, Ratzinger wolle sich selbst auf die Schippe nehmen oder die kritischeren Gläubigen verhöhnen, wenn er nachdrücklich verlangt: „Das Amt sollte möglichst lautlos funktionieren und nicht primär sich selbst betreiben", es „wäre gegenstandslos, wenn es nur noch sich selbst betreibe ... eine Kirche, die allzuviel von sich selbst reden macht, redet nicht von dem, wovon sie reden soll".[405] Größer kann der Gegensatz zwischen Rede und Tat wahrlich nicht mehr sein!

Ein besonderer Dorn im Auge ist Ratzinger das für die Demokratie unabdingbare Mehrheitsprinzip. Für ihn ist es ein „Missverständnis von Demokratie" und ein „vulgäres Vorurteil".[406] Seien doch schon die „moralischen Grundwerte ... die den Rahmen für die Anwendung des Mehrheitsprinzips abgeben" und in der Verfassung festgeschrieben seien, „dem Spiel der Mehrheit entzogen ... Es gibt Menschenrechte, Grundwerte des Menschen, die nie zur Debatte stehen können; erst das Einverständnis über diese gemeinsame Basis ermöglicht einen sinnvollen Streit über des jeweils neu zu Regelnde."[407]

Wenn Kirchenvertreter über Grundrechte und Grundwerte des Menschen sprechen und über deren Unantastbarkeit, sollten bei jedem anständigen Humanisten die Alarmglocken läuten. Denn in den Händen dieser Kirchenherren sind Grundrechte und Grundwerte ein Macht- und Manipulationsinstrument. Sie bestimmen die Anzahl und die Art dieser Rechte und Werte und deren Einfluss auf Gesellschaft und Staat, weil sie Moral und Recht als in ihrer Verfügungsmacht stehend betrachten. Der Pferdefuß taucht auch sehr bald in den Ausführungen Ratzingers zu diesem Thema auf, denn flugs behauptet er, dass die Kirche „Träger von Wertüberzeugungen ist, die in gewisser Hinsicht *die innere Voraussetzung* der von der Verfassung definierten Grundwerte sind."[408] Und schon haben wir die antidemokratisch konstituierte Kirche als Trojanisches Pferd im innersten Herzen der Demokratie! Jetzt versteht man, warum die Grundrechte und -werte in Deutschlands Presse ein Lieblings- und Spezialthema der kirchlichen Spitzenvertreter sind. Die halten sie für ihr Eigentum und mit ihnen glauben sie den Staat radikal, d.h. von der Wurzel her bevormunden zu können.

Deswegen halten sie sich auch für berechtigt, im Staat das Monopol, zumindest aber das Erstlingsrecht in Unterweisung, Erziehung und sozialen Diensten zu besitzen. Ratzinger drückt es etwas diplomatischer aus: Die Kirche ist nach ihm „eine wesentliche Kraft in unserem Erziehungs- und Sozialsystem".[409] Aber wer die hysterischen Proteste, Anfälle und Ausfälle der Vertreter der beiden Kirchen bei der Einführung eines religionsunabhängigen Ethik- und Religionskundeunterrichts als Pflichtfach an den Berliner Schulen beobachtet hat, der weiß: Die Kirche duldet keine fremden Götter neben sich. Sie will immer alles und das Ganze. In ihrem eigenen Religionsunterricht lehrt sie aber gerade nicht die demokratischen Grundrechte und -werte der Aufklärung und der neuzeitlichen Arbeiterbewegungen – Freiheit, Gleichheit, Geschwisterlichkeit, Solidarität mit den Armen, Gerechtigkeit in der Verteilung der Güter -, sondern die „evangelischen" Werte, die der Mensch als Sklave Gottes von diesem geschenkt bekommt, auf die er aber keinerlei Anspruch hat. „Unnütze Knechte seid ihr!" (Lk. 17,10)[410]

Bis heute erkennt die katholische Kirche einen wesentlichen Grundwert, die Rechte der Frauen, ihre volle Gleichberechtigung nicht an. Sonst dürfte sie ihnen ja den Zugang zu allen Ämtern in der Kirche nicht so rigoros versperren und die Aufmüpfigen mit harten Kirchenstrafen belegen.[411] Dass bis heute in der Kirche die Frau im Vergleich zum Mann die niedrigere »Hälfte des Seins« repräsentiert, dafür steht ganz wesentlich in der Verantwortung der Chefideologe der Rom-Kirche in den letzten Jahrzehnten: der Kardinal und Papst Joseph Ratzinger! Er sorgt mit seiner Strategietruppe auch bis heute dafür, dass die Proteste katholischer Frauen in den Medien kaum Erwähnung finden, dass die gegen das Verbot der Amtskirche erfolgten Priesterweihen von Frauen – an sich eine Sensation, auf die die Gazetten doch sonst so geil sind – von der Presse überwiegend totgeschwiegen werden.

Wer einen weiteren Grundwert, das Arbeitsrecht der Angestellten in kirchlichen Tendenzbetrieben, untersucht, der kann nur staunen, wie so etwas von einem sich demokratisch nennenden Staat geduldet werden kann. Entlassungen wegen Scheidung, wegen Wiederverheiratung, wegen Kirchenaustritts oder Priesterehe, wegen ausbleibenden Gottesdienstbesuchs, ja schon wegen lächerlicher kleiner Ungehorsamkeiten – all das ist an der Tagesordnung.

Ein weiterer Grundwert, die Rechte der Tiere, die eine humane Gesellschaft zu installieren und zu schützen hat und ohne die sie das Attribut »human« nicht verdient – in der katholischen Kirche, auch in den lutherischen und reformierten Amtskirchen, Fehlanzeige![412]

Man muss sich nicht wundern, dass die Ratzingers, Lehmanns, Hubers, überhaupt die Spitzenvertreter der beiden Großkirchen allesamt zu »Generalisten« mutiert sind, die ganz allgemein von den Grundrechten und Grundwerten schwafeln, die es vermeintlich ohne Gott und Kirche gar nicht gäbe, aber in die „Niederungen" der einzelnen konkreten Werte und ihrer Begründungen ungern heraBsteigen, weil sie da Probleme über Probleme, vor allem auch mit deren christlicher Herkunft bekommen. Aber mit der vermeintlichen Herkunft aller wesentlichen Rechte und Werte aus dem Christentum können sich gerade die Reichen und Superreichen in Deutschland gut anfreunden, weshalb die diversesten Clubs und Vereinigungen der Banker, der Unternehmer und Arbeitgeber Deutschlands erste Kirchennummer, nämlich Kardinal Lehmann, ständig zu Vorträgen, Konferenzen und Kongressen einladen. Er fungiert sozusagen als die religiöse Legitimation für ihr gutes Gewissen.

Ganz unverblümt betonen die obersten Kirchenvertreter, allen voran Ratzinger, dass es die Aufgabe der Kirche sei, allen Menschen das höchste Gut zu bringen. Dieses Gut, das überhaupt erst das „Existenzrecht" der Kirche begründe, „ist – von Gott her gesehen – das Evangelium, vom Menschen her gesehen der Glaube". Denn das Evangelium und der Glaube seien „das Licht und die Kraft, wovon wir leben", und müssten allen Menschen „zugänglich" gemacht werden.[413] Nichts also mit den vermeintlich mit der menschlichen Natur als solcher gegebenen Grundwerten und -rechten. Dann wären ja der Kirche die Deutungshoheit und die Interpretationsmacht über diese Rechte und Werte entzogen. Nein, das Evangelium biete die entscheidenden Grundwerte und -rechte. Da aber selbst die vier von der Amtskirche offiziell anerkannten kanonischen Evangelien einen Mischmasch unterschiedlicher Jesus- und Menschenbilder darstellen,[414] muss sie natürlich in Aktion treten und die richtige, einzig legitime Deutung dieser Bilder und der mit ihnen gemeinten Normen und Werte liefern. Das Monopol bleibt immer in den Händen der „Heiligen Mutter Kirche"!

Man hat ja auch in Deutschland diesbezüglich schon viel erreicht. Ratzinger gibt eine „in der Nachkriegszeit" stattfindende „immer stärkere Verschmelzung mit der Politik" zu. „Die meisten Vorsitzenden des ZdK in den letzten dreißig Jahren waren bzw. sind aktive Länderminister", „eine Verschmelzung mit Parteiaspekten ist fast unvermeidlich", wobei es sich keineswegs bloß um Leute aus der

CDU/CSU handle. Nein, „man müht sich, auch SPD-Vertreter mit an Bord zu haben". Gegenüber der wachsweich gewordenen Politik in Deutschland sei es gar nicht mehr notwendig, wie „früher kritisch und auch kämpferisch" vorzugehen, „weil man ja die entsprechenden Initiativen selber im politischen Raum ergreifen kann". Theologen und kirchenergebene Laien sitzen in Bundestag und Landtagen, in Ausschüssen, Gremien, Expertenkommissionen usw. auf allen Ebenen der Politik. Wir sehen vor uns das „ideale" Amalgam aus („christlicher") Religion und Politik, aus Thron und Altar, aus Staatskirche und Kirchenstaat! Es ist die Impertinenz und Arroganz vieler Politiker, die sie darüber hinwegsehen lässt, dass das alles gar nicht mehr den tatsächlich bestehenden Verhältnissen entspricht, dass ja, was selbst Ratzinger eingesteht, „in verschiedenen Regionen Deutschlands die Mehrheit der Bürger ungetauft ist und auch viele Getaufte nur noch sehr vage Vorstellungen vom Glauben haben", so dass das ganze System der staatskirchlichen Verflechtungen zum archaischen Relikt ewig gestriger Politiker und Kirchenleute degeneriert ist.[415]

Ratzinger wirft aber den in der Politik engagierten Kirchenvertretern in Deutschland vor, nicht über „das politisch Erreichbare ..., dieses politisch Mögliche hinauszugehen", weil ihnen das „als eine Form von Fanatismus oder gar ‚Fundamentalismus' erscheint". Die Debatte um den Beratungsschein bei der Schwangerschaftskonfliktberatung habe „dies sehr deutlich gezeigt."[416] Merke: Die Kirche hat „einen großen Magen" (Goethe), sie will stets mehr, als sie bereits bekommen hat! Sie wird sich mit dem Erreichten, selbst wenn es noch so viele, milliardenschwere Privilegien umfasst, nie zufrieden geben. Und selbstverständlich zieht da die Kapital und Kirche gleichermaßen ergebene Presse stets gefügig mit. Aber noch eher äußert man sich öffentlich über den Einfluss des Kapitals auf die Presse als über den der Kirchen. Jüngst nannte noch Kai Diekmann, der in diesem Kapitel bereits erwähnte Chefredakteur der »Bildzeitung«, also auch ein Vertreter des Kapitals, nämlich der wichtigen Springer-Kapital-Gesellschaft, als „Zentralorgane des deutschen Großkapitals" die »FAZ« und das »Manager Magazin«.[417]

Echte und umfassende Demokratie in der Kirche lehnt Ratzinger kategorisch ab. Hierarchie und Demokratie stünden in der Kirche in einem absoluten Gegensatz zueinander. Die Hierarchie des Papstes, der Kardinäle, Bischöfe und Priester auf der einen und die Demokratiebestrebungen der Laien auf der anderen Seite seien ein Dualismus", den „man nicht weiter wuchern lassen sollte". „Gibt es denn", fragt Ratzinger pathetisch und höhnisch, „zweierlei Kirche? Zweierlei Lehre?" Soll man denn „dem Wort der Hierarchie das Wort der Laien entgegenstellen?" Nein, die Laien seien ja nicht von Gottes Gnaden, während die Kleriker durch die Weihe ihre Legitimation nicht von unten, vom Volk, sondern von oben, von Gott selbst, haben. „Weihe ist ihrem Wesen nach eine Delegation, die freilich nicht primär von kirchlichen Gruppen erteilt wird, sondern im Sakrament namens des Herrn selbst, namens der Kirche aller Orten und aller Zeiten." Dem Laien „ist für lehramtliche Aktivitäten kein Auftrag erteilt."[418]

Da wundert man sich dann doch sehr, dass so viele Laien, die dem Demokratieverständnis Ratzingers zufolge völlig entmündigt und von Gottes Gnade in einer wesentlichen Hinsicht, nämlich in Bezug auf alle verantwortlichen Ämter in der Kirche, ausgeschlossen sind, in den Redaktionsstuben der „weltlichen" Medien trotzdem das »Werk der Kirche«, die »Sache der Kirche« so eifrig betreiben. Sklavennatur des Menschen! Den aufrechten Gang, von der Evolution uns geschenkt, haben allzuviele noch nicht verinnerlicht. Beuge dich keiner Gewalt, schon gar nicht, wenn sie sich von Gott und seiner Kirche herleitet! Spöttisch gesagt, aber das drängt sich hier von der Sache her auf: Den Gott möchte ich sehen, der Herrn Ratzinger oder seinen Vorgängern im Papstamt erschienen ist und ihnen alle Gewalt im Himmel und auf Erden verliehen hat. Das Gottesgnadentum der Kaiser, Könige und Päpste war stets eine Farce, eine Konstruktion, um die Untertanen besonders gefügig zu machen.

Natürlich gehört zu dieser Gewalt, die die Päpste von Gott selbst übertragen bekommen haben wollen, auch die Lehrgewalt, ja die besonders. In puncto Lehre der Kirche darf es nach Ratzinger schon gar keine Demokratie geben. Das wäre ja noch schöner: „Warum sollten mich Herr Müller oder Frau Huber verpflichten können, dies oder jenes zu glauben, was sie mehr oder weniger zufällig für richtig halten?"[419] Der Stachel dieser Frage wendet sich ebenso direkt gegen Ratzinger selbst. Denn warum sollte mich Herr Ratzinger dazu verpflichten können, obwohl er doch auch nichts anderes ist als Frau Huber oder Herr Müller, höchstens vielleicht eloquenter und rhetorisch beschlagener als diese. Aber er ist doch Papst, werden mir brave Katholiken entgegenhalten. Der Haken daran ist nur, dass dem Juden Jesus ganz gewiss nichts ferner lag, als ein römisch-katholisches Papsttum zu gründen und dass die Geschichte des sich in mehreren Jahrhunderten erst langsam gegen den Willen aufrechter Christen entwickelnden Papstamtes obendrein gegen dessen Berechtigung spricht.

Aber Ratzinger empört sich weiterhin darüber, „dass im Demokratisierungsdisput ganz allgemein das Verlangen wächst, auch das Dogma zur Debatte zu stellen und den Glauben von der Konsensfähigkeit her neu zu definieren."[420] Ja, wovon denn sonst als von der Konsensfähigkeit?! Etwa von Ratzingers oder irgendeines anderen Papstes Meinung und Herrschsucht? Oder von der Offenbarung eines Gottes, die und den sie allein für sich beanspruchen?[421] „In der Tat", so Ratzinger, „ist der Glaube seinem Wesen nach dort aufgehoben, wo er dem Mehrheitsprinzip unterworfen wird."[422] Eine solche Unterwerfung unter das Mehrheitsprinzip ist aber immer noch besser als eine Unterwerfung unter das Prinzip Ratzinger oder das Prinzip Wojtyla oder das irgendeines anderen Papstes bzw. eines Konzils von vom Papst ernannten Kardinälen als Speichelleckern desselben.

Drohend stellt Ratzinger eine Alternative in den Raum: „Entweder liegt im Glauben der Kirche eine andere Ermächtigung als diejenige menschlichen Meinens oder nicht. Wenn nicht, dann gibt es eben keinen Glauben, sondern jeder denke sich aus, was er für richtig hält."[423] Genau so, Herr Ratzinger: Jeder denke das, was er für richtig hält! Nur das ist der Würde und der Vernunft des Menschen gemäß, und davor haben Sie wie jeder geistliche und weltliche Diktator eine Heidenangst. Dass im Glauben der Kirche eine andere, höhere Ermächtigung liegen soll, versucht Ratzinger erst gar nicht zu beweisen, weil er weiß, dass es nicht beweisbar ist. Denn selbstverständlich sind auch die Dogmen der Kirche menschliche Meinungen, von einer Gruppe oder Einzelpersonen in der Kirche ersonnen und ersponnen, um das Denken der Gläubigen in bestimmte, den Machthabenden dienliche und nützliche Bahnen zu lenken. Deswegen bringt auch eine weitere, an die vorhergehende angefügte Alternative keinerlei Erkenntnisgewinn, auch wenn ihr Ratzinger diesen Anschein zu geben versucht. Mit Emphase deklamiert er nämlich weiter: „Wenn Gott uns wirklich etwas gesagt hat und auch die Organe geschaffen hat, die für die Treue zu seinem Wort stehen, dann zählt diese oder jene zufällige Mehrheit nicht."[424]

Was für eine armselige „Argumentation" gegen die demokratische Mehrheitsmeinung: gleich zwei Wenns. Wenn Gott uns wirklich etwas gesagt hat (den Beweis erbringt Ratzinger in seiner Demokratieschrift nirgendwo) und wenn er die entsprechenden Organe, d.h. die Hierarchie, geschaffen hat (Beweis dafür: ebenfalls Fehlanzeige). Aber es soll ja noch ein paar Katholiken geben, die sich von der Drohung – mehr ist diese „Argumentation" Ratzingers nicht -, ihr Glaube an Gott, Papst und Bischöfe könne von Mehrheitsabstimmungen abhängig gemacht werden, einschüchtern lassen.

Ratzinger malt noch ein weiteres Menetekel an die Wand. Er weist beschwörend auf die Krise der Anglikanischen Kirche hin. Diese „Krise ... ist nicht durch die Frauenordination als solche ausgelöst worden, sondern dadurch, dass man gegen die bisherige Tradition auch Fragen des Glaubens der Mehrheitsabstimmung unterworfen hat. Wo sich dies durchsetzt, ist der Glaube tatsächlich am Ende."[425] Keine Angst, Herr Ratzinger. Das wäre lediglich das Ende des Glaubens der Kirchenherren, derer, die bisher das Sagen in der Kirche hatten. Dem Denken, Meinen, Glauben der anderen aber würde sich jetzt erst ein gewaltig großes und neues Feld eröffnen! Aber davor haben Sie eben eine ebenso gewaltige Angst. Denn die wahre Alternative sind gerade nicht Ihre beiden vorhin pathetisch in den Raum gestellten Alternativen, sondern die der (demokratischen) Freiheit oder die der (kirchlichen) Unfreiheit und totalen Subordination unter die Herrschaft der Hierarchie.

Ratzinger mag bis heute nur eine andere Art von „Demokratie", nämlich eine solche, die die uneingeschränkte Herrschaft der kirchlichen Hierarchie, die „gottgegebene" Gewalt der Päpste, Kardinäle und Bischöfe, unangetastet lässt. Auf der Ebene unterhalb der Hierarchie sei doch so vieles möglich, betont er. Da könne sich „eine große Vielfalt von Vereinigungstypen mit je unterschiedlichen Bindungen an die kirchliche Autorität" ganz demokratisch organisieren und entfalten, da gebe es eine ganze Menge „frei gewachsener Initiativen", die „sich auf vielfältige Weise ins Leben der Kirche einfügen und ihm neue Formen und Farben schenken". Der antidemokratische Hemmschuh dabei ist lediglich, dass ein Rechtsanspruch auf Anerkennung als privater kanonischer Verein nur besteht, „falls die Überprüfung der Statuten keine Beanstandung" seitens der kirchlichen Autorität erbringt.[426]

Das letzte und maßgebliche Wort bei all diesen „freien" Vereinen und Gemeinschaften hat also immer die Amtskirche, wobei es noch als Kuriosität gelten muss, dass erst das kirchliche Gesetzbuch von 1983 (!) den Katholiken die Vereinigungsfreiheit überhaupt allgemein zugesteht. „In c. 215 ist erstmals im Kanonischen Recht die Vereinigungsfreiheit als ein allen Gläubigen zustehendes Recht allgemein formuliert worden. Die Bestimmung ist Rechtsgrundlage für das gesamte konsoziative Element in der Kirche."[427]

Enthusiastisch aber preist Ratzinger die zahlreichen fundamentalistisch-charismatischen Bewegungen im katholischen Raum, die alle die absolute Treue zu Rom auf ihre Fahnen geschrieben haben. Diese Bewegungen betrachtet er „im besten Sinn als ‚demokratisches' Element der neueren kirchlichen Entwicklung", als „das eigentlich belebende Element in der Entwicklung der nachkonziliaren Periode"[428] Gemeint sind Bewegungen wie »Jugend 2000«, die »Europa-Pfadfinder«, »Communione e Liberazione« (immerhin mit mehr als 300.000 Anhängern und Einfluss auf die Schul- und Hochschuljugend in etwa 20 Ländern), die »Charismatische Erneuerung«, die »Focolarini«, die »Schönstätter«, die »Neokatechumanalen«, das »Engelwerk« (Opus angelorum), die »Legionäre Christi« und natürlich der beiden letzten Päpste liebstes Kind, die mächtige Geheimorganisation »Opus Dei«.[429]

Ratzinger schmerzt es, dass man diese „heiteren und vom Herzen her geprägten Formen des Glaubens schnell in die Ecke des Fundamentalismus oder der Sekte verweist", wo doch gerade diese Bewegungen „einen tief verwurzelten Vorrat an Liebe zur Kirche und an Glaubensbereitschaft" aufweisen, „das frische Quellwasser des Lebens" manifestieren, „dem Lebendigen und seiner Vielfalt mehr Raum geben". Erzürnt äußert er sich über ein Detail des Katholikentages 2000 in Hamburg, auf dem „zwar die Homosexuellen mühelos ihren Platz finden konnten, die Europa-Pfadfinder in seinen Pluralismus hingegen nicht hineinpassten".[430]

Natürlich weiß Ratzinger andererseits, dass diese neuen charismatischen Bewegungen oft eigene Rundfunksender und Fernseh-Stationen besitzen, also eine mediale Macht sind, die die Missionierung bzw. Remissionierung der Menschheit im Sinne der Kirche vorantreibt. Deswegen lobt er die heiteren, lockeren, begeisterten, aber wenig nachdenklichen und reflektierenden Jugendlichen in diesen Bewegungen, weil in ihnen „die Dynamik der Evangelisierung da" sei: „Die Freude des Gefundenhabens" (des Glaubens), „nein, des Gefundenseins" (durch Gott) „nötigt förmlich dazu, auch anderen davon mitzuteilen."[431]

Allerdings stimmt es nicht mit den wirklichen Verhältnissen und Zuständen in diesen Bewegungen überein, wenn Ratzinger von ihnen behauptet, dass da etwas geschehe, „was von keiner amtlichen Instanz organisiert, von keiner Institution subventioniert wird", dass es nur „die innere Glaubensbegeisterung meist junger Menschen" sei, aus der „sich ‚von unten', in Wirklichkeit aber ganz von oben – nämlich von der nie nachlassenden Gegenwart des Heiligen Geistes her –, neue Formen der Gemeinschaft im Glauben bilden." Da sei „zwar nicht gewählt und delegiert worden, aber da ist Spontaneität und Freiheit, die Frische neuen Ursprungs da", die – so der sich auf Grund dieser Ausführungen Ratzingers aufdrängende Eindruck – in sich das Zeug habe, auf die ganze Welt überzuspringen. „Ich sehe", so Ratzinger, „gerade an dieser Stelle Hoffnung für die Kirche von morgen."[432]

In Wirklichkeit ist es nicht der Heilige Geist, der von oben her initiiert und inspiriert, sind es auch nicht ein paar junge Leute, die sich spontan zusammentun. Vielmehr ist es meist eine ehrgeizige, machtbewusste und autoritäre Persönlichkeit, die von sich behauptet, von Gott selbst, von einem Heiligen oder Engel die Berufung zur Gründung einer neuen Bewegung in der Kirche erhalten zu haben. So war es bei Ignatius von Loyola, dem Gründer des Jesuitenordens, im 16. Jahrhundert, so ist es auch mit dem höchst umstrittenen, aber von Johannes Paul II. heilig gesprochenen Escriva de Balaguer bei der Gründung des »Opus Dei« im 20. Jahrhundert gewesen und so verhält es sich mit vielen Führern dieser Bewegungen. Immer wieder zeigt es sich auch bei diesen angeblich von himmlischen

Mächten Berufenen, wie wenig himmlisch, wie massiv irdisch sie ihren doch vermeintlich von ganz oben delegierten Auftrag auffassen und handhaben.

Nehmen wir einen der jüngsten Skandale in dieser Hinsicht, den Skandal um den Gründer der »Legionäre Christi« (LC), den mexikanischen Priester Marcial Maciel Degollado, und behalten wir das im Auge, was Ratzinger, wie wir eben sahen, so enthusiastisch über die charismatischen Bewegungen ausgesagt hat. Denn eine der größten und mächtigsten unter diesen Bewegungen sind gerade die »Legionäre Christi«. „Nur wenige Insider wissen, dass die LC ... in bezug auf Macht und Einfluss kaum dem Opus Dei nachsteht."[433]

Die Liste der Förderer, der ideologischen Unterstützer, der medialen Multiplikatoren, aber auch der schwerreichen Finanzierer dieser Bewegung, der Banker, Großgrundbesitzer und Unternehmer ist lang, ebenso die Liste der imposanten Immobilien, die ihr geschenkt werden. Politiker wie der damalige Diktator General Franco und sein Außenminister, Alberto Martin Artajo, Präsident der Katholischen Aktion Spaniens, einige Minister des Franco-Regimes, die zugleich Mitglieder des »Opus Dei« waren, in neuerer Zeit Mitglieder des spanischen Königshauses ebenso wie José Maria Aznar, bis vor einigen Jahren spanischer Ministerpräsident, und seine Frau Botella, aber auch Giulio Andreotti, der ehemalige Ministerpräsident Italiens, der zahlreiche Prozesse wegen der Anklage enger Mafiakontakte führen musste – sie alle und eine ganze Reihe weiterer einflussreicher Politiker gehörten und gehören zu den Gönnern, Förderern und Unterstützern der »LC«. Aber auch Päpste wie Paul VI. und Johannes Paul II. protegierten diese Bewegung. Als einer der Hauptsponsoren der „»LC« gilt auch der berühmte Tenor Plácido Domingo. Die schwerreiche Mexikanerin Natalia Retes, der Marquis Claudio Güell mit seiner Schiffsgesellschaft »Compania Transatlántica Espanola«, die in Spanien als superreich bekannten Esther und Alicia Koplowitz, Töchter des aus Oberschlesien stammenden jüdischen Unternehmers Ernst Koplowitz Sternberg, trugen und tragen dazu bei, dass die finanziell-materielle Basis für die „segensreiche" Tätigkeit der LC gewährleistet ist.

Es lohnt sich offenbar immer, eine Offenbarung zur Gründung irgendeiner Organisation aus transzendenten Höhen zu erhalten bzw. vorzugeben. Dann strömen einem Menschen und Gelder reichlich zu. So weit, so gut. Aber dann platzte die Bombe. Was schon seit 1950 immer wieder gerüchteweise im Umlauf war, nämlich dass der tieffromme Gründer der Bewegung Drogen nehme und minderjährige Mitglieder der »LC« sexuell missbrauche, ließ sich nicht mehr verheimlichen und widerlegen. Acht der Opfer des von Gott „Berufenen" wagten sich an die Öffentlichkeit.

Aber wozu hat man reiche und potente Freunde, wozu ein mächtiges Netzwerk in Jahrzehnten aufgebaut? Der Erzbischof Norberto Rivera von Mexiko City erklärte, diese Anschuldigungen gegen einen tadellosen Priester kämen von Leuten, die die Kirche hassen und ihr auf diesem Weg etwas anhängen möchten. Sie seien wahrscheinlich bezahlt worden, um solche frei erfundenen Lügen in die Welt zu setzen. „Medien, die über die Angelegenheit berichteten, wie der ‚Kanal 40' des mexikanischen Fernsehens, wurden von den mächtigen Freunden der LC in Politik und Wirtschaft unter Druck gesetzt."[434]

Auch der Vatikan geriet ins Zwielicht. Denn immerhin hatten sich José Barba Martin und Arturo Jurado Guzmán als Vertreter der Opfer Mitte Oktober 1998 mit einer formellen Klage an ihn gewandt. Aber der erste Strategieschritt der Amtskirche in solchen Sachen heißt ja bekanntlich immer: Verzögern, auf die lange Bank schieben! Auch Ratzinger, als Präfekt der Glaubenskongregation, war involviert. Schließlich war das umfangreiche Dossier der Vertreter der Opfer auf seinem Schreibtisch gelandet. Er ließ den Fall „für den Moment" ruhen. Aus dem Vatikan sickerte lediglich durch, dass es dabei doch um eine „sehr delikate Angelegenheit" gehe, bei der „die Zeit arbeiten müsse" und das Resultat offen sei.[435] Unter der obersten Regie des fundamentalistischen Wojtyla-Papstes, der schon den »Fall Groer«, also den Missbrauch von Internatszöglingen durch Kardinal Groer, den Wiener Erzbischof und Vorsitzenden der Österreichischen Bischofskonferenz, ohne irgendeine Bestrafung dieses „Würdenträgers" ausgesessen hatte, wurde der neuerliche Fall Degollado praktisch ad acta gelegt.

Aber der Fall kam nicht zur Ruhe. Der Skandal war zu groß, zu gravierend. Dem Vatikan und seinen Helfershelfern gelang es zwar, die Weltpresse von dem Fall im großen und ganzen fernzuhalten, aber kleinere Zeitungen wie z.B. die US-Zeitung The Hartford Courant brachten den Missbrauch der Opfer nebst juristisch einwandfreien Zeugenaussagen an die Öffentlichkeit. Besonderes Aufsehen erregt dabei die Zeugenaussage des spanischen Ex-Priesters und Universitätsrektors Juan Manuel Fernández Amenábar, weil sie zeigte, „mit welch raffinierter Hinterlist der moralisch verkommene Gründer der LC eventuellen Gewissensbissen seiner Opfer vorzugreifen trachtete."[436] Vor den Opfern seiner perversen Neigungen rechtfertigte er die Notwendigkeit gegenseitiger Masturbationen und des Oralverkehrs mit einem ihm schmerzhaft zusetzenden Samenstau, weswegen sie immer wieder seinen Unterleib massieren mussten. Papst Pius XII. höchstselbst habe ihm dazu eine spezielle Erlaubnis erteilt.

Tragisch klang auch die Aussage des vom Gründer der LC missbrauchten Juan José Vaca, der in einem Brief an ihn beklagt hatte: „Unter dem Vorwand Ihres Leidens haben Sie mich in Ihr Zimmer beordert. Ich war noch nicht einmal 13

Jahre alt. Sie wussten, dass mich Gott bis zu diesem Zeitpunkt unberührt bewahrt hatte."[437] Auch ein Selbstmord im Zusammenhang mit den sexuellen Abartigkeiten des »LC«-Gründers Degollado ist gerichtlich bezeugt.

Schwer war zu eruieren, seit wann Degollado Drogen nahm. Sicher ist nur, dass die Einnahme diverser Drogen durch ihn ganz intensiv und beständig war. Vielleicht hatte er seine Berufung zum Gründer der LC unter ihrem Einfluss empfangen.

Wie gesagt, der Fall hatte schon zu viel Aufsehen erregt. Jetzt sah sich der Vatikan nach vielen Jahren und Jahrzehnten der „Abstinenz" in diesem Fall endlich zum Handeln genötigt. Marcial Maciel Degollado wurde „bestraft". Mit päpstlichem Einverständnis wurde er am 19. Mai 2006 aufgefordert, nicht mehr als Priester in der Öffentlichkeit in Erscheinung zu treten und sein restliches Leben mit „Buße und Gebet" zu verbringen. Weitere kirchenrechtliche Schritte gegen ihn müsse er nicht befürchten, wenn er diese beiden Bedingungen einhalte. Das Kirchensystem behandelt eben seine gottgeweihten Funktionäre stets gnädig! Trivialer ausgedrückt: Eine Krähe hackt der anderen kein Auge aus.

Aber die Amtskirche und ihr Papst können in den Augen der wohlwollenden Presse auch gar nichts falsch machen. Die „Bestrafung" des »LC«-Gründers wurde schon wieder zu einem mutigen und dezidierten Selbstreinigungsakt der Kirche hochgejubelt. Zwar sei wohl dem Vorgänger des jetzigen Papstes, Johannes Paul II., anzulasten, dass er den Fall Degollado zu keiner Lösung gebracht habe, „doch Ratzinger ist da anders, und er wusste Bescheid. Nun hat er gehandelt. Was ihm, im Interesse der Glaubwürdigkeit der Kirche, groß angeschrieben werden muss."[438] Dabei behandelt die Amtskirche seit Jahrhunderten ähnliche Fälle notorisch nach dem gleichen Muster: auf die lange Bank schieben; Milde für die Täter, Zweifel an der Glaubwürdigkeit der Opfer; Versetzung der Täter in ein der Öffentlichkeit nicht zugängliches Kloster oder auf eine Pfarrstelle, die möglichst weit von dem Ort entfernt ist, wo der Täter bisher seinen „segensreichen" Dienst versah; Verweigerung – so lange wie nur irgend möglich – von Wiedergutmachungszahlungen an die Opfer.

Man sieht ja: Auch die Blamage der „charismatischen", in Wirklichkeit neokonservativ-fundamentalistischen Bewegung der Legionäre Christi mit „einem im Geruch der sexuellen Abartigkeit und moralischen Verkommenheit stehenden Priester"[439] an der Spitze führt keineswegs dazu, dass der Ratzinger-Papst sein überschwängliches Lob solcher Bewegungen zurücknimmt. Als nicht astrein erwies sich auch der Mentor der Katholischen Pfadfinderschaft Europas (KPE), der Priester Dr. Ingo Dollinger. Aber auch das focht Ratzinger nicht an und ließ ihn keineswegs in seinem Lobpreis der belebenden und fruchtbaren Aktivitäten der charismatischen Bewegungen für das Wohl der Kirche verstummen.

Ratzinger selbst engagierte sich gern in charismatischen Bewegungen persönlich. Wir begegneten seinem Tun bereits in der Gustav-Siewerth-Akademie, die ja auch eine esoterisch-charismatische Gruppe mit Medien- und Politik-Ambitionen ist. Die Verbindungslinien zum »Opus Dei« haben wir eingehend im ersten Kapitel besprochen. Ratzinger rühmt sich sogar: „Ich bin ein wirklicher Freund dieser Bewegungen – Communione e Liberazione, Focolare, Charismatische Erneuerung".[440] 1977 wird Ratzinger Erzbischof von München-Freising und Kardinal. Hier fördert er eine weitere rechtskatholische, charismatische Gruppe und engagiert sich in ihr. Es handelt sich um die „Katholische Integrierte Gemeinde" (KIG). Merke: Emanzipation ist Ratzinger ein Greuel. Seine zentrale Parole heißt: Integration, aber stets unter dem Patronat der Hierarchie.

In der »KIG«, gegründet von der Psychologiestudentin Traudl Wallbrecher, geb. 1923, und ihrem Mann, einem vermögenden Anwalt, feiert Ratzinger, ganz charismatisch, Urkirche mit Messe am Tisch, mit Brot und Weinkelch. Er überträgt der »KIG« einige Pfarreien, was zu Spannungen in der Erzdiözese München führt. Die »KIG« wird unter dem Segen Ratzingers immer einflussreicher, errichtet in Bad Tölz ein eigenes Verlagshaus, gründet in München die »innere Bank«, baut Schulen, Internate und Kliniken. Als Krönung wird eine Akademie in der Villa Cavaletti in Rom ins Leben gerufen. Zum 50-jährigen Bestehen der »KIG« zelebriert den Festgottesdienst selbstverständlich Kardinal Ratzinger. Er lässt auch aufwendige Gutachten anfertigen, als gegen die Familie Wallbrecher der Vorwurf tiefer Verstrickung in den Nationalsozialismus erhoben wird. Er dringt ebenfalls darauf, das segensreiche Werk der »KIG« vom Vatikan anerkennen zu lassen, indem man sich eine von ihm genehmigte Satzung gibt.

Cheftheologe der »KIG« ist der von Ratzinger in Regensburg habilitierte Ludwig Wiener, Jahrgang 1940. In der Satzung heißt es u.a.: „Personen, die der KIG zugehörig sind, verknüpfen in den verschiedenen Bereichen ihr Leben auf vielfältige Weise miteinander, je nach ihren Möglichkeiten und ihrer Berufung ... Sie wohnen – soweit möglich und sinnvoll – gemeinsam in Integrationshäusern".[441] Die „demokratische Freiheit", die Ratzinger in den charismatischen Bewegungen so schätzt, ist dadurch beeinträchtigt, dass jeder Teilgemeinde der »KIG« mindestens ein vom Ortsbischof bestellter Priester angehören muss. Die Leitung des Ganzen hat ein Vorstand, dessen Vorsitzender ist Traudl Wallbrecher.

Die Ratzinger-Biografen Corell und Koch haben die sieben Hauptelemente der »KIG«, die sie übrigens mit den meisten charismatischen Bewegungen in der Kirche gemeinsam haben, herausgearbeitet[442]:

1. Basis ist „charismatischer" Mystizismus für die gehorsamen Mitglieder,
2. kontrolliert durch eine gut organisierte separate Priestergemeinschaft,
3. die ihrerseits gehorsam und kontrolliert dem Vatikan untersteht;
4. die streng hierarchische Struktur und
5. die Abkapselung von der „Massenkirche" erzeugen
6. ein elitäres, logenartiges Bewusstsein bei den Mitgliedern, das
7. auch materielle Anreize für neue Mitglieder schaffen soll.

Ratzinger sieht in gut organisierten „charismatischen" Bewegungen wie der »KIG«, dem »Opus Dei«, den »Legionären Christi« und ähnlichen Gruppierungen das chancenreichste Modell für die Zukunft der Kirche. Auf die richtige Mischung scheint es ihm dabei besonders anzukommen: „Es muss genug ‚Charisma' in diesen Organisationen sein, damit der gesunde Menschenverstand der Mitglieder ausgeschaltet ist, und genügend Kontrolle, damit die Organisationen effektiv für die jeweiligen Zwecke eingesetzt werden können."[443] Seit seinem Amtsantritt 1977 in München scheint Kardinal Ratzinger gelegentlich auch das »Opus Dei« gefördert zu haben, obwohl er diesem, wie wir sahen, zunächst skeptisch gegenüberstand. Diese von allen neuen Bewegungen in der katholischen Kirche einflussreichste und am raffiniertesten vernetzte Geheimorganisation hatte nach einem Wort des Rundfunkjournalisten Dagobert Lindlau bereits Anfang der 80er Jahre den bayerischen Rundfunk fest in ihrer Hand.

Wie sehr Ratzinger in Wirklichkeit gegen wirkliche Freiheit und Demokratie in der Kirche, gegen jede individuelle, nicht mit der kirchlichen Obrigkeit abgestimmte Initiative ist, zeigt der Fall Bischlager,[444] allerdings nicht nur dieser, wie wir noch sehen werden.

Der Jesuitenpater Hans Bischlager zelebriert 1981 einen Gottesdienst am Münchener Marienplatz als Start für einen »Sühnemarsch« zum 25 km entfernten KZ Dachau. Er und die rund vierzig Teilnehmer sind mit einem Sühnegewand aus einfacher Sack-Jute gekleidet. Nach dem Gottesdienst konfisziert die Polizei die Jutesäcke als verbotene „Uniformbestandteile".

Ratzinger gefällt das Auftreten des Paters und der anderen Teilnehmer des Sühnemarsches ganz und gar nicht. Er stößt sich besonders an dem nicht ganz ritengemäßen Gottesdienst. „Maskierter Pater hielt sogenannten Gottesdienst", heißt es in der vom Münchener Ordinariat herausgegebenen „Ordinariatskorrespondenz". Ratzinger selbst, in seiner Eigenschaft als Erzbischof von München, protestiert beim Jesuitenprovinzial gegen Bischlager, also nicht etwa bei der Polizei gegen diesen und die anderen Teilnehmer des Sühnemarsches. Der Pater verlangt von der „Ordinatiatskorrespondenz" eine Gegendarstellung. So etwas verträgt aber der doch alle Menschen wie Christus lieben wollende Erzbischof nun gar nicht. Er kontert schroff mit der Forderung an Bischlager, innerhalb von zehn Tagen eine Erklärung abzugeben, dass dieser künftig sich entsprechend seiner priesterlichen Gehorsamspflicht an die für die Eucharistiefeier herausgegebenen Normen halten werde, andernfalls werde er vom Priesteramt wegen „Unverbesserlichkeit" suspendiert.

Es nützt nichts, dass Pater Bischlager auf die Tradition der Gewaltlosigkeit hinweist, die z.B. ein Franz von Assisi vorgelebt habe. Für Ratzinger gibt es nur die Alternative: Unterwerfung oder Suspendierung. Auch als das Landgericht München dem Pater Recht gibt, kann das lediglich den Zorn Ratzingers steigern. „Amt und Autorität des Erzbischofs" seien beschädigt worden, weswegen dem Pater Bischlager die öffentliche Messfeier an den Altären der Erzdiözese München von nun an untersagt werden müsse. Hier hat – wie man sieht – nicht die Freiheit, nicht die Liebe, die Caritas-Künder Ratzinger stets im Munde führt, gesiegt, sondern die kalte Macht! Das wahre Gesicht Ratzingers zeigte sich ja auch in dem mehrere Jahre dauernden Prozess, den dieser gegen den Autor des vorliegenden Buches vor dem Land- und Oberlandesgericht München führte.[445]

Während der seinerzeit in München autoritär herrschende Ratzinger für die elitären Mitglieder der charismatischen Bewegungen jederzeit zur Verfügung stand, hatte er für kritische Menschen keine Zeit. 40 kritisch eingestellte Priester der Erzdiözese bitten ihn um einen Termin. Der Herr der Diözese hat keine Zeit! Einen um einen Termin bittenden Priester lässt er fünf Monate, von Oktober bis zum März des nächsten Jahres warten. Aber immerhin: er empfängt ihn. Und das ist schon eine große Gnade! Nein, das »hierarchische Prinzip« bekommt man aus Ratzingers Gehirn nicht mehr heraus. Alle, die sich von seiner Papst-Mutation etwas erhoffen, täuschen sich gewaltig. Der Erzbischof von München, der Glaubenswächter im Vatikan und der Papst Benedikt sind ein- und dieselbe massiv autoritäre Persönlichkeit, stets gleichbleibend, lediglich unter ständiger Ausweitung der Vollmachten, der „Chefarzt des Instituts für angewandte Schizophrenie".[446] Sagen wir es barocker bzw. mittelalterlicher, aber ebenso zutreffend: Ratzinger gebärdet sich mit seinem rigorosen Zentralismus als letzter absolutistischer Monarch. Kirche ist für ihn ohne jeglichen Abstrich, ohne Wenn und Aber einzig und allein *Papst*kirche. Ganz im Sinne Benedikts betonen Bischöfe wie Joachim Meisner oder Gerhard Ludwig Müller immer wieder: „Die Kirche ist keine Demokratie" und handeln in ihren Bistümern radikal-konsequent nach diesem Prinzip.[447]

Eine gewisse Mutation zum Besseren aber scheint Hans Maier passiert zu sein. Er, der ja »Demokratie in der Kirche« noch gemeinsam mit Ratzinger herausgebracht und geschrieben und seine „Kritik der ‚demokratisierten' Kirche" in dieser Publikation noch mit dem bezeichnenden Titel „Vom Ghetto der Emanzipation" überschrieben hatte, scheint auf seine alten Tage weiser geworden zu sein. Natürlich lässt es sich auch leichter und ungefährlicher kritisieren, wenn man nicht mehr in offizieller Funktion tätig ist, nicht mehr als bayerischer Kultusminister und nicht mehr als Präsident des Zentralkomitees der deutschen Katholiken fungiert, sondern seine private Meinung äußert. Man kann es ja bei nicht wenigen emeritierten Theologieprofessoren ebenfalls beobachten: Nach dem Wechsel in den Ruhestand geben sie sich mutiger als zu der Zeit, da sie noch ihren Lehrstuhl in kirchlichem Auftrag innehatten.

Wie dem auch sei: Maier kritisiert neuerdings vorsichtig die Alleinherrschaft des Papstes in der Kirche. „Kein Mensch kann auf dieser buckligen Erde im 21. Jahrhundert noch allein regieren", erklärte er in einem Interview und fügte hinzu, dass er – selbstredend – nicht heute und nicht morgen, aber doch „mittelfristig" eine Abkehr vom Prinzip der päpstlichen Alleinherrschaft in der Kirche erwarte. „Warum soll nicht die katholische Kirche über ihren jetzigen Absolutismus hinauswachsen" und das Gottesvolk ernster nehmen als bisher? fragt Maier.[448] Eine fromme Frage und ein frommer Wunsch. Papst Benedikt wird ihn sicher nicht erfüllen. Ein künftiger Papst, der ihn erfüllen wollte, wird an den hierarchischen Strukturen der Amtskirche zerbrechen oder umgebracht werden. Dafür wird schon die »Große Vatikan-Loge« sorgen oder »Opus Dei« oder irgendeine andere innerkirchliche Sekte, die in der Römischen Kurie gerade die Vorherrschaft hat, denn diese »Meister der Verschwörung« wissen, dass eine Freigabe echter und durchgehender Demokratie in der Kirche alle Schleusen der Freiheit öffnen und die verkrustete und labile Hierarchie wegschwemmen würde.[449]

Aber kehren wir noch einmal zu Hans Maier zurück. Vielleicht hat er sich bei seiner leisen Kritik am päpstlichen Monarchie- und Absolutismus-Prinzip auch davon motivieren lassen, dass das ZdK, als dessen Chef Maier doch fungierte, Herrn Ratzinger schon lange ein Dorn im Auge war. Selbst in der Schrift „Demokratie in der Kirche" kann sich Ratzinger ein paar Seitenhiebe auf das Komitee nicht verkneifen: „Die Kirche, soweit sie sich im ZdK darstellt, kreist immer mehr um sich selber, ist immer mehr mit sich selbst beschäftigt, anstatt ihre Energien darauf zu verwenden, das Evangelium verständlich und wirksam zu den Menschen zu bringen", kritisiert Ratzinger. Am schlimmsten sei, „dass sich das

ZdK immer mehr als eine Art Gegenlehramt, weniger gegen die Bischöfe als gegen das Lehramt des Papstes darstellt. Es gibt wohl in den letzten zwanzig Jahren wenig römische Lehrentscheide, denen nicht prompt eine schroffe Gegenerklärung des ZdK folgte: Das gefällt dem deutschen Selbstbewusstsein …"[450]

Aber mit einem Widerstand organisierter deutscher Katholiken gegen das römische Lehramt ist es natürlich nicht weit her, so dass am Ende auch Ratzinger einräumt: „Zu Ehren des ZdK muss gesagt werden, dass es bisher grundsätzlich die Unantastbarkeit des definierten Glaubens der Kirche respektiert und sich darüber keine Rechte zuschreibt."[451]

Es sind dann wieder eher die Medien, die einen Gegensatz konstruieren, wo nur geringfügige Interpretationsdifferenzen bestehen. Von Streitigkeiten lebt die Presse! Wie oft hat sie schon einen tiefgehenden Antagonismus zwischen Ratzinger und Kardinal Lehmann, dem Vorsitzenden der deutschen Bischofskonferenz, statuiert, wo doch beide, darin zutiefst einig, lediglich das Geschäft der Kirche besorgen, freilich in je arteigener Nuancierung, um den gutgläubigen Katholiken den Eindruck freiheitlicher Streitkultur in der Kirche zu vermitteln. Aber auf die Dauer wird dieses Getue »derer da oben« immer durchsichtiger, und immer weniger Menschen fallen darauf herein. Nach einer Umfrage der Unternehmensberatung Mc Kinsey, durchgeführt kurz vor dem Papstbesuch in Bayern im September 2006, hat fast jeder zweite Deutsche (45 %) kein Vertrauen mehr in die katholische Kirche als Institution. Noch schlechter schneiden da nur noch die gesetzliche Rentenversicherung (47 %) und die Parteien (58 %) ab![452]

Auch ein anderer Streit, an dem Ratzinger und Maier schwerpunktmäßig beteiligt waren, ging durch die Medien. Diesmal gingen jedoch die beiden Erzkonservativen wieder absolut vereint und harmonisch vor. Es ging ja darum, einen sogenannten progressiven Theologen daran zu hindern, einen Lehrstuhl an der katholisch-theologischen Fakultät der Universität München zu übernehmen. Es handelte sich um Johannes Baptist Metz, den Schöpfer der »Politischen Theologie«, der mit seinen Vorlesungen im westfälischen Münster auch auf die südamerikanische Befreiungstheologie einen gewissen Einfluss ausübte. Zwar ist Metzens »Politische Theologie« letztendlich auch kirchlich, kirchenfördernd, weil ihre Hauptaussage in der Forderung besteht, Kirche müsse dem Staat gegenüber korrektiv agieren, d.h. seine Menschenrechtsverletzungen kritisieren, was ja eine bestimmte Überlegenheit der Kirche im Verhältnis zum Staat impliziert. Aber wegen des besagten Einflusses der »Politischen Theologie« auf die südamerikanische Befreiungstheologie, die ja Ratzingers Erzfeind ist, kam Metz für den Münchener Erzbischof nicht in Frage.

Er bleibt hart und eiskalt. Viele Studenten sammeln Unterschriften für die Berufung von Metz. Karl Rahner, damals der angesehenste katholische Theologe und Metzens Lehrer, der ihn schon für den Lehrstuhl in Münster vorgeschlagen hatte, setzt sich vehement für ihn ein und protestiert öffentlich gegen den Missbrauch der bischöflichen Gewalt und die ganzen Mauscheleien rund um die Besetzung des Lehrstuhls. Es nützt nichts. Ratzinger ist es egal, wer den Lehrstuhl bekommt. Hauptsache, Metz bekommt ihn nicht.

Wind von der Sache, weil sie ja durch die Presse geht, bekommt auch der schon erwähnte erzkonservative Prälat Hasenfuß, Professor an der Universität Würzburg, der an der Unterbringung seiner Assistenten und Schüler, soweit sie ihm absolut gehorsam sind, auf den diversen theologischen Lehrstühlen der Bundesrepublik Deutschland brennend interessiert ist. Der wendet sich an seinen Gesinnungsfreund Ratzinger und schlägt ihm seinen absolut farblosen, in der Theologie kaum bekannten, bis heute unbedeutenden, aber garantiert linientreuen Schüler Heinz Döring anstatt Metz für den zu besetzenden Lehrstuhl vor. Hasenfuß hat Döring zwar erst vor kurzem auf einen Lehrstuhl an der Uni Passau gebracht, aber Passau ist natürlich nicht München. Es ist wichtiger, dass ein Hasenfuß-Schüler auf einem Münchener Lehrstuhl doziert. Also beackert Hasenfuß den Ratzinger, Ratzinger den Maier, den damaligen bayerischen Kultusminister, und der beruft tatsächlich gegen den Widerstand der Professoren und Studentenschaft den Döring. Döring für Metz! Eine bayerische Provinzposse, wie sie im Buche steht!

Auf die (erzkonservative) Gesinnung kommt es an. Die ist für Ratzinger und seine Freunde weit wichtiger als der Grad der Intelligenz. Durch das Zusammenspiel Hasenfuß-Ratzinger-Maier erhält auch ein weiterer Habilitand des ersteren, Eugen Biser, den Münchener Lehrstuhl »für christliche Weltanschauung«, den vorher so angesehene Theologen wie Romano Guardini und Karl Rahner innehatten. Wohlgemerkt: Der Lehrstuhl ist in dem Fachbereich Philosophie integriert, denn schließlich sollen auch die Studenten an der philosophischen Fakultät in den Genuss eines über Theologie Daherspekulierenden kommen. Ratzinger lässt eben stets die Puppen tanzen. Nachdem er selbst als Professor den Wanderpreis der deutschen Dogmatiker von spöttelnden Theologen zugesprochen bekam, weil er es doch nie länger als vier Jahre auf einem Lehrstuhl und mit seinen Kollegen aushielt – außer natürlich in Regensburg –, spielte er nun als Erzbischof seine Rolle unter veränderten Bedingungen weiter, indem er ihm genehme Leute frank und frei auf Lehrstühle setzte, natürlich nicht ohne die Hilfe des Kultusministers.

Nach Bisers Emeritierung übernimmt Maier höchstpersönlich den Lehrstuhl für christliche Weltanschauung. Man bleibt unter sich und in der Kontinuität erzkonservativer Brüder!

Kehren wir noch kurz zum Fall Metz zurück: Dass durch die Übergehung Metzens bei der Berufung auf einen Lehrstuhl Karl Rahner und mit ihm viele Theologen aus seiner Schule vor den Kopf gestoßen wurden, so dass Rahner mit dem einstigen Konzilskollegen Ratzinger bis zu seinem Tod 1984 nichts mehr zu tun haben wollte, ärgerte die beiden Brüder im Geiste, Ratzinger und Maier, kaum. Schon mehr allerdings ärgerte sie die Presse, die einen vehementen Zeitungsprotest Rahners veröffentlichte. So etwas könnte heute nicht mehr passieren. Ratzinger hat die Presse inzwischen gut im Griff. Wer von den Medienleuten wagte es denn heute noch, etwas Negatives über Ratzinger zu publizieren? Nein, über Ratzinger alias Benedikt darf nihil nisi bene, also nur noch Gutes, berichtet werden. Nicht umsonst sitzen Katholiken nach dem Gusto Ratzingers und Lehmanns inzwischen in allen größeren Zeitungsredaktionen.

Aber ich habe den Fall Metz hier noch einmal aufgegriffen, weil er ein bezeichnendes Licht auf einen wesentlichen Charakterzug Ratzingers wirft. Er liebt nicht den Kampf mit offenem Visier. Dazu ist er zu unmännlich, schon vom Biologischen her zu schwächlich. Er schießt lieber seine Feinde bzw. die, die er dafür hält, aus der sicheren Position hinter der Front ab. So auch im Fall Metz. Ratzinger hätte Metz direkt abschießen können, denn laut dem unseligen Konkordat, dem Staatskirchenvertrag zwischen Bayern und dem „Heiligen Stuhl", darf ein Theologe einen Lehrstuhl auch an einer nichtkirchlichen, staatlichen, vermeintlich nur der reinen Wissenschaft dienenden Universität nicht ohne die Lehrerlaubnis des zuständigen Bischofs übernehmen. Ratzinger hätte also in seiner Funktion als Erzbischof von München die Lehrerlaubnis für Metz verweigern können, und die Sache wäre erledigt gewesen. Aber dann wäre zu deutlich geworden, dass Ratzinger der Alleinschuldige an Metzens Nichtberufung war. Nein, Ratzinger nahm lieber den indirekten, für ihn aber bequemeren und seinem Ansehen weniger schadenden Weg: er rief seinen politisch-kirchlichen Gesinnungsfreund, den Kultusminister Hans Maier an, und der erledigte die Chose für ihn, indem er einfach den auf der Dreierliste der Kandidaten für den Lehrstuhl an sich schlechter als Metz platzierten Döring berief. Das Abendland – Maier gilt als „konsequent konservativer ... Spätvertreter" desselben[453] – war wieder einmal gerettet!

Der Fall Metz ist für Ratzinger kein Neuland. Schon als Theologieprofessor bediente er sich einer ähnlichen Strategie. Bereits damals verfügte er über beträchtlichen Einfluss. Seinen Gutachten, die viele der theologisch eher minderbemittelten Bischöfe von ihm anforderten, hatte so mancher Kandidat auf einen theologischen Lehrstuhl zu „verdanken", dass er ihn bekam oder eben nicht besteigen durfte. Sein Einfluss auf die Besetzung vakanter Lehrstühle wuchs noch dadurch, dass er 1969 in die »Internationale Päpstliche Theologenkommission« berufen wird. In seiner Autobiografie „Aus meinem Leben" lobt sich Ratzinger wegen dieser Berufung selber, weil diese Kommission der „Brain-Trust der Glaubenskongregation",[454] also das nonplusultra der besten theologischen Köpfe sei.

Zur Kommission gehörte auch Karl Rahner, ja, er eigentlich in erster Linie, weil er zum einen eine größere theologische Koryphäe als Ratzinger, zum anderen derjenige war, der sich beim Konzil am meisten für die Einrichtung der Kommission eingesetzt hatte, damit diese als Kollegium erfahrener, international angesehener Theologen verhindern sollte, dass Kardinal Ottaviani, damaliger Präfekt der Glaubenskongregation und als inquisitorischer Scharfmacher notorisch bekannt, seine Entscheidungen über die Linientreue beanstandeter Theologen im Alleingang fällte.

In seinen Erinnerungen „Aus meinem Leben" nennt Ratzinger die Theologen in der Kommission beim Namen, die sich in ihrer Mehrheit als „bedingungslos loyal" erwiesen haben. Von Rahner aber behauptet er, dieser habe sich „auf die progressiven Parolen einschwören lassen", ebenso wie der Schweizer Ökumeniker Feiner. Beide, Rahner und Feiner, verlassen schließlich, genervt und gemobbt, die Kommission. Die anderen Mitglieder derselben aber sind nun alle brav auf Ottaviani-Kurs.[455] Ratzinger selbst hat mit der loyalen Mitgliedschaft in der Kommission einen weiteren Schritt nach vorn getan, einen Schritt, der ihn zunächst dem Thron des Erzbischofs von München und später dem jetzt noch von Ottaviani ausgeübten Amt des Glaubenspräfekten näherbringt. Die Autoren Corell und Koch sprechen direkt von Ratzingers „Intrigen in der päpstlichen Theologenkommission"[456]

Intrigiert wird auch in der Regensburger Periode von Ratzingers Lebenslauf. Der hatte geglaubt, Regensburg sei nicht Tübingen, also werde es in Regensburg nicht die frechen, rebellischen Studenten geben. Aber auch hier gelang es den vereinigten Linken und Liberalen 1971, den konservativen Rektor der Uni und seinen noch konservativeren Prorektor abzuwählen und den Physiker Gustav Obermair zum Rektor zu machen. Obermair war als Physiker und Mensch hochangesehen. Sein Makel in Ratzingers Augen war lediglich: er war kein Konservativer. „Für Ratzinger verkörperte der linksliberale Obermair den leibhaftigen Gottseibeiuns." Für Obermair wiederum war Ratzinger der eigentliche Koordinator der Rechten an der Regensburger Uni: „Er stand nie selbst an der Front, sondern hielt sich klug bedacht im Hintergrund, wo er die Fäden spann. Er verstand es großartig, andere für sich einzuspannen. Andere taten und führten das aus, was er plante und dachte."[457] Es wird kolportiert, Ratzinger habe als Vizepräsident der Uni Regensburg ein richtiges rechtes Netzwerk aufgebaut, um den 68er Rebellen und marxistischen Gruppen, die hier wirkten, das Wasser abzugraben.[458]

Offenbar schon von Regensburg aus entstehen auch die im Lauf der Zeit immer engeren Kontakte Ratzingers zu Franz Josef Strauß, dem bulligen, rustikalen Chefpolitiker der gesamten deutschen Rechten, der später, nachdem Ratzinger bereits in Rom die „schwere Bürde" des gesamtkirchlichen Oberaufsehers trägt, keinen seiner Geburtstage auslässt, ihm vielmehr aus diesem Anlass jedes Jahr seine Aufwartung in Rom macht. Man weiß schließlich, was man aneinander hat! Als der Autor dieses Buches die betreffenden Zusammenhänge noch nicht kannte, rief er einmal Gerold Tandler, damals Straußens Privatsekretär und Intimus, an und konfrontierte ihn mit der Frage, ob sein Chef nicht etwas gegen die fatale Hochschulpolitik Ratzingers mit ihrer ideologisch geprägten Fehlbesetzung von Lehrstühlen tun könne. Antwort: „Wissen Sie, vor Ratzinger hat selbst der Franz Josef Angst!"

Die Regensburger Uni ist, nicht zuletzt auf Grund der Aktivitäten von Ratzingers Netzwerk, auch ein gutes Pflaster für künftige politische Größen. Die CSU schickt u.a. Edmund Stoiber zum Jura-Studium nach Regensburg, wo er bei CSU-freundlichen Professoren sein Doktorat macht. Dann beginnt seine steile Karriere an der Seite von Franz Josef Strauß, dem er später, nach einem kurzen Intervall, auch in dessen Funktion als bayerischer Ministerpräsident folgen wird. Dass Ratzinger und Stoiber Freunde werden, versteht sich da von selbst. Als Stoibers Stuhl 2005 nach dem Desaster mit seiner Kanzlerkandidatur selbst in Bayern wackelt, bereits Kandidaten als seine Nachfolger auf dem Posten des Ministerpräsidenten und des CSU-Parteivorsitzenden gehandelt und aufgestellt werden und der nach eigenen Worten „wie ein Hund leidet", ist Freund Ratzinger zur Stelle. Er gestattet eine von den Medien gut ins Licht gebrachte Audienz des bayerischen Kabinetts und der CSU-Führungsriege beim Papst, und der Sturm, der Stoiber wegzufegen drohte, legt sich umgehend. »Roma locuta, causa finita« gilt eben nicht nur in rein innerkirchlichen Angelegenheiten teilweise auch heute noch.

Der messerscharfe, sonst kaum Gefühl zeigende Stoiber ist überglücklich, spricht, wie die Presse berichtet, von einem „besonders wichtigen Moment" seines Lebens. „Heiliger Vater, eine Privataudienz bei Ihnen zu haben, ist der Höhepunkt für viele im Leben ... für einen Bayern, für einen bayerischen Christen, mit der absolute Höhepunkt",[459] schwelgt Stoiber bereits bei der Begrüßung Benedikts zu Beginn der Audienz. Es war, um es mit einem Diktum Stoibers auszudrücken, das landauf, landab zu einem Objekt der Spötteleien über dessen Sprachkünste geworden ist, der „bajuwarisch relativ absolute Höhepunkt". Ein wenig später, als es zur „Palastrevolution" in der CSU kam, konnte auch der Ratzinger-Papst nicht mehr helfen. Stoiber dankte ab.

Im Regensburger rechten Netzwerk Ratzingers spielte auch Vizekanzler Wiesner eine starke Rolle, indem er u.a. Dossiers über linke Studenten anfertigte, die dann oft dem seit 1971 geltenden sog. »Radikalenerlass« zum Opfer fielen, d.h. als Mitglieder verfassungsfeindlicher Organisationen nicht Beamte werden konnten, in Bayern nicht einmal in den Referendarsdienst übernommen wurden. Praktisch genügte für die Ablehnung eines Kandidaten das Vorliegen von Verdachtsmomenten. Oft waren das nur üble Denunziationen, aber das reichte, fast wie bei der Inquisition des Mittelalters und der beginnenden Neuzeit.[460]

Wiesner rühmte sich seiner Zusammenarbeit mit Ratzinger. Der habe ihm blind vertraut. „Er hat mir gesagt: ‚Machen Sie mir aus den Akten zwei Häufchen. Eines, das ich unterschreiben kann, ohne es zu lesen, und eines mit den problematischen Fällen. Die tragen Sie mir vor und machen mir einen Vorschlag'".[461]

Inzwischen ist Kultusminister Maier nicht untätig. Trotz vehementen Widerstands linker und liberaler Studenten und energischer Gegendemonstrationen liquidiert er das Mitbestimmungsstatut der Hochschulen, so dass jetzt auch jeder Präsident einer bayerischen Hochschule nach seiner Ernennung praktisch nur noch von den Professoren bestätigt werden muss, also nicht mehr vom Mittelbau und der Studentenschaft mitbestimmt werden kann. Auch Obermaier in Regensburg fällt dieser Neuregelung zum Opfer. Ratzinger kann triumphieren. 1976 wird er selber Vizepräsident der Uni Regensburg unter einem nunmehr streng konservativen Präsidenten.

Auch für seine theologische Kaderschmiede sorgte Ratzinger in Rgensburg weiter. Ihr entsteigt z.B. später mit Richtung gen Wien Christoph Schönborn, der erzkonservative, starr orthodoxe Theologe, der Ratzinger bei der Erstellung des ebenso konservativen, dogmatischen Machwerks »Katechismus der Katholischen Kirche« eifrig und fleißig zur Hand ging und nachher nicht ohne Berücksichtigung dieses Umstands Nachfolger des Wiener Erzbischofs und Kardinals König wurde. Inzwischen feiert ihn fast die gesamte konservative Presse der Welt als Chefideologen der kreationistischen Antitheorie zur Evolution.[462]

Ratzinger, der deutsche Episkopat insgesamt, zusammen mit der EKD, sowie ihre Helfershelfer in praktisch allen Einrichtungen des öffentlich-gesellschaftlichen Lebens und der Politik haben bereits ein wichtiges Ziel in ihrer

Strategie der totalen Vereinnahmung der Medien in Deutschland erreicht: die wesentliche Mitgestaltung der TV-Programme. Erreicht man doch die Menschen am meisten und ehestens über das Fernsehen, auch die vielen, die nicht mehr in die Kirche gehen. Der durchschnittliche Fernseh-Zuschauer winkt an dieser Stelle ab, weil er glaubt, der Einfluss der beiden Kirchen auf das TV-Programm beschränke sich lediglich auf das „Wort zum Sonntag" und den „Fernsehgottesdienst", den das ZDF ausstrahlt. Aber da irrt er gewaltig. „Der Einfluss der Kirchen auf das Programm der öffentlich-rechtlichen wie privaten Fernseh- und Radiosender geht viel weiter."[463]

Die Kirchen hatten sich vehement dafür eingesetzt, ihnen Sendezeiten für weitere „Verkündigungssendungen" einzuräumen, und welcher Politiker oder Fernsehintendant in unserem Kirchenstaat hätte das Rückgrat, da zu widersprechen? Und weil so etwas in unserem bürokratisch korrekten Deutschland natürlich nicht nur mit Handschlag geregelt wird, gab es sogleich einen »Medien-Staatsvertrag« mit den Kirchen und Rundfunkgesetze, die diesen Anspruch der Kirchen sicherstellen und garantieren.

Doch die Kirche hat bekanntlich „einen guten Magen, hat ganze Länder aufgefressen, und doch noch nie sich übergessen; die Kirch' allein, meine lieben Frauen, kann ungerechtes Gut verdauen" (Goethe[464]). Also wollte sie auch hier noch mehr. Prompt erhielt sie daher noch das Recht auf „sonstige religiöse Sendungen, auch solche über Fragen ihrer öffentlichen Verantwortung".[465]

Das Wort Verantwortung kann man in diesem Zusammenhang getrost streichen und durch das Wort Missionierung ersetzen, denn eine andere Verantwortung als die Evangelisierungspropaganda in der ganzen Welt und in jedem Staat kennt die Kirche gar nicht. Sie nimmt ja nicht einmal im eigenen Haus Verantwortung wahr. Es gibt – zumindest in der römisch-katholischen Kirche – keinen Grundrechtsschutz für deren Mitglieder, auch keinerlei Verfahrensschutz in ihrer Gerichtsprozessordnung. Seit langem sprechen auch innerkirchliche Kritiker von der Notwendigkeit einer öffentlich-rechtlichen Verfasstheit der katholischen Kirche. Nein, es gibt nur das Kirchenrecht, das kanonische Recht des Codex Iuris Canonici, und das ist nur ein Recht der Päpste, Bischöfe und Priester. Die Gläubigen haben nur zu gehorchen. Das Kirchenrecht widerspricht in vielen Hinsichten grundlegenden Menschenrechten. Aber das kümmert Ratzinger und seine Genossen in den Chefetagen des Vatikans nicht im geringsten. Nicht umsonst hat dieser ja bis heute weder die europäische noch die UN-Menschenrechtskonvention unterzeichnet, obwohl keine Ansprache des Wojtyla- und des Ratzinger-Papstes verging bzw. vergeht, in der sie nicht beschwörend die Einhaltung der Menschenrechte anmahnen.

Zufrieden ist die Kirche erst, wenn sie *alles* in der Hand hat, *alles* beeinflussen kann. Deswegen besteht sie darauf, neben ihren Verkündigungs- und sonstigen religiösen Sendungen auch noch über die *gesamte Programmgestaltung* der öffentlich-rechtlichen wie der privaten Fernsehanstalten mitzubestimmen. Sie tut das durch ihre in alle Fernseh- und Rundfunkräte entsandten Vertreter. „Wir versuchen, in allen möglichen Programmen aktiv und präsent zu sein", gibt der Medienbeauftragte der EKD, Bernd Merz, zu, beeilt sich aber sofort einzuschränken: „Wir machen keine PR für die Kirche, aber als Christenmenschen haben wir etwas zu sagen zu den Themen unserer Zeit. Wir müssen es in der Mediengesellschaft so verständlich tun, dass unsere Beiträge hörbar und sichtbar sind."[466]

Was für eine Unwahrhaftigkeit in diesen paar Sätzen! Der Mann behauptet, er mache keine Werbung für die Kirche, wo er doch als Medienbeauftragter derselben genau diesen Auftrag zu erfüllen hat. Die Deutsche Bischofskonferenz und die EKD haben Medienbeauftragte für alle großen Sender berufen. Die handeln, wie ihr Name sagt, im Auftrag der Kirche und *nur* in diesem, werden aber, dafür hat die Kirche gesorgt, *nur* von den Sendern bezahlt.

Auch der folgende Satz: „Als Christenmenschen haben wir etwas zu sagen ..." muss beanstandet werden. Die Sache wäre in Ordnung, wenn auch alle anderen, in Deutschland auftretenden Religionen und Religionsgruppen Sendezeiten zugesprochen bekämen, wenn auch die nicht konfessionell Gebundenen (inzwischen eine größere Gruppe als die Katholiken und Evangelen!) ihre Meinung zu den Themen unserer Zeit sagen könnten, und zwar in nicht weniger Zeiteinheiten als sie die Kirchen für sich reserviert haben. Hier, bei der Einräumung eines so enormen Einflusses der Kirchen auf die Sendungen der elektronischen Medien zeigt sich vielleicht am deutlichsten die prostitutive Vermengung von Staat und Kirche, die nonchalante Hinwegsetzung des Staates und der großen Fernsehanstalten über den vom Grundgesetz befohlenen Grundsatz strikter weltanschaulicher Neutralität gegenüber allen religiösen und weltanschaulichen Gemeinschaften.

Als »ancilla ecclesiae«, als Magd bzw. Knecht der Kirche agiert der Staat auch noch dadurch, dass er über all die derselben zugesprochenen Privilegien hinaus sogar noch in den öffentlich-rechtlichen Anstalten eigene Kirchenredaktionen errichtet hat und unterhält, die alle nur möglichen Informationssendungen über alle nur möglichen Themen in die Welt setzen können, ohne dass die Sender ein Sterbenswörtchen bei der inhaltlichen Gestaltung zu sagen haben. Sie dürfen allerdings für alle Kosten der Kirchenredaktionen und Kircheninformationen aufkommen. Den Vertretern des Staates und der öffentlich-rechtlichen Anstalten tut das allerdings auch nicht weh. Die Zeche zahlt ja am Ende immer der Bürger mit immer wieder erhöhten Abgaben, Steuerlasten, Fernsehgebühren. Hauptsache, das herzliche Einvernehmen des Staates mit der Kirche, der Raus und Köhlers, der Schröders und Merkels mit den Wojtylas und Ratzingers, den Lehmanns und Hubers ist gewährleistet!

Die großen privaten Fernsehanstalten haben zwar bisher keine eigentlichen Kirchenredaktionen wie die Öffentlich-Rechtlichen eingerichtet, aber ansonsten versuchen sie, mit den letzteren möglichst gleichzuziehen, indem sie in großem Maßstab Informationsberichte von Kirchenvertretern übernehmen und ausstrahlen und weitestgehend mit den Kirchen kooperieren. Otto Normalverbraucher sieht nur die Omnipräsenz der Kirche in den Sendern bei großen Events, dem Sterben des Wojtyla-Papstes z.B. und den Deutschland-Besuchen der Päpste in den letzten drei Jahrzehnten. Dass aber unterschwellig langsam, aber sicher weite Teile der Fernsehlandschaft kirchlich infiltriert werden, sieht nur der aufmerksamere Beobachter.

Schon die Kinder werden ideologisch in die „richtige" Richtung hineingesteuert. Der Kinderkanal »Kika« von ARD und ZDF etwa kommt mit der Sendereihe „Unsere Zehn Gebote" ins Fernsehen, und das zur besten Sendezeit, am Sonntag 10.50 Uhr, und gaukelt schon den Kleinen in lockeren, leicht verständlichen Episoden vor, diese Gebote seien eine biblisch-christliche Errungenschaft, die Gott selbst den Menschen offenbaren musste, weil sie sonst mit ihrer Vernunft nicht daraufgekommen wären. Natürlich erheben wir nicht den „religionspädagogischen Zeigefinger", wehrt Produzentin Ingelore König sogleich ab. Aber sie inszeniert es schon so, dass die Kleinen die christlichen Werte „kindgerecht" vermittelt bekommen, sie „darüber stolpern sollen, dass die Gebote Teil des Alltags sind."[467] Gegen Letzteres wäre kaum etwas einzuwenden, wenn damit nicht der monopolistische Anspruch verbunden wäre, dass es sich um „christliche Werte" handle und diese „der kulturelle Schatz sind, auf dem unser Leben basiert". Wir wär's, wenn man den Kindern zunächst die philosophisch und kulturell hochentwickelte Antike präsentierte und ihnen dann anschaulich demonstrierte, wie das anfänglich aus doch sehr einfachen, kulturell unbedarften Leuten bestehende Christentum sich immer umfänglicher die kulturellen Schätze und ethischen Werte des nichtchristlichen Altertums einverleibte, ja sie im Rahmen des immer größeren Machtzuwachses der Kirche teilweise regelrecht stahl und als eigene Kreationen proklamierte.

Man kann innerhalb der diesem Kapitel gesetzten Grenzen die vielen, mehr oder weniger ihre kirchliche Provenienz verratenden oder verbergenden Sendungen nicht alle aufzählen. Aber wer die Augen aufmacht, stößt allenthalben auf sie, auf die Sendung »So gesehen« beispielsweise bei Sat I oder den »Bibelclip« bei RTL, die Doku-Reihe »37 Grad« oder die Serie »Unser Walter« beim ZDF, um nur einige wenige herauszuheben. Es ist vielleicht der bisher groteskeste Witz des angebrochenen dritten Jahrtausends, dass Kirche und Papsttum, die in den letzten zwei Jahrtausenden im Vergleich mit allen anderen religiösen Institutionen die meisten Großverbrechen auf sich geladen haben, nun als Dank dafür von unseren so „aufgeklärten" TV-Machern den höchsten Fernsehpreis in Gestalt umfassender Sende-Privilegien erhalten. O tempora, o mores! Was für ein Mangel an aufrechtem Gang, welch ein Kriechertum überall![468]

Dieser Jahrtausend-Witz erfuhr im August 2006 sogar noch eine spezielle Steigerung, die die Macht und Präsenz des Papstes und der Kirche im Medium Fernsehen noch einmal besonders deutlich machte. In seine Sommerresidenz Castel Gandolfo lud Papst Benedikt Sptizenvertreter von ARD, ZDF, Deutscher Welle und Radio Vatikan – und alle, alle kamen freudigst und ergebenst herbeigeeilt: Gerhard Fuchs, Fernsehdirektor des Bayerischen Rundfunks als Vertreter der ARD, ZDF-Programmchef Thomas Bellut, Direktor Christoph Lanz von Deutsche-Welle-TV und natürlich Pater Eberhard von Gemmingen von Radio Vatikan als Kircheninterner und somit ohnehin von allen Weisungen des päpstlichen Gurus abhängiger Funktionär. Aber der saß die meiste Zeit noch am geradesten vor „Seiner Heiligkeit", die drei anderen, an sich doch Repräsentanten des Weltlichen, nämlich eines so modernen, säkularistischen Kommunikationsorgans, wie es das Fernsehen nun einmal ist oder sein sollte, hockten wie brave Schulbuben, etwas gebeugt, etwas gekrümmt, etwas nervös, vor allem aber sehr bescheiden, sehr demütig und sehr empfänglich für die „grandiose" Botschaft des Papstes, auf ihren Stühlen.

Aber vielleicht war es ja auch nicht bloß die „Majestät" des Papstes, die die vier Medienvertreter in Ehrfurcht erstarren ließ, sondern auch das ganze kostbare und teure Ambiente, das die Nachfolger der Römischen Imperatoren auf dem Stuhl Petri als ihnen durchaus angemessen und ihrer würdig betrachten. Da wäre im »Saal der Schweizer«, in dem das Fernsehinterview stattfand, der pompöse Thronsessel für den Papst mit seinen vergoldeten Armlehnen zu nennen, dann der prächtige Marmorboden und der in den Boden eingelassene Ring oder Bodenkreis, der auch den gehörigen, jedoch zugleich erhabenen Abstand zwischen dem Papst und seinen vier Interviewern garantierte, denn der auf der einen Seite des Bodenkreises und diese auf der gegenüberliegenden Seite desselben waren auf diese Weise vier Meter voneinander entfernt, so dass sich die Medienvertreter anfänglich sogar fragten, ob sie wohl schreien müssten, damit der Papst sie versteht. Die räumliche Distanz zum Papst machte die vier irgendwie noch kleiner und ergebener.

Das kommt dann auch in den Reaktionen und Stellungnahmen der vier Journalisten auf das bzw. zu dem Fernsehinterview, das ihnen der Papst gewährte, zum Ausdruck. Bellut beispielsweise, der katholische ZDF-Programmdirektor, rühmt sich, „schon viele Staatsoberhäupte interviewt" zu haben, „aber der Papst ist schon etwas ganz Besonderes".[469] Angetan ist Bellut auch davon, dass man hier „in ein Reich eindringt, das offenkundig kein Führungsproblem hat. Was der Papst will, wird gemacht." (Na, davon ist doch auch Herr Bellut als Chef des ZDF-Programms nicht mehr weit entfernt. Denn als solcher kümmert er sich auch wenig um die echten Bedürfnisse der Fernseh-Zuschauer. Oder glaubt er etwa, dass die ständigen ZDF-Sendungen über Papst und Kirche den Denkenden und Aufgeklärten in unserem Land nicht auf die Nerven gehen?).

Bellut rühmt an Benedikt XVI. des weiteren dessen „erstaunliche Gelassenheit". Er sei „durch keine Frage zu erschüttern" gewesen und erscheine „furchtloser als sein Vorgänger Johannes Paul II., der viel reiste und eher die dekorativen Elemente pflegte. Unter Benedikt XVI. gibt es wohl mehr Mut, sich in der modernen Mediendemokratie offensiv zu zeigen."

Der Papst „durch keine Frage zu erschüttern"? Kunststück, wo doch die Fragen vorher im Vatikan eingereicht werden mussten! Der „so eloquente und brillante" Theologe fürchtet als Papst jede spontan aufkommende Frage, auf die er, ohne präpariert zu sein, antworten müsste. Aber treue Katholiken sind von ihrem blinden Lob für den „Heiligen Vater" einfach nicht abzuhalten. Der »Rheinische Merkur«, von den deutschen Bischöfen tapfer, auch finanziell gestützte Wochenzeitung, macht sich lächerlich, wenn er von Benedikt behauptet, er habe auf die „vorher zwischen dem Vatikan und den Fachredaktionen abgesprochenen Fragen ... offen, präzise und schnell geantwortet".[470] Man gebe Prüflingen schon vor dem Abitur die Prüfungsfragen. Nur die Dämlichsten unter ihnen werden dann bei der Prüfung selbst trotzdem nicht „offen, präzise und schnell" antworten. Ratzinger hatte sich also natürlich auch seine Antworten auf die ihm schon vorher bekannten Fragen gut eingeprägt, so dass es nicht bloß schnell, sondern „viel zu schnell zuging", wie Eberhard von Gemmingen bedauerte.[471] Schon nach 36 statt der vorgesehenen 45 Minuten sei man fertig gewesen, weil der Papst so schnell geantwortet habe. Was für eine Leistung! Gut auswendig gelernt! Ein braver Schüler war er ja schon immer. Ein wahrer Primus. Nur wenig originell, wie wir nachher bei einer Kurzanalyse von Ratzingers Antworten auf die Interviewfragen noch sehen werden.

Obwohl also alles bis in alle Einzelheiten vorprogrammiert war, behauptete Benedikt dann dennoch: „Ich komme mir ein bisschen vor wie vor Gericht."[472] Na, dann sollte er mal ein echtes Gericht mit objektiven Richtern seiner brav kirchenkonformen Theologie erleben, die nicht eigens von ihm bzw. vom Vatikan ausgesucht wurden, um auch nur die geringste Möglichkeit auszuschließen, dass einer der Interviewpartner aus der Reihe tanzte und den Papst mit nicht vorhergesehenen und vorher bewilligten Fragen behelligte.

Es fehlte also bei dem Fernsehinterview mit dem Papst jede Spontaneität, jegliche wirkliche Diskussionsfreiheit, jede Möglichkeit der Äußerung echter Kritik. Es war ebenso wie überall, wo Diktatoren Interviews geben. Bei Papa Ulbrich seligen oder unseligen Angedenkens in der ehemaligen DDR lief ein Interview auch nicht anders ab. Fragen über den vorher festgesetzten Rahmen hinaus waren nicht zugelassen. Wenigstens der Vatikanist unter den vier Fragestellern, der Jesuit Eberhard von Gemmingen, gab zu, dass es „in der Tat ‚eher steif' zugegangen" sei, während ZDF-Programmboss Bellut sofort zurechtrückte: Das Gespräch sei „außerordentlich höflich, sehr beeindruckend" gewesen.[473] Der braucht halt als gläubiger katholischer Laie einen, den er anbetet, und da spielt dann das, was der Angebetete sagt, keine Rolle mehr. Es bleibt beeindruckend. Auch BR-Direktor Fuchs, der dem Papst eine Madonna-Figur, die „Schutzfrau Bayerns", schenkte, zeigte sich „mächtig beeindruckt" von der „neuen, sehr offenen, kosmopolitischen und menschlich anrührenden Haltung" des „sehr humorvollen, gefühlvollen Papstes".[474]

Die Berichterstattung katholischer bzw. den Kirchen nahestehender Blätter ist überhaupt ein Paradebeispiel dafür, wie man aus einem relativen Nichts ein mediales Großereignis machen kann. Das hier schon einige Male zitierte Hausblatt der deutschen Bischöfe, der »Rheinische Merkur«, spricht enthusiastisch von einem „neuen Ton" und „neuen Stil" des Ratzinger-Papstes und seinem Mut, sich einem „Kreuzverhör" zu stellen: „Doch der Papst im ‚Kreuzverhör' gegenüber einer Viererrunde von Journalisten – das sind Züge eines neuen Medienverständnisses im Vatikan. Das Signal heißt Offenheit."[475] Der Papst als Interviewpartner von ARD und ZDF, von Deutscher Welle und Radio Vatikan – das sei geradezu eine „Weltpremiere". Wenn dann noch im genauen Gegensatz zu dem oben Gesagten des Papstes „Bereitschaft, Nähe zuzulassen",[476] gepriesen wird, während doch schon die Sitzanordnung im Interviewsaal auf kühle, ehrfurchtsvolle Distanz angelegt war, kommt man aus dem ungläubigen Staunen gar nicht mehr heraus.

Dabei ist das alles keineswegs so neu. Der alte Propagandafeldzug der Kirche mit Hilfe der Medien rollt lediglich noch intensiver weiter. Eine »Weltpremiere« in dieser Hinsicht war weniger das Fernsehinterview der Viererrunde mit Benedikt XVI., sondern vielmehr die Krönung des von Ratzinger so außerordentlich geschätzten Eugenio Pacelli zum Papst Pius XII. am 12. März 1939 auf dem Petersplatz in Rom. Denn da begann „die Nutzung der modernen Massenmedien für die Propaganda der katholischen Kirche. Es war die erste über den Rundfunk weltweit übertragene Papstkrönung und die erste, die komplett gefilmt wurde."[477] Dann kam nach dem Tod Pius' XII. 1958 Johannes XXIII. mit seiner neuen, von allen Medien bejubelten Idee eines Weltkonzils, des II. Vaticanums, das jahrelang mit seinen Themen die Hauptspalten der Presse füllte. Auf dem Umweg über Paul VI. und Johannes Paul I. begann dann 1978 das Pontifikat des Wojtyla-Papstes, „der als Bildschirmherr alles bisher in diesem Medium Dagewesene auf die Plätze verwies", so dass es eigentlich sehr „schwer ist, mit neuen päpstlichen Tele-Visionen aufzuwarten."[478]

Aber immerhin: Ratzinger versucht es! Zuerst mit einem Fernsehinterview, einem polnischen Jesuiten vor seiner Polenreise gegeben, und dann mit dem hier ausführlich behandelten Fernsehinterview für die Vertreter der vier deutschsprachigen Sender vor seiner Reise nach Bayern im September 2006. Auch sonst tut er, was er kann, um gegenüber dem übermächtigen Medienpapst Johannes Paul II. nicht ganz ins Hintertreffen zu geraten. So lässt er sich vom Vatikanischen Fernsehen bei Wanderungen im Aostatal filmen, ebenso beim Klavierspiel, denn die Welt soll ja wissen, dass Gottes Stellvertreter auf Erden auch die Musik liebt und sogar leidlich beherrscht. Es ist ja alles zur »größeren Ehre Gottes«, oder pragmatischer mit den Worten von Gemmingens, des Chefs der deutschen Abteilung von Radio Vatikan, gesagt: „... sein Verstand sagt ihm einfach: Mit so einem Interview" (und allen anderen Auftritten im Fernsehen) „komme ich in wahnsinnig viele Wohnzimmer und kann das sagen, was ich sagen will."[479]

Die Medien tun das Ihrige, damit die Verbreitung der Papst-Message möglichst viele erreicht. Das Papstinterview mit den Vieren wurde von ARD und ZDF am 6. August 2006 zu unterschiedlichen Zeiten gesendet. „So erreichen wir unterschiedliche Publika!" Eine wirklich „biblisch-salomonische Lösung."[480] Wie gesagt: Um alle „bösen" Überraschungen und störenden Eventualitäten auszuschließen, war das Interview schon vorher aufgezeichnet worden. Es musste ja auch, so ZDF-Programmchef Bellut, „das Interview erst in alle Kirchensprachen übersetzt werden, ehe wir das Gespräch am Sonntag ausstrahlen durften. Das schriftliche Wort des Papstes ist weltweit bindend – am mündlichen wird nichts mehr geändert."[481] Der erste Teil des letzten Satzes stimmt zwar nicht. Der Papst sprach ja im Interview nicht »ex cathedra«. Aber einem katholischen Laien kann man einen solchen Fauxpas schon verzeihen. Oder sollte der Gehorsam eines katholischen Medienvertreters schon so weit gehen, dass er in vorauseilender Glaubensbereitschaft selbst die unverbindlichen Interviewaussagen eines Papstes für unfehlbar hält?

Wie gesagt: Es passte alles bis auf's i-Tüpfelchen in dem Fernsehinterview, das der Ratzinger-Papst den vier Bossen der deutschen TV-Landschaft gab. „... die Glätte der Inszenierung entsprach der des prächtigen Marmorfußbodens im >Saal der Schweizer< von Castel Gandolfo ... Benedikt spulte ... ohne Verzug bei den entsprechenden Äußerungen der Stichwortgeber seine Statements ab",[482] und die Medienleute waren's zufrieden. Wirklich kritische Fragen oder solche, die aus dem vorher vereinbarten Rahmen gefallen wären, hatten sie nicht gestellt. Aber sie hatten all denen, die trotz der ermüdenden Monotonie der päpstlichen Statements geduldig vor dem Bildschirm ausharrten, demonstriert: Es gibt nur eitel Sonnenschein, Frieden und Harmonie, wenn man in allem mit Papst und Kirche konform geht! Eine sehr schwache Begründung für die völlige Kritiklosigkeit des Interviews lieferte ZDF-Programmchef Bellut trotzdem noch nach: „Natürlich kann es bei vier Interviewern kein Streitgespräch geben" (warum eigentlich nicht?). „Es war eine Weltpremiere, da ist man vorsichtiger. Beim nächsten Mal werden Kollegen sicher mehr nachhaken."[483]

Der letzte Satz ein angesichts der organisatorischen Maßnahmen des Vatikans bei allen Interviews seiner Spitzenvertreter zwar frommer, jedoch total illusionärer Wunsch. Aber der Rosenkranz, den jeder der vier frommen Brüder am Ende des Interviews vom Papst geschenkt bekam, wird sie sicherlich darüber hinwegtrösten, dass dieser Wunsch nicht in Erfüllung geht. Ein fünfter Bruder, Johannes B. Kerner, würde den Ratzinger-Papst auch gern in seine Talkshow einladen. Aber da winkt Bellut ab. Das ist ihm dann doch zu profan, der »Würde päpstlicher Majestät» nicht angemessen. „... ich kann mir nicht vorstellen, dass der Papst die Umgebung eines TV-Studios sucht."[484] Abwarten! Man soll nie nie sagen! Wenn das Honorar hoch genug sein sollte, kann ja vielleicht Lehmann, Gottes und Ratzingers Stellvertreter in Deutschland, für diesen einspringen.

Die Gesetze der Herrschaftsausübung zwingen doch die Mächtigen dieser Erde, ständig im Fernsehen präsent zu sein. Wie sagte es doch TV-Magnat Berlusconi, der davon wirklich etwas versteht: „Wer sich nicht auf dem Bildschirm zeigt, existiert nicht." Der Papst und seine obersten Vasallen müssen sich also ständig festlich, feierlich, majestätisch, geradezu sakral im Medium Fernsehen präsentieren und manifestieren, um zu verhindern, dass die Leere des Unausgefülltseins der auf sie neugierig starrenden Massen diese zur Reflexion führt, zur Einsicht und zum Durchblick, dass das alles nur sakramental verbrämte Schauspielerei ist, was die geistlichen Herren da vor ihren Augen vollführen. Sie wollen der Menge weismachen, dass sie von einer höheren Instanz, von der Transzendenz, von Gott selbst gewollt sind. Schaute die Menge hinter die Kulissen und unter ihre teuren

Gewänder, sie stellte die ganze Misere des Menschlich-Allzumenschlichen, manchmal auch die des Unmenschlich-Untermenschlichen in diesen Herren fest.

Alle wissen sie, wie sie sich telegen zu gebärden haben, auch die Kleriker, die nicht zur obersten Hierarchie-Schicht gehören, sich aber in ihrem Glanz mitsonnen. Fernsehmoderator Reinhold Beckmann z.B. war bei einer Audienz im Vatikan „vom blendend-telegenen Aussehen des Sekretärs (des Papstes) derart eingenommen, dass er Gänswein am liebsten direkt in sein Studio mitgenommen hätte."[485] Die Kirche – eine universale Schauspielschule! Jeder Priester ein Schauspieler. Er lernt die Schauspielerei von der Pike auf: als kleiner Messdiener; als Mitwirkender im Priesterseminar bei Pontifikalmessen des Papstes oder der Bischöfe oder als Zeremonienmeister, der jedem Mitagierenden den Platz am Altar zuweist und die Gebärden vorschreibt, die er zu vollziehen hat; als Prediger, dem im Fach Homiletik die Gesten eingetrichtert werden, die er bei der Verkündigung anwenden soll, um anzukommen; als zum Diakon, Priester oder Bischof Geweihter, wobei ja jeweils ein spezifiziertes Zeremoniell und Ritual einstudiert werden muss.

Auch das Fernsehinterview des Papstes mit den Vieren war natürlich ein Schauspiel, bei dem es letztlich nicht um Inhalte ging, sondern um die Art und Weise, wie sich der »Erste Vorsitzende« der Katholiken auf dem Bildschirm präsentierte, welchen (möglichst tiefen) Eindruck er hinterließ. Dass es primär nicht um Inhalte ging, beweist auch die Tatsache, dass der Ratzinger-Papst keine der ihm gestellten Fragen direkt beantwortete. Denn selbst in den, wie wir sahen, bereits vorher eingereichten, sehr vorsichtig formulierten Fragen der Interviewpartner war trotzdem noch genügend Konfliktstoff enthalten, auf den Benedikt aber kaum einging, ihn vielmehr meist umging, wie das allerdings auch seinem Charakter entspricht, der nie offen und offensiv Konflikte angeht, sondern sie umschifft, um dann lieber von hinten zuzuschlagen oder wenigstens einen Stich zu versetzen. So hat er es ja auch, wie wir das im nächsten Kapitel noch ausführlicher besprechen werden, in seiner Regensburger Vorlesung mit dem Islam gemacht. Die Vorlesung galt schwerpunktmäßig gar nicht diesem, sondern Ratzingers Lieblingsthema: der vermeintlich notwendigen Zusammengehörigkeit von Gott, Glaube und Vernunft. Aber ein paar Sticheleien gegen den Islam konnte er sich trotzdem nicht verkneifen, was dann die islamische Welt in helle Aufregung versetzte.

So einmal um die linke, dann wieder um die rechte Ecke herum war auch das Frage-Antwort-Spiel in Castel Gandolfo.[486] Gleich in seinem Statement als Antwort auf die erste Frage, gestellt von BR-Fernsehdirektor Fuchs, bekommen die dem Christentum doch an und für sich verwandten monotheistischen Religionen

Judentum und Islam einen Stich versetzt, denn „das Grundthema ist eigentlich", so Benedikt, „dass wir Gott wiederentdecken müssen". So weit, so gut. Doch dann schränkt er sogleich ein: Aber „nicht irgendeinen Gott, sondern den Gott mit einem menschlichen Antlitz, denn wenn wir Jesus Christus sehen, sehen wir Gott". Damit ist der Graben aufgerissen, denn die streng monotheistischen Religionen Judentum und Islam erkennen keinen Menschen als Gott an. Da nützt es nichts, wenn Benedikt gleich im nachfolgenden Satz wieder süßlich davon redet, dass wir „die Wege zueinander finden müssen ... die Wege der Versöhnung und des friedlichen Miteinanders in dieser Welt". Zuckerbrot und Peitsche ist in Wirklichkeit die Methode, die Ratzinger auch hier anwendet. Dabei wäre es gar nicht nötig, eine solche Kluft aufzureißen. Aber er gebärdet sich hier fundamentalistischer als selbst die meisten anderen katholischen Theologen. Jeder halbwegs ernstzunehmende Erforscher des Neuen Testaments weiß heute, dass Jesus nie den Titel Gott für sich in Anspruch genommen hat, dass er sich nur als Menschen empfand.[487]

Im Statement als Antwort auf die ihm gestellte zweite Frage nimmt der Papst die Atheisten und alle „Profanen", die keine Ehrfurcht vor dem Heiligen haben, aufs Korn: „... in der Welt des Westens erleben wir ja heute eine neue Welle einer drastischen Aufklärung oder Laizität ... Andererseits wird der Westen jetzt stark berührt von anderen Kulturen, in denen das originär Religiöse sehr stark ist, die auch erschrecken über die Kälte Gott gegenüber, die sie im Westen vorfinden." Diese „Präsenz des Heiligen in anderen Kulturen" sei etwas, das den Westen in Frage stellen müsse. Hier wirft Ratzinger, wie es ihm gerade in den Kram passt, »originär Religiöses«, »das Heilige« und »Gott« einfach synonym durcheinander, obwohl doch die ganze Welt des Fernen Ostens – Buddhisten, Hindus, Taoisten, Shintoisten etc., die alle ihre Anhänger in Europa haben – mit dem Gottesbegriff der Christen, ja auch dem der Juden und Moslems, kaum etwas anzufangen weiß, er für sie jedenfalls keine wesentliche Rolle spielt. Aber bei den Journalisten, denen er gegenübersitzt, braucht er auch nicht mit religionswissenschaftlichen Kenntnissen und Subtilitäten zu rechnen.

Gefragt nach dem Verhältnis zwischen dem Primat des Papstes und der Kollegialität der Bischöfe, leugnet Benedikt einfach die mit diesem Primat doch gegebene Alleinherrschaft in der Kirche: „Wir wissen, dass der Papst kein absoluter Monarch ist, sondern sozusagen das Ganze verkörpern muss." Richtig am zweiten Teil dieser Aussage ist, dass die Päpste sich immer wieder so gebärdeten, als ob sie das Eine und Ganze wären, alle anderen nur willfährige Marionetten.

Besonders listig, vielleicht auch nonchalant, umgeht Benedikt die Frage nach den Möglichkeiten der Verbesserung des Verhältnisses zur evangelischen Kirche. Mit keinem Sterbenswörtchen geht er darauf ein, dass er doch in seinem Grundsatzdokument »Dominus Jesus« vom Jahr 2000 der lutheranischen und der reformierten Kirche, überhaupt allen protestantischen Denominationen, das »Kirche sein« abgesprochen hatte, dass er weiterhin die Zulassung evangelischer Ehepartner von Katholiken zur Eucharistie verbietet, den evangelischen Geistlichen den Titel Priester verweigert, weil sie doch nicht geweiht seien, natürlich auch weiterhin einen Bischof Huber oder eine Bischöfin Käßmann nicht als wirkliche Bischöfe anerkennt. Nein, Benedikt entschwebt ins Wolkig-Nebulöse, indem er vom „vielstimmigen Gefüge" des Protestantismus schwafelt, „mit dem wir in Respekt vor den vielen Stimmen und in der Suche nach der Einheit in Dialog treten und in Zusammenarbeit kommen müssen." Es sei gar nicht so wichtig, „so schnell zu äußeren Einheiten zu kommen", man müsse vielmehr erst „zu einer inneren Einheit reifen, die, so Gott will, eines Tages dann auch äußere Formen von Einheit bringt." Das nennt man ökumenische Konsensrhetorik ohne jeden Willen, irgendetwas zu ändern!

In diesem Zusammenhang auch wieder ein kleiner Seitenhieb an die Adresse der Atheisten: Katholiken und Protestanten sollten sich gemeinsam bemühen, „den Gott mit dem menschlichen Antlitz Jesu Christi sichtbar zu machen und den Menschen so den Zugang zu den Quellen zu geben, ohne die die Moral verkümmert und ihre Maßstäbe verliert." Das hört sich zwar zunächst ganz nett an, bedeutet aber nichts weniger als dass Menschen, die nicht an Gott glauben, keine Moral haben bzw. eine verkümmerte, die fortschreitend ihre Maßstäbe verliert. Der so „tolerante", angeblich doch auf Augenhöhe mit den aufgeklärtesten Geistern der Gegenwart disputierende Papst Benedikt tut so, als ob er nie etwas von den zahlreichen philosophischen Konzepten gehört hat, die eine »autonome Ethik« ohne Rekurs auf Gott legitim zu begründen vermögen.[488]

Der Frage, warum er beim Familienkongress in Valencia im Sommer 2006 mit keinem Wort auf die Homo-Ehe eingegangen sei, weicht Benedikt mit dem Hinweis aus, er habe „nur zwei mal zwanzig Minuten" Redezeit gehabt und da könne „man nicht gleich mit dem Neinsagen daher kommen". Schließlich sei „ der Katholizismus nicht eine Ansammlung von Verboten, sondern eine positive Option". Die positive Option ist nach Ratzinger, „dass Mann und Frau zueinander geschaffen sind" und es „Ehe nur als beglücktes Ineinander von Mann und Frau" gibt. Damit stellt sich die Homo-Ehe im Sinne des Zueinanders von Mann und Mann bzw. von Frau und Frau automatisch als gottwidrig, weil gegen den Schöpfungsplan Gottes gerichtet, heraus, ohne dass der Papst genötigt ist, dies eigens auszusprechen. Er hat ja nur das Positive betont, die Verbote und Verdikte aber bleiben! Eine „versöhnliche Ausdrucksweise, ohne die Botschaft als solche anzutasten ... Allerdings konnten die 36 Minuten den Eindruck erwecken, die katholische Kirche würde sich in einem milde gestimmten, alten Mann inkarnieren und wäre nicht nach wie vor ein absolutistisches System international agierender Macht."[489]

Ein ganz besonderes Meisterstück des Verschleierns und Verschweigens, des Überspringens einer heiklen Problematik leistet sich Papst Benedikt in der Antwort auf die Frage nach der Stellung der Kirche zu Aids und Überbevölkerung. Offiziell verbietet die Papstkirche ja immer noch Kondome, obwohl die gegen die Weiterverbreitung von Aids überlebenswichtig sind. Durch ihr Nein zu Kondomen fördert sie zusammen mit den fundamentalistischsten islamischen Staaten die rasante Verbreitung von Aids, besonders in Afrika. Kritiker haben darauf hingewiesen, dass die päpstliche Anti-Kondom-Doktrin und -Strategie mehr Unglück verursache als seinerzeit die Politik der Apartheid.[490]

Der Papst aber hält im Zusammenhang mit dieser Frage einen langen Vortrag über „Erziehung, Education, Bildung". Fortschritt könne „nur Fortschritt sein, wenn er dem Menschen dient und wenn der Mensch selber wächst; wenn in ihm nicht nur das technische Können wächst, sondern auch seine moralische Potenz." Viel wichtiger sei es, dass die Kirche den Menschen Bildung gebe, und nicht Kondome. „Aber wenn man nur Know-how weitergibt, nur beibringt, wie man Maschinen macht und mit ihnen umgeht, und wie man Verhütungsmittel anwendet, dann braucht man sich nicht zu wundern, dass am Schluss Krieg herauskommt und AIDS-Epidemien." Inzwischen soll der Papst angeblich bereit sein, das Kondomverbot bei kirchlich Getrauten zu lockern. Wenn in einer solche Ehe ein Partner Aids hat, soll der Gebrauch von Kondomen erlaubt sein. Wir werden wohl noch erleben, dass der Vatikan, wie in vielen anderen Fällen auch, eine spät aufgehobene Rückständigkeit als Fortschritt verkauft.

Auch die Frauen „tröstet" der Ratzinger-Papst in seinem Fernsehinterview mit der Viererrunde so „herzlich", dass ihnen weiterhin nur die ekklesiogene Frustration bleibt und sich der objektive Beobachter allen Ernstes fragt, warum sie überhaupt noch in der Kirche bleiben. Die „Konstitution des Apostelkollegiums" verbiete es eben, Frauen die Priesterweihe zu erteilen, so Ratzinger. Dabei hat der Jesus der Evangelien überhaupt keine Priester geweiht, den Priesterstand des Alten Bundes abgeschafft, haben Frauen in der allerersten Frühzeit des Christentums als Apostelinnen gepredigt und gewirkt.[491] Aber dann Ratzingers Trost: „... man sollte auch nicht meinen, in der Kirche ist nur jemand etwas, der ein Priester ist." Doch sogleich kommt der Dämpfer: Juristisch sei da eben nichts zu machen: „Jurisdiktion, also die Möglichkeit rechtlich bindender Entscheidungen, ist nach dem Kirchenrecht an Weihe gebunden. Insofern gibt es da auch wieder Grenzen." Aber die Frauen werden mit diesen Grenzen schon richtig umzugehen wissen, tönt Ratzinger frohgemut. Sie werden „mit ihrem Schwung und ihrer Kraft, mit ihrem Übergewicht sozusagen, mit ihrer geistlichen Potenz sich ihren Platz zu verschaffen wissen." Was tröstlich klingen soll, „ist die Bekräftigung der Unverrückbarkeit einer klerikalen und zölibatären Männerherrschaft, die ihre Deutungshoheit über die Normen des gesellschaftlichen und privaten Zusammenlebens nicht gewillt ist aufzugeben", schreibt dazu mit Recht die Zeitung »Neues Deutschland«.[492]

Angesichts der ergebenen Haltung der vier Vertreter des deutschen Fernsehens beim Interview mit dem Papst darf man in Zukunft wohl auch erwarten, dass noch mehr Fernsehfilme über Heiligengestalten der katholischen Kirche gedreht werden. Denn man muss ja, so der Papst, diese „Gestalten wirklich einprägsam sichtbar machen über die Katechese, die Predigt", man könnte „Filme über solche Gestalten lancieren – ich könnte mir schöne Filme vorstellen ... einen Film über Augustinus, über Gregor von Nazianz ... es gibt wunderbare Gestalten der Geschichte, die nicht langweilig sind, sondern Gegenwart haben." Man sollte „für viele solche Gestalten sichtbar machen, die gegenwärtig sind und uns inspirieren."

Kein Zweifel, der Papst- und Heiligenkult in der Kirche und darüber hinaus geht weiter, und demnächst werden wir ja wohl auch den Verursacher der Inflation der Selig- und Heiligsprechungen im 20. Jahrhundert, den Wojtyla-Papst, als vom Ratzinger-Papst Selig- und Heilig-Gesprochenen verehren und uns dann mit Sicherheit auch einen weiteren Film über ihn ansehen dürfen. Sollte später dann auch noch der Ratzinger-Papst selig- und heilig gesprochen werden, dann hätten wir gleich zwei heilige Medienpäpste, die den vermeintlich säkularen Mächten von Fernsehen, Rundfunk und Presse unter dem Motto der Übereinstimmung von Glaube und Vernunft übermächtig gezeigt haben, wo es in Wirklichkeit langgeht, wie sie zu gehorchen haben.

Denn man sehe, höre und staune. Selbst »Der Spiegel«, einst unter Rudolf Augstein noch mehr oder minder das kirchenkritischste Magazin im bundesdeutschen Blätterwald, übernimmt völlig unkritisch die Mär von Ratzinger als dem genialen Versöhner von Glaube und Vernunft, Religion und Ratio. Das Prinzip, dem praktisch alle größeren Magazine, Zeitschriften und Zeitungen huldigen, kann man so umschreiben: »Ein Papst, der so populär ist, die Massen derart anzieht, dem müssen wir selbst auch ein ganz positives Image verschaffen, sonst verpassen wir den Anschluss an unsere Leser und verlieren eine Menge von ihnen.«

Also beauftragt auch »Der Spiegel« einen besonders dafür Geeigneten, die wichtigsten Reportagen über den Ratzinger-Papst zu verfassen. Besonders geeignet wofür? Natürlich für eine positive Berichterstattung über Ratzinger. Es ist Alexander Smoltczyk, »Spiegel«-Korrespondent in Rom, dessen – der Name legt es nahe – offenbar slawische Familienwurzeln ihn im Gegensatz zu den „gefühlskalten" Westdeutschen geradezu prädestinieren, schon a priori eine gefühlsbetonte Hochschätzung für Papst und Kirche zu hegen. So erfreut er sich auch der Sympathie Benedikts und darf ihn auf drei seiner bisher vier Flugreisen begleiten. Man muss sich nur das Foto der beiden im »Spiegel Special« (9/2006, S. 3) anschauen, um zu erkennen: In diesem Blick in die Augen des anderen, in diesem Händedruck drückt sich höchstes Einverständnis aus. Dementsprechend besteht die Haupttendenz seiner Ratzinger-Reportagen in der Beschreibung, „warum der einstmals als stockkonservativ geschmähte Kirchenmann inzwischen auch viele aufgeklärte Intellektuelle begeistert."[493]

Ja, „warum fasziniert (denn) ein reaktionärer, bayerischer Antimodernist im weißen Gewand die abgeklärten Aufklärer unter uns?"[494] »Spiegel«-Smoltczyk weiß die Antwort: Weil der Ratzinger-Papst „der Richtige" ist, weil er „ein Intellektueller ist, der die Ratio nicht durch Mystik ersetzt, sondern in den Dienst des Glaubens nimmt."[495] Schon an dieser Stelle hätte ein nachdenklicherer, weniger oberflächlicher Bewunderer des Papstes vorsichtig werden müssen, denn die Vernunft eignet sich schlecht als Magd , als Dienerin des Glaubens (ancilla fidei), vielmehr feierte sie in dieser ihrem Wesen widersprechenden Knechtsgestalt die größten, aber auch schrecklichsten Triumphe in der Rationalisierung, der Rechtfertigung der Inquisitionsurteile gegen Unschuldige, vom Glauben der Kirche Abweichende, allen voran gegen so gewaltige Geistesgröße wie Galileo Galilei und Giordano Bruno.[496]

Aber dem »Spiegel«-Korrespondenten gefällt offenbar diese Knechtsrolle der Vernunft gegenüber dem Glauben, denn er lobt Benedikt dafür, dass der sagt: „Die Aufklärung muss aufgeklärt werden."[497] Ja, durch wen denn? Natürlich durch Ratzinger und den Glauben der Kirche.

Die Begeisterung des »Spiegel«-Mannes für den Papst steigert sich noch. Ja, sagt er, der „Johannes Paul war der Papst der Bilder", aber „Benedikt ist der Papst des Wortes." Der „sagt nicht wie sein Vorgänger: Hinknien und Rosenkranz beten".[498] Wirklich nicht? Warum hat er dann den vier prominenten Vertretern des Fernsehens bei seinem Interview in Castel Gandolfo zum Abschied je einen Rosenkranz geschenkt? Die kritiklose Bewunderung lässt so manchen blind werden für das, was wirklich geschah oder geschieht! Und es geht ja mit dieser Bewunderung noch ungebremst weiter: Wir haben, so Smoltczyk, „ein Novum" in Deutschland. „Es ist etwas geschehen: Das Land von Luther, Marx und Nietzsche hat den Glauben an die Gottlosigkeit verloren." Die Deutschen „stehen dem

Glauben nicht mehr gleichgültig gegenüber. Sie interessieren sich für ihn und nehmen – auch im politischen Berlin – das Wort aus Rom ernster als noch vor wenigen Jahren. Die säkularisierte Kultur ist neugierig geworden. Sie kokettiert mit der Una Sancta ... Benedikt ist der Papst für eine Zeit, die den Glauben verloren hat, aber sich nach einem Ort sehnt, und sei es, dem des Glaubens. Er ist der Papst für eine traurige Moderne."[499] Traurig, ja tragikomisch daran ist doch in Wirklichkeit nur, dass eine traurige, ängstliche, misstrauische, überall Irrtum und Sünde witternde, die Apokalypse als Strafe Gottes herbeisehnende Gestalt wie die Ratzingers der Moderne, wenn sie denn traurig sein sollte, ein Ende der Traurigkeit bescheren soll.

Aber »Spiegel«-Smoltczyk bleibt dabei: Benedikt ist „der Richtige", weil er die Wahrheit verkündet, weil „für ihn die Wahrheit nicht in mystischer Selbstversenkung zu finden ist, sondern am Schreibtisch. Vernunftmäßiges Handeln ist für Ratzinger seit je das Kennzeichen wirklicher Religion."[500] Ja, dann ersetzen wir doch bitte gleich die Religion durch die Vernunft, dann haben wir die ewigen Glaubens- und Religionsstreitereien endlich hinter uns. Es ist ein trauriges Attribut vieler heutiger Journalisten, die dem Papst huldigen, dass sie die Behauptungen desselben schon für die Wahrheit, für den Beweis halten. Der braucht nur zu behaupten, vernunftmäßiges Handeln sei ein Kennzeichen wirklicher Religion. Schon glaubt man es ihm. Ratzinger hält doch sicher sein Christentum, seine Kirche für eine wirkliche Religion. Aber was hat die nicht alles an Widervernünftigem getan: Hexenverbrennung, Judenverfolgung, Buchverbote, Teufelsaustreibungen bis zum heutigen Tag usw. usw. Nicht zu vergessen: Jedes Dogma ist ein Anschlag auf den gesunden Menschenverstand. Wäre Ratzinger konsequent, müsste er gerade seiner Kirche das Attribut »wirkliche Religion« aberkennen, denn vernunftgemäß hat diese Kirche in den seltensten Fällen gehandelt. Noch „vor 60 Jahren wurde vom Vatikan kein Text produziert, in dem nicht der Begriff Menschenrechte negativ besetzt war: Menschenrechte sind liberalistisch, sind falsche Aufklärung. 60 Jahre später hat diese Institution es geschafft, sich als jemand hinzustellen, der die einzig gültige Deutungskompetenz für Begriffe wie Menschenwürde und Menschenrechte hat."[501]

Wie wäre es, wenn der vermeintlich der Wahrheit so verpflichtete Ratzinger-Papst die furchtbaren Urteile seiner Vorgänger aus dem 19. Jahrhundert gegen die Glaubens-, Gewissens-, Gedanken-, Presse-, Rede- und Meinungsfreiheit mit allem Nachdruck widerriefe? Nur dann wäre er glaubwürdig! In Wahrheit rechnet er gerade bei den Medienvertretern mit einem kurzen Gedächtnis bzw. mangelnden Geschichtswissen, so dass er seine These über die Kirche als Anwältin der Vernunft und der Menschenrechte herausposaunen kann, ohne die Befürchtung hegen zu müssen, irgendeiner könnte ihm widersprechen. Dabei sind die

Aussagen der Päpste fast aller Jahrhunderte gegen die Menschenrechte eine wahre Wonne für jeden Fundamentalisten und Terroristen, eine wahre Fundgrube zur Instrumentalisierung der Religion für Gewaltakte.

Man nehme beispielsweise die Enzyklika »Mirari vos« (1832). In ihr verurteilt Papst Gregor XVI. (1831-1846) die vermeintlich so schädliche Gewissens- und Meinungsfreiheit mit folgenden Worten: „Aus dieser ganz verdorbenen Quelle des Indifferentismus floss die absurde und irrige Meinung oder vielmehr Verrücktheit, jedem Menschen sei Gewissensfreiheit zuzuerkennen und zu garantieren. Zu diesem höchst verderblichen Irrtum führte die volle und unbeschränkte Meinungsfreiheit, die zum Schaden der Kirche und des Staates sich überallhin ausbreitete und von der einige höchst unverschämt behaupten, sie gereiche der Religion zum Vorteil." Ein anderes Beispiel: Der Papst, der das Unfehlbarkeitsdogma verkündete, Pius IX., betonte auch die „ewig gleichbleibende" Lehre der Kirche zu dem von Gregor XVI. dargelegten Punkt und führt im gleichen Ton wie dieser in seiner Enzyklika vom 15. August 1854 fort: „Die abgeschmackten und irrigen Lehren oder Faseleien zur Verteidigung der Gewissensfreiheit sind ein außerordentlich verderblicher Irrtum – eine Pest, die vor allem anderen in einem Staat am meisten zu fürchten ist." In seinem berühmt-berüchtigten „Syllabus" (1864) verurteilt Pius IX. den Liberalismus und alle seine (vermeintlichen) Irrtümer; gesteht er dem Staat ausdrücklich das Recht zu, die katholische Religion als alleinige Staatsreligion festzuhalten und alle anderen Religionen auszuschließen; verurteilt er den Indifferentismus (im Katholizismus meist synonym mit der verächtlich behandelten „Toleranz" gebraucht), weil dieser zulasse, dass jeder „die Religion ergreift und bekennt, die er aufgrund des Lichts seiner Vernunft für die wahre hält." In diesem Syllabus wütet Pius IX. selbstherrlich gegen fast alles und jedes, gegen Sozialismus und Kommunismus, gegen Rationalismus, Naturalismus, Pantheismus usw. usf. Als die österreichische Verfassung 1867 die „Meinungs-, Press-, Glaubens-, Gewissens- und Lehrfreiheit statuiert, ... alle religiösen Gesellschaften einander gleichstellt" und staatlich anerkennt, stellt dies Pius IX. in seiner Allokution vom 22. Juni 1868 als „infanda lex", als ein abscheuliches Gesetz, hin. Eindringlich warnte dieser Papst alle Völker vor der Sittenverderbnis, die aus der Freiheit komme. „Die bürgerliche Religionsfreiheit sowie die volle, für alle gewährleistete Befugnis, frei und offen irgendwelche Meinungen und Gedanken zu äußern, könnten Geist und Sitten der Völker verderben."[502]

Kritiklos übernimmt der »Spiegel«-Korrespondent auch Benedikts Behauptung, er stelle sich im Namen der „,Wahrheit' gegen den ‚Relativismus' der Moderne", denn „der Gott, dem wir glauben, ist ein Gott der Vernunft ... Im Logos kommt der Mensch zu Gott."[503] Der Mensch Ratzinger, der vermeintlich so Gescheite, so

Belesene, hat offenbar die ganze Philosophie der Neuzeit verschlafen, scheint nichts von Kant zu wissen, der die Gottesbeweise stringent widerlegt hat; nichts von Kierkegaard, dem großen dänischen Philosophen und Theologen, einem bedeutenden Vorläufer der Existenzphilosophie, der die Entscheidung für den Glauben an Gott, den »Sprung« als das Relativste vom Relativen, daher Wagemutigste charakterisiert hat, der durch kein Argument, kein Wissen von der Welt her erzwingbar und gedeckt ist; von Karl Jaspers, der zwar sogar so weit geht, die Möglichkeit eines Grundes allen Seins ins Auge zu fassen, von diesem Urgrund aber die grundlegende Relativität behauptet, er könne Gott oder der Teufel sein.[504]

Nichts Kritisches in dieser Hinsicht zu Ratzinger seitens des »Spiegel«-Vertreters. Im Gegenteil: Nur Lobendes: „Der kann denken", schwelgt Smoltczyk voller Bewunderung, obwohl jener in diesem Punkt gerade von jedem wirklichen Denker widerlegt wird. „Der ist einer von uns" Journalisten und Publizisten[505] (denn die können ja offenbar auch so „gut" denken wie Ratzinger, wobei man hier wegen der fehlenden argumentativen Stärke desselben nicht einmal widersprechen kann).

Die Komplimente, die »Der Spiegel« durch die Person seines Rom-Korrespondenten an Ratzinger austeilt, nehmen kein Ende: „Joseph Ratzinger ist ein kluger ... Mensch", ihm fliegen die Medien zu: „Gerade in den Feuilletons zeigt sich eine erstaunliche Wandlung ... ‚Cicero'-Chef Wolfram Weimer schreibt ein ‚Credo. Warum die Rückkehr der Religion gut ist.' In der atheistisch-protestantischen ‚Zeit' und der ‚FAZ' wird jede Äußerung aus dem Apostolischen Palast mit Sorgfalt ausgelegt, die Rubrik ‚Exerzitien' des Katholomarxisten Otto Kallschauer ist Pflicht bei der Lektüre der ‚FAZ am Sonntag'."[506] Die Medien hätten den »postmodernen Salat« der Relativismen und Beliebigkeiten satt, sie wollten eine feste, sichere Wahrheitsbasis. Deshalb hängten sie sich an den Ratzinger-Papst, denn der habe an der Frage „Wie kann es Wahrheit geben in einer pluralistischen Gesellschaft? ... sein Leben lang gearbeitet." Und das sei heute geradezu „eine Frage der tagespolitischen Aktualität." Es sei „die Zeit der Verortung, der Selbstvergewisserung, des Denkens. Dann ist der Mann im Apostolischen Palast keine Fehlbesetzung. Benedikt XVI. ist kein bequemer Pontifex, weil er in Augenhöhe mit der säkularen Welt reden können wird. Und mit der geistlichen sowieso."[507]

Man nehme zwei, drei Denker aus der „säkularen Welt", mit denen Ratzinger tatsächlich gesprochen hat, und schon heißt es im »Spiegel«: „... gerade Joseph Ratzinger hat den Dialog mit den Agnostikern intensiv gepflegt." Als ein Beispiel wird Jürgen Habermas genannt, der Frankfurter Philosoph, der sich mit Joseph Ratzinger „so blendend verstanden" habe, „als beide in der Münchner Katholischen Akademie über die ‚Dialektik der Säkularisierung' sprachen."[508] Ein anderer »Spiegel«-Mitarbeiter sekundiert Smoltczyk: Es sei zwischen Habermas und Ratzinger „zu überraschenden Annäherungen" gekommen.[509]

Nehmen die beiden »Spiegel«-Leute den Mund wieder zu voll? Hat es diese ‚überraschende Annäherung', dieses „blendende Verständnis" wirklich gegeben? Fragen wir zunächst, wie es zum Zusammentreffen von Habermas und Ratzinger überhaupt kommen konnte. Denn es ist ja nicht selbstverständlich, eher befremdend, dass „Deutschlands berühmtester liberaler Denker Jürgen Habermas, der als Verkörperung einer säkularen Vernunft internationales Ansehen genießt",[510] den damaligen (wir schreiben den 19.01.2004) Generalinquisitor der Glaubensdiktatur Kirche, Joseph Ratzinger, zu treffen bereit war. Nicht ohne Grund hat sich ja im Hinblick auf diese Bereitschaft „bis heute die Überraschung, manchmal sogar Verstörung, bei seinen Freunden wie Gegnern nicht gelegt."[511]

Es ist nicht anzunehmen, dass es das stattliche Honorar war, das die Katholische Akademie Bayern prominenten Referenten aus staatlichen Steuergeldern zahlt, das Habermas dazu bewogen haben könnte, die Einladung der Akademie anzunehmen. Aber der wusste natürlich, wie sehr sich die Medien auf eine derartige Diskussionsveranstaltung zweier Berühmtheiten stürzen, wie stark das internationale Interesse sein würde. Und von immer wieder neu gespeister Publicity leben nun mal Philosophen, Wissenschaftler und Schriftsteller. Tatsächlich „durfte es nicht übertrieben sein zu sagen, das Aufeinandertreffen eines der bedeutendsten Philosophen der Gegenwart und des damaligen Präfekten der römischen Glaubenskongregation habe weltweite Aufmerksamkeit gefunden. Bis aus Marokko und dem Iran waren seinerzeit Anfragen hier in München eingetroffen." So die Auskunft des Direktors der Akademie.[512]

Natürlich weiß eine kirchliche Akademie immer genau, wen sie einlädt. Schon 2001, drei Wochen nach dem furchtbaren Ereignis des 11. September, hatte Habermas in seiner Frankfurter Dankesrede zur Verleihung des Friedenspreises des Deutschen Buchhandels eine „'Steilvorlage' für die Kirchen"[513] gegeben, indem er von der säkularen Gesellschaft ganz überraschend forderte, die religiösen Überzeugungen neu zu sehen und zu verstehen, da sie mehr und etwas anderes seien als nur Relikte einer abgeschlossenen Vergangenheit, vielmehr eine „kognitive Herausforderung" der Philosophie darstellten.[514] So stand also der Begegnung Habermas-Ratzinger in den Räumen der Katholischen Akademie Bayern nichts mehr im Wege. Man wusste ja: Habermas »ante portas« in einer vorsichtigen, aber realen Annäherung an die Kirchen.

In der Akademie selbst betonte Habermas dann zwar die „fortdauernde Nicht-Übereinstimmung von Glauben und Wissen", aber diese sei und bleibe nur dann „vernünftig", „wenn religiösen Überzeugungen auch aus der Sicht des säkularen Wissens ein epistemischer Status zugestanden wird, der nicht schlechthin irrational ist."[515] Habermas ist offenbar völlig naiv-ahnungslos bezüglich der Privilegien, die die Kirchen in unserem „säkularen" Staat, übrigens auch medial, bereits im Übermaß genießen, wenn er sogar eine Hilfe der säkularisierten Bürger für die Religion gutheißt: „Eine liberale politische Kultur kann sogar von den säkularisierten Bürgern erwarten, dass sie sich an Anstrengungen beteiligen, relevante Beiträge aus der religiösen in eine öffentlich zugängliche Sprache zu übersetzen."[516] Hoffentlich weiß Habermas, was er da erwartet. Den dem Normalbürger nicht mehr verständlichen Theologenjargon in eine öffentlich zugängliche Sprache zu übersetzen – das wird schwierig und erfordert vielleicht ganze Übersetzerbüros. Aber wenn die Kirchen Habermas' Vorschlag akzeptieren und auf den Staat ein wenig Druck ausüben, wird der sicherlich auch für die Übersetzungsarbeit aufkommen.

Noch einen weiteren „Leckerbissen" serviert Habermas den säkularisierten Bürgern: „In der politischen Öffentlichkeit genießen ... naturalistische Weltbilder, die sich einer spekulativen Verarbeitung wissenschaftlicher Informationen verdanken und für das ethische Selbstverständnis der Bürger relevant sind, keineswegs prima facie Vorrang vor konkurrierenden weltanschaulichen oder religiösen Auffassungen."[517] Das wird dann in der Praxis so aussehen, wie es in einigen Bundesländern schon versucht wird, z.B. in Hessen, wo Bestrebungen im Gange sind, im Biologieunterricht selbst, soweit er sich mit der Evolutionslehre befasst, die religiöse Schöpfungslehre (Kreationismus) gleichgewichtig zu Wort kommen zu lassen. Von einem „gleichgewichtigen" Gegenvorschlag, im Religionsunterricht die Naturwissenschaften als Korrektiv der Schöpfungsmythen zu Wort kommen zu lassen, hat man von offizieller Seite her allerdings nichts gehört. Hier gilt nach wie vor: »Hände weg vom Religionsunterricht!«

Wenn ein prominenter Philosoph wie Habermas derart Wasser auf die Mühlen der Kirche gießt, wächst er natürlich in ihren Augen enorm. Auf dem Buchdeckel der vom katholischen Herder-Verlag heruasgegebenen Publikation Habermas / Ratzinger über „Dialektik der Aufklärung" wird er dann auch schon als „der wohl bedeutendste Gegenwartsphilosoph" bezeichnet. Und auch Ratzinger war hochzufrieden. Als Fazit seines Gesprächs mit Habermas wiederholt er nur gebetsmühlartig, ohne jede Spur eines Beweises, die Mär von der „notwendigen Korrelationalität von Vernunft und Glaube, Vernunft und Religion", von ihrer „wesentlichen Komplementarität ... so dass ein universaler Prozess der Reinigungen wachsen kann."[518]

Ja, im Reinigen, Sühnen, Bußetun, Ablassgewähren war die Kirche schon immer groß. Dem sollte sich dann aber auch Habermas unterziehen, auch wenn er von sich behauptet, persönlich „religiös unmusikalisch"[519] zu sein. Aber genau das ist es ja, was den Theologen und der prokirchlichen Journaille an Habermas so gefällt und weswegen man sich ausgiebig auf ihn berufen kann. Der Mann ist ja religiös unmusikalisch, hat gar keine innere Anlage für Religiosität, ist also religiös nicht affiziert. Wenn ein solcher dann trotzdem der Religion das Wort redet, müssen seine Aussagen doch das nonplusultra höchster Objektivität sein!

»Der Spiegel« ist ganz aus dem Häuschen ob der Kehrtwende von Habermas, „der als Verkörperung einer säkularen Vernunft internationales Ansehen genießt". Er jubelt über „die neue Position des bisher säkularen Habermas", die „die Bezeichnung ‚postsäkular'" verdiene. „Der Wissenschaftler ist (zwar) nicht religiös geworden. Aber er sieht im Schwinden der Religion inzwischen auch einen Verlust."[520] Habermas selbst hat das so ausgedrückt (und fürwahr, ein Theologe könnte es nicht feierlicher ausdrücken): „Als sich Sünde in Schuld, das Vergehen gegen göttliche Gebote in den Verstoß gegen menschliche Gesetze verwandelte, ging etwas verloren ... die verlorene Hoffnung auf Auferstehung hinterlässt eine spürbare Leere."[521] Da muss Habermas etwas verpasst haben, sonst wüsste er, dass selbst die Mehrheit der Katholiken und Protestanten längst mehr an Reinkarnation und Wiedergeburt glaubt als an Auferstehung, aber deswegen keineswegs Leere, vielmehr eher Glücksgefühle verspürt. Die Leere, die Habermas meint, verspüren nur noch die konservativsten Kirchentheologen, zu deren Gesellschaft Habermas mit seiner Aussage nun gehört.

Habermas leidet an typisch deutsch-konfessioneller Blickverengung, weil er die Vielschichtigkeit und Multidimensionalität der Religion nicht sieht, zwar allgemein von Religion redet, aber damit immer nur die katholisch-evangelische Kirchenreligion meint. Sonst müsste doch der vermeintlich so liberale Multikulturalist wissen, dass für viele Religionen, die auch schon bei uns in achtbarer Stärke vertreten sind, Begriffe wie Gott, Christus, Auferstehung und dergleich mehr keine Rolle spielen; dass aber auch für viele neureligiöse Bewegungen in Deutschland, die Habermas, ganz wie die Kirche das tut, als vernachlässigbare Minderheiten unbeachtet lässt, die Auferstehung kein Problem ist, auch bei ihrer Negation keine Leere hinterlässt, weil sie durch andere Inhalte positiv gefüllt wurde. Das gilt selbst für einige neuchristliche Bewegungen, die mit Kirche nichts mehr zu tun haben. Dass Habermas behauptet, keine religiöse Anlage zu besitzen, ist in Ordnung. Die muss man nicht haben. »Religiös unmusikalisch« soll er ruhig sein, aber »religiös unwissend« zu sein, wenn man über Religion spricht, das darf sich ein Wissenschaftler oder Philosoph nicht erlauben, wenn er in dieser Hinsicht noch ernstgenommen werden will.

Selbst wenn Habermas von „Religion und Kirche" spricht, meint er immer nur die Kirchenreligion. Eine andere hat er nicht vor Augen. Aber diese Kirchenreligion macht er größer, viel größer als sie heute nur noch ist, wenn er sie zur Gegenmacht gegen die „kapitalistisch entfesselten Produktivkräfte" aufbläht. Es seien „die haltenden Mächte von Religion und Kirche", die sich diesen Kräften entgegenstellen.[522] Von der Verstrickung des Vatikans in den Groß-Kapitalismus, in immer neue Finanzskandale (Affären Calvi, Marcinkus, Sindona usw.)[523] scheint Habermas noch nie etwas gehört zu haben. Oder er will sie nicht sehen, sie widerspräche zu sehr seiner neuen Philosophie der Komplementarität von Säkularität und Kirchlichkeit.

Auch in Bezug auf einen weiteren Aspekt lobt »Der Spiegel« den Philosophen Habermas: „Der weltliche Denker hob die soziale und moralische Kraft religiöser Gemeinschaften hervor, in denen etwas intakt bleiben könne, das (so Habermas wörtlich) ‚andernorts verlorengegangen ist: Sensibilitäten für verfehltes Leben, für gesellschaftliche Pathologien, für das Misslingen individueller Lebensentwürfe.'"[524] Hier steigert sich Habermas geradezu zum Apologeten der höheren Moral der Kirche. Der Mann sollte von seinem elfenbeinernen Philosophenturm herabsteigen und sich einmal konkret über die enorm zahlreichen verpfuschten Priesterexistenzen kundig machen, zum Beispiel, indem er die von der Amtskirche diskret gebauten Auffangheime für durch Alkohol, Neurosen oder sexuellen Missbrauch von Kindern gescheiterte Kleriker besucht, wenn sie ihn da hereinlassen sollte.

Die ganze Strategie der Kirche bestand in allen Jahrhunderten ihres Daseins darin, durch das Dogma der Erbsünde und der daraus folgenden persönlichen Sünden Schuldbewusstsein einzuimpfen, um dann durch die Beichte und anderer Sakramente Schuld gnädiglich zu erlassen. Nicht ohne triftigen Grund können Psychiater und Psychotherapeuten in aller Welt ein garstig Lied von den massenhaft auftretenden »ekklesiogenen Neurosen« singen. Warum, sollte sich Habermas fragen, sind denn die Kirchen und die Beichtstühle leer, die säkularen psychotherapeutischen Praxen aber proppenvoll von Leuten, die ihr Leben durch die Schuld der Kirchen verfehlt haben, die die Kirche für das Misslingen ihrer Lebensentwürfe hauptverantwortlich machen.

Aber davon unbeeindruckt, erklärt auch »Der Spiegel«, dass der von Habermas vorgezeichnete Weg der einzig richtige ist: „So ist der ‚komplementäre Lernprozess' von religiöser und säkularer Welt, den Habermas fordert, gerade in der Ära der Globalisierung die einzige Möglichkeit eines humanen Zusammenlebens."[525] Da kann man nur noch wünschen: »Hab' er Maß!«, Herr Habermas. Der alte Augstein muss sich im Grabe oder seiner Urne umdrehen ob des von seinem »Spiegel« herbeigesehnten neuen Habermas'schen Modells einer Synthese von Säkularität und Kirche.

Smoltczyk, der Rom-Korrespondent des »Spiegel« und Minnesänger des Papstes Benedikt, hat noch ein Bonbon parat, das Halbgebildeten gefallen wird, Nachdenklichen jedoch nicht schmecken kann. Er behauptet von Ratzinger, dass der „Dingen auf den Grund denkt. Er ist ein Radikaler. Auch das macht ihn sexy für die Intellektuellen."[526] Smoltczyk ist, ähnlich wie etwa die Journalisten der »Welt«, der »FAZ« und anderer Blätter, auf die permanente »Vernunft-Propaganda« Ratzingers hereingefallen. Der listige Ratzinger hat schnell bemerkt und sich zunutze gemacht, dass in unserer von den Medien geprägten Welt der fortschreitende Verlust des Denkens dazu geführt hat, dass die Anwendung von Schlagworten bei den meisten Menschen gut ankommt, dass Parolen bei ihnen das Denken ersetzen. Es genügt vollkommen, wenn er ständig behauptet: „Der Gott, dem wir glauben, ist ein Gott der Vernunft",[527] schon braucht er dafür keinerlei Beweise mehr anzutreten.

In Wirklichkeit ist Ratzinger eben kein radikaler Denker. Das Kompliment vom »Spiegel-Smoltczyk« ist völlig daneben geraten, weil Ratzinger die Dinge gerade nicht bis auf ihre Wurzel (radix), ihren Grund verfolgt, sondern mit für die Menge abstrakten Begriffen wie »Vernunft«, »Logos«, »nicht neutrale Mathematik des Alls« um sich wirft, die den Eindruck von Tiefe erwecken sollen. Ein einziges Mal scheint es auch bei Smoltczyk zu dämmern, wenn er von Ratzinger sagt: „Er wechselt das Abstraktionsniveau und macht sich unangreifbarer."[528]

Ein Kirchentheologe wie Ratzinger kann überhaupt nicht radikal sein. Die ganze Ideologie der Kirche besteht darin, das Weiterbohren im Prozess des Denkens über die letzten Fragen zu verbieten. Wozu gab es denn den Antimodernisten-Eid Papst Pius' X., der in Wirklichkeit ein Anti-Aufklärungseid war? Was hatte Rom gegen die Widerlegung der Gottesbeweise durch Kant zu bieten? Es antwortete damit, dass es die sichere Erkenntnis Gottes „per ea, quae facta sunt", einfach zum Dogma erhob, unter dogmatische Kuratel stellte. Katholiken ist es seitdem verboten, Gottes Existenz anzuzweifeln. Das hat gerade Ratzinger, damals noch oberster Glaubenswächter im Vatikan, wieder eigens bekräftigt, indem er in seinem berühmt-berüchtigten »Glaubensrapport« jeden Zweifel an einer dogmatisch festgelegten Glaubenswahrheit als Todsünde brandmarkte.

Und in der Tat: Was tut denn Ratzinger? Er nimmt den Logosbegriff der griechischen Philosophie, stülpt ihn willkürlich dem keineswegs rationalen und vernünftig handelnden Gott der Bibel über und verkündet nun triumphal: „Der Gott, dem wir glauben, ist ein Gott der Vernunft." Beweise dafür? Fehlanzeige! Höchstens den Bibel-„Beweis", dass der unbekannte Autor des Johannes-Evangeliums das vor 19 Jahrhunderten auch schon so gemacht hat. Also nix von radix! Den Gott der Kirche darf man nicht hinterfragen, obwohl ein personaler Gott als Letztinstanz aller Weltwirklichkeit in sich selbst total problematisch ist, eben sich selbst ein Problem wäre. Kann er doch nicht Herr seines eigenen Ursprungs sein, sonst müsste er sich selbstverursacht, also sich aus dem Nichts ins Sein katapultiert haben, was unmöglich ist, woraus logisch zwingend und evident hervorgeht, dass er sich selbst vorfindet, seine eigene Vergangenheit dunkel für ihn ist, somit in sich selbst ein irrationales Faktum beherbergt. Das ist demnach eine stringente Widerlegung von Ratzingers »Vernunftgott«![529] Ratzinger gibt sich gerade vor Medienleuten gern das Image des tiefgründigen Denkers und Philosophen. Dann sollte er wirklich mal die Philosophiegeschichte eingehend studieren. Er würde dann sehen, dass schon die frühesten Philosophen im ersten Aufgang der Philosophie im antiken Griechenland nach dem Urstoff fahndeten, aus dem Gott, Götter und Menschen entstanden sind.

Der so „radikale" Ratzinger drückt sich auch um eine Lösung des Theodizeeproblems herum, des Problems, wie ein vernünftiger Gott mit dem irrationalen Faktum des Übels in der Welt zu vereinbaren ist. Jedenfalls bietet er dafür keinerlei Denkhilfen an.[530] Dabei kann radikales Denken gerade dieses fundamentale Problem nicht links liegen lassen, weil es hier wieder besonders um die Frage des Vernunftgottes geht, um das vernünftige Verhältnis zwischen Allmacht, Allgüte und Allwissen Gottes. Zwar sagt Papst Benedikt hier wieder sein Sprüchlein auf: Der Gott, dem wir glauben, ist ein Gott der Vernunft – einer Vernunft, die freilich die nicht neutrale Mathematik des Alls, sondern eins mit der Liebe, mit dem Guten ist."[531] Aber die Kluft zwischen Allmacht und Allgüte bzw. Liebe Gottes angesichts des Bösen in der Welt hat bis heute kein Denker zu überbrücken vermocht: Entweder Gott ist allmächtig (könnte also das Übel beseitigen, tut es aber nicht), dann ist er nicht allgütig. Oder er ist allgütig, dann ist er nicht allmächtig, weil er nicht die Kraft hat, eine Welt ohne Viren, Bakterien, Bazillen, ohne den ganzen Katalog grausamster physischer und psychischer Krankheiten, ohne die Brutalitäten des Daseinskampfes in der Natur zu erschaffen.
Ein wirklich radikales Denken darf auch die Problematik »Schöpfergott und Evolution« nicht ausklammern. Ratzinger hat auch diese Thematik nicht wirklich vertieft oder gar zu einer befriedigenden Lösung gebracht. Lieber lässt er da seinen früheren Adlatus, den heutigen Erzbischof von Wien, Kardinal Schönborn,

das Thema großspaltig sowohl in der amerikanischen als auch in der deutschsprachigen Presse angehen und den „Designer"-Gott verkünden. Die Evolution kann man zwar auch in der Theologie heute nicht mehr total negieren, aber man schiebt Gott die Rolle des „Designers" zu, der an entscheidenden Wendepunkten der Evolution diese korrigiert haben soll.[532] Der Theologe Schönborn wird in der Strategie Benedikts bezüglich der Evolutionsproblematik vom Vatikan-Philosophen Robert Spaemann unterstützt, der Anfang September 2006 daselbst vor einem exklusiven Gelehrtenkreis um den Papst zum Thema Evolution und Schöpfungsglaube referierte. Der »Stern« zählt Spaemann zu „den bedeutendsten deutschsprachigen Philosophen der Gegenwart" (48/2006) und merkt nicht, dass er damit nur die Wertungen der Kirche übernimmt.

Es fällt auf, dass auch in der Habermas-Ratzinger-Diskussion in der katholischen Akademie Bayern alle diese wirklich strittigen Punkte (Gottes-, Theodizee-, Evolutions- und Schöpfungsproblematik) überhaupt nicht behandelt wurden, obwohl es ohne das wirkliche Eingehen auf diese Probleme Habermas schwer fallen dürfte, seine These vom „epistemischen" bzw. „kognitiven" Status in religiösen Überzeugungen plausibel zu machen. Auch bei der Begegnung Ratzinger-Küng, von der im ersten Kapitel die Rede war, war man ja übereingekommen, dass kontroverse Punkte, zu denen auch die naturwissenschaftlichen gehören (Küng hatte darüber gerade ein Buch veröffentlicht), außen vor bleiben sollten.

Allerdings hat sich Ratzinger noch als Kardinal einem Gespräch über die Gottesfrage gestellt. Das Gespräch fand am 21.02.2000 im Teatro Quirino in Rom statt und dauerte ungefähr zweieinhalb Stunden. Das Theater war bis auf den letzten Platz gefüllt, über 2000 Menschen außerhalb desselben folgten dem Gespräch über Lautsprecher. Partner Ratzingers war einer der bekanntesten Philosophen Italiens, Paolo Flores d'Arcais, geb. 1944, Prof. an der Universität La Sapienza in Rom. Im Berliner Wagenbach-Verlag erschien dieses Gespräch auch als Taschenbuch unter dem Titel „Gibt es Gott?"[533]

Sieht man sich diese Publikation genauer an, zeigt sich aber, dass Ratzinger der Problematik der Gottesfrage schon wieder ausweicht. „Inhaltlich dreht sich das Gespräch entgegen des Buchtitels nicht um die Frage der Gottesexistenz, sondern um so unterschiedliche Themen wie Aufklärung und Dialog, Glaube und Menschenrechte, Moral und Natur, Vernunft und Werte."[534] Ratzinger predigt auch hier wieder jenseits aller wirklichen Argumentation pathetisch seinen Gott der Vernunft: „Die Aufklärung kann Religion werden, weil der Gott der Aufklärung selbst in die Religion eingetreten ist."[535] Im Angesicht der bohrenden Fragen des atheistischen Philosophen Flores d'Arcais gibt aber Ratzinger wenigstens zu: „... eine letzte Beweisbarkeit der christlichen Grundoption gibt es nicht."[536]

Ein wirkliches Gespräch über die Gottesfrage findet hier aber, wie gesagt, gar nicht statt. Das liegt nicht an Ratzingers Gesprächspartner, der eine Menge gescheiter, berechtigter, detaillierter und differenzierter Fragen und Einwände zur Gottesthematik zur Sprache bringt, sondern an Ratzinger, den die eigentlichen Fragen zur Existenz Gottes gar nicht zu interessieren scheinen, so dass der Atheist schließlich irritiert fragt: „Interessiert sich die katholische Kirche noch für den Wahrheitsgehalt des Glaubens, den sie doch für wahr erklärt?" Und er gibt selber die Antwort (die Ratzinger eben nicht gibt): „Kirche und katholische Kultur gehen, obwohl sie angeblich den Dialog mit Nichtchristen suchen, systematisch den Entgegnungen, die moderne Skeptiker und Atheisten formulieren, aus dem Wege. Man versucht nicht einmal, Gegenargumente zu finden, um sie zu widerlegen und ihre Fehler aufzuzeigen, und vermeidet es, das Problem der Wahrheit zum >Objekt< einer rationalen oder kritisch-empirischen Argumentation zu machen."[537]

Pausenlos hämmert Papst Benedikt Menschen und Medien ein: Unser Gott, der christliche Gott ist ein Gott der Vernunft, ein vernünftiger Gott. Zur gleichen Zeit wird aber jeder echten Diskussion über die Gottesfrage kirchlicherseits ausgewichen. Was auf den ersten Blick paradox erscheint, hat Methode. Wenn Ratzinger und seine Theologen sich in eine Diskussion über die Existenz und Essenz Gottes, über die Frage der Wahrheit der Grundlagen des Kirchenchristentums wirklich einließen, können sie nur verlieren. Andererseits brauchen sie das Schlagwort »Gott« als Machtinstrument gegenüber Politik und Gesellschaft. Deswegen schicken sie ja dann eine theologisch unbedarfte Person wie Angela Merkel ständig vor, die auf dem Katholikentag in Saarbrücken wie nach dem Besuch bei Papst Benedikt und auch sonst bei jeder Gelegenheit betont, sie werde sich für den Gottesbezug in der europäischen Verfassung stark machen, trotz aller Einwände weiterhin stark machen. Es geht ja bei diesem Gottesbezug um mehr als ein Wort mehr oder weniger. In dem Augenblick, in dem Gott in der europäischen Verfassung steht, sind alle, die nicht an Gott glauben, ihn gar leugnen, Europäer zweiter Klasse, nicht die Kern- und Elitetruppe Europas! All die Intellektuellen, die noch nicht vor dem falschen »Gott-Vernunft-Pathos« Ratzingers eingeknickt sind, all die Atheisten, Agnostiker, Gotteszweifler, alle Skeptiker und Seinspessimisten, alle Pantheisten und Materialisten, aber auch alle Ketzer und Sektierer, die zwar ein Gottesbild, aber nicht das der Kirche haben, sind dann das nicht oder nicht ganz Seinsollende, das nicht absolut Gewünschte im Rahmen und nach den Vorstellungen idealer europäischer Demokratie. Das ist also kein Streit um Worte, sondern die nie versiegende, hartnäckige Energie der Kirche, überall zu dominieren. Deswegen muss jedem den Papst besuchenden Politiker in Europa die Notwendigkeit des Gottesbezugs in der europäischen Verfassung eingehämmert werden, zusammen mit der dringenden Empfehlung, sich dafür einzusetzen.

Die Wahrheitsfrage bleibt dabei außen vor, die Autorität des Papstes und der Kirche hat zu genügen. Und es gibt leider genügend Dumme, auch unter den Politikern, die sich damit begnügen. Worte sind hier bezeichnenderweise als Taten zu vermerken, „denn die Kirche wählt auf diese Weise ihre Gesprächspartner ... aus ... Die Wahl der Gesprächspartner sagt uns, dass die Kirche heute einzig und allein den Skeptizismus der Konsumgesellschaft, den praktischen >Atheismus< des Hedonismus und seine >satte und verzweifelte< Gleichgültigkeit fürchtet. Um hier zu >bekehren<, setzt sie bei den Emotionen und Bedürfnissen an, nicht bei der Vernunft. Ausgangspunkt ist die Sinnleere, die der Konsumismus der Wohlstandsgesellschaft mit sich bringt: Es geht einzig und allein um die unhaltbare Gleichgültigkeit und den >Mangel< an Sinnhaftigkeit."[538]

Im Grunde arbeitet man wieder wie in allen Epochen der Kirche mit der Angst. Man droht den Menschen in Kirchenpredigten und Medien mit Sinn- und Ordnungsverlust bei Wegfall des Glaubens an Gott, Papst und Priesterschaft. „Man will wirklich nur das bewahren, was man für verteidigungswert hält. Die Einwände einer überwältigenden Denktradition, für die Namen wie Hume, Freud und Monod stehen, werden verdrängt, und man setzt sich stattdessen mit Hermeneutik und einer Philosophie in der Nachfolge Heideggers auseinander. Damit beweist die katholische Kirche, dass sie trotz gegenteiliger Behauptungen ihre Lehre als Lebenshilfe und nicht als Wahrheit verstanden wissen und proklamieren will. Und wenn es dennoch um die Wahrheit geht, dann nur um den Sinn des Lebens. Wenn sich die Wahrheit aber auf die Sinnsuche beschränkt, dann begibt sie sich auf schlüpfriges Terrain. Denn dann ist jeder Sinn, sofern er funktioniert, ipso facto >Wahrheit<."[539]

Man sieht es auch an den Themen und Einladungen kirchlicher Akademien. „Ob uns ein ewiges Leben erwartet ... oder ob der Tod ihm ein Ende bereitet; ob es einen allmächtigen Gottvater, Schöpfer und Herrn von Himmel und Erde gibt. Um diese Fragen kümmert man sich bei den ... theologischen Lehrveranstaltungen und den immer zahlreicheren Diskussionen mit Nichtchristen überhaupt nicht mehr. Diese wenden sich fast ausschließlich an diejenigen Nichtchristen, die skeptische und atheistische Denktraditionen verachten und in ihrer eingefleischten Feindschaft gegen die Aufklärung päpstlicher als der Papst sind. Es sind bestimmte Nichtchristen, die der katholischen Kirche keine Fragen über die rationale Herleitung und Beweisbarkeit ihrer Glaubensinhalte mehr stellen. Das >Nicht< ihrer Selbsteinschätzung klingt deshalb nicht nur anbiedernd, sondern vor allem sinnlos, da sich diese >nicht<-christlichen Philosophien wesentlich dadurch auszeichnen, dass sie jeden Einwand gegen die Glaubenswahrheiten der katholischen Kirche als >primitiv und vulgär< betrachten."[540]

Der atheistische Philosoph Flores d'Arcais stellt in dem zusammen mit Ratzinger herausgegebenen Buch, das den schriftlichen Niederschlag ihrer Diskussion bildet, eine Menge Fragen, Einwände, Widerlegungen des Gottes- und Schöpferglaubens vor. Sie bleiben seitens Ratzingers unbeantwortet. Der so brillante, vermeintlich auf Augenhöhe mit den größten säkularen Geistern der Gegenwart sprechende Ratzinger erweist sich in der Diskussion mit dem Atheisten hoffnungslos unterlegen. Damit ist nicht gesagt, dass es keine höheren Ansprüchen genügenden Antworten auf die kritischen Einwände des Atheisten geben könnte. Aber gesagt ist damit, dass Ratzinger in seiner Dikussion mit Flores d'Arcais diese Antworten jedenfalls nicht kennt, nicht weiß, nicht bringt. Keine gute Note für den „Unfehlbaren", auch nicht für den als Theologe zwar Fehlbaren, aber „höchst Qualifizierten", auf den sich die Hoffnungen aller sakralen und profanen Konservativen des ganzen Erdkreises stützen.

Enttäuscht stellt der atheistische Philosoph sozusagen als Fazit der gesamten Diskussion mit Ratzinger fest, dass dieser nicht unabhängig und frei, sondern kirchenabhängig denkt: „Grundsätzlich ... kann es nach kirchlichem Dogma keinen Konflikt mit der rechten Vernunft geben, sie kann zu keinem anderen Schluss kommen als dem, den der katholische Glaube vorgibt. Wo sie zu anderen Schlussfolgerungen kommt, ist es keine rechte Vernunft, sondern eine Vernunft >auf Abwegen<, die nicht funktioniert. Und daraus entstehen alle Konflikte."[541]

Der Glaube der Kirche, gegenwärtig amtlich interpretiert durch Papst Benedikt XVI., kann uns also allein sagen, was die »rechte Vernunft« ist. Und ebenso, was die »rechte Natur« ist, denn diese ist mit der Schöpfung Gottes identisch und hält deshalb eine Botschaft für uns bereit, die aber auch nur die Kirche eindeutig und ganz richtig lesen kann. „Die Natur als solche", so Ratzinger, „enthält eine moralische Botschaft ... Wenn der Mensch die Botschaft der Natur nicht akzeptieren will, bedeutet dies keineswegs, dass es diese Botschaft nicht gibt. Meiner Meinung nach dürfte es nicht so schwierig sein, den Menschen als ein Geschöpf zu begreifen ..."[542]

Der Atheist hat begriffen: Mit der Deutungshoheit über die »rechte Vernunft« und die »rechte Natur« inklusive Schöpfungsordnung will die Kirche ein fast universales Machtmittel in der Hand halten: „Der Stolperstein für den Christen ist die Versuchung, im Namen eines angeblich moralischen >Naturgesetzes<, das seltsamerweise immer mit den kirchlichen Dogmen übereinstimmt, die eigenen Anschauungen durchdrücken zu wollen."[543] Vor mehreren Jahrzehnten hat genau diesen kirchlichen Machtwillen Kurt Tucholsky mit noch größerer Ausdruckskraft kritisiert: „Die christliche Religionsgemeinschaft ist nicht der Hort aller Sittlichkeit. Es gibt kein religiöses Monopol der Ethik. Millionen von anständigen und sittlich gefestigten Menschen schmähen die Kirche nicht, leben aber bewusst und ganz und gar an ihren Lehren vorbei, und sie tun recht daran. Es ist unrichtig, dass der, der die Lehren der Kirche überwunden hat, ein sittlich minderwertiges Individuum ist. Wer so versagt hat, wie das Christentum im Kriege, sollte uns nichts von Sittlichkeit erzählen ... Und ihr habt nicht das Recht, eure moralischen Forderungen, die weder im Naturrecht basieren noch von Gott gegeben, sondern Menschenwerk sind, andern aufzudrängen ... Nicht die Gebundenheit ist das Primäre – die Freiheit ist es. Ihr lebt vom metaphysischen Bedürfnis der Massen. Ihr seid uns kein Bedürfnis."[544]

Fünftes Kapitel

Der Papst und der Islam

Was hält der Ratzinger-Papst wirklich vom Islam? Die Frage war im ersten Jahr des Pontifikats dieses Papstes überhaupt nicht aktuell, ist es jetzt aber in ganz besonderer Weise, nachdem er in seiner Vorlesung an der Universität Regensburg im September 2006 dem Propheten Mohammed attestierte, nichts Neues, dafür aber „nur Schlechtes und Inhumanes" gebracht zu haben. Zwar sagt das der Papst nicht mit seinen eigenen Worten, sondern indem er die diesbezügliche Aussage eines byzantinischen Kaisers aus dem Mittelalter zitiert. Aber die islamische Welt tobte, der Skandal war da!

Inzwischen haben sich „die Brandwolken" einigermaßen verzogen. „Die rohen Attacken und die schleimigsten Apologien sind verklungen, doch die Diskussionen dauern an."[545] Es steht bei allem Hin und Her, Für und Wider die noch keineswegs zufriedenstellend beantwortete Frage immer noch im Raum, was der Ratzinger-Papst tatsächlich vom Islam hält. Der Versuch einer schlüssigen Beantwortung dieser Frage ist das Hauptthema des jetzigen Kapitels, bei dem aber die Regensburger Vorlesung Benedikts XVI. als Ausgangs- und Bezugspunkt stets anwesend bleibt.

Diese Vorlesung,[546] gehalten am 12. September 2006, fängt ganz nostalgisch an. Ratzinger spricht bewegt von der Herrlichkeit „der alten Ordinarien-Universität", der „sehr unmittelbaren Begegnung mit den Studenten und vor allem auch der Professoren untereinander". „Die Kontakte mit den Historikern, den Philosophen, den Philologen und natürlich auch zwischen beiden Theologischen Fakultäten" seien „sehr lebendig" gewesen; es habe „ein wirkliches Erleben von *Universitas* " gegeben. „Dass wir in allen Spezialisierungen, die uns manchmal sprachlos füreinander machen, doch ein Ganzes bilden und im Ganzen der einen Vernunft mit all ihren Dimensionen arbeiten und so auch in einer gemeinschaftlichen Verantwortung für den rechten Gebrauch der Vernunft stehen – das wurde erlebbar". Dieser „innere Zusammenhalt im Kosmos der Vernunft" habe auch klarwerden lassen, dass es „notwendig und vernünftig bleibt, mit der Vernunft nach Gott zu fragen und es im Zusammenhang der Überlieferung des christlichen Glaubens zu tun". Das sei „im Ganzen der Universität unbestritten" gewesen.

Man sieht: Der Ratzinger-Papst möchte zu gern den mittelalterlichen Status der Universitäten in die Gegenwart holen, als alle Fakultäten im „Kosmos der Vernunft" sich brav und harmonisch als »ancillae Theologiae«, als Mägde der Theologie verstanden.

Dieses romantisch-nostalgische Schwelgen über die alte Universität beendet dann Ratzinger abrupt, brüsk und eigentlich völlig unvermittelt, indem er plötzlich von einem Dialog spricht, den der byzantinische Kaiser Manuel II. Palaeologos 1391 im Winterlager zu Ankara mit einem gebildeten Perser über Christentum und Islam führte. An diesem ganzen, sehr langen Dialog, so der Papst, interessiere ihn eigentlich nur ein einziger Punkt, „der mich im Zusammenhang des Themas Glaube und Vernunft fasziniert hat und der mir als Ausgangspunkt für meine Überlegungen zu diesem Thema dient."

Man erkennt an der Art, wie sich der Papst hier ausdrückt, dass das gleich folgende, Mohammed diskriminierende Zitat mit Bedacht gewählt wurde und keineswegs per Zufall Eingang in die päpstliche Vorlesung gefunden hat, obwohl das nachher massenhaft zur Verteidigung Benedikts behauptet wurde. Ratzinger zitiert also den Kaiser, der „in erstaunlich schroffer Form" an den Perser die Frage stellt: „Zeig mir doch, was Mohammed Neues gebracht hat, und da wirst du nur Schlechtes und Inhumanes finden wie dies, dass er vorgeschrieben hat, den Glauben, den er predigte, durch das Schwert zu verbreiten".

Wums, da ist sie, die schallende Ohrfeige für den Propheten und alle seine Anhänger! Blitzlichtartig und wie in einem Brennpunkt vereint zeigt sich an der Einbringung dieser schroffen Aussage des Kaisers in eine Papst-Vorlesung über ein an sich akademisch-abstraktes Thema wie »Glaube und Vernunft« der nie veränderte Charakter Ratzingers. Er haut dem Propheten eine rein, aber nein, das ist doch nicht er, sondern ein mittelalterlicher Kaiser, den er lediglich zitiert. Wir sagten ja schon: Ratzinger kämpft nie mit offenem Visier, nie direkt und in vorderster Front, er teilt hinterrücks aus, ein Wadenbeißer par excellence. Das ist bei Ratzinger auch biologisch-physisch bedingt. Schon der junge, schwächliche, unsportliche Joseph konnte sich mit den Kindern und Jugendlichen kräftemäßig nicht direkt messen, er musste sich bemühen, sich an ihnen auf andere Weise, mit Worten, Ironie, Spott, leisem Hohn und ähnlichem zu rächen, wenn sie ihm zu nahegetreten waren. Diese Haltung behielt er als oberster Glaubenskontrolleur bei. Zuckersüß verhandelte er oft mit kirchlich beanstandeten Theologen, die er vor sein Tribunal beordert hatte. Am Ende solcher in „wunderbarer Harmonie" geführten Gespräche jubelte er ihnen eine messerscharf und eiskalt formulierte Unterwerfungserklärung unter, die sie gefälligst zu unterzeichnen hatten, nebst der Einwilligung in das von Ratzinger verfügte Rede- und Schreibverbot.

Aber nicht nur eine Charakter-, sondern auch eine Intelligenzschwäche Ratzingers zeigt sich bei seiner unpassenden Verwendung des Kaiser-Zitats aus dem Mittelalter. Der von den Medien als „brillantester" und „größter Denker" unter den heute lebenden Theologen gefeierte Papst begeht hier einen dicken Fehler, den man selbst der Pro-Seminar-Arbeit eines Studenten des ersten Semesters nicht durchgehen lassen kann. „Wissenschaftlich und islamfreundlich wäre es gewesen, diese Behauptung (des Kaisers) nicht nur kommentarlos zu wiederholen, sondern sie entweder wegzulassen oder zu überprüfen. Trifft sie zu, ja oder nein? Das war zu entscheiden im Blick auf die Verhältnisse der arabischen Halbinsel im siebten Jahrhundert. Diese Sorgfalt hat der Papst nicht angewendet." Stattdessen sprach es der Papst „zwar nicht aus, aber suggerierte: Deswegen sei der Islam im Unterschied zum Christentum nicht dialogfähig. Diese unhistorische Schwarz-Weiß-Malerei entspricht nicht der tatsächlichen westlichen Denkentwicklung und muss bei Muslimen, zusammen mit der mangelnden Umsicht beim Kaiserzitat, den Dialog blockieren ... Nicht-Fachleute wie Professor Ratzinger sollten sich bei solchen Feinheiten zurückhalten."[547]

Der auf allen Gebieten vermeintlich sich so gut auskennende Papst Benedikt – ein Islam-Ignorant! Wer aber auf der Basis seiner Ignoranz einen anderen, ein anderes System, eine andere Strömung, eine andere Religion bewertet, kann nur Fehlurteile produzieren und handelt verantwortungslos. Hat sich Papst Benedikt gewissenhaft gefragt, ob er nicht doch Mitschuld trägt an der Ermordung der italienischen Nonne Leonella Sgorbati in Somalia und des katholischen, italienischen EU-Funktionärs und seiner Frau in der marokkanischen Hauptstadt Rabat durch Islamisten, die über Ratzingers Rede empört waren. Es stellt auch seiner Intelligenz kein gutes Zeugnis aus, wenn er gegenüber Mitarbeitern und Freunden jetzt ständig betont, er habe mit dieser heftigen Reaktion nicht gerechnet.

Nicht nur charakterlich und intelligenzmäßig, auch politisch war das Ganze natürlich eine fatale Fehlleistung. Zu spät merkte der vermeintlich so klarsichtige, so ruhig und überlegt handelnde Papst Benedikt, was er da für einen stümperhaften diplomatischen Fauxpas begangen hatte. In dieser Situation kommt wieder der bezeichnende Charakterzug Ratzingers zum Vorschein: »Leute, Ihr seht das falsch. Ich war's ja gar nicht, das war der böse Andere!« O-Ton Ratzinger: „Dieses Zitat ist in der muslimischen Welt leider als Ausdruck meiner eigenen Position aufgefasst worden und hat so begreiflicherweise Empörung hervorgerufen. Ich hoffe, dass der Leser meines Textes sofort erkennen kann, dass dieser Satz nicht meine eigene Haltung dem Koran gegenüber ausdrückt, dem gegenüber ich die Ehrfurcht empfinde, die dem heiligen Buch einer großen Religion gebührt."[548] Angesichts dieser Verschiebung der Schuldfrage kommt nicht einmal mehr die »FAZ«, sonst das adäquate und den Papst bejubelnde Sprachrohr der

Intentionen und Aussagen Ratzingers, ohne Ironie und Häme aus: „Da hat also jemand zugeschlagen! Aber nicht ich, der Papst, habe zugeschlagen, sagt der Papst, sondern Manuel, der Kaiser, war's. Der historisch argumentierende Papst reicht den Vorwurf, den ihm seine islamischen Kritiker machen, an den geschichtlichen Manuel zurück: Es gibt nicht nur Gewalt durch das Schwert, sondern auch Gewalt durch die Sprache. Sieht man recht, wird der christlich-islamische Dialog bald eine neue Integrationsfigur haben: Kaiser Manuel II., den verbalen Schläger, in dessen Ablehnung sich Ost und West neuerdings aufs herzlichste verbunden wissen."[549]

Angesichts der massiven Kritik aus der islamischen Welt hat Ratzinger in der späteren, am 6. Dezember 2006 erschienenen Buchausgabe seiner Regensburger Vorlesung den Text an einigen Stellen geändert. Z. B. hatte es in der ursprünglichen Vorlesung nach dem ominösen Kaiserzitat über die Inhumanität Mohammeds nur geheißen: „Der Kaiser begründet dann eingehend, warum Glaubensverbreitung durch Gewalt widersinnig ist." Da Ratzinger jetzt aber, wie wir sehen, alle Schuld auf den Kaiser zu schieben bemüht ist, heißt es nun im Buchtext: „Der Kaiser begründet, nachdem er so zugeschlagen hat, dann eingehend, warum Glaubensverbreitung durch Gewalt widersinnig ist." Wir sehen nochmals: Ratzinger ist kein Schläger, der Schläger ist der byzantinische Kaiser Manuel II.!

Ratzinger hat noch ein paar weitere Fehler in seiner berühmt-berüchtigten Regensburger Vorlesung, die keinem Universitätsprofessor, geschweige denn einem Papst-Professor, passieren dürfen. Es ist ja nicht so, dass Ratzinger nur mit dem Manuel-Zitat über die Inhumanität des Propheten dem Islam eins auswischen wollte. Es gibt noch ein paar andere Fiesheiten des päpstlichen Verkünders der wahren Liebe (s. 2. Kap.), die er dem Islam so im Vorübergehen unterjubelt, so dass sie die meisten Kommentatoren dieser Vorlesung gar nicht bemerkt zu haben scheinen. Der Papst gibt diesbezüglich zunächst zu, dass es im Koran Suren gibt, die Zwang in Glaubenssachen verbieten, z.B. Sure 2,256. Aber, so fügt er gleich hinzu, das seien „frühe Suren aus der Zeit, in der Mohammed selbst noch machtlos und bedroht war". Als dieser später mächtig geworden sei, habe er die Gewalt in Glaubenssachen gerechtfertigt, wofür „die im Koran niedergelegten – später entstandenen – Bestimmungen über den Heiligen Krieg" Zeugnis ablegten. Der Papst unterscheidet also zwei Aussageschichten im Koran: frühere und spätere, die früheren gewaltlos, weil Mohammed selbst machtlos war, die späteren Gewalt verkündend, weil der Prophet nun über Macht verfügte. Koran-Fachleute werden hier dem Papst entgegnen, dass die Sache keineswegs so einfach ist, wie dieser glaubt, dass die Zwei-Schichten-Theorie, die er vorträgt, philologisch kaum zu vertreten ist.

Aber der noch gravierendere Fehler ist doch Ratzingers Schwarz-Weiß-Malerei, die dem Islam das Schlechte in die Schuhe schiebt, dem Christentum das Gute bzw. beim letzteren alle Fehler und Vergehen verschweigt. Denn selbst wenn stimmen sollte, dass der machtlose Mohammed Gewaltlosigkeit, der mächtige Zwang und Gewalt predige, wäre es eine unbedingte, berechtigte Forderung der Gerechtigkeit gewesen, das gleiche Maß anzuwenden und einzugestehen, dass das Christentum ganz genau so gehandelt hat. Drei Jahrhunderte lang predigte das im Römischen Imperium verfolgte Christentum Gewaltlosigkeit und Pazifismus, als es dann durch Kaiser Konstantin und seine Schenkungen zur Macht kam, lehrte es sehr bald Intoleranz und Gewalt gegen Heiden, Juden und Ketzer, brannten Tempel und Synagogen, wurden Andersgläubige grausamst verfolgt.[550] Das ist also ein Charakterzug, der für alle Religionen, für alle Systeme, für alle Menschen gilt: die Versuchung der Macht. »Macht korrumpiert, absolute Macht korrumpiert absolut« (Lord Acton). Gerade die Geschichte des Papsttums ist hierfür der evidenteste Beweis, weil es sich immer als absolut gebärdete und dementsprechend auch die schlimmsten Verbrechen beging und rechtfertigte.[551] Da mag Papst Benedikt als Oberapologet seiner Kirche noch so sehr Gleichheitszeichen zwischen Vernunft und Gewaltlosigkeit auf der einen, christlichem Glauben und christlicher Liebe auf der anderen Seite setzen – die Wirklichkeit sieht ganz anders aus, und gerade die Geschichte des Katholizismus widerlegt diese Gleichung in ganz besonderer Weise.

Papst Benedikt behandelt also seine Art von Christentum und den Islam nicht nach den gleichen Kriterien. Er verschweigt sträflich, dass „die Kirche sich genau so verhält, wie der Papst es Mohammed zuschreibt. Sie hat die Toleranz erst entdeckt, als ihr Militär und Polizei nicht mehr zur Verfügung standen. Als sie schwach war, sprach sie sanft, wie nach Meinung des Papstes der machtlose Mohammed. Wüsste es der Papst zu schätzen, wenn ein Muslim in seinen Glaubensurkunden ähnlich relativierende Schnitte vornähme?"[552] Aber die Heuchelei geht bis heute munter weiter. Scheinheilig erklärt der dem Papst stets sekundierende Kardinal Walter Kasper in einem »Spiegel«-Gespräch, das die katholische Zeitschrift »Kirche In« in den wesentlichen Zügen wiedergibt, dass der Islam „sich bisher nur dort tolerant verhält, wo er in der Minderheit ist. Wo er die Mehrheit hat, kennt er keine Religionsfreiheit in unserem Sinn. Der Islam ist ... eine Kultur, welche bis jetzt keinen Zugang zu dem gefunden hat, was die positiven Seiten unserer modernen westlichen Kultur ausmacht – die Religionsfreiheit, die Menschenrechte oder die Gleichberechtigung der Frau."

In dieser Aussage des Kardinals ist fast jedes Wort falsch. »Menschenrechte« in der Kirche – Fehlanzeige. Die Kirche hat weder die Europäische Konvention über die Menschenrechte noch die diesbezügliche UN-Deklaration anerkannt oder unterzeichnet. Sie weiß warum: Weil sie sie nicht einhält. Die »Gleichberechtigung der Frau« - Fehlanzeige. Frauen dürfen keine einzige kirchenamtliche Funktion in der katholischen Kirche übernehmen. »Religionsfreiheit« - Fehlanzeige. Neue religiöse Gemeinschaften werden von den Sektenbeauftragen der Kirche wütendst verfolgt und diffamiert, wobei sich die Kirche des Zusammenspiels mit dem Staat stets sicher sein kann.

Außerdem: Wenn Papst Benedikt dem Islam schon einen Übergang des Korans von der Gewaltlosigkeit zur Gewalt kritisch vorhält, dann sollte er im gleichen Atemzug die vielen, sich in so manchem radikal widersprechenden Schichten und divergierenden Ebenen des Neuen Testaments (vom Alten ganz zu schweigen) ansprechen, auch die Gewalt und Intoleranz, die z.B. im Jakobus- und Petrusbrief sowie in der „Geheimen Offenbarung" abschreckende Triumphe feierte. Selbst wenn man das gesamte Neue Testament entgegen dem Sachverhalt als eine Schicht zusammenfassen wollte, wäre doch die spätere Schicht, die die Kirche statuiert hat, ein krasser Gegensatz zur ersteren, denn Dogmen wie die Trinität oder Jesus als zweite Person der Gottheit, die das Kirchenchristentum als weniger vernünftig erscheinen lassen als den Islam oder das Judentum mit ihrem konsequenten Ein-Gott-Glauben, finden sich in der ersten Schicht des Neuen Testaments nicht.

Aber die Schwarz-Weiß-Malerei (»Islam schlecht – Christentum gut«) geht ja in der Regensburger Vorlesung des Papstes noch weiter. Er wendet sich auch dem »Gottesbegriff« der beiden Religionen zu und geht hier wieder von einer Aussage des byzantinischen Kaisers aus, der nach seiner These, dass Mohammed Schlechtes und Inhumanes gebracht, die Verbreitung des Glaubens durch das Schwert gepredigt habe, sofort die Behauptung anschließt, dass eben dies auch aus dem irrationalen Gottesbild Mohammeds resultiere, während das Christentum einen vernünftigen Gott verkünde. „Gott", so der Kaiser, „hat kein Gefallen am Blut" (wenn das nur Moses, die Kreuzritter und die Inquisitoren gewusst hätten!), „und nicht vernunftgemäß zu handeln ist dem Wesen Gottes zuwider." Und daran knüpft nun der Papst an, um die Überlegenheit des christlichen Gottesbildes über das islamische vollends zu beweisen. Aber damit seine Überlegenheitsapologie für das Christentum nicht gar zu deutlich wird, versteckt sich der Papst lieber wieder hinter Aussagen anderer. Er lässt Théodore Khoury, den Herausgeber der Dialoge zwischen dem Kaiser und dem gebildeten Perser, bezüglich des Satzes: „Nicht vernunftgemäß zu handeln ist dem Wesen Gottes zuwider", sagen: „Für den Kaiser als einen in griechischer Philosophie aufgewachsenen Byzantiner ist dieser Satz evident. Für die muslimische Lehre hingegen ist Gott absolut transzendent. Sein Wille ist an keine unserer Kategorien gebunden, und sei es die der Vernünftigkeit. Khoury zitiert dazu eine Arbeit des bekannten französischen Islamologen R. Arnaldez, der darauf hinweist, dass Ibn Hazn so weit gehe zu erklären, dass Gott auch nicht durch sein eigenes Wort gehalten sei und dass nichts ihn dazu verpflichte, uns die Wahrheit zu offenbaren. Wenn er es wolle, müsse der Mensch auch Idolatrie treiben."

Man sieht: Wenn es darum geht, dem Gott des Islams Irrationalität und Unvernunft zu attestieren, genügt es, einen einzigen christlichen Islamologen – Khoury – und einen einzigen islamischen Denker – Ibn Hazn – anzuführen, und die Sache ist bewiesen. Die diversen Richtungen im Islam, in Geschichte und Gegenwart, die für die Vernünftigkeit Allahs eintraten, werden vom Ratzinger-Papst einfach nicht berücksichtigt. Stattdessen dekretiert Ratzinger, dass sich hier zwischen Islam und Christentum „ein Scheideweg im Verständnis Gottes und so in der konkreten Verwirklichung von Religion auftut, der uns heute ganz unmittelbar herausfordert." Das ist natürlich wiederum ein versteckter Seitenhieb auf den Islam, denn gemeint ist mit diesem Satz: »Ihr habt das falsche Gottesverständnis und deswegen könnt Ihr auch nicht die richtige Religionspraxis haben«.

Irrationale Willensmacht oder völlige Unbestimmtheit, so charakterisiert der Ratzinger-Papst das gesamte Gottesbild des Islams. „Damit verkürzte er die vielfältigen denkerischen Bemühungen im Islam auf die Züge, die ihm nicht gefallen."[553] Man stelle sich einen islamischen Denker vor, der über das Gottesbild des Christentums oder auch nur des Katholizismus referieren sollte. Er käme zweifelsohne zum Ergebnis, dass es dieses *eine* Gottesbild des Christentums und dieses *eine* Gottesbild des Katholizismus gar nicht gibt, dass vielmehr viele Gottesbilder sowohl des Christentums wie des Katholizismus miteinander rivalisieren bzw. einfach unvermittelt nebeneinander stehen. Der Papst aber begeht schon wieder den stümperhaften Fehler einer beabsichtigten Engführung, indem er nur ein Gottesbild des Islams, das negativste und irrationalste, einem einzigen Gottesbild des Christentums, dem in seinen Augen positivsten, nämlich seinem eigenen, gegenüberstellt, so dass am Ende nur die Schlussfolgerung stehen kann: »Ja, dann ist eben das christliche Gottesbild dem islamischen hoch überlegen.«

Ratzingers eigenes Gottesbild, das er für das einzig mögliche, einzig wahre christliche hält, ist eine Synthese von Griechentum und Christentum, von Vernunft und Glaube, von Logos und Fides. „Das Zusammentreffen der biblischen Botschaft und des griechischen Denkens war kein Zufall", behauptet Ratzinger in seiner Regensburger Vorlesung. Es gebe einen „tiefen Einklang zwischen dem, was im besten Sinn griechisch ist und dem auf der Bibel gründenden Gottesglauben". Das sei schließlich nicht von ihm zum ersten Mal erkannt worden. Vielmehr habe der Autor des vierten Evangeliums, des sogenannten Johannes-Evangeliums, bereits die vollkommene Synthese zwischen dem Logos-Begriff der alten Griechen und dem biblischen Gottesbegriff geschaffen. „Den ersten

Vers der Genesis abwandelnd, hat Johannes den Prolog seines Evangeliums mit dem Wort eröffnet: Im Anfang war der Logos. Dies ist genau das Wort, das der Kaiser gebraucht: Gott handelt mit Logos. Logos ist Vernunft und Wort zugleich – eine Vernunft, die schöpferisch ist und sich mitteilen kann, aber eben als Vernunft. Johannes hat uns damit das abschließende Wort des biblischen Gottesbegriffs geschenkt, in dem alle die oft mühsamen und verschlungenen Wege des biblischen Glaubens an ihr Ziel kommen und ihre Synthese finden." Es gab ein „von innen her nötiges Aufeinanderzugehen zwischen biblischem Glauben und griechischem Fragen ... Manuel II. hat wirklich aus dem inneren Wesen des christlichen Glaubens heraus und zugleich aus dem Wesen des Hellenistischen, das sich mit dem Glauben verschmolzen hatte, sagen können: Nicht ‚mit dem Logos' handeln ist dem Wesen Gottes zuwider."

Viele Zweifel heften sich an Benedikts Rede vom „tiefen Einklang" zwischen griechischem Logos und biblischem Gottesbild. Übergangen sei dabei die Marginalie, dass der Johannes, von dem Ratzinger spricht, nicht der Apostel Johannes sein kann, denn das sogenannte Johannes-Evangelium dürfte erst um das Jahr 130 entstanden sein. Viel wichtiger erscheint die Frage, ob eine Synthese zwischen griechischem und biblischem Denken, zwischen hellenistischem Logosbegriff und biblischem Gottesglauben überhaupt möglich und sinnvoll sei. Ratzinger selbst hat sich früher die Beantwortung dieser Frage auch schwerer gemacht als in seiner Regensburger Vorlesung. Er schildert z.B. den »Kulturschock«, den sein oberster Gewährsmann in allen theologischen Fragen, der hl. Augustinus, erlebt hat, als er auf die Bibel stieß. Dieser hatte das Buch »Hortensius« des großen Römers Cicero gelesen, das in ihm die Sehnsucht nach der ewigen Schönheit geweckt hatte. Von »Hortensius« ging Augustinus dann über „zur Bibel und erlebt einen Kulturschock. Cicero und die Bibel – zwei Welten – prallen aufeinander, zwei Kulturen stoßen zusammen. Nein – das kann es nicht sein, war Augustins Erfahrung. Die Bibel erschien ihm als die reine Barbarei, die der Höhe des geistigen Anspruchs nicht standhalten konnte, den ihm die römische Philosophie vermittelt hatte."[554]

Aber was kann einen Kirchenmann wie Ratzinger schon wirklich schockieren? Er findet immer eine prokirchliche Interpretation auch für das eigentlich nicht Vereinbare. So auch hier: Der »Kulturschock« sei für Augustinus im Grunde heilsam gewesen. Er könne „symptomatisch stehen für die Neuheit und Andersheit des Christentums ... Um Christ werden zu können, musste Augustinus – musste die griechisch-römische Welt – einen Exodus vollziehen, bei dem sie dann freilich das Verlorene neu geschenkt bekam."[555] Sit venia verbo, aber das ist schwülstige theologische Rede, die, nüchtern betrachtet, an der völligen Andersheit der beiden Welten, der biblischen und der griechisch-hellenistischen, und an der Überlegenheit der letzteren nichts ändert.

Aber immerhin: Außerhalb seiner Regensburger Vorlesung hat Ratzinger die Diskrepanz zwischen griechisch-hellenistischem und biblischem Denken doch wenigstens angesprochen. In der Vorlesung selbst davon kein Sterbenswörtchen. Er weiß ja, dass diese Vorlesung in und um die ganze Welt geht. Dann wäre ihr Verkündigungserfolg dahin, wenn er diese Diskrepanz zur Sprache brächte. Deswegen bringt er in der Regensburger Vorlesung auch weitere Diskrepanzen nicht, die das harmonische Bild stören könnten, das er von Griechentum und Christentum zeichnet. Ratzinger verglich nämlich früher einmal die Bibel unter dem Gesichtspunkt der in ihr auftretenden großen und maßgebenden biblischen Gestalten mit den großen religiösen Persönlichkeiten der außerbiblischen Religionsgeschichte. (Er hätte sie auch mit den großen philosophischen Persönlichkeiten der griechischen Antike vergleichen können, das Ergebnis wäre das gleiche gewesen). Ratzinger gab damals ein „eigentümliches Unbehagen" zu, das einen bei so einem Vergleich „überkommt": „Abraham, Isaak, Jakob, Mose", „die Träger des Bundesgeschehens in Israel"; „erscheinen mit all ihren Schlichen und ihrer Schläue, mit ihrem Temperament und ihrer Neigung zur Gewaltsamkeit zumindest recht mittelmäßig und armselig neben einem Buddha, Konfutze oder Laotse, aber selbst so große prophetische Gestalten wie Hosea, Jeremia, Ezechiel machen bei einem solchen Vergleich keine ganz überzeugende Figur. Das ist eine Empfindung, die schon die Kirchenväter beim Aufeinandertreffen von Bibel und Hellenismus bewegte ... Vor der Erhabenheit mythischen Denkens erscheinen die Träger der Geschichte des Glaubens beinahe pöbelhaft."[556] (Übrigens, auch hier wieder ein Seitenhieb gegen alles, was nach Ratzinger nicht christlich ist: Der biblische Glaube ist nach ihm nicht mythisch, jedes andere Denken mythisch. Wenn sich dann der biblisch-christliche Glaube den „mythischen" Logos-Gedanken des Griechentums trotzdem angeeignet hat, läuft das wieder auf eine Inkonsequenz in Ratzingers Denken hinaus.)

Also: „Religionsgeschichtlich gesehen, sind Abraham, Isaak und Jakob wirklich keine >großen religiösen Persönlichkeiten<", so Ratzinger. Aber die Schläue eines apologetisierenden Theologen bügelt diese Unterlegenheit der biblischen Vorbilder im Vergleich zu den großen Denkern und Mystikern des antiken Griechentums und Ostasiens gleich wieder aus. In der Bibel ist ja, so Ratzinger, Gott selbst der Handelnde. Der brauche also keine großen religiösen Persönlichkeiten, der könne sich gerade besonders deutlich durch eher mittelmäßige Figuren bemerkbar machen und den Gang der Geschichte bestimmen. O-Ton Ratzinger: „Das Besondere und Einzigartige der biblischen Offenbarung ... liegt darin, dass Gott in der Bibel nicht wie bei den großen Mystikern geschaut, sondern als der

Handelnde erfahren wird, der dabei (für das äußere und innere Auge) im Dunkeln bleibt."[557] (Schöne „Offenbarung", bei der Gott im Dunkeln bleibt!)

Im Klartext: Gott ist der Handelnde in der Bibel; Abraham, Isaak, Jakob, Mose usw. sind gar nicht die eigentlich Handelnden, sie sind „Offenbarungsempfänger". Und das sind auch alle Christen nach Ratzinger. Sie sind Glaubende primär, nicht Schauende, nicht Denkende. Den Primat haben im „Christentum ... die Glaubenden, welchen Grad der Innerlichkeit sie auch erreicht haben. Ein kleines Kind, ein mit Arbeit überschütteter Arbeiter stehen, wenn sie glauben, höher als die größten Aszeten. >Wir sind keine großen religiösen Persönlichkeiten<, hat Guardin einmal gesagt, >wir sind Diener des Wortes< ... Es ist möglich, dass es in der Welt große religiöse Persönlichkeiten auch außerhalb des Christentums gibt, es ist sogar sehr gut möglich, dass sich die größten religiösen Persönlichkeiten außerhalb des Christentums finden, aber das ist ohne Bedeutung; was zählt, ist der Gehorsam gegen das Wort Christi."[558] „>Erster Hand< ist hier überhaupt nur Gott selbst. Die Menschen sind samt und sonders zweiter Hand: Hörige des göttlichen Rufs".[559] Die „Offenbarung ist nicht Schauung des Menschen, sondern Wort und Tat Gottes. Sie ist nicht primär das Finden einer Wahrheit, sondern geschichtsbildendes Tun Gottes selbst. Ihr Sinn ist nicht der, dass dem Menschen göttliche Wirklichkeit sichtbar wird ..."[560]

Also das, was dem griechischen Denken in der Antike, was der hellenistischen Aufklärung das Wichtigste war: die Anstrengung des Denkens, das Finden der Wahrheit, des Logos im Seienden, das ist nach Ratzinger „nicht primär" für den biblischen und christlichen Menschen", der ein „Glaubender", ein „Höriger des göttlichen Rufs", ein Mensch „zweiter Hand" ist, dem „die erste Hand", die Hand Gottes, sich erst in den Fügungen der Geschichte und seines Lebens mitteilen muss. Diese Kluft, diese radikale Diskrepanz zwischen griechischem und biblisch-christlichem Geist ist unüberbrückbar, muss für jeden an die Sache objektiv Herangehenden unüberbrückbar sein.

Aber diese sachbedingte Unüberbrückbarkeit ist für einen bedingungslos ergebenen Kirchenapologeten wie Ratzinger kein unüberwindliches Hindernis. Er gibt zwar zu: „Für die Griechen war das Christentum, wie Paulus sagt, >Torheit<, das heißt Barbarei gegenüber der eigenen Kulturhöhe." Gerade der Platonismus, in dem sich ja griechischer Geist besonders verkörperte, sei als „Plato antichristianus" geschichtsmächtig gegen das Christentum aufgetreten: „Der Platonismus hat von Plotin bis in seine späteren Gestaltungen hinein dem Christentum den stärksten Widerstand entgegengesetzt, sich als sein Gegenpol verstanden. Im lateinischen Bereich sehen wir Ähnliches."[561]

Aber wer die Macht hat, der kann sich auch Heterogenes »inkulturieren« und es dann als Harmonieträchtiges deklarieren. Und das seit der »konstantinischen Wende« zur Herrschaft gekommene Kirchenchristentum hatte diese Macht. Und in der Tat: Das erobernde, missionierende Christentum hat bei seinem Marsch durch die diversen heidnischen Kulturen alles zusammengeklaubt, was ihm wertvoll und machterhaltend erschien. Theologen nennen diesen rücksichtslos durchgeführten Prozess vornehmer »Inkulturation«, und auch Ratzinger formuliert ihn höflicher. Aber er gibt immerhin zu, dass „das Christentum sozusagen immer neu geboren werden musste und nie einfach aus dem Eigenen da war." Das Eigene war spärlich, kümmerlich, primitiv gegenüber den großen Kulturen der Alten und der Neuen Welt. Also musste stets als »im Tiefsten«, »im Eigentlichsten« christlich proklamiert und getauft werden, was in Wirklichkeit heidnisch war. Wie gesagt, Ratzinger nennt das euphemistisch »Inkulturation« und beschreibt sie so: Das Ganze „ist temporal und kulturell äußerst vielschichtig. Da steht zunächst der Prozess der >Inkulturierung< in die griechische und in die römische Welt, dem die >Inkulturierung< in die verschiedenen Ausprägungen des Germanischen, des Slawischen und der neuen lateinischen Völker folgt. Alle diese Kulturen haben vom Altertum über das Mittelalter zur Neuzeit und zur Moderne hin weite Wegstrecken durchschritten, in denen das Christentum sozusagen immer neu geboren werden musste und nie einfach aus dem Eigenen da war."[562]

Ratzinger räumt ein, dass „der griechische Geist dem christlichen Glauben wesentliche Formen des Denkens und Redens geliefert hat, aber nicht ohne große Widerstände: Das christliche Verstehen musste dem griechischen Geist in schweren Auseinandersetzungen abgerungen werden, die das griechische Erbe aufnahmen und zugleich tiefgreifend umgestalteten. Dies war ein Prozess von Sterben und neuer Geburt".[563] Wenn das hier von Ratzinger Gesagte mehr als nur nichtssagende Worte sind, dann bedeutet dies, dass das genuim und echt Griechische sterben, völlig entfremdet werden musste, um ihm das Christliche überstülpen zu können.

Unsere Politiker sollten sich mal eine Aussage Ratzingers wie die, dass „der griechische Geist dem christlichen Glauben wesentliche Formen des Denkens und Redens geliefert hat", reflex bewusst machen. Dann verginge ihnen nämlich das unreflektierte, undifferenzierte Geschwätz vom christlichen Erbe Europas, von den christlichen Wurzeln Europas.

Ratzinger hat zwar beim Vergleich der Bibel mit der griechisch-hellenistisch-römischen Kultur die Mediokrität der biblischen Gestalten, der Abrahams, Isaaks, Jakobs, Moses etc. hervorgehoben. Aber er hat verschwiegen, dass schon der *Gott der Bibel* in krassem Gegensatz zum Logos der Griechen steht. Hier der reine, erhabene, tiefe Logos-Begriff (auch wenn man seine Differenzen, Nuancen, diversen Schattierungen etwa von Heraklit bis hin zu Aristoteles, den Stoikern und Plotin nicht übersieht), dort ein launischer, von extremsten Stimmungen hin und her getriebener, mal sich erbarmender, dann wieder Stämme, Völker und Menschheit vernichtender Gott, der seine niedere Herkunft aus einer Stammes- und Wüstengottheit nie ganz verleugnen kann und in der Bibel einen langen Entwicklungsweg bis hin zu einem dann endlich ethischer handelnden Bundesgott zurücklegen muss. Der Gegensatz zwischen Logos und Jahwe als Gegensatz von »rational« und »irrational« drängt sich hier unwillkürlich, aber auch zwingend auf!

Man versteht jetzt den Kirchendefensor Ratzinger noch besser, der die Hilfe des griechisch-hellenistischen Logos-Begriffs braucht und heranholen muss (ebenso wie schon der Autor des Johannesevangeliums und die alten Kirchenväter), um den biblischen Gottesbegriff zu reinigen, ihn edler und salonfähiger zu machen. Denn auch der Gott des Neuen Testaments, den Jesus liebevoll Abba (Väterchen) nennt, ist keineswegs so rational und ethisch, wie uns das glauben gemacht wird. Jesus weiß sich in absoluter Übereinstimmung mit ihm, wenn er brutal und rücksichtslos die Städte verflucht, die ihn nicht willkommen heißen, ihnen den Untergang und die Hölle wünscht (Mt. 10,15; 11,23f.; Lk. 10,15). Im Weinberg-Gleichnis Jesu ist Gott als Weinbergbesitzer dargestellt, der die Weinbergpächter erbarmungslos umbringt, weil sie seinen Sohn abgelehnt haben (Mk. 12,9ff; Mt. 21,42f.). Es waren solche Stellen im Neuen Testament, die die biblische Grundlage für die Verfolgung der Juden in vielen Jahrhunderten christlicher Herrschaft lieferten. Im Johannesevangelium ist der Gott Jesu Christi ein fundamentalistisch-fanatischer Schwarz-Weiß-Maler und –Spalter, den Jesus als seinen himmlischen Vater bezeichnet, der aber nicht der Vater der Juden sei, denn die „haben den Teufel zum Vater" (Joh. 8,44).[564]

Also: Gott als Vernunft, als vernünftigen und gerechten kann Ratzinger eigentlich nur verkünden, wenn er den Logos-Begriff der Griechen usurpiert, ihn in seinen christlichen Gott integriert. Aber im Sinne sauberen, redlichen Denkens muss klar bleiben: An sich ist der Bibel-Gott ein irrationaler Gott. Von daher ist Ratzinger in keiner Weise legitimiert, den vermeintlich rationalen, vernünftigen Gott der Bibel und des Christentums über den vermeintlich irrationalen Gott des Islams zu stellen. Genau das aber hat er in seiner Regensburger Vorlesung getan.

Allah hat viele Züge mit dem biblischen Gott Jahwe gemeinsam. Das gemeinsame abrahamitische Erbe der drei Religionen (Judentum – Christentum – Islam) besagt ja auch, dass ihr Gottesbild eine ganze Reihe gemeinsamer Attribute enthält. Insofern könnte man höchstens sagen, dass der christliche und der islamische Gott von ihrem biblischen Erbe her gleichermaßen irrational sind. Somit fällt eine ganze Argumentationsfigur Benedikts aus seiner Regensburger Rede völlig weg. Der „Scheideweg im Verständnis Gottes", der nach Benedikt Christentum und Islam auseinanderführt, ist nur behauptet, kann aber vom gemeinsamen biblischen Erbe her in keiner Weise bewiesen werden.

Noch eher ließe sich eine Überlegenheit des islamischen Gottes (wie übrigens auch des jüdischen) gegenüber dem christlichen eruieren, weil ersterer logischer, einfacher ist. Er ist zumindest nicht befrachtet und belastet mit der in den Augen von Juden und Moslems polytheistischen Idee der Dreifaltigkeit (Trinität) Gottes und der seiner Menschwerdung in Jesus Christus. Beide Ideen, im katholischen Kirchenchristentum Dogmen, sind für Juden wie Muslime unbiblisch. Aber für Ratzinger ist es kein Problem, den »Vernunft-Gott-Begriff« so weit, man kann sagen: so irrational weit zu fassen, dass diese beiden Ideen darin integriert werden. Ratzinger ist Dogmatiker, kein Bibelexeget. Dennoch müsste er wissen, dass erst im Johannesevangelium, entstanden um das Jahr 130, die Menschwerdung des Logos behauptet, das Dogma der zwei Naturen in Christus, der menschlichen und der göttlichen, sogar erst auf dem Konzil von Nicäa (325) aufgestellt wurde. Von einer Menschwerdung Gottes in Jesus Christus wissen die ersten drei der vier von der alten Kirche als kanonisch anerkannten Evangelien nichts. Trotzdem wehrt sich Benedikt XVI. in seiner Regensburger Vorlesung dagegen, „den Glauben an die Gottheit Christi und die Dreieinheit Gottes" nur als „theologische Elemente" anzusehen. Für ihn sind sie biblisch begründet und zum erweiterten Vernunftbegriff Gottes gehörig. Die Bibel lehrt ihm zufolge „die Absolutheit des in Christus hörbar gewordenen göttlichen Anrufs ... den Glauben an Jesus Christus als den einzigen Retter". Die „christliche Weise der Universalität" der Gottesvernunft besteht darin, dass Gott „selbst Geschöpf wird und so das Geschöpf dem Schöpfer eint". Das genau sei „das letzte Wort des Seins" in biblisch-christlicher Sicht. „Das Wort >Sohn< ist nicht poetisch-allegorisch (mythologisch, symbolisch), sondern ganz realistisch zu verstehen. Jesus ist es wirklich und wird nicht bloß so genannt. Der Realismus des biblischen Glaubens wird verteidigt, nichts sonst."[565]

Ratzinger ist sich bewusst, dass demgegenüber der Islam behauptet, „die >letzte< Religion" zu sein, „die über Judentum und Christentum hinausführt in die wahre Einfachheit des einzigen Gottes, während das Christentum mit dem Glauben an die Gottheit Christi und die Dreieinigkeit Gottes in heidnische Irrtümer zurückgefallen sei. Der Islam komme ohne Kult und Geheimnis aus als die universale Religion, in der die religiöse Entwicklung der Menschheit an ihr Ziel gekommen sei".[566] Zu diesem gravierenden Vorwurf, den der Islam dem Christentum (genauer dem Katholizismus und dem amtskirchlichen Protestantismus, weil es ja christliche Denominationen gibt, die die Trinität ablehnen und Jesus nur als vollkommenen Menschen, nicht als Gott sehen, der Mensch geworden ist) macht, hat Ratzinger, soweit ich sehe, nie Stellung bezogen, auch nicht in seiner Regensburger Vorlesung. In seinem religionsgeschichtlichen, religionsvergleichenden Werk „Glaube – Wahrheit – Toleranz. Das Christentum und die Weltreligionen" behandelt Ratzinger zwar die Weltreligionen Buddhismus und Hinduismus ausgiebig, weil er offenbar nur sie als dem Christentum ebenbürtige Diskussionspartner anerkennt. Über den Islam verliert er lediglich ein paar Worte, ohne sich in irgendeiner systematischen Absicht mit ihm befassen zu wollen. Er gibt zwar zu: „Zweifellos verdient die Frage, die der Islam an uns stellt, eine eingehende Auseinandersetzung." Aber Ratzinger stellt sich dieser Auseinandersetzung nicht, weil er sie dann trotzdem nicht für so wichtig hält: „Sie liegt aber nicht in der Absicht dieses Buches, das sich auf die – meiner Meinung nach – grundlegendere Alternative zwischen Identitätsmystik und Mystik der personalen Liebe beschränkt."[567]

Hier ist die Frage schon berechtigt: Warum drückt sich Ratzinger in einem Buch, das der Vergleichung der Religionen gewidmet sein soll, vor der Auseinandersetzung mit dem Islam, der dem Christentum Tritheismus und die Erhebung Jesu zur Gottheit vorwirft, weshalb es gegen die Einfachheit Gottes verstoße? Die Vermutung liegt nahe, dass Ratzinger den Islam nicht hoch genug einschätzt, denn die „grundlegendere Alternative" sei ja doch die zwischen der Identitätsmystik der südostasiatischen Religionen und der Mystik der personalen Liebe im Christentum.

Es gibt jedoch noch schwerwiegendere Gründe, die Ratzinger bewogen haben könnten, das heiße Eisen Islam nicht systematischer anzufassen. Zweifellos ist ja, wenn man die Existenz eines Gottes voraussetzt, dessen Einfachheit, wie sie der Islam behauptet, logischer, daher rationaler als seine Dreifaltigkeit oder Dreieinigkeit, wie sie das Christentum größtenteils behauptet. Also auch hier stimmt nicht Ratzingers These, aufgestellt in seiner Regensburger Vorlesung, wonach der christliche Gott rational, der islamische irrational sei. Eher ist das Gegenteil der Fall.

Vergegenwärtigt man sich obendrein, wie lange es in der Geschichte der Kirche gedauert hat, bis man den Menschen Jesus als Gott, als Gottes eingeborenen Sohn und zweite Person der Gottheit deklariert hat, und wie es noch viel länger gedauert hat, bis man den Heiligen Geist als Gott und dritte Person der Gottheit proklamieren konnte, dann sticht hier der Irrationalismus der christlichen Gotteslehre geradezu in die Augen. Während die vier Evangelisten noch nicht „explizit" wussten, dass in der göttlichen Sphäre eins gleich drei ist, hier also die Gesetze der Logik, sogar einfacher Zahlenverhältnisse, außer Kraft gesetzt sind, so dass ein Gott ohne Probleme in drei Personen existieren oder, wie die Theologen sagen, subsistieren kann, weiß es Ratzinger alias Benedikt XVI. ganz genau: Gott ist ganz rational, er ist Vernunft, Logos, aber diese Vernunft bleibt dennoch vernünftig, wenn sie sich zur Liebe und zur Trinität hinaufsteigert, weil echte Liebe in der Sphäre der Gottheit sich in deren Dreifaltigkeit auseinanderfalten muss.

Einem Ratzinger nimmt man, nehmen die meisten Journalisten eine solche theologische Zahlenakrobatik ohne weiteres ab, weswegen sie ja die Vernünftigkeit der Gottesidee in Ratzingers Regensburger Vorlesung besonders begeistert hervorhoben. Dabei ist es wirklich schwierig, hier nicht in Gelächter auszubrechen. Aber sagen wir es mit einem modernen Bibelforscher zunächst ganz seriös: „Die ‚Heilige Dreifaltigkeit' ist eine krampfhafte Verherrlichungskonstruktion".[568] Doch man muss auch Verständnis für die Ironie, ja den Sarkasmus haben, mit denen ein zeitgenössischer Kirchenkritiker die in Ratzingers Augen so vernünftige trinitarische Gottesidee charakterisiert: Es gibt, sagt er: „den Jungen des alten Herrn, den Sohn". Der werde zwar erst später eingeführt, aber in Wirklichkeit ist der Junge so alt wie der Alte", denn er ist auch Gott. Und doch auch wieder nicht. „Nicht ganz und doch ganz. Oder vielmehr: ein ganz anderer und doch derselbe. Es ist ein großes Geheimnis wieder. Aber wäre alles so klar, so glatt, so platt, wer sollte es denn dann noch glauben. Es wäre ja gar keine Kunst mehr zu glauben. Na eben. Doch so ist es eine Kunst. Zwei Personen also, aber gleichsam in einer Person. Und da alle guten Dinge drei sind, wird die Zweite Person durch eine Dritte Person gezeugt, die freilich schon die Erste Person ist. *Auch* die Erste. Ebenso die Zweite. Und doch bringt die Dritte die Zweite hervor – durch das Schwängern einer Schreinermeistersgattin in Palästina. Ob nun durch das Ohr oder durch andere Kanäle: Die Wege des Herrn sind wunderbar ..." Wie wär's denn, fragt der eben zitierte Kritiker, wenn man endlich zugäbe, dass Jesus kein Gott war, wenn man einen „definitiven", einen endlich wirklich „fortschrittlichen Schlussstrich unter die Zweite Person" setzte. „Und die Dritte gleich mit über die Klinge gejagt? Mit dem Vorteil, statt eines kaschierten Polytheismus nun endlich einen ganz strengen, strikt biblischen, den sozusagen ursprünglichen jüdischen Eingottglauben wieder zu haben, den durch die Heilige Schrift so wohl belegten Glauben an den alten Herrn, und nur an ihn, ohne sonstige kuriose Entitäten, Personen, Naturen, Abrakadabras samt allen exegetischen Verdrehungen, Veitstänzen, Grotesken."[569]

Da haben sich jetzt also die Verhältnisse sehr zu Ungunsten Ratzingers umgekehrt, weil hier jüdischer und ebenso islamischer »Ein-Gott-Glaube« rationaler als christlicher »Drei-Gott-Glaube« erscheint. Ratzingers Gott steht hier doppelt schlecht da. Zum ersten weil er als dreifaltiger, trinitarischer gegenüber dem Ein-

Gott-Glauben der Juden und Muslime wesentlich irrationaler erscheint; zum zweiten weil aber auch der Eingottglaube des Judentums und des Islams wie der des Christentums auf dem biblischen Jahwe-Gott mit dessen gravierenden Irrationalitäten und Amoralitäten basiert.

Noch ein Drittes, ganz Grundsätzliches muss hinzugefügt werden: Ratzingers These vom vernünftigen, rationalen Gott bricht vollends in sich zusammen, wenn man bedenkt – und das gilt dann auch für Judentum und Islam, ja für alle monotheistischen Religionen -, dass Gott als Gott, wenn er denn existiert, für die menschliche Vernunft geradezu irrational sein muss.

Alles, was wir wissen, ist der Begegnung bzw. Konfrontation unseres Verstandes mit der Welt entlehnt. Alle unsere Denkkategorien stammen von daher. Von Gott selbst wissen wir gar nichts. Implizit und indirekt geben das ja auch die Theologen zu, wenn sie behaupten, die Wesensmerkmale Gottes seien an der Person Jesu, des menschgewordenen Gottes, am besten abzulesen. Nach Paulus, dem eigentlichen Begründer des christlichen Glaubens, wohnt Gott „in unzugänglichem Licht", nach dem Doctor angelicus Thomas von Aquin, dem größten Kirchenlehrer der katholischen Kirche, den der Wojtyla- wie der Ratzinger-Papst häufig zustimmend zitieren, können wir von Gott nur wissen, was er nicht ist, nicht was er ist. Nach dem jüdischen Psychoanalytiker Erich Fromm bedeutet das biblische Verbot, sich irgendein Bildnis Gottes zu machen, seinen Namen unnütz und schließlich seinen Namen überhaupt auszusprechen, im Grunde, dass man Gott gar keine Eigenschaften zuschreiben, von ihm kein positives Attribut aussagen dürfe. Alle Theologie münde letztlich, mag sie sich noch so positiv geben, in der »theologia negativa«, die von Gott nur aussagt, was er mit Sicherheit nicht ist.[570] Für Atheisten liegt der Schluss nahe: Wenn alles, was immer wir von Gott aussagen, als nicht-göttlich, als menschlich-allzumenschlich aufgedeckt bzw. entlarvt werden kann, dann besteht zwischen einem solchen Gott, dem wir keinerlei Attribute zuordnen können, und einem Gott, der gar nicht existiert, praktisch kein Unterschied mehr.

Belassen wir's dabei, da wir ja tolerant sind. Mögen also die Theisten ihren Gott wegen der angedeuteten rationalen Denkschwierigkeiten als »supra-rational« (übervernünftig), die Atheisten ihn als »sub-rational« (untervernünftig, weil den Kriterien der Vernunft schon wegen der Theodizeeproblematik nicht genügend) bezeichnen, er ist in beiden Fällen eine »irrationale« Größe, womit Ratzingers Versuch, ihn unter Zuhilfenahme des griechischen Logosbegriffs zu einem vernünftigen christlichen Gott umzuwandeln und ihn als solchen über den „irrationalen" Gott des Islams zu stellen, als gescheitert erklärt werden muss.[571]

Sechstes Kapitel

Der Papst, seine Bayern-Wallfahrt und unser Geld

Man kann sich kaum einen größeren Gegensatz vorstellen als den zwischen dem schlicht auf einem Esel in Jerusalem einreitenden Jesus der Evangelien, der diese symbolische messianische Aktion am Ende mit seinem Leben bezahlt, das ihm die Obrigkeiten seines Landes, der römische Prokurator und die jüdischen Hohenpriester, in vereinter Staats- und Religionsfürsorge genommen haben, und dem Bayernbesuch des Ratzinger-Papstes im September 2006 unter der Sonne des größtmöglichen Wohlwollens und enorm aufwendigen Staatsschutzes seitens der Obrigkeiten des Freistaates Bayern. Jesus hatte den Staat, die Obrigkeiten gegen sich – der Papst hat sie für sich; jener wird von der Obrigkeit verfolgt – dieser von ihr kostspieligst beschützt und gehätschelt als oberstes Symbol ihrer Macht und Stabilisierungsfaktor ihrer Legitimität; für jenen wird kein Aufwand betrieben – für diesen ein in die Millionen gehender, bei dem keine Kosten gescheut werden („man gönnt ja den Steuer zahlenden Bürgern, die dafür aufkommen müssen, auch sonst nichts!"). Warum sollte man also hier sparen, wo doch der Nachfolger der römischen Imperatoren und des höchsten Religionspriesters des antiken Roms, der Pontifex Maximus, in nicht weniger aufwendigen, protzigen Gewändern als damals diese in die bayrische Provinz kommt.

Es geht hier nicht darum, ob Jesus wirklich gelebt hat oder eine synthetisch konstruierte Kultfigur ist – die Experten sind sich da nicht einig[572] –, es geht darum, dass der eingangs dieses Kapitels geschilderte eklatante Gegensatz kein äußerlicher Zufall ist, sondern einen ganz grundsätzlichen Widerspruch offenbart. Die ersten Christen sahen jedenfalls ihre staatsneutrale bis staatsfeindliche, nonkonformistische Einstellung in einem Meister grundgelegt und vorgelebt, der für das unopportunistische Festhalten an seiner Botschaft zwischen den Mühlsteinen einer selbstgerechten jüdischen Priesterhierarchie und einem fast allmächtig daherkommenden Imperium Romanum, also durch das Zusammengehen von religiöser und staatlicher Herrschaft und Herrschsucht, zerrieben worden war. Die in den Evangelien geschilderte Armut Jesu, seine Absage an Prunk, Kult, Liturgie, Weltherrschaft und Luxus, seine Heimatlosigkeit, sein Außenseitertum, seine Ablehnung jeglicher Liaison mit den herrschenden Mächten, seine Hinwendung zu den zu kurz Gekommenen und Unterdrückten betrachteten seine Anhänger als Symbolelemente und Symbolfiguren der tieferen Sinnwahrheit und Hoffnung, dass wahrer Glaube auf äußere Macht verzichten könne, dass sich die innere Qualität der Botschaft ihres Meisters ohne die Hilfe der sonst stets auf dieser Erde praktizierten Herrschaftsmethoden durchsetzen werde, auch ohne alle Privilegierungen durch die gerade an der Macht befindlichen Staatsmänner.

Über diese „Ideologie" der frühen Christen können die im Vatikan, können die Päpste und auch der jetzige Papst Benedikt XVI. nur überlegen lächeln. Sie halten den auf jede Macht verzichtenden Jesus und dessen frühe Anhänger für Trottel, günstigstenfalls für Naivlinge, die die Mechanismen der Macht nicht durchschaut, die nicht kapiert hätten, dass keine Religion ohne weltliche Stützen und Geldzuwendungen bestehen kann. Wer nicht glauben kann, dass die Herren im Vatikan so denken, der sehe sich die durchgehende Kontinuität der zahllosen Bündnisse von Thron und Altar in der Kirchengeschichte seit Kaiser Konstantin Anfang des 4. Jahrhunderts an. Und wenn ihm das zu mühsam erscheint, dann lasse er die in diesem Kapitel ausgebreiteten nachfolgenden Beobachtungen über die Bayernreise Benedikts XVI. vor seinen Augen Revue passieren, denn allein schon diese Reise ist der schroffste, krasseste Gegensatz zu der „Ideologie" der frühen Christen.[573]

Was der Jesus der Evangelien von den Regierenden, von den Herrschenden, den Männern des Staates hält, sagt er mit aller Klarheit und Deutlichkeit: „Ihr wisst, dass die Herrscher ihre Völker unterdrücken und die Mächtigen ihre Macht über die Menschen missbrauchen. Bei euch soll es nicht so sein, sondern wer bei euch groß sein will, der soll euer Diener sein, und wer bei euch der Erste sein will, soll euer Sklave sein" (Mt. 20, 25-27). Was der Ratzinger-Papst von den Herrschenden hält, ist auch klar: Er ist ihr Freund, er lässt sich von ihnen hofieren und seine Kirche von ihnen großzügig unterhalten, wie wir noch detaillierter sehen werden. Seine enge persönliche Freundschaft zu den bayerischen Ministerpräsidenten Strauß und Stoiber haben wir im 4. Kapitel angesprochen, ebenso das freundschaftliche Verhältnis zu den Mächtigen in Adel, Wirtschaft und Finanzwelt und ebenfalls seine Nähe zur reichsten Organisation in der Kirche, dem »Opus Dei«.

Es ist merkwürdig, kurios, trotzdem wahr, dass ein Atheist und „Antichrist" wie Nietzsche in der hier behandelten Hinsicht dem Jesus der Evangelien näher steht als der vermeintliche Nachfolger und Stellvertreter Jesu Christi auf Erden, der Ratzinger-Papst. Nietzsche hat nämlich dieselbe radikale Aversion gegen Staat und Kirche als hierarchisch organisierte Religion wie Jesus: „Staat", so Nietzsche, „heißt das kälteste aller kalten Ungeheuer. Kalt lügt es auch; und diese Lüge kriecht aus seinem Munde: ‚Ich, der Staat, bin das Volk.' Lüge ist's! ... Vernichter sind es, die stellen Fallen auf für viele und heißen sie Staat ... der Staat lügt in allen Zungen des Guten und Bösen; und was er auch redet, er lügt – und was er auch hat, gestohlen hat er's. Falsch ist alles an ihm; mit gestohlenen Zähnen beißt er, der Bissige ... ‚Auf der Erde ist nichts Größeres als ich: der ordnende Finger bin ich Gottes' – also brüllt das Untier ... Staat nenne ich's, wo alle Gifttrinker sind ... Staat, wo alle sich selber verlieren ... Staat, wo der langsame Selbstmord aller – ,das Leben' heißt ... Hin zum Throne wollen sie alle: ihr Wahnsinn ist es – als ob das Glück auf dem Throne säße! Oft sitzt der Schlamm auf dem Thron – und oft auch der Thron auf dem Schlamme ... Dort, wo der Staat aufhört, da beginnt erst der Mensch ... da beginnt das Lied des Notwendigen, die einmalige und unersetzliche Weise."[574]

Vor allem jüdische Philosophen und Psychologen des 20. Jahrhunderts haben in genauester Sachkenntnis des palästinensischen Milieus zur Zeit Jesu das Rebellische, Staatsfeindliche, Staatsumstürzende der ersten Christen und von Jesus selbst herausgearbeitet. Nach Ernst Bloch arbeitet die Kirche mit einem von ihr gefälschten, „gemilderten" Jesus. Dieser sei das Werk der Priester, der „Wölfe". „Wie ihn die Wölfe vor allem für die Schafe zurecht gemacht haben, damit sie es doppelt bleiben. So still, so unbegrenzt duldsam wird ihr angeblicher Hirte dargestellt, als wäre er sonst wirklich nichts anderes." In Wirklichkeit war Jesus „der Rebell und Erzketzer", ein „Empörer ..., dem die gesamte Priester-Theokratie und Gesetzesreligion ... zur vernichtungsreifen Welt gehörte". Seine Feinde habe er „durchaus nicht" geliebt, weil diese Feinde „die Feinde der Mühseligen und Beladenen, die Reichen" waren, „die so wenig ins Himmelreich kommen wie – mit voller Ironie des Unmöglichen – das Kamel durchs Nadelöhr. Die Kirche hat das Nadelöhr hernach sehr erweitert und so gewiss ihren Jesus aus dem Blick des Aufruhrs herausgenommen". Jesus sei ein „Unruhestifter" gegen Priesterreligion, Kirche, Familienbande, Establishment. Seine eigene Religion ist eine Religion „plebejischer Bewegungen, Protestaktionen". Sie konnte „nur durch nachfolgende Kirchenkompromisse (oder Schlauheiten der Auslegung) konforme Ideologie werden. Die Predigt Jesu, als eine eschatologische, machte mit dem >vorhandenen Äon< am wenigsten Frieden, ebendeshalb machte sie auch gegen bloßen Lippendienst und Kirchenkompromisse am meisten empfindlich". Mit ihrem „kräftigen Startpunkt" als „soziale Bewegung unter Mühseligen und Beladenen" sei die ursprüngliche Religion Jesu der schärfste Gegensatz zur Kirche, die ihrem Wesen nach stets »Staatsreligion« sei[575] also Religion, die der Staat braucht, um seinen Untertanen in einem annehmbareren Licht zu erscheinen. Auch der jetzige Papst steht einer Staatsreligion vor, und genau deshalb wurden vom bayerischen Staat bei seinem Bayernbesuch keine Kosten und Anstrengungen gescheut, um den Papst in dieser Funktion als Hohenpriester der Staatsreligion zu bestätigen und dem Volk zu präsentieren.

Nur Ketzer und Sektierer haben nach Bloch Elemente der ursprünglichen Religion Jesu bewahrt. Deswegen seien sie auch stets von Kirche und Staat gleichermaßen verfolgt worden. Die Ethik Jesu ist „Moral des Weltuntergangs. Als diese

Adventsmoral ist sie ... in den Kompromiss-Moralen der auf Dauer eingerichteten Kirchen verschwunden". Noch eher ist sie „in den Soziallehren des Ketzer- und Sektenchristentums" zu finden. Dort freilich auch „geschwächt; es sei denn ... es hat erneut an unmittelbar bevorstehende Apokalypse geglaubt."[576]

Die Stunde der Priester schlug, als der römische Kaiser Konstantin die Kirche zur Staatsreligion erhob: „Der Klerus (etablierte sich) als neuer Stand; über der kommunistischen Urgemeinde schlug wiederum die Priesterkirche zusammen, wenig von den Priesterbauten aller anderen Völker und Zeiten verschieden ... der Klerus wuchs in den Rang höchster Staatswürdenträger empor, und die Welt blieb, wie sie war."[577]

Die Klerikerklasse war „dazu unentbehrlich, die Sklaven zu beruhigen ... jeden möglichen Aufruhr abzufangen. Dass für die heidnischen Kaiser gebetet wurde, ist früh bezeugt." Die Kaiser ihrerseits wussten es zu schätzen, dass die Kirche „die treuesten Untertanen" heranzog. Die „gegenrevolutionäre Nützlichkeit" war „ein gemeinsames Interesse mit dem Staat". Zwangsläufig musste so das Christentum „zum Triumph der Staatsreligion" verkommen. Kaum hatte sie diesen Machtrang erreicht, konnte sie gegen alle anderen Sekten und Religionen „Glaubensverfolgung durch Staatsgesetz" verordnen und durchführen. Kirche und Staat waren „Komplizen ... in der Ausübung doppelter Theokratie" geworden. Wenn heute die Kirchen, insbesondere ihre Sektenbeauftragten gegen die neuen Religionen und Sekten nach dem starken Arm des Staates rufen, Überwachungsmaßnahmen für sie verlangen, wenn Bundes- und Länderministerien den Forderungen mehr oder minder nachzugeben geneigt sind, dann zeigt sich darin eine bemerkenswerte Kontinuität des „Komplizentums" von der ausgehenden Antike bis in unsere Zeit.[578]

Spätestens seit Kaiser Konstantin, also immerhin schon mindestens 1600 Jahre lang, sieht die Kirche eine ihrer Zentralaufgaben darin, dass „die Obrigkeit fromm verschönt wird, als hätte sie ihr Schwert durch die Bank von Drüben ... Die Kirche fügt dem unter anderem noch die ihr sehr praktische durchgängige Vertröstung aufs Jenseits hinzu; das, wie Brecht sagt, mit gerechter Verteilung der überirdischen Güter, ungerechter der irdischen. Also hat die Kirche, seit das ehedem rebellische dogmenlose Urchristentum endgültig von Konstantin ab durchs Christentum als römische Staatsreligion abgelöst wurde, dem Staat überwiegend dazu gedient, die Mühseligen und Beladenen bei der Stange zu halten". Die neuzeitliche Aufklärung musste sich also zwangsläufig „gegen die Kirche wie ... gegen die Obrigkeit" wenden.[579]

Der Dienst am Staat macht sich natürlich bezahlt: er bringt der Kirche Macht und Reichtum. „Die Hirten huldigten liebend gern der Macht, die den ersten christlichen Ketzer gekreuzigt hat: war es doch oft ihre eigene Macht. Den Armen, Ausgebeuteten, Unternommenen dagegen predigten sie Dulden, Geduld und ja keine Gewalt. An den Unterdrückern störte sie die Gewalt nicht, weder die statische, einschüchternde Tag für Tag, noch auch die ausbrechende, entlarvt brutale, wenn die Geduld unten bricht. Sobald diese bricht, heißen Gas und Pistole nur Abwehr, hochverursachter Aufruhr dagegen Terror. Und zur Gewalt von oben trat ihre ideologische Draperie, die entsicherten Revolver mit Gott- und Jubelweisen rechtfertigend". Der Großteil der Presse macht das kritiklos mit: „Und diese unsere Sonntagsschreiber, bald wetternd, bald geistelnd, doch herrentreu, geben ihren Segen".[580]

Auch der Psychoanalytiker Erich Fromm ist zutiefst überzeugt, dass Kirche seit dem Beginn der konstantinischen Ära bis zum heutigen Tag die Funktion einer »Staatsreligion« ausübt und erfüllt. Kirche hat auch heute noch „die Aufgabe, die psychische Selbstständigkeit der Masse zu verhindern, sie intellektuell einzuschüchtern" (man denke an die ständigen Lobeshymnen der Zeitungsschreiber auf die Ausnahme-Intelligenz Ratzingers, ohne jeglichen überzeugenden Beweis dafür zu liefern), „sie in die gesellschaftlich notwendige infantile Gefügigkeit den Herrschenden gegenüber zu bringen". Diese Aufgabe ist nach Fromm, genauer betrachtet, „eine dreifache Funktion: für alle Menschen die des Trostes für die allen vom Leben aufgezwungenen Versagungen, für die große Masse die der suggestiven Beeinflussung im Sinne ihres psychischen Abfindens mit ihrer Klassensituation und für die herrschende Klasse die der Entlastung vom Schuldgefühl gegenüber der Not der von ihr Unterdrückten."[581]

Besonders dankbar ist Fromm zufolge der Staat der Kirche dafür, dass sie ihm den angeblich von ihm gewollten »mündigen Bürger« infantil zubereitet, herrichtet. Der infantil gebliebene Erwachsene „überträgt einen Teil der kindlichen Liebe und Angst ... auf die Repräsentanten der herrschenden Klasse", seien es nun Staatsmänner oder Kirchenfürsten wie der Papst und die Bischöfe. Er „sieht in den Herrschenden die Mächtigen, Starken, Weisen, Ehrfurchtgebietenden, glaubt daran, dass sie es gut mit ihm meinen und nur sein Bestes wollen, weiß, dass jede Auflehnung gegen sie bestraft wird, und ist befriedigt, wenn er durch Gefügigkeit ihr Lob erringen kann. Es sind ganz die gleichen Gefühle, die er als Kind dem Vater gegenüber hatte, und es versteht sich, dass er ebenso geneigt ist, kritiklos an das zu glauben, was ihm von den Herrschenden als richtig und wahr dargestellt wird, wie er als Kind gewohnt war, dem Vater für jede Behauptung kritiklos Glauben zu schenken". Natürlich tut auch die herrschende Klasse in Staat und Kirche alles, um sich „dem Unbewussten der Masse als Vaterfigur suggestiv aufzunötigen". Und sie tut es mit der Droge »autoritäre Religion«: „Eines der wesentlichsten Mittel zu diesem Zweck ist die Religion", schreibt Fromm, und er fügt hinzu, dass „in dieser psychologischen Situation, der der infantilen Gebundenheit der Beherrschten an die Herrschenden, eine der wesentlichsten Garantien der gesellschaftlichen Stabilität liegt."[582]

Man versteht immer besser, warum es den Regierenden so sehr daran liegt, in ihrem Staat vom Papst, dem „Vater der Menschheit", besucht zu werden; warum auch der Bayernbesuch des Ratzinger-Papstes von der bayerischen Regierung so überdimensional pompös und aufwendig organisiert wurde. Aber bleiben wir noch eine Weile bei Fromm. Genetisch, entwicklungsgeschichtlich betrachtet, ist Kirche nach ihm die Umkehrung, die Perversion der (christlichen) Religion. Denn diese ist zunächst einmal keine Religion der Herren, der Mächtigen, der Unterdrücker, sondern der Knechte und Unterdrückten. „Die Träger des Urchristentums" – das „war die Masse des ungebildeten, armen Volkes, des Proletariats von Jerusalem und der Kleinbauern des Landes, die durch die wachsende politische und wirtschaftliche Unterdrückung, durch die gesellschaftliche Verfemung und Verachtung in ebenso wachsendem Maße erfüllt waren von dem Drang und der Sehnsucht nach Änderung der bestehenden Verhältnisse, nach Anbruch einer für sie selbst glücklichen Zeit und von Hass- und Rachewünschen gegen die Herrschenden des eigenen und fremden Volkes". Das Urchristentum ist nur eine der vielen damals bestehenden rebellischen jüdischen Sekten, die alle „dieser Schicht der armen, ungebildeten revolutionären Masse entstammten", aber es ist unter ihnen „die historisch bedeutungsvollste, messianisch-revolutionäre Bewegung".[583]

Fromm idealisiert jedoch keineswegs, wie das viele heutige Theologen tun, die Anfänge des Christentums. Die ersten Christen waren nicht, wie oft behauptet, eine ideale Liebesgemeinschaft. Vielmehr spielten auch Hass- und Rachegedanken eine ganz intensive Rolle. „Die ersten Christen waren eine Brüderschaft gesellschaftlich und wirtschaftlich gleich unterdrückter, von Hoffnung und Hass zusammengehaltener Enthusiasten". Es war für sie „ein beglückender und befriedigender Traum, davon zu phantasieren, dass die gehassten Autoritäten bald stürzen und sie selber, die jetzt Armen und Leidenden, zur Herrschaft und zum Glück gelangen würden". Auch wird diese Herrschaft, dieses Glück keineswegs hochgeistig, spirituell aufgefasst. Es ist vielmehr „die beglückende Verheißung einer nahen Zukunft, in der die Armen reich, die Hungernden satt wären und die Unterdrückten zur Herrschaft gelangten. Diese Hoffnung wurde im ganz realen und materiellen Sinne verstanden". Auch in den Äußerungen der Bergpredigt in der lukanischen Fassung (Lk. 6,20-25) „drückt sich nicht nur die ganze Sehnsucht und Erwartung der Unterdrückten und Armen auf eine neue und bessere, sie befriedigende Welt aus, sondern auch ihr ganzer Hass gegen die Autoritäten, die Reichen, Gelehrten und Mächtigen".[584] Der Marxist K. Kautzky meinte sogar, dass „der Klassenhass des modernen Proletariats kaum je solche Formen erlangt hat wie der des christlichen".[585]

Was die Urchristen von anderen gegen die herrschenden Verhältnisse aufbegehrenden Gruppen unterschied, war nach Fromm lediglich der Phantasie-Trick. „Die ersten Christen waren ebensowenig >demütig< und gottergeben, ebensowenig von der Notwendigkeit und Unveränderlichkeit ihres Schicksals überzeugt und ebensowenig vom Wunsche beseelt, von den Herrschenden geliebt zu werden, wie jene politischen und militärischen Kämpfer. Beide Gruppen hassten in gleicher Weise die herrschenden Väter, hofften in gleicher Weise auf deren Sturz, den Anbruch ihrer eigenen Herrschaft und einer sie befriedigenden Zukunft. Der Unterschied liegt weder in den Voraussetzungen noch in Ziel und Richtung ihrer Wünsche, sondern nur in der Ebene, in der die Erfüllung der Wünsche versucht wird. Während die Zeloten und Sikarier in der Ebene der politischen Realität ihre Wünsche zu verwirklichen trachten, führt die völlige Aussichtslosigkeit einer Realisierung die Urchristen dazu, die gleichen Wünsche in der Phantasie zu gestalten. Der Ausdruck dieser Wunschphantasie war der urchristliche Glaube und speziell die urchristliche Phantasie von Jesus und seinem Verhältnis zum Vater-Gott".[586]

Die Menschen, die sich an der urchristlichen Phantasie berauschten, waren „gequält, verzweifelt, voller Hass gegen jüdische und heidnische Unterdrücker, ohne Aussicht, eine bessere Zukunft real durchzusetzen. Da musste eine Botschaft, die ihnen erlaubte, all das zu phantasieren, was die Realität ihnen versagte, faszinierend wirken". Dieser Botschaft kam die Bedeutung zu, dass sie „Hoffnung und Rache in der Phantasie, die Wirklichkeit ersetzend, befriedigte und dass sie zwar nicht den Hunger stillte, aber eine nicht gering einzuschätzende Phantasiebefriedigung für die Unterdrückten brachte".[587]

Die Sicht Blochs und Fromms auf Ursprung und Frühentwicklung des Christentums wird zwar von einigen Theologen angezweifelt, teilweise scharf kritisiert, enthält aber viele Wahrheitselemente. Die Kirche hat so einiges getan, um möglichst alle nonkonformistischen, rebellischen, staatskritischen und –feindlichen Texte aus den frühchristlichen Zeugnissen, auch den Evangelien, zu eliminieren. Aber die noch verbliebenen diesbezüglichen Textfragmente stellen eine Bestätigung der Sicht der beiden jüdischen Denker dar. Das Lukasevangelium beispielsweise lässt Maria, die Mutter Jesu, darüber jubeln, dass Gott „die Mächtigen vom Thron stürzt und die Niedrigen erhöht, die Hungernden beschenkt ... und die Reichen leer ausgehen lässt" (Lk. 1, 52f). In den sogenannten „Seligpreisungen und Weherufen" heißt es: „Selig, ihr Armen, denn euch gehört das Reich Gottes" (Lk. 6,20), das ja bei Jesus diesseitig, nicht jenseitig gedacht war. Wie sollte ein Ratzinger-Papst einen solchen Satz aussprechen können, wo doch bei seiner Regensburger Vorlesung, Höhepunkt seines Bayernbesuchs, nur finanzstarke und einflussreiche, sorgfältig ausgesuchte Honoratioren aus Gesellschaft, Wirtschaft, Adel und Politik im Saal anwesend waren? Arme waren da nicht erwünscht, sondern eben nur staatstragende Elemente, entsprechend der Tatsache, dass hier der höchste Priester der staatstragendsten Religion des Erdkreises seine erhabenen Gedanken über den Gott der Vernunft vortrug, einen Gott, der selbstredend auch so vernünftig ist, seiner Kirche die profitable Ehe mit dem Staat zu gebieten.

Was Ratzinger von den Armen hält, hat er ja überdeutlich und dokumentarisch klargemacht: Er hat die Priester und Theologen, die sich für die Befreiung der Armen in Südamerika und Südostasien aus Verhältnissen unvorstellbarer Unterdrückung und Ausbeutung einsetzten, gemaßregelt, suspendiert, unter Rede-, Schreib- und Berufsverbot gestellt.

Was der Ratzinger-Papst über die Armen denkt, könnte man so ausdrücken: Sie haben Gott, und das ist mehr als alles andere. Die „armen" Reichen aber müssen mühselig die Güter dieser Erde verwalten, damit die gottgegebene Ordnung aufrechterhalten bleibt. Ihre Aufgabe ist also im Grunde viel schwerer als die der Armen, die sich nur um ein gutes Gottesverhältnis zu kümmern haben. Ist das eine zu zynische Interpretation der Gedanken Ratzingers zu diesem Thema? Der Leser vergleiche meine Auslegung mit dem, was Ratzinger selbst wortwörtlich sagt: „Das Merkwürdige ist, dass gerade bei den Armen ... der Hunger nach Gott sehr groß ist. Sie sind keineswegs der Meinung so vieler Europäer, zuerst müsse das Irdische geklärt werden, dann könne man auch über Dinge wie die Gottesfrage reden."[588]

Der Ratzinger-Papst weiß natürlich, was Sache ist. Es lässt sich ja viel leichter über einen Gott reden, der so vernünftig ist, dass er die bestehende Ordnung nicht antastet, als über einen Jesus, der im Lukasevangelium die harten Worte ausspricht: „Aber weh euch, die ihr reich seid; denn ihr habt keinen Trost mehr zu erwarten. Weh euch, die ihr jetzt satt seid; denn ihr werdet hungern" (Lk. 6,24f). Außerdem könnten sich die Worte Jesu nicht bloß gegen die Reichen, sondern auch gegen Ratzinger selbst wenden, wenn er an die Worte denkt: „Weh euch, wenn euch alle Menschen loben; denn ebenso haben es ihre Väter mit den falschen Propheten gemacht" (Lk. 6,26). Wir haben ja im 4. Kapitel die ständigen Lobeshymnen der Medien auf den Papst Revue passieren lassen. Er ist halt Teil des gesamtstaatlichen, gesamtgesellschaftlich-medialen Systems, ein vornehmer, stützender Teil und Pfeiler. Deswegen wird er gelobt. Aber deswegen kann er auch nicht die Wahrheit repräsentieren, denn: »Wahre Worte sind nicht angenehm. Angenehme Worte sind nicht wahr« (Laotse).

Papst Benedikt XVI. kann zwar lang und breit über den Gott Logos sprechen und gegen alle Relativismen wettern, die die einzige Absolutheit, das Papsttum, in Frage stellen könnten. Das tut den Reichen und Mächtigen dieser Erde nicht weh. Die ökologischen Katastrophen, an denen diese und nicht die Armen und Ohnmächtigen dieser Erde schuld sind, spricht er nicht an[589], ebensowenig die Rüstungsexporte aller reichen und mächtigen Staaten unseres Globus in die ohnehin schon von kriegerischen Auseinandersetzungen geplagten armen Regionen Afrikas und Asiens.

Gern gebärden sich die Ratzingers, Lehmanns, Meisners, Kaspers, Müllers und andere Bischöfe und Kardinäle als unerschrockene Künder der Wahrheit. Die wirkliche Wahrheit sieht anders aus, denn sie verkünden keine einzige Wahrheit, die der Großindustrie, den Konzernen, Banken oder dem Staat wehtun könnte. Davon hält sie die Angst vor dem Verlust ihrer Pfründe und Privilegien ab, die sie diesen Institutionen verdanken. Deswegen haben diese lavierenden, hier die eine, dort die andere Rücksicht nehmenden Kirchenleute durchaus das Etikett: „Ein Schilfrohr, das im Wind schwankt" (Lk. 7,24), verdient. Und ebenso die Verachtung des Jesus des Lukasevangeliums für ihre „feine Kleidung": „Leute, die vornehm gekleidet sind und üppig leben, findet man in den Palästen der Könige" (Lk. 7,25). Wer denkt da nicht an die teuren Gewänder des Papstes und der Kardinäle, hergestellt von den besten Schneidermeistern Roms. Mit dem, was das alles kostet, könnte man ganze Scharen hungernder Kinder ernähren und ausbilden. Aber viel wichtiger scheint das Prinzip zu sein, den Massen auch mit Hilfe der aufwendigen Eleganz der Kleidung, der Talare, Soutanen, Ornate, Mitren, Bauchbinden, goldenen Kreuze auf der Brust und dicken Ringe auf den Fingern Respekt einzuflößen.

Als Staatsreligion kann die Kirche Ratzingers über Jesu Seligpreisung derer, „die um der Gerechtigkeit willen verfolgt werden" (Mt. 5,10), nur müde lächeln. Ihr droht diesbezüglich keinerlei Gefahr, weil sie sich stets mit allen Mächten, unabhängig von deren Moral oder Unmoral, arrangiert hat. Der langjährige Rom-Korrespondent der »Zeit« hat das trotz äußerster Sympathie für den Vatikan früher einmal so ausgedrückt: „Die Päpste suchten vor Freimaurern und Freidenkern ... Zuflucht bei den Faschisten, angesichts der Bolschewiken erschienen ihnen die Nazis vorübergehend als kleineres Übel, schließlich setzten sie auf christliche, versöhnten sie sich mit den liberalen und sozialistischen Demokraten, mit dem Judentum und mit der Feuerbestattung. Der theologische Waffenstillstand mit

Orthodoxen und Protestanten, der Dialog mit regierenden Marxisten ... – all dies war nur die Konsequenz einer neuartigen, doch uralten Tendenz zu universaler Weltumarmung".[590]

Manche der Ketzer, Sektierer und „Hexen", die vor die Inquisitionstribunale der Staatsreligion Kirche geschleppt wurden, dachten an das Wort Jesu: „Denn sie werden euch vor die Gerichte bringen und in ihren Synagogen auspeitschen. Ihr werdet um meinetwillen vor Statthalter und Könige geführt ... und ihr werdet um meines Namens willen von allen gehasst werden ... Seht, ich sende euch wie Schafe mitten unter die Wölfe" (Mt. 10, 16-22). Die Kirche sprach die armen Leute schuldig, der Staat richtete sie hin. Die verfolgte Frühkirche der Armen, Schwachen, Verachteten, Unterdrückten und Ausgebeuteten war zur verfolgenden Staatskirche geworden, ganz im Sinne der „Perversion" des Christentums, wie sie Erich Fromm oben charakterisiert hat.

Doch Ratzinger hat bekanntlich die gerichtlich durchgeführten Inquisitionsverfahren als humanen Fortschritt gegenüber den vorherigen Verfolgungen der Abweichler von der »gesunden Lehre« bezeichnet. Zwar gab es auch bei diesen Gerichtsprozessen kein Entrinnen der einmal Verdächtigten, sie wurden allesamt zu schwersten Strafen bis hin zur Todesstrafe verurteilt. Aber sie konnten doch wenigstens mit dem Bewusstsein leiden oder sterben, von einem „ordentlichen" Gericht abgeurteilt worden zu sein![591] Inzwischen erscheint in relativ kurzen Abständen immer wieder mal ein Buch, geschrieben von linien- und papsttreuen Autoren, das die Inquisition verharmlost, ihre Verbrechen minimalisiert.

Man sieht den gewaltigen Gegensatz zwischen der Verkündigung und den Mahnungen Jesu in den Evangelien und dem, was der Ratzinger-Papst verkündet und moniert. Jesus sagt: „Seht, ich sende euch wie Schafe mitten unter die Wölfe ... Und ihr werdet um meines Namens willen von allen gehasst werden ... Wenn man euch in der einen Stadt verfolgt, so flieht in eine andere ... Fürchtet euch nicht vor denen, die den Leib töten, die Seele aber nicht töten können ..." (Mt. 10,16; 22f; 28). Den Leibern des Papstes und der Kardinäle droht keinerlei Gefahr seitens der „Wölfe". Hat sich doch die Kirche immer auf deren Seite gestellt, ist sie doch stets „zu den Potentesten ins Bett geschlüpft" (K. H. Deschner), konnte sie doch fast immer den „Wölfen", den Machthabern, beweisen, dass sie die beste Stütze und Rechtfertigung ihrer Herrschaft ist. Deswegen spricht der Ratzinger-Papst in seiner wichtigsten Rede während seines Bayernbesuchs auch lieber über Gott als über die Nöte der Menschen. Was wäre das für eine revolutionäre Rede gewesen, wenn er die Verteidigung der Menschenrechte ins Zentrum seiner Vorlesung gerückt hätte und Kirchen und Staaten wegen deren ständiger Verletzung dieser Rechte angeprangert hätte. Fehlanzeige! Ihm ging es viel mehr darum, der vor ihm versammelten obersten Kaste des Staates und der Gesellschaft klarzumachen, dass der Gott der Vernunft alles so ordentlich für sie eingerichtet hat, weswegen sie doch alle nur profitieren, wenn sie an diesen weisen Gott glauben.

Im Moment erscheint in der polnischen Presse eine Enthüllung nach der anderen über die massive Kollaboration zahlreicher katholischer Priester und Bischöfe mit Regierung und Geheimdienst während der Zeit der Herrschaft des Kommunismus in Polen (1945 – 1989). Der Ratzinger-Papst handelt durchaus logisch-konsequent im Rahmen seiner kirchlichen Staatsreligion, die sich den jeweils Herrschenden stets ans kalte Herz geworfen hat, wenn er jetzt „davor warnt, die ‚Dekommunisierung' der Kirche (in Polen), ihre Reinigung von früheren Spitzeln allzu entschlossen voranzutreiben."[592] Die klerikalen Kollaborateure haben doch nur im Kleinen befolgt und besorgt, was die »Heilige Mutter Kirche« ständig im großen Stil vormacht: die charakterlose Anbiederung an jedes Staats- und Gesellschaftssystem, das ihr Vorteile verschafft. Die Heuchelei war dabei wie fast immer schlimmer als jede Form der Kollaboration. Der Autor dieses Buches hat als Priester in Polen persönlich erlebt, wie man in geschlossenen Klerikerkreisen, wo man sich vor Spitzeln sicher wähnte, den Kommunismus ärgstens verteufelte, während man öffentlich ein ums andere Mal beteuerte, dass man sich trotz der anderen Weltanschauung für die guten Ziele des Sozialismus auch in den eigenen Reihe einsetzen werde.[593]

Die schneidende Kritik des Jesus der Evangelien an der religiös verbrämten Heuchelei von damals trifft ohne alle Abstriche und Einschränkungen auch die heutigen Vorsteher der Kirchen, die Ratzingers, Lehmanns, Hubers, Meisners, Kaspers usw. Sie haben sich auf „des Moses Stuhl gesetzt", das heißt: Sie spielen sich als moralische Gesetzgeber der Menschheit auf, erlassen Gebote und Verbote als vermeintlich von Gott Beauftragte, geben »Weltkatechismen« und »Moralenzykliken« heraus. Sie sagen viel „und tun es selbst nicht"; „sie binden schwere Bürden und legen sie auf die Schultern der Menschen; doch sie selbst wollen sie nicht einmal mit dem Finger bewegen. All ihre Werke aber tun sie, um von den Menschen gesehen zu werden ... sie lieben den obersten Platz bei den Festessen und den Vorsitz in den Kirchen und die Begrüßungen auf den Märkten und dass sie von den Leuten Rabbi (»Hochwürden«, »Monsignore«, »Exzellenz«, »Eminenz«, »Eure Heiligkeit« etc.) genannt werden" (Mt. 23,2-7). Deswegen bezeichnet sie Jesus als „geweißte Gräber, die außen schön scheinen, innen aber voll von Totengebeinen und allem Unrat sind ... voll von Heuchelei ... gefüllt mit Raub und Unmäßigkeit"; als „blinde Führer, die die Mücke seien, das Kamel aber verschlucken!"; als „Schlangen und Natterngezücht"; als „Heuchler, die das Reich der Himmel vor den Menschen zuschließen und selbst nicht hineinkommen werden"; als falsche Missionare, die „Meer und Land durchziehen", um „Genossen zu gewinnen", die sie dann aber, kaum dass sie im Schafstall der Kirche drin sind, zu „Söhnen der Hölle" machen (Mt. 23,13-34); als öffentliche Beter, die sich, in tiefe Andacht versunken, vor den Menschenmassen zur Schau stellen und fotografieren lassen, in kostbaren kultischen Gewändern an ihnen demütig-angeberisch vorbeidefilieren, eben „um sich vor den Leuten sehen zu lassen" (Mt. 6,5); die ihre guten Werke herausposaunen, „damit sie von den Leuten gepriesen werden" (Mt. 6,2). Wobei noch hinzuzufügen wäre, dass die Mittel für diese guten Werke der Kirche meist von anderen kommen, heute vorzugsweise vom Staat, mit einem lediglich »kosmetischen« Zuschuss der kirchlichen Finanzverwalter, die peinlich darauf achten, dass das Kirchenvermögen keine Einbußen erleidet.[594]

Wir können im Rahmen dieses Kapitels nicht alle Gegensätze zwischen dem Jesus der kanonischen Evangelien einerseits und der Staatsreligion von päpstlichen Gnaden andererseits zur Sprache bringen. Aber das dazu bisher Ausgeführte genügt für den Nachweis, dass Jesus und Kirche, Jesusreligion und Staatsreligion à la Ratzinger sich schärfstens widersprechen, das eine das andere strikt und präzise ausschließt.

Keiner hat diesen unerhörten Gegensatz literarisch so überzeugend in Szene gesetzt wie der russische Schriftsteller Fjodor M. Dostojewski, einer der ganz großen Klassiker der Weltliteratur, der im »Pro und Contra« überschriebenen »Fünften Buch« seines wohl wichtigsten Romans „Die Brüder Karamasow" den Kardinal und Großinquisitor zu dem wiedererschienenen Christus jene Worte sagen lässt, die in exemplarischer Weise die Ziele und Absichten der katholischen Staatsreligion charakterisieren. Nachdem der Großinquisitor arrogant und von oben herab dem schweigenden Jesus klargemacht hat, dass er sich geirrt habe, als er den Menschen die Freiheit bringen wollte, da sie gar nicht fähig seien, diese richtig zu gebrauchen, hebt er im Gegensatz dazu die Weisheit der Kirche hervor, die genau wisse, dass die Menschen „selbstverständlich Sklaven sind ... Der Mensch ist schwächer und niedriger, als Du gedacht hast! ... Er ist schwach und gemein", und deshalb müsse er zu seinem eigenen Besten und Heil die übermenschliche Autorität der Kirche blind anerkennen, ihr blind gehorchen.

Ein weiterer Irrtum, ja ein noch schwerer wiegender Fehler Jesu besteht nach dem Großinquisitor darin, Macht und Herrschaft abgelehnt zu haben. Auch da sei die Kirche cleverer gewesen. Der Großinquisitor gibt in aller Offenheit vor dem schweigenden Christus, der es ja nicht weitersagt, zu, dass alles, was die Kirche tut, der Macht dient. Nicht der Vertiefung der Religiosität, nicht der Selbstverwirklichung, nicht der ethischen Entwicklung des Menschen und seiner sittlichen

Entscheidungsfreiheit, sondern letztlich, einzig und allein der Vermehrung der Macht, und dass sich die Kirche damit dem Teufel ausgeliefert hat. „So höre denn", wendet sich der Kardinal-Großinquisitor geradezu brüsk-brutal an Christus, „wir sind nicht mit Dir, sondern mit *ihm*, das ist unser Geheimnis! Wir sind schon längst nicht mehr mit Dir, sondern mit *ihm* ... wir haben von ihm das angenommen, was Du entrüstet zurückgewiesen hattest, jene letzte Gabe, die er Dir anbot, als er Dir alle Reiche der Welt zeigte: wir nahmen von ihm Rom und das Schwert des Kaisers und erklärten uns selbst zu irdischen Königen, zu den einzigen Königen, wenn es uns auch bis heute nicht gelungen ist, unser Werk zu vollenden ... aber wir werden unser Ziel erreichen und werden Kaiser ... der ganzen Menschheit sein."

Oberlehrerhaft tadelt der Großinquisitor Christus, wobei er zugleich den Teufel als den „mächtigen Geist" hervorhebt: „Dabei hättest Du schon damals das Schwert des Kaisers in die Hand nehmen können. Warum hast Du diese letzte Gabe zurückgewiesen? Hättest Du diesen dritten Rat des mächtigen Geistes angenommen, so hättest Du alles erfüllen können, wonach es den Menschen hienieden verlangt: Du hättest ihm gezeigt, wen er anbeten, wem er sein Gewissen überantworten könnte und auf welche Weise alle sich endlich zu einem einzigen allgemeinen und einträchtigen Ameisenhaufen vereinigen könnten ... Hättest Du die Welt und den Purpur des Kaisers angenommen, so hättest Du ein Weltreich begründen ... können ... Wir haben das Schwert des Kaisers genommen, und damit verwarfen wir natürlich Dich und folgten *ihm*."

Ja, wir werden, schwelgt der Großinquisitor in seiner utopischen Herrschaftssucht, ein die ganze Welt umfassendes Großreich errichten, dem selbst unser Verbündeter, das Tier, das »Untier Satan« seine Bewunderung nicht wird versagen können.

Aljoscha, der Frömmste und Tugendhafteste der Brüder Karamasow, kommentiert und korrigiert noch ein wenig diese Aussage des Großinquisitors. Ja, sagt er, es gibt diese „römische Armee für ein künftiges irdisches Weltreich, mit einem Imperator – dem Oberhaupt der römischen Kirche – an der Spitze ... das ist ihr Ideal ... Ihr Geheimnis besteht ganz einfach in dem Verlangen nach Macht, nach schmutzigen irdischen Gütern, nach Knechtung ... in der Art einer künftigen Leibeigenschaft, bei der sie die Gutsherren wären ... das ist alles, was sie wollen. An Gott glauben sie vielleicht nicht einmal ... Sie haben gar keinen so großen Verstand und gar keine solchen Geheimnisse ... es sei denn alleine die Gottlosigkeit, darin besteht ihr ganzes Geheimnis."

Es liegt in der mörderischen Logik und Konsequenz der bösen Macht der Kirche, dass zuletzt auch Christus selbst beseitigt werden muss. Nicht der Christus als Mythos, den braucht die Kirche zur Stabilisierung und Vermehrung ihrer Macht. Wohl aber kann sie keinen wieder auf der Erde auftauchenden Christus, allgemeiner gesprochen: keinen Menschen, der die persongewordene Güte und Menschlichkeit ist, brauchen, denn der könnte ihr ja in ihre Herrschaftsgelüste und ihr tyrannisches Treiben hineinpfuschen. Daher informiert der Kardinal-Großinquisitor am Ende seines Gesprächs mit Christus diesen über dessen für den nächsten Tag geplante Hinrichtung, wobei der Inquisitor ihm prophezeit, dass das Volk sich dienstbeflissen an der Errichtung des Scheiterhaufens beteiligen werde: „Ich sage Dir nochmals: morgen noch wirst Du diese gehorsame Herde sehen, die auf meinen ersten Wink herbeistürzen wird, um glühende Kohlen auf den Scheiterhaufen zu schaufeln, auf dem ich Dich verbrennen werde, weil Du gekommen bist, uns zu stören. Denn wenn jemand den Scheiterhaufen verdient, so bist Du es. Morgen werde ich Dich verbrennen. Dixi!"

Dazu kommt es allerdings nicht: Christus hatte die ganze Zeit über geschwiegen, und nun möchte der Inquisitor, der ihm ja zunächst das Recht zu reden abgesprochen hatte, wenigstens irgend etwas, und sei es noch so wenig in des Kirchenmannes Sinne, von ihm zu hören bekommen. Doch Christus geht nur auf ihn zu und küsst ihn schweigend auf die blutleeren, zusammengepressten Lippen, woraufhin der Neunzigjährige zusammenfährt, Christus die Tür öffnet und sagt: „'Geh und komm nicht wieder ... komm nie, nie mehr wieder ... niemals, niemals!' Und er lässt ihn hinaus auf die dunklen Straßen und Plätze der Stadt. Der Gefangene geht."

Über den Inquisitor sagt Iwan Karamasow: „Der Kuss brennt in seinem Herzen, doch der Greis bleibt seiner Idee treu."

Wie schwer ist es doch für machtbesessene Menschen und Institutionen, sich zu bekehren! Seit 381, als der römische Imperator Konstantin das Christentum zur Staatsreligion erhob, wartet die Menschheit auf die Bekehrung der römisch-katholischen Kirche![595]

Lange vor Dostojewski hat Martin Luther den Papst „den letzten und mächtigsten Antichrist"[596] genannt und das Papsttum nebst Kurie als „Gewürm des römischen Sodom" bezeichnet. „Der wahre Antichrist", so Luther, „sitzt in Gottes Tempel und regiert in dem roten Babel Rom und die römische Kurie ist die Synagoge des Satans." „Wenn wir", so Luther weiter, „Diebe strafen mit dem Galgen, Räuber mit dem Schwert, Ketzer mit dem Feuer, warum brauchen wir da nicht jeder Art Waffen wider solche Lehrer der Verderbtheit, wider diese Kardinäle, Päpste und die ganze Grundsuppe des römischen Sodoms und waschen unsere Hände in ihrem Blut?"[597]

Die Herren und Herrinnen der evangelischen Kirche, die Hubers, Friedrichs, Käßmanns etc. möchten im Rahmen ihrer ökumenischen Anbiederungen an die römisch-katholische Kirche an diese Worte Luthers am liebsten gar nicht mehr erinnert werden oder tun sie als zeitbedingt ab. Ihre Kirche gebärdet sich ja in Deutschland ebenso wie die katholische als Staatsreligion mit allen Privilegien und staatlichen Finanzspritzen. Und Luther selbst wich zwar bis zu seinem Tod von seiner Sicht des Papstes als Antichrist, als Nachfolger der babylonischen, ägyptischen und römischen Imperatoren nicht ab, hatte aber selbst die Weichen für das Luthertum als Staatsreligion gestellt.[598]

Aus der widernatürlichen Vermengung der christlichen Religion mit dem Staat folgt, dass diese Religion ständig heucheln und lügen muss, um weiterhin behaupten zu können, sie sei die Kirche Jesu, der doch laut den Evangelien durch und durch herrschafts- und reichtumskritisch war. Wiederum war es Nietzsche, der diesen Sachverhalt auf den kürzesten und markantesten Nenner gebracht hat: „Kirche? ... das ist eine Art von Staat, und zwar die verlogenste."[599]

Die Papstreise durch Bayern im September 2006 bestätigt in allen Hinsichten und selbst in kleinsten Details die Richtigkeit der vorhergehenden Ausführungen über die Kirche als Staatsreligion. Nichts war dem Freistaat Bayern zu teuer, nichts zu aufwendig, nichts zu kostenintensiv, als es galt, das römische Oberhaupt der deutschen Staatskirche so glanzvoll wie möglich zu empfangen. Zwar „will durchaus das wichtigste Tier auf Erden der Staat sein"[600], sagt Nietzsche, aber er will es nicht ohne die Staatsreligion Kirche, weil diese die Gehorsamsideologie für die Bürger des Staates liefern soll, ganz nach dem Motto: »Du halt sie dumm, ich halt' sie arm!«

Die Papst-Schäfchen hält man also arm, den Papst selbst aber reich, weil er und die von ihm präsidierte Institution ja sonst nicht ihre Mission für den Staat zu erfüllen bereit wäre. Die Kosten des Staatsbesuchs Benedikts XVI. in Bayern waren so enorm, dass sich Bayerns Regierende über die Höhe dieser Kosten bis heute lieber ausschweigen. Aber es genügt die Aufzählung dessen, was alles für den Papst-Besuch bereitet, gerichtet, gebaut, verschönt, verboten, gesperrt, umgeleitet, überklebt etc. pp. wurde, um auf eine Unkostensumme zwischen 70 und 100 Millionen Euro zu kommen. Man denke allein an die Sicherheitsvorkehrungen, die Polizeieinsätze für den Schutz des Papstes, denn ohne tausendfache Vorsichtsnahmen reitet nur ein Jesus (auf einem Esel) in eine Stadt (Jerusalem) ein, aber doch nicht sein angeblicher Stellvertreter, dessen Leben offenbar tausendmal wichtiger ist als das seines Meisters. Der Landesvorsitzende der Gewerkschaft der Polizei in Bayern, Harald Schneider, sprach von 50 Millionen Euro allein für diese Sicherheitsmaßnahmen rund um den Bayernbesuch des Papstes und steckte dafür Rüffel von höchster Behördenseite ein, übrigens auch dafür, dass er im Anblick dieser Summe geradezu gotteslästerlich empfohlen hatte, dann doch lieber die den Papst unbedingt sehen Wollenden mit dem Pilgerzug nach Rom zu transportieren. »Pfui!« schrieen ihm da einige fromme und sonst ganz brave Gemüter per Telefon entgegen, einige sogar drohten – natürlich nur aus richtig verstandener Nächstenliebe, die der »Caritas«-Papst Ratzinger doch so empfiehlt – mit der ewigen Höllenstrafe.

Der Papst besuchte drei bayerische Städte München, Altötting und Regensburg, dazu noch seinen Geburtsort Marktl am Inn. Das bedeutete: viermal immer neue Sicherheitsvorkehrungen und Polizeieinsätze. War es die Angst des Papstes selbst oder die der vatikanischen Planer der Reise oder nur die der staatlichen Stellen? Jedenfalls bezog sich der kostspielige Aufwand für den Papstbesuch sogar auf die Verschweißung von Kanaldeckeln in Regensburg und auf die Errichtung zahlreicher Sperrzonen in den besagten Städten. Nicht auszudenken, wenn irgendein Vertreter der »Kirche von unten« aus einer Kanalöffnung gekrochen wäre und vom Papst den Dialog gefordert hätte, den er ihr wie sein Vorgänger Wojtyla beharrlich verweigert. Mit Habermas diskutiert Ratzinger, aber doch nicht mit den Parias seiner Kirche! Aber die treten dennoch nicht aus der Kirche aus. Eine Nano-Dosis Sklavenblut schleppt selbst noch der aufmüpfigste Katholik in seinen Adern mit![601]

Aber auch aus einem Güterzug kann ja ein dem Papst übel Gesinnter herausspringen. Also setzten sich die Behörden locker über die enormen volkswirtschaftlichen Einbußen hinweg und hielten auf der langen Strecke zwischen Frankfurt und Wien einen ganzen Tag lang alle Güterzüge auf. Nachdem man einmal diesen Weg des Irrsinns beschritten hatte, kannte man kein Zurück mehr: S-Bahn-Linien und Nahverkehrszüge in den Großräumen München und Regensburg wurden teils gesperrt, teils umgeleitet, teils nur im Einbahnverkehr zugelassen. Viele Pendler konnten ihre Arbeitsplätze nicht erreichen. Der ADAC warnte vergeblich: Die A3 bei Regensburg, eine wichtige Autobahnstrecke, wurde trotzdem für einen Tag einfach gesperrt. Die Bürger von Regensburg und der umliegenden Dörfer, die deswegen eine enorme Abgas- und Lärmbelästigung in Kauf nehmen mussten, waren »denen da oben« nicht so wichtig wie der greise Papst. Quälten sich doch wegen der Sperrung der Autobahn Tausende von Lastwagen durch Stadt und Dorf. »Alles zur größeren Ehre Gottes!« Der wollte sich natürlich auch Innenminister Beckstein, ohnehin evangelischer Synodaler, also von der benachbarten Zunft, nicht verschließen. Als selbst behördenintern Bedenken gegen die Sperrung der Autobahn aufkamen, sprach er sein Machtwort. Es blieb bei der Sperrung.[602]

Der Papst hätte ja ein Einsehen haben können, aber das Gegenteil war der Fall. Er setzte noch eins drauf und bestand darauf, ausgerechnet am Samstag Nachmittag zur besten Geschäftszeit auf dem Marienplatz ein Gebet zu sprechen – mitten in der Fußgängerzone! Fast die ganze Münchner Innenstadt durch „Pilger" überschwemmt, durch Sicherheitsvorkehrungen eingeschnürt! Die Verluste, die die Münchner Geschäftsleute durch die Gebetsaktion des Papstes erlitten, wird ihnen niemand ersetzen. Pilger sind keine Konsumenten. An ihnen „ist nichts zu verdienen, die bringen ihre Brotzeit mit" – so gab die »Süddeutsche Zeitung« die diesbezügliche Meinung der Wirtschaftsverbände wieder.[603] Und die Verluste waren beträchtlich, weil der besagte Samstag in den Sommerschlussverkauf am Ende der Ferien in Bayern fiel.

Wir haben im Kapitel »Der Papst und die Medien« bereits berichtet, was Kirche und Gesellschaft in Deutschland so alles tun, um brave Journalisten heranzubilden, die sich dann aus „eigenem" Antrieb der »politischen und kirchlichen Korrektheit« verpflichtet fühlen. Aber man kann dennoch nie wissen! Die Kirche trägt es seit den – je nach Gesichtspunkt – seligen oder unseligen Zeiten der Inquisition gleichsam als Essential in sich: sie verdächtigt jeden, misstraut jedem, glaubt niemandem. Immerhin könnte es ja doch irgendeinen Schreiberling geben, der aus dem Rahmen der journalistischen Jubelschreier herausfällt und diesen ganzen Klimbim um den Papstbesuch verhöhnt.

Der Glaube, natürlich der „vernünftige" Glaube im Sinne Ratzingers, ist zwar auch nach dessen Verkündigung das Wichtigste, aber in ihrer gesamten Praxis setzen er und sein Vatikan lieber auf das Prinzip: »Glauben bzw. Vertrauen ist gut, Kontrolle ist besser«. Darin zeigen sich Kirche und Staat ja auch wieder in voller geschwisterlicher Übereinstimmung. Also wurde eine gewaltige Maschinerie ins Werk gesetzt, um alle Journalisten nach allen Regeln der geheimdienstlichen Kunst zu kontrollieren, damit ja auch keiner durch die Maschen des „Gesetzes" schlüpft und etwa dem „Heiligen" Vater am Zeug flickt oder gar sein Leben bedroht. Die Sicherheitsbehörden nahmen ohne Ausnahme jeden Medienvertreter strengstens unter die Lupe. Er musste – das war noch das Harmloseste – ein sauberes polizeiliches Führungszeugnis vorlegen. Aber er hatte auch vorsorglich auf laufende und sogar bereits abgeschlossene Ermittlungsverfahren gegen sich hinzuweisen, weil die Sicherheitsüberprüfung dieser Verfahren durch Landes- und Bundeskriminalamt (LKA; BKA) zu einer »negativen Empfehlung« und der Nichterteilung der Akkreditierung führen konnte. Selbst wenn ein Medienvertreter darauf aufmerksam machen konnte, dass das Verfahren gegen ihn eingestellt worden war oder ohne Verurteilung beendet wurde, war er nicht aus dem Schneider. Das werde trotzdem bei der Frage der Akkreditierung auch berücksichtigt, bedeutete man ihm.

Der bürokratische Aufwand war enorm. Die Kriminalämter hatten die Daten aller Medienvertreter, die für den Papstbesuch akkreditiert werden wollten, mit verschiedenen polizeilichen Dateien abzugleichen, jenen Dateien, die für Zwecke der Gefahrenabwehr und Strafverfolgung geführt werden. Dabei wurden auch Informationen verwertet, die gar nicht im Bundeszentralregister, wohl aber in diesen polizeilichen Dateien stehen. Beim bayerischen Landeskriminalamt hatte man jedoch „mit den Daten der Journalisten offenbar (sogar) noch mehr vor, worüber man aber nicht reden möchte. Mit dem Verweis auf den ‚Datenschutz' verweigert LKA-Sprecher Ludwig Waldinger jedenfalls nähere Angaben zum amtsinternen Prüfverfahren der bayerischen Ermittler. Was in die ‚Zuverlässigkeitsprüfung' einfließt, ‚werde ich Ihnen nicht sagen', so Waldinger."[604] Es bedarf schon einer extraordinären Phantasie, um sich noch Raffinierteres bei der einstigen Zuverlässigkeitsüberprüfung der Volksgenossen durch die Nazis vorstellen zu können! Der alles umfassende, alles durchdringende Orwellsche Schnüffelstaat der beiden »Big Brothers«, Staat und Kirche, feierte beim Bayernbesuch des Ratzinger-Papstes glänzende Triumphe! Jedenfalls wurden die Daten der Medienvertreter auch mit dem »Nachrichtendienstlichen Informationssystem« der Geheimdienste abgeglichen. Das Prädikat »Lückenlose Auskundschaftung« war im höchsten Maß angebracht!

Die Freiheit der Journalisten, könnte man zynischerweise sagen, blieb dennoch gewahrt. Sie konnten ja auf die Berichterstattung über den Papstbesuch in Bayern verzichten und folglich eventuell ihren Arbeitsplatz verlieren. Eiskalt erklärte das Erzbischöfliche Ordinariat München, dass eine Akkreditierung nicht erfolgen könne, wenn ein Journalist die Zuverlässigkeitsprüfung nicht über sich ergehen lassen wolle, wenn er in die Weitergabe und Verarbeitung seiner Daten nicht einwillige. Eiskalt auch die Nichtbeantwortung der Frage, die an das Erzbischöfliche Ordinariat gerichtet worden war, was denn zur Versagung der Akkreditierung führen könnte. Schweigen! Schweigen auch über die Gründe, wenn einer der Medienvertreter allen Überprüfungen zustimmte und dennoch nicht akkreditiert wurde.[605] Pech gehabt! Aber kein Recht, irgendetwas zu erfahren!

Frauke Ancker, Geschäftsführerin des Bayerischen Journalistenverbands (BJV), kritisierte die staatskirchlichen Recherchiermethoden im Zusammenhang mit dem Papstbesuch in Bayern als „völlig überzogen", erwog sogar eine Klage: „Wir würden sehr gerne einmal dagegen klagen."[606] Aber welcher Richter in

Bayern hätte schon den Mut, ein Urteil gegen die übermächtige staatskirchlich-bayerische Allianz zu sprechen?[607]

Es ist ein weiterer Hinweis auf den pompösen staatskirchlichen Charakter der Papstreligion, dass die bayerischen Behörden ein Gleichheitszeichen zwischen päpstlichem Bayernbesuch und einem weltweiten Großereignis wie der Fußball-WM 2006 setzten, indem sie darauf aufmerksam machten, dass sie im Prinzip nur die gleichen Zulassungsbedingungen für die Akkreditierung von Journalisten wie die Fifa bei der WM angewandt hätten. „'Schleichend', so BJV-Geschäftsführerin Ancker, werde damit für immer mehr Großveranstaltungen eine bürokratisch aufwändige Zuverlässigkeitsüberprüfung für Journalisten eingeführt, die noch dazu nicht im Geringsten transparent sei. Auch die Datenschutzbeauftragten hegten gegen diese Praxis erhebliche Bedenken."[608]

Die Kirchenvertreter haben mit alledem keinerlei Probleme. Der Sprecher der Diözese Regensburg, Phillip Hockerts: „Wenn US-Präsident George W. Bush nach Stralsund kommt, müssen (doch) auch das Land und der Bund die Kosten übernehmen" und eben auch alle Maßnahmen für die Sicherheit des hohen Gastes. Immerhin handele es sich beim Papst um ein „Staatsoberhaupt".[609] Kurios! Man stelle sich den Jesus, wie ihn die Evangelien schildern, als »Staatsoberhaupt« vor. Stattdessen wurde er vom Staat hingerichtet. Sein vermeintlicher Stellvertreter und „Nachfolger" aber hat es weit gebracht! Er ist einfach auf die andere Seite übergewechselt. Jetzt steht er an der Spitze eines Staates, der zwar klein, aber milliardenschwer ist und sich der Unterstützung der meisten Staaten sicher sein kann. Eine Verfolgung, geschweige Hinrichtung, droht seinem Staatsoberhaupt nicht! Wie sehr hat doch Dostojewski rechtbehalten, als er in »Die Brüder Karamasow« zeigte, dass und wie die Kirche ihre Seele an die Macht verkaufte, damit zu einem Staat nach dem Muster aller anderen Staaten avancierte, aber, mit Privilegien vollgefressen, keine echte Spiritualität mehr zu beheimaten und auszustrahlen vermag. Der Papst, der die Liebe, die »Caritas« und die »Agape« (s. 2. Kap.), ständig im Munde führt, hat nicht die geringste Barmherzigkeit für die Bürger, die gläubigen wie die ungläubigen, die ja für den ganzen Papstzauber aufkommen müssen, denn der Freistaat Bayern zahlt zwar verschwenderisch, holt sich's aber wieder von seinen Untertanen zurück. Wenn alle Stricke reißen, muss halt wieder eine Reform her.

Köhler, Merkel, die Regierenden der Bundesrepublik und der einzelnen Bundesländer nennen es beschwörend Reformen. Und das sind sie tatsächlich: Reformen der Abgabesysteme hin zur immer clevereren Erfindung neuer Steuerlasten für die Bürger! An eine Reform ihrer eigenen überdimensionalen Einnahmen denken sie dabei nie! Da kommt, während der Unmut der Bürger ständig wächst, die

Kirche, dieser »Staat im Staat«, den Politikern gerade recht. Sie, d.h. die beiden Großkirchen, müssen dem Bürger die „Reformen" plausibel machen. Und sie tun es, z.B. mit einem »Gemeinsamen Wort« der EKD und der katholischen Bischofskonferenz vom 24.11.2006, das sofort den „frenetischen Beifall der Regierenden" findet, weil es sie in wundersamer Weise moralisch entlastet. Denn „das >Wort< von Evangelischer Kirche und katholischer Bischofskonferenz enthält halt Worte, auf die Politiker reagieren wie der Pawlowsche Hund aufs Glöckchen. Zwar mag der Titel >Demokratie braucht Tugenden< zunächst abschrecken und unbillige Forderungen vermuten lassen. Dem ist mitnichten so. Den deutschen Kirchenführungen geht das, was neoliberale Politik seit Jahren – erst in rot-grüner, nun in schwarz-roter Färbung – an >Reformen< betreibt, einfach zu langsam. Der Preis für das Ausbleiben fälliger Reformen, so heißt es in der Verlautbarung, sei >sehr hoch geworden<. Wer den Preis für den bislang unter diesem Etikett exekutierten Sozialabbau bezahlen muss – dafür fehlen dem >Gemeinsamen Wort< zwar die Worte. Aber es wettert wider die angebliche Erwartung einer Rundumversorgung. In einer Zeit, da viele um das Nötigste bangen. Die Zukunft, so die Kirchenschrift, hänge davon ab, dass >die Politiker den Mut zu einer langfristig orientierten Politik aufbringen und die Bürger bereit sind, die daraus entstehenden Lasten für die Gegenwart zu tragen<. Den einen der Mut, den anderen die Lasten. Und vor allem: >Jede Bürgerin, jeder Bürger ist mitverantwortlich für das Wohl des Ganzen.< Die Volksgemeinschaft als moralische Entlastung der Herrschenden. Der Beifall für das Papier ist verständlich."[610]

Ein Schelm, der jetzt in verbaler Anlehnung an alte Zeiten sagen wollte: »Der Führer weiß von alledem nichts«, das heißt, die Lehmanns, Hubers und ihre schwarzen Genossen hätten das »Gemeinsame Wort« ohne Zustimmung des päpstlichen Staatsoberhaupts in Rom auf eigene Faust initiiert und kreiert. Nein, dieses hatte ja gerade die ideale Zusammenarbeit von Staat und Kirche zwei Monate vorher bei seinem Bayernbesuch vorexerziert. Wir sehen wieder: Auf allen Ebenen, in allen Hinsichten braucht der Staat die Kirche, die Kirche den Staat. Eine ideale, perfekte Kooperation! Mit einem einzigen Schönheitsfehler: Die Zeche zahlt der Bürger. Aber das tut den obersten Herren beider Institutionen nicht weh. „Demokratie ist die Kunst, dem Volk im Namen des Volkes feierlich das Fell über die Ohren zu ziehen" (K. H. Deschner).

Es fällt dann kaum mehr ins Gewicht bei all dem Geklotze, wenn man dazu noch ein bisschen kleckert. Was sind schon angesichts der vielen Millionen für den »Staatsbesuch« Ratzingers in Bayern die „kümmerlichen" 500.000 Euro für die Streichung der Fassaden der Uni Regensburg, die der Papst bei seinem Besuch passieren sollte. Zwar gibt es inzwischen einen echten Bildungsnotstand an den Universitäten, überfüllte Hörsäle, Geldknappheit an allen Ecken und Enden, auch

Löcher in den Dächern einiger Gebäude der Uni Regensburg, aber „wichtiger" ist da doch, dass das vatikanische Staatsoberhaupt einen guten (wenn auch falschen, der Wahrheit nicht entsprechenden) Eindruck bekommt. Ratzinger, der erste Fassadenstreicher seiner Kirche (s. 1. Kap.), müsste vollstes Verständnis dafür haben, dass auch der Staat bisweilen nur die Fassaden seiner Universitäten putzt und die massiven Defizite dahinter unangetastet lässt.

Für einen Papst der wirklichen Liebe für die vernachlässigten Kinder dieser Erde, der die fortlaufenden Kürzungen in allen Sozialbereichen durch den Staat und die dem Bürger durch seinen eigenen Staatsbesuch auferlegten Kosten mit fühlendem Herzen empfunden hätte, wäre es ein Leichtes gewesen, seinen Reiseplan anders zu gestalten, etwa so, wie es ein Leserbrief an die »Süddeutsche Zeitung« beschrieb: „Man wagt es kaum mehr zu träumen, aber die Papstreise hätte auch ganz anders verlaufen können. Eine Reise in einem Zweite-Klasse-Abteil von Rom nach München oder wenigstens von München nach Altötting und Regensburg hätte Zeit zu Gesprächen mit anderen Zugreisenden gegeben. Statt zu dozieren, zu richten und zu predigen hätte der Papst einmal zuhören und erfahren können – der Glaube kommt vom Hören -, was die Menschen heute wirklich beschäftigt.

Er hätte sich dabei von Gandhi leiten lassen können, der im Zug Indien durchreist hat, um sein Volk besser kennen zu lernen. Oder von einer der zentralen Aussagen des letzten Konzils: ‚Freude und Hoffnung, Trauer und Angst, besonders der Armen und Bedrängten aller Art, sind auch Freude und Hoffnung, Trauer und Angst der Jünger Christi.' (Pastoralkonstitution über die Kirche).

In München angekommen, hätte Josef Ratzinger dann gleich – auf einem (Draht)-Esel wie Jesus – die ‚Armen und Bedrängten' aufsuchen können: zum Beispiel in Gefängnissen, Obdachlosen- und Altenheimen und Aidshospizen. Die circa 60 Papamobile wären zugunsten dieser Armen versteigert worden. Mit Hartz-IV-Empfängern hätte sich Papst Benedikt in einem Münchner Biergarten über die zunehmende Verarmung breiter Bevölkerungsschichten und die Auswirkungen des Neoliberalismus unterhalten können. Und warum nicht auch zusammen mit einigen arbeitslosen Damen aus dem Rotlichtmilieu? Der, als dessen Stellvertreter er sich bezeichnet, hatte es zumindest so gehalten. Auch den Sicherheitsbeamten hätte er etwas Gutes tun können, indem er sie nach Hause zu ihren Lieben geschickt hätte. Er wäre immer noch weniger gefährdet gewesen als sein Meister und die vielen Christen ..., die Tag für Tag im Einsatz für die Rechte der Ärmsten in Lateinamerika, Afrika und anderswo ihr Leben riskieren.

Dann hätte man auch mit den 30 Millionen Euro, die für die Papstreise ausgegeben wurden, für viele dieser Bedrängten einen Rechtsbeistand gegen die korrupte Justiz finanzieren können. Nach diesen ersten vertrauensbildenden Schritten hätte es schließlich sogar anerkennende Worte für die Kirche der Armen und die Theologie der Befreiung geben können, auch wenn diese vom jetzigen Papst in den letzten Jahrzehnten Hand in Hand mit der US-Regierung rigoros bekämpft worden sind. Bei Gott ist ja bekanntlich kein Ding unmöglich, nicht einmal – und das hätte sich als krönender Abschluss der Reise angeboten – eine großmütige Entschuldigung des Papstes Benedikt XVI. bei all den Theologinnen und Theologen, die er als Präfekt der Glaubenskongregation ohne rechtsstaatliches Verfahren verurteilt hat."[611]

An diesem Leserbrief stimmt alles, nur die 30 bei den Millionen für die Papstreise durch Bayern hätte er ruhig durch eine 100 ersetzen können. Dann wäre er in diesem einen Punkt der Wahrheit noch näher gekommen.

Aber auch 100 Millionen sind an sich nichts im Vergleich zum Reichtum der Kirchen in Deutschland. Ein großherziger Papst, ja ein auch nur einigermaßen gerecht denkender hätte angesichts der wachsenden Armut in Deutschland und der Engpässe in den Staatskassen auf die Staatszuschüsse verzichten und seine Bayernreise mit kircheneigenem Geld finanzieren können. „Sparen, sparen, sparen, denn der Staat ist klamm. Wo immer es irgendwie geht, wird gestrichen. Nur eins bleibt heilig – im wahrsten Sinne des Wortes -: die Kirche, das reichste Unternehmen der Republik. Experten schätzen ihr Gesamtvermögen auf fast eine halbe Billion Euro ... bei Finanzen oder im Arbeitsrecht (gilt): Der Staat hat's gegeben, die Kirche lässt sich's nicht nehmen."[612]

Die Schamlosigkeit, mit der sich die Kirche die Bayernreise des Papstes mit einem gewaltigen Kostenaufwand seitens des Staates ermöglichen ließ, wird noch durch die Tatsache gesteigert, dass Bayern ohnehin schon jährlich viele Millionen für die kirchlichen Würdenträger aufbringt. Die Gehälter seiner sieben Bischöfe und Erzbischöfe zahlt nicht etwa die Kirche, sondern brav, ergeben, von Herzen und komplett Jahr für Jahr der Freistaat Bayern. Im Jahr 2002 waren das immerhin 655.000 Euro. Damit nicht genug. Es gab auch noch Zulagen für 12 Weihbischöfe (= 99.000 Euro), Gehälter für 14 Dignitäre (= 737.000 Euro), für 60 Kanoniker (= 3. 914.000 Euro). „Endlos die staatlich finanzierte Lohnliste des Kirchenpersonals. Selbst Weihrauch wird vom Staat bezahlt."[613] Die Gesamtsumme der Zahlungen des Staates an die beiden großen Kirchen in Bayern: über 85 Millionen Euro im Jahr 2002, genauer: 85.932.000 Euro. Und so geht das jährlich weiter, endlos! Oder wird der Bayern-Staat einmal zur Vernunft kommen?[614]

Wird ein neuer Bischof in Bayern inthronisiert, wer zahlt? Natürlich der Staat mit dem Geld seiner Steuerzahler. „Viel Pomp", als seinerzeit der neue Bischof von Eichstätt, Walter Mixa (inzwischen schon wieder als Bischof nach Augsburg übergewechselt), geweiht wurde. „Alles auf Staatskosten – versteht sich."[615]

Politisch verantwortliche Minister oder Staatssekretäre stehen für Fragen zu diesen horrenden Zahlungen des Freistaats Bayern an die Kirchen nicht zur Verfügung. Die TV-Mitarbeiter, die für die »Panorama«-Sendung vom 17.10.2002 ermittelten, pochten vergeblich an deren Türen. „Der einzige, der sich für zuständig erklärte und der nicht krank war oder aus Termingründen leider verhindert – ein Beamter. Und der stellt ganz nüchtern fest, dass das, was er da treibt, eigentlich verfassungswidrig ist."[616]

Wie steht es eigentlich um das Gewissen bayerischer Bischöfe, die ein Gehalt von mindestens 7.500 Euro monatlich von gläubigen und nichtgläubigen Steuerzahlern auf dem Weg über den Staat beziehen? Wie um das Gewissen Ratzingers, der ja als Münchner Erzbischof etwa 10.000 Euro monatlich bezog, wohlgemerkt von solchen, die nicht einmal an ein Zehntel seines Gehalts heranreichten? Es geht eben nichts über die sture Ruhe eines katholischen Gewissens. Da ist alles, und besonders für Papst und Bischöfe, von Gott gnädiglich gefügt. Und wenn tatsächlich mal Skrupel auftauchen ... Wozu hat man denn die Beichte, diesen bequemen Ethik-Ersatz, reserviert nur für Katholiken?

Benedikt XVI. hat beim Ad-limina-Besuch der deutschen Bischöfe im November 2006 die Zusammenarbeit zwischen Kirche und Staat in Deutschland als „weitgehend gut"[617] bezeichnet, obwohl doch sein Bayernbesuch im September den Staat so viel gekostet hatte. Nicht als sehr gut, geschweige denn als exzellent bezeichnete er die Zusammenarbeit. Nein, nur als mit Abstrichen gut. In der Finanzstrategie der Kirche ginge das auch gar nicht anders. Sie ist ja mit nichts zufrieden, will immer noch mehr. Deshalb soll sich der Staat stets schuldig fühlen, weil er eben niemals genug für die sich von ihm aushalten lassende »Hure Kirche« getan hat. Schon die Kirchenväter der ersten Jahrhunderte des Christentums nannten daher die Kirche tatsächlich eine Hure (ecclesia meretrix). Der Kirchenrechtler und Soziologe Horst Herrmann sprach 1974 von einem »prostitutiven Verhältnis« zwischen Staat und Kirche in Deutschland.[618] Es war das Jahr, in dem die FDP noch einmal (zum letzten Mal!) versuchte, die Vorgaben des Grundgesetzes zu erfüllen und eine strenge Trennung von Staat und Kirche zu realisieren. Das scheiterte am heftigen Einspruch der Großparteien CDU und SPD. „Mit uns ist das nicht zu machen" war die in diesem Zusammenhang am häufigsten gelieferte Phrase der führenden Herren dieser Parteien. Aber selbst diesen Ergebenheitsakt der staatlichen Vasallen der Kirche würde diese wohl höchstens mit der Note »weitgehend gut« bedacht haben.

Es ist also auch nur »weitgehend gut« in den Augen des Papstes Benedikt XVI., wenn die Bundesrepublik Deutschland pro Jahr Subventionen in Höhe von mindestens 14 Milliarden Euro an die Kirchen zahlt. Wohlgemerkt: Das sind nicht die neun Milliarden Euro an Kirchensteuern, die der Staat für die beiden Großkirchen einzieht. Auch nicht die zehn Milliarden Euro, die der Staat jährlich an die kirchlichen Sozialeinrichtungen zahlt, die er mit weit über 90 % finanziert, die Kirche selbst lediglich mit 7 bis 9 %. Die 14 Milliarden sind Gelder, die der Staat dem Bürger stiehlt, um sie der reichen Kirche in den unersättlichen Schlund zu werfen. Mit dem »Bürger« sind alle Bürger der Bundesrepublik gemeint: Muslime, Juden, Atheisten, Agnostiker, Konfessionslose, alle durch die Bank. Das ist „ein ungeheuerlicher Skandal, dass die Politiker unseres Landes, die immer vom ‚Sparen' und von der dringend notwendigen ‚Überprüfung der Subventionen' sprechen, sich an dieses goldene Kalb bisher nicht herangetraut haben. Das ist geheimer Diebstahl am Steuerzahler durch Staat und Kirche. Die Regierung verlangt vom Volk immer mehr, um die Kirchen subventionieren zu können."[619]

Es ist ebenfalls nur »weitgehend gut« nach Benedikt XVI., dass die Kirche, die in Deutschland nach dem Staat der größte Grundbesitzer ist (geschätztes Gesamtvermögen: 500 Milliarden Euro), für ihre theologischen Fakultäten nicht selber aufkommt, sondern sich auch diese vom Staat bezahlen lässt. Etwa 620 Millionen Euro pro Jahr lässt es sich der Staat kosten, dass Dogmatikprofessoren die abstrusen Dogmen der Kirche an den Universitäten „wissenschaftlich" kommentieren und begründen; dass Moraltheologen den Studenten „beweisen", dass es die Erbsünde gibt und es deshalb auch Sünde ist, wenn das „schwache Fleisch" vor- oder außerehelichen Geschlechtsverkehr vollzieht; dass aber der katholische aidskranke Ehepartner keine Sünde begeht, wenn er ohne Kondom mit seiner Frau schläft. Denn Kondome sind nun mal von der Papstkirche verboten. „Bis heute darf etwa ein Gemeindepriester in Botswana oder Swasiland einer Frau das Drängen auf Nutzung eines Präservativs nicht absegnen, auch wenn ihr Ehemann ein notorisch untreuer, an Aids erkrankter Junkie ist. Empfängnisverhütung ist für den Vatikan ein Akt gegen den Primat des Lebens ... Nach wie vor ist ‚jeder eheliche Akt' dem Prinzip des Lebens verpflichtet ... Da darf sich kein Gummi zwischenschieben, und das wird auch so bleiben."[620]

Aber Ratzinger wäre nicht Ratzinger, wenn er das Belassen beim alten nicht „wissenschaftlich-neu" begründete. Der Gute ist ganz ehrlich „sehr besorgt" über die Ausbreitung von Aids-Infektionen.[621] Also muss eine Untersuchung her. Er beauftragt den Präsidenten des Päpstlichen Rates für Gesundheitsfragen, den Kardinal Javier Lozano Barragán, sozusagen die Ulla Schmidt des Vatikans, „eine akkurate Studie über das Präservativ" zu verfassen, und zwar „sowohl vom wissenschaftlichen als auch vom moralischen Standpunkt" aus.[622] Der Kardinal hat relativ schnell gearbeitet. Er hat ja seine Zuarbeiter, legt also dem Papst ein Elaborat von 200 Seiten vor, „ein ganzes ‚Handbuch' für die Verwendung von Verhütern in Zeiten der Aids-Pandemie",[623] das von Zitaten der Kirchenväter und Aussagen aus Enzykliken, auch Statistiken über die Ausbreitung von Aids nur so wimmelt, aber sich letztlich als das herausstellt, wozu es im Rahmen der »immer gleichbleibenden Lehre der Kirche« gedacht war, nämlich als Mittel, die Verhütung im Prinzip weiter zu verhüten. Alles andere wäre ja Einladung zu sexueller Zügellosigkeit! Ein paar streng definierte Ausnahmen vom Prinzip des Nicht-Verhüten-Dürfens sind gestattet: bei wirklich tödlicher Gefahr soll das Präservativ als das „kleinere Übel" toleriert werden. Bravo, welch unermessliche Güte der Mutter Kirche!

Diese Herren im Vatikan mit Papst Benedikt an der Spitze leben in einer anderen Welt jenseits aller Realität, schreiben bzw. lassen Theorien über Aids schreiben, während die reale Epidemie einen neuen Höchststand mit fast 40 Millionen Infizierten und 8.000 täglich an der Krankheit Sterbenden erreicht. Pereat mundus, fiat iustitia! (Mag doch die Welt vergehen, Hauptsache der Gerechtigkeit – im Sinne der päpstlichen Moral – wird Genüge getan!)

Noch etwas anderes ist sich gleichgeblieben: die Kasuistik. Jahrhundertelang hat die kirchliche Sexuallehre den sexuellen Akt in wirklich allen nur vorstellbaren Fällen (Kasussen) bis in die obszönsten Details hinein untersucht, um genau herauszubekommen, was gerade noch als leichte, lässliche Sünde und was schon als schwere, als Todsünde zu gelten habe.[624] Ich bin Priestern und Theologiestudenten begegnet, die sich an solchen „ehrbaren" moraltheologischen „Pornografien" geradezu geweidet haben, mehr als an Pornos aus dem Internet. In dieser kasuistischen Kontinuität steht nun auch die neue Vatikan-Studie über Aids, „eine Art Kondom-Katechismus in bester kasuistischer Tradition".[625]

Noch hat Papst Benedikt den Text, den ihm Kardinal Javier Lozano Barragán vorgelegt hat, nicht endgültig abgesegnet. Jetzt soll noch die päpstliche Glaubenskongregation entsprechend ihrem Auftrag seit den selig-unseligen Zeiten der Inquisition die Vorlage auf ihre doktrinale Verlässlichkeit überprüfen. Aber dass die Liberaleres als der Kardinal vorgeschlagen könnte, erwartet niemand. Ein „Gutes" aber hat das Ganze. Wenn die Vorlage so oder so vom Papst abgesegnet sein wird, können die Professoren der staatlich bezahlten Moraltheologie an deutschen Universitäten wieder nach Herzenslust das kirchliche Aids-Handbuch analysieren und kommentieren, es eventuell sogar als ungeheuren Fortschritt in der kirchlichen Sicht der Aids-Problematik proklamieren.

Wenn jetzt aber ein in der Materie nicht so Bewanderter meinen sollte: Damit, d.h. mit der staatlichen Besoldung der Dogmatik- und Moraltheologieprofessuren der theologischen Fakultäten in der Bundesrepublik Deutschland ist es genug, dann täuschte er sich schwer. Diese Fakultäten haben meist mehr Lehrstühle als die anderen Fachbereiche. Schließlich soll ja nach Maßgabe der Kirche, an der ebenfalls der neue Papst unerschütterlich festhält, auch noch der Pastoraltheologe vom Staat bezahlt werden, also der Professor, der die dogmatischen und moraltheologischen Vorgaben seiner beiden diesbezüglichen Kollegen kunstgerecht für die Seelsorge am Menschen zurechtschneidet und schmackhaft macht; ebenso der Ordinarius für Fundamentaltheologie, der seinen Studenten und Priesteramtskandidaten klarzumachen hat, dass das mit der Erschütterung der Fundamente der Kirche und des Papsttums durch die historisch-kritische Erforschung der Frühzeit des Christentums so gar nicht stimmt (nicht stimmen darf, sonst hat er ein Problem mit dem Papst und seinem Glaubensoffizium!).

Aber auch mit dem Pastoral- und Fundamentaltheologen ist die Liste derer, die sich vom Staat aushalten lassen, ohne einen erkennbaren Bezug zur reinen, unabhängigen, kirchen- und glaubensfreien Wissenschaft zu haben, längst nicht beendet. Da ist noch der Liturgieprofessor, der die Rituale der Kirche kommentiert; der Homiletikprofessor, der das Predigen lehrt, der den Theologiestudenten beibringt, wie man den Hörern Inhalte suggeriert; der Professor für Kirchengeschichte (ganz wichtig! Denn er muss ja unter anderem die rechtfertigende Sicht der Kirche auf Kreuzzüge, Inquisition, Ketzerverfolgung, Hexenverbrennung, Zwangsmissionierung ganzer Völker usw. vertreten); der Professor für Dogmengeschichte (die könnte zwar im Rahmen der Dogmatik abgehandelt werden, aber wozu sparen? Der Staat zahlt ja beide Lehrstühle, den für Dogmatik und den für Dogmengeschichte). Es gibt auch noch den Ordinarius fürs Alte und den fürs Neue Testament (obwohl die Kirche ständig behauptet, dass beide Testamente eine gottgefügte Einheit bilden. Aber, wie gehabt, die Kirche fordert zwei Lehrstühle, der Staat bewilligt und zahlt!) An manchen theologischen Universitätsfakultäten finden wir auch noch den Lehrstuhl für Konfessionskunde; den für „Missionswissenschaft", ja sogar einen für Pastoralmedizin oder auch einen für Patrologie, auf dem ein Theologe ausbreitet, was die Kirchenväter der ersten Jahrhunderte so dachten.

So kommt man leicht auf 14, 16, bisweilen 18 Lehrstühle an einer theologischen Fakultät, die alle der „Wissenschaft" des Glaubens gewidmet sind, denn sie setzen alle die „Tatsache" der Offenbarung, wie sie die Amtskirche interpretiert, und den Glauben an sie voraus und haben alle den Zweck, diese Offenbarung und diesen Glauben zu rechtfertigen. Das geht auch schon daraus hervor, dass der zuständige Ortsbischof sein Plazet erteilen muss, wenn einer Professor an einer theologischen Fakultät werden will.[626] Nicht selten hat aber auch Ratzinger selbst sowohl in seiner Zeit als Professor als auch nachher als Erzbischof von München und als oberster Glaubenswächter in Rom seinen Einfluss bei der Besetzung von Lehrstühlen spielen lassen. Immer deutlicher wird, dass auch bei der Neubesetzung von Bischofsstühlen in Deutschland in der letzten Zeit nur noch ganz konservative Kleriker zum Zuge kommen.

Nun kommt zu alledem aber noch eine Absurdität hinzu, die sich der Staat aufschwatzen lässt: die Verdoppelung des Ganzen! Denn zu jeder katholisch-theologischen Fakultät mit 14 bis 18 Lehrstühlen kommt ja noch eine ähnlich strukturierte evangelisch-theologische Fakultät hinzu. Nur wenige Universitätsstädte beherbergen nur eine theologische Fakultät, in den meisten gibt es eine katholisch- und eine evangelisch-theologische Fakultät, weil eben der „christliche" Glaube in Deutschland zwiegespalten daherkommt, d.h. aufgeteilt in zwei Konfessionen, die sich trotz allen ökumenischen Versöhnungsgesäusels nicht zu einigen vermögen.

Aber, wie gehabt, der Staat trägt auch diese doppelte Finanzlast. Wohlgemerkt: Gegen das Grundgesetz, das ihn zur Neutralität und Gleichbehandlung aller weltanschaulichen und religiösen Gruppierungen verpflichtet. Nicht auszudenken, wie hysterisch er reagieren würde, wenn der Islam, der Buddhismus oder irgendeine andere Religion bzw. irgendeine nichtkonfessionelle christliche oder nichtchristliche Sekte bzw. eine agnostische oder atheistische Gruppe dem Grundgesetz entsprechend die Errichtung eigener Fakultäten an den Universitäten verlangte.

Auch hier wird wieder deutlich: Wir haben in Deutschland einen Kirchenstaat, eine Staatskirche mit eindeutiger, überdimensionaler Bevorzugung und Privilegierung der beiden Großkirchen, und kein Politiker denkt auch nur daran, an diesem Zustand etwas zu ändern und dementsprechend die Bürger von solchen horrenden und geradezu absurden Lasten zu befreien. Aber für den Ratzinger-Papst, der diesbezüglich kaum Dankbarkeit kennt, sind die Beziehungen zwischen Staat und Kirche trotzdem nur „weitgehend gut"! Es gibt gerade in Bezug auf das Thema »Staat und Kirche« eine typische Dickhäutigkeit und Abgebrühtheit des Klerus, ja auch von sonst liberaleren Theologen. Sobald dieses Thema aufkommt, verschließen sich ihre Mienen, entsteht eine Mauer. An ihren Privilegien in „ihrem" Staat lassen sie nicht rütteln, darüber gibt es keine Debatte. Beim Geld wird's der Kirche ernst, todernst, viel ernster als in Glaubensfragen! Da hört's mit der Progressivität auch bei Küng, Drewermann, Metz, Moltmann usw. auf!

Die Politiker merken noch nicht einmal, welch komische Rolle sie in diesem absurden Theater spielen! Sie haben nur das Geld zu liefern, inhaltlich haben sie nichts zu sagen, Direktiven nicht zu erteilen. Die erteilt von höchster Warte aus der Papst. Beim »Ad-limina-Besuch« der deutschen Bischöfe im November 2006 ermahnt sie Benedikt, die kirchliche Lehrbefugnis für Dozenten und Professoren an theologischen Fakultäten „nur nach gewissenhafter Prüfung" zu erteilen. Das wichtigste Kriterium bei dieser Prüfung sei die „Treue zur Überlieferung der Kirche, wie sie vom Lehramt vorgelegt wird". Sie sei „die Voraussetzung für seriöse theologische Forschung und Lehre schlechthin und zugleich eine Forderung der intellektuellen Redlichkeit für jeden, der ein akademisches Lehramt im Auftrag der Kirche ausübt."[627]

Man sieht wiederum: Der Ratzingersche Gott der Vernunft ist keineswegs ein Gott, der den Theologen an den Universitäten die uneingeschränkte freie Vernunftforschung erlaubt, sondern einer, der sie an die Kandare der „Treue zur Überlieferung der Kirche, wie sie vom Lehramt vorgelegt wird", nimmt. Wehe, ein Theologe kommt auf Grund seiner Vernunft und vernünftigen Forschung zu anderen Ergebnissen, als sie das kirchliche Lehramt vorschreibt. Er wird an der theologischen Fakultät nicht mehr geduldet beziehungsweise, wenn er noch keinen Lehrstuhl hat, wird er einen solchen nie erhalten.[628] Das ist also »Freiheit der Wissenschaft« im Verständnis Ratzingers. „Voraussetzung für seriöse theologische Forschung und Lehre" ist nicht etwa die Vernunft und ihr vernünftiger Gebrauch, sondern nach dem Ratzinger-Papst die Treue zur Kirche, zu ihrer „nur von ihr richtig interpretierten" Überlieferung. Und das ist nach ihm sogar „eine Forderung der intellektuellen Redlichkeit"! Armer Intellekt, der sich an die dogmatischen Vorgaben der Kirche zu halten, an ihnen zu orientieren hat. Er wird seiner Autonomie beraubt, wird entmündigt. Theologie an den Universitäten ist entmündigte Vernunft! Ratzinger bestätigt es und will es so. Und da kommen die Schwachköpfe der großen Zeitungen und Magazine und preisen ihn als den „Intellektuellsten" unter den Theologen, der die jahrhundertelang abgebrochene Brücke zwischen Glaube und Vernunft, Religion und Wissenschaft wieder hergestellt habe.

Die Angst vor der freien Vernunftforschung, wie sie an den nichttheologischen Fakultäten praktiziert wird, sitzt dem Papst schwer im Nacken. Deshalb lobt er vor den Bischöfen aus Deutschland besonders die Katholische Universität Eichstätt-Ingolstadt. Denn das ist eine rein kirchliche, keine staatliche Universität, für die sich seine Kirche aber dennoch nicht schämt, stattliche Summen aus der bayerischen Staatskasse entgegenzunehmen. Doch hier kann die Kirche die Studenten von jeder Beeinflussung durch die »weltliche«, die säkulare Vernunft freihalten, weil hier alle Fakultäten, auch die nichttheologischen, die Treue zur Überlieferung der Kirche, zum Papst und seinem „unfehlbaren" Lehramt auf ihre Fahnen geschrieben haben. Daher ermahnt auch Benedikt die Bischöfe dringend, den Teilbetrag, den die Kirche neben dem Staat für diese Universität zahlt, nicht lediglich von den bayerischen Bischöfen erbringen zu lassen, sondern von allen deutschen Bistümern. Obwohl jeder Eingeweihte weiß, dass diese kirchliche Universität (die natürlich – wer würde sich da widersetzen? – staatlich anerkannt ist) bisher nichts Großes hervorgebracht hat, bezeichnet sie Benedikt aus erkentlichen Gründen als „eine hervorragende Stätte zur Ausbildung einer geistigen Elite, die den Herausforderungen der Gegenwart und der Zukunft im Geist des Evangeliums begegnen kann."[629] »Geistige Elite« bedeutet im Sprachgebrauch Ratzingers immer nur eine Elite, die ihren Geist niemals frei forschen und entfalten lässt, sondern ihre Kapazitäten einzig und allein für die Ziele der Kirche einsetzt und sie von dieser begrenzen lässt.

Deswegen klingt es für den Kenner der ganzen Szenerie geradezu lächerlich, wenn ein Mitarbeiter der »FAZ« pathetisch behauptet, „dass es der Theologie und der Philosophie bedarf, um die Phänomene des menschlichen Geistes zu verstehen".[630] Man nenne mir ein einziges Phänomen des menschlichen Geistes, zu dessen Entdeckung allein die Theologie gelangt ist oder zu dessen Verstehen sie entscheidend beigetragen hat. Es gibt keins. Vielmehr hat sie immer jedes Phänomen des Geistes von der Philosophie oder den Einzelwissenschaften abgeguckt und übernommen. Theologischer Geist ist kirchlich eingezäunter, kirchlich zurechtgestutzter Geist und als solcher wertlos, weil ohne Freiheit und unter Vormundschaft kein Erkennen, Entdecken, Erforschen gelingen und gedeihen kann.

Der »FAZ«- Mann hätte sich einmal in den theologischen Fakultäten der beiden Konfessionen umschauen sollen. Dann hätte er bemerkt, dass »Geist« in ihnen kaum eine Rolle spielt, nicht thematisiert, definiert, geschweige denn reflektiert wird. »Geist« ist dort schon sozusagen von Natur aus ein anstößiges Wort. Hören nur die Theologen das Wort Geist, sind sie aufgescheucht. Dann denken sie sofort an die „bösen" Geister der Aufklärung, die Voltaires, Diderots, D'Alemberts, Lessings und Rousseaus, an Kant, den „Alleszermalmer unserer Gottesbeweise", oder an den pan-entheistischen Weltgeist Hegels. Oder sie assoziieren »Geist« sofort mit »freiem Geist«, »Freidenkertum« und ähnlichem. »Geist« ist jedenfalls für sie ein Synonym für »autonomen Geist« und als solcher der stärkste Gegensatz zum Heiligen Geist, der dritten Person der Gottheit, denn die erteilt die Gnade der Erleuchtung nur den Demütigen und Gehorsamen, motiviert und motorisiert aber nicht den Menschen zum autonomen, selbstständigen Gebrauch seiner eigenen Vernunft.

Was die kirchlichen Theologen von »Geist«, beispielsweise dem genialen Geist eines Giordano Bruno oder eines Galileo Galilei halten, demonstrierte noch kürzlich Herr Walter Brandmüller. Der Herr ist nicht irgendwer in den Augen der Kirchenbosse. Er ist ein enger Freund Ratzingers und nicht ohne Zutun desselben 1998 Vorsitzender des Päpstlichen Komitees für Geschichtswissenschaften geworden, welchen Vorsitz er bis heute innehat. Dieser im Vatikan residierende Chefhistoriker der Kurie erklärt also in einem Gespräch mit Henryk M. Broder vom »Spiegel« frank und frei, aber auch zynisch und verächtlich: Giordano Bruno „war ein verruchtes und unmoralisches Genie".[631] Also ein überragender Geist wie Giordano Bruno, der fast alle größeren Denker der Neuzeit inspiriert und beeinflusst hat: die Ethik Spinozas, die Lehren von Leibniz, einen Goethe, Schelling, Schopenhauer; der Darwins Evolutionstheorie in ihrem Kampf ums Dasein und ihrem Ausleseprinzip, aber auch bezüglich des Instinkts als einer Entwicklungsstufe des Intellekts vorweggenommen hat; bei dem sich sogar lange vor Einstein Gedanken zu einer allgemeinen Relativitätstheorie finden und ebenfalls ganz modern anmutende Ideen zur Atomlehre – der war in den Augen des Chefhistorikers des Vatikans ein verruchtes und unmoralisches Genie. Klar doch! Denn wie konnte dieser Dominikanermönch, der doch die Lehren der Kirche von Kindesbeinen an eingetrichtert bekommen hatte, sich zu einer derartigen Höhe des freien Geistes aufschwingen, dass er diesen Lehren überzeugend und mit Einsatz seines Lebens entgegentrat und ganz neue Konzepte entwickelte, die mit dem abgestandenen Mief der kirchlichen Doktrin nichts mehr zu tun hatten.

Die jahrhundertelang im „christlichen" Abendland wütende Inquisition der Kirche, die der Chefhistoriker des Vatikans und sein päpstlicher Freund Ratzinger heute in ihrer Schrecklichkeit zu verharmlosen suchen, mordete ja nicht nur Tausende und Hunderttausende von Unschuldigen, deren Namen heute niemand mehr kennt, sondern auch bis heute namentlich bekannte und geschätzte Geistesriesen, ohne die es keinen Fortschritt der Wissenschaften gegeben hätte. Ja, die Inquisition der Kirche diente als ganz besonders exzellentes und brutales Instrument zur Knebelung und Unterdrückung der Wissenschaft und des Geistes. Galilei und Bruno, diese beiden, im Denken, Verhalten und Schicksal doch so unterschiedlichen Persönlichkeiten beweisen, dass die Reaktion der Kirche auf Neues, auf neue Entwicklungen und Konstellationen, bis zum heutigen Tag stets die eine und gleiche ist, nämlich die der Bespitzelung, Verunglimpfung, Verächtlichmachung, Verfolgung, wenn irgendmöglich sogar der Vernichtung dieses Neuen und der Geister, die es vertreten. *Nicht die Wahrheit, sondern die Demonstration und Bewahrung ihrer Macht steht dabei stets im Mittelpunkt der Interessen dieser Institution.*

Giordano Bruno und Galileo Galilei stellen zwei geradezu klassische Beweise für den grundlegend antiwissenschaftlichen Hassaffekt dieser Institution dar. Es ist eine der traurigsten, ja tragischsten Ereignisse innerhalb der gesamten Wissenschafts- und Philosophiegeschichte, dass die Kirche einen ihrer größten Denker und ihren ersten modernen Naturphilosophen, nämlich den Dominkanermönch Giordano Bruno, am 17. Februar 1600 auf dem in «christlicher Nächstenliebe« (an)gezündeten Scheiterhaufen des Campo dei fiori in Rom öffentlich verbrannte.

Machthaber haben ein sensibles Gespür für geistige Größen, die ihnen gefährlich werden könnten. Die kirchlichen Machthaber hatten dementsprechend bald erkannt, dass der Geist eines Giordano Bruno ihrer Macht noch sehr viel gefährlicher werden konnte als ein Galilei oder Kopernikus, weil Bruno aus den Entdeckungen dieser Männer die weitreichendsten naturphilosophischen Schlussfolgerungen zog.

Dieser Mönch, der von der Inquisition in Venedig als »Fürst der Ketzer« an Rom ausgeliefert worden war und sieben lange Jahre, von 1593 bis 1600, in einem kalten, feuchten Verlies im Halbdunkel dahinvegetierte, dabei jede Barbarei und Folter, den Hass der Papstmacht und eines unvorstellbaren Glaubensfanatismus ertragen musste, dieser Mönch war nicht zu brechen.

Und im Unterschied zu Galilei widerrief er auch nicht. Sein letztes Wort auf das Urteil der Inquisition lautete: „Mit größerer Furcht vielleicht verkündet *Ihr* das Urteil, als *ich* es empfange!" Und während der Vernehmungen hatte er zu den Inquisitoren gesagt: „Auch ich habe einen Glauben, nicht unedler, als es der christliche ist! Ich bin erfüllt von der göttlichen Harmonie unseres Weltganzen, wie sie – die Märtyrer – es waren von dem göttlichen Schmerz ihres gekreuzigten Messias. Ich fühle mich wie ein Stäubchen im Angesicht der Unendlichkeit und dennoch größer als die Gewalt der Himmelskräfte, da ich sie *begreife und teilhabe an der ewigen Weltseele*. Ihr habt einen Glauben, der mir geringer scheint als der meine!"

Das war's. Vor dem Glauben, vor der neuen Weltsicht Giordano Brunos hatten die kirchlichen Ideologen unerhörte Angst, denn er lehrte die „Gleichhaftigkeit und Göttlichkeit aller Wesen", also nicht bloß Seiner Heiligkeit, des Papstes als des Stellvertreters Gottes auf Erden, sondern aller Menschen, aber auch aller Lebewesen überhaupt. In jedem spiegle sich das Universum, das All im einzelnen.

Der Weltgeist lebe in allem und jedem und daher habe jedes Lebewesen seine unveräußerlichen, unzerstörbaren Rechte, denn „ein Ding, sei es so klein und winzig, wie es wolle, es hat in sich einen Teil der seelischen Substanz" und „Seele (als Empfinden) findet sich in allen Dingen und es ist auch nicht das kleinste Körperchen, das nicht einen solchen Anteil davon hätte, dass es sich nicht belegen lassen könnte".[632]

„Deshalb werden die römisch-katholische Kirche und das Papsttum die Anklage der geistigen Menschheit nie loswerden, einen Genius gemartert und bei lebendigem Leib verbrannt zu haben."[633]

Aber Giordano Bruno sah auch voraus – das beweist seine »Esels-Hymne«[634] -, dass die Macht der Kirche noch lange bestehen bleiben werde, weil sie sich ständig mit allen ungerechten Mächten dieser Welt verbünde und auf dem »Eseltum« der Massen basiere. Dieses »Eseltum« sei der eigentliche »Fels Petri«, der die Herrschaft des Papsttums sichere.

Giordano Bruno war ein kühner, mutiger Geist, der direkt, unverblümt, ungeschützt, rückhaltlos und rücksichtslos die von ihm erkannten Wahrheiten verkündete. Dieser strahlende, vitale Herold eines neuen, nicht mehr von der Kirche geprägten Zeitalters wäre nicht er selbst gewesen, wenn er seine revolutionären Einsichten in Watte verpackt, mit vielen »Wenn und Aber« versehen, mit diplomatischen Verschleierungen und Verbeugungen vor den Glaubenswächtern im Vatikan ausgestattet hätte. Ihn traf deren tödlicher Bannstrahl deshalb direkt und mit voller Wucht.

Ganz anders mussten die wissenschaftsfeindlichen Großinquisitoren des Papstes gegen Galileo Galilei vorgehen, weil dieser ihnen der Form nach keine so große Angriffsfläche bot. Galilei war diplomatisch, formulierte geschickt, geschmeidig, dialektisch, bisweilen opportunistisch und raffiniert; ironisierte, ja persiflierte immer wieder einmal in seinen Schriften die eigenen Ansichten; gab sie mitunter als lediglich hypothetisch aus, obwohl er an sich von ihrer unumstößlichen Wahrheit und Gewissheit felsenfest überzeugt war. Aber das behielt er oft für sich. Er suchte auch ständig den Kontakt zu den Herrschenden, den Fürsten, Kardinälen und dem Papst, besuchte sie, machte ihnen Komplimente, lobte deren Ansichten, widmete manchem von ihnen die eine oder andere seiner Schriften; betonte stets seinen festen katholischen Glauben und dass er ein treues Kind der Kirche sei. Letzteres war tatsächlich seine Überzeugung und keinerlei Taktik.

Dass die Inquisition aber selbst einen solchen Mann zu vernichten suchte, beweist mit unüberbietbarer Deutlichkeit, dass es ihr – unabhängig von Person,

Charakter, Kirchentreue etc. – entscheidend um das Eine ging: die Behinderung, ja Zunichtemachung des Fortschritts der Wissenschaft.

Galilei war zwar in vielem ängstlich und opportunistisch. Aber auch in ihm war die »Macht der Wahrheit«, die Strahlkraft der neuen Erkenntnisse über das Universum und seine Gesetzlichkeiten so groß, dass er nicht schweigen konnte, dem neuen Weltbild beredten Ausdruck verleihen musste. Das neue Weltbild – das war vor allem das kopernikanische System, wonach die Erde nicht mehr der von Gott festgesetzte Mittelpunkt des Universums ist, um den sich die Sonne dreht. Kopernikus selbst hatte in seinem Buch *De revolutionibus orbium coelestium* (1545) sein System derart vorsichtig vom bisher herrschenden, kirchlich abgesegneten geozentrischen des Ptolemäus abgesetzt, indem er ersteres lediglich als mathematische Hypothese »zur Rettung der Erscheinungen« ausgegeben hatte, dass die Inquisitoren kaum darauf aufmerksam geworden waren.

Galilei aber schuf die exakten Grundlagen, die die »kopernikanische Hypothese« in den Rang einer unbezweifelbaren Wahrheit erhoben. Zu diesem Zweck kreierte er eine mathematische Theorie der Bewegung der auf der Erde befindlichen Gegenstände, die er dann auf die Bewegung der Planeten anwandte. Diese Erkenntnis der Bewegungsgesetze einfacher mechanischer Systeme war die Geburtsstunde der neuzeitlichen, empirisch-mathematisch vorgehenden Naturwissenschaft.

„Exemplifiziert an einfachsten Beispielen wie schwingenden Pendeln oder eine schiefe Ebene herabrollenden Kugeln demonstrierte er nicht nur, dass das ›Buch der Natur‹ tatsächlich mathematisch abgefasst ist, sondern dass die gekonnte Lektüre sicheres Wissen zu produzieren vermag. Gestützt nur auf ›sensate esperienze e necessarie demonstrazioni‹ - also auf Sinneserfahrungen und notwendige Beweise –, entwickelte Galilei die Methode exakter Forschung im fruchtbaren Dreiklang von Empirie, mathematischer Spekulation oder Hypothesenbildung und experimenteller Überprüfung. Dieses Paradigma wird wohl gültig bleiben, solange Menschen Naturgesetze aufdecken wollen."[635] Aber den Herren der Kirche konnte dieser fruchtbare Dreiklang keineswegs recht sein.

War nicht mit Aristoteles, den der größte Kirchenlehrer der Christenheit, Thomas von Aquin, christianisiert, »getauft« hatte, alles Erkennen der Natur im Prinzip abgeschlossen? Genügte es nicht, bei allen strittigen Fragen sich einfach auf *seine* Autorität zu berufen, so dass der Mühe, die Natur selbst zu beobachten und zu befragen, sich niemand zu unterziehen brauchte und sollte?

Waren nicht dem Irrglauben, der Ketzerei Tür und Tor geöffnet, wenn man sich um der Erwerbung der wahren Erkenntnis willen nicht mehr auf anerkannte Autoritäten in Kirche und kirchlich abgesegneter Naturphilosophie stützen sollte, sondern auf die Erfahrung der Sinne und deren experimentelle Überprüfung? Akademischer und theologischer Obskurantismus fuhr daher schwerstes Geschütz bösartiger Intrigen und Unterstellungen gegen Galilei auf, die der päpstlichen Inquisition die willkommene »wissenschaftliche« Basis für ihren Prozess gegen diesen Mann lieferten. Dass den Inquisitoren die ganze Reichweite und Bedeutung der anbrechenden neuen Naturwissenschaft oder gar deren heutige negative Folgen im Sinne der Hybris eines totalen, alles ausbeutenden technischen Machbarkeitswahns bewusst gewesen wäre, behaupten heute zwar einige Apologeten der immer schon alles (voraus-) wissenden Catholica, wird aber von allen seriösen Wissenschaftstheoretikern ins Reich der nachträglich rechtfertigenden Fabeln verwiesen.

Nein, viel verstanden die Päpste und ihre Helfershelfer auf Lehrstühlen und Kanzeln von den komplizierten Berechnungen der Kopernikus, Galilei usw. nun keineswegs. Ein Blick auf die damaligen Kontroversen, von den »Verteidigern« der Kirche oft mit unglaublicher Niveaulosigkeit geführt, beweist das ganz eindeutig. Was sie aber mit Gewissheit kapierten, war die »ungeheure Anmaßung«, die »gottversucherische Hybris« Galileis, der es wagte, zwei »furchtbare« Thesen zu proklamieren:

1. Die von den zwei gleichberechtigten Offenbarungsarten des Göttlichen, der durch die Bibel und der durch die Natur, wobei diese letztere der ersteren an Exaktheit und Eindeutigkeit überlegen sei, so dass wohl die Heilige Schrift der Interpretation durch die Theologen bedürfe, nicht aber die Natur und die auf sie bezogene Wissenschaft; 2. Die Gottgleichheit der mathematischen Erkenntnisse des Menschen, der zwar weniger mathematische Wahrheiten besitze als der göttliche Geist, aber dessen Erkenntnis der tatsächlich erworbenen mathematischen Wahrheiten ebenso vollkommen und präzis sei wie die Gottes.

„Freilich erkennt", so Galilei, „der göttliche Geist unendlich viel mehr mathematische Wahrheiten, denn er erkennt sie alle. Die Erkenntnis der wenigen aber, die der menschliche Geist begriffen, kommt meiner Meinung nach an objektiver Gewissheit der göttlichen Erkenntnis gleich; denn sie gelangt bis zur Einsicht ihrer Notwendigkeit, und eine höhere Stufe der Gewissheit kann es nicht geben!"[636]

Was Giordano Bruno überschwänglich pries: das Universum als kosmischen Leib Gottes, als solcher eine größere, in vielem eindeutigere Offenbarung des Göttlichen als die Bibel und alle anderen heiligen Bücher der Menschheit, das formulierte Galilei nüchterner, gemäßigter. Aber auch seine Darlegungen über die Offenbarung des Göttlichen in der Natur und die Betonung der Eigenständigkeit dieser Offenbarungsquelle neben der und gleichberechtigt im Verhältnis zur Bibel mussten die Vertreter der Kirchenmacht herausfordern. Ähnlich wie sein genialer Zeitgenosse Johannes Kepler, der die Astronomie vor allem als »Anbetung Gottes im Medium der Mathematik« verstand,[637] hat Galilei die »ausgezeichnete« Offenbarung des »Buches der Natur« immer wieder hervorgehoben: „Nichts Physisches, das die Sinneserfahrung vor unsere Augen stellt oder das notwendige Beweisführungen uns deutlich machen, sollte daher in Frage gestellt – und viel weniger noch verboten – werden auf Grund des Zeugnisses von Textstellen aus der Bibel, hinter deren Worten ein ganz anderer Sinn verborgen sein kann, denn die Bibel ist nicht in jedem ihrer Ausdrücke an Bedingungen gebunden, die so strikte sind wie jene, die das Wirken der Natur beherrschen; noch offenbart sich Gott in der Natur in weniger ausgezeichneter Weise als in den geheiligten Sätzen der Bibel."[638]

„In der Schrift war es zudem notwendig, damit sie dem allgemeinen Verständnis zugänglich ist, die Dinge in ihrer Erscheinung und in der Bedeutung der Worte sehr unterschieden von der absoluten Wahrheit zu formulieren; andererseits überschreitet die Natur, unerbittlich und unveränderlich und sich nicht darum kümmernd, ob die verborgenen Gründe ihrer Verfahrensweise der Fassungskraft des Menschen einsichtig sind, niemals die Grenzen der ihr gesetzten Ordnung ... nicht alles in der Schrift unterliegt so strikten Notwendigkeiten wie jede physikalische Wirkung."[639]

Mit Recht hat man darauf aufmerksam gemacht, dass trotz der von Galilei noch betonten Ebenbürtigkeit der beiden Offenbarungsquellen – der Natur und der Bibel – emanzipatorischer Explosivstoff in seiner Auffassung der ersteren als einer stringenteren Wahrheit lag.

„Im historischen Kontext stellte sie eine dramatische Aufwertung der Natur gegenüber dem irdischen Jammertal der Theologie dar, und im Anspruch sicherer Naturerkenntnis durch Berufung allein auf ›Sinneserfahrung und notwendige Beweisführungen‹ etablierte sie eine Wahrheit unabhängig von jeder Offenbarung. Im Licht dieser Wahrheit war nach Galileis Auffassung zum großen Ärgernis der Theologen die Bibel interpretationsbedürftig, während die Naturwissenschaft einer theologischen Begründung letztlich entraten konnte."[640]

Dafür musste Galilei natürlich büßen. Die Rachsucht der kirchlichen Machthaber kannte keine Grenzen. Man verbrannte ihn zwar nicht, wie man das mit Giordano Bruno getan hatte. Aber man ließ ihn die beschämendsten Unterwerfungsakte unterzeichnen, die man dann höhnisch und als Zeichen des Triumphes an alle Universitäten Europas verschickte, um Galilei bloßzustellen, seine wissenschaftliche Reputation zu untergraben. Bis an den Rand des Wahnsinns und des Suizids trieb man ihn, überwachte den schwerkranken Greis, stellte ihn unter Hausarrest, verbot ihm sogar den Besuch bestimmter Kirchen, obwohl der den Mut völlig verloren habende Galilei ständig devoteste, unterwürfigste Bittgesuche an den Papst richtete, ließ ihn von durch die Inquisitoren ausgesuchten Ärzten mehrfach penibelst untersuchen und bezüglich der Frage kontrollieren, ob er nicht doch gesundheitlich im Stande sei, zum wiederholten Mal vor dem päpstlichen Inquisitionstribunal zu erscheinen usw. usf. Der Racheakte gegen Galilei gab es kein Ende, weil der die absolute theologische *und wissenschaftliche* Autorität des „Heiligen Stuhls" in Misskredit gebracht hatte. Noch über seinen Tod hinaus währte der Hass. In schroffster, gehässigster Weise lehnte der Papst einen Antrag auf Errichtung eines Denkmals für Galilei ab.

Und da kommt die kirchliche Überheblichkeit und Arroganz in Gestalt des vatikanischen Chefhistorikers von Ratzingers Gnaden daher und erklärt salopp und leichthin und ohne den leisesten Anflug von Gewissensbissen, die ganze Auseinandersetzung zwischen Kirche und Galilei sei halt ein Missverständnis gewesen und beide Seiten hätten sich damals geirrt.[641] Wo, bitte schön, hat Galilei geirrt? Das ist doch vielmehr ein weiterer Beweis dafür, dass die Kirche die Erkenntnisse Galileis im Grunde bis heute nicht anerkennen will.

Wir haben hier so ausführlich den Fall Giordano Bruno und den Fall Galileo Galilei dargestellt, weil sie Musterbeispiele dafür sind, wie das Papsttum und seine Theologen stets mit dem Geist der Wissenschaft und der autonomen Philosophie umgesprungen sind und auch in Zukunft umspringen werden. Kirchliche Theologie, auch die von Papst und Bischöfen eingesetzte Theologie an den Universitäten, hat niemals neue Erkenntnisse gebracht, war stets ihrem Wesen nach »Apologie«, d.h. Verteidigung und Rechtfertigung der alten Lehren der Kirchen gegen den neuen Geist neuer Entdeckungen und Erkenntnisse! Und dafür zahlt unser Staat jedes Jahr Hunderte Millionen zum Nachteil und auf Kosten seiner Bürger.

Schlimm ist dabei, dass der Ratzinger-Papst und sein oberster Vatikan-Historiker Brandmüller ihre konstitutiv prokirchliche Apologetik stur und unentwegt als »rationale Theologie« verkaufen. „Die katholische Position", so Brandmüller, ganz wie sein päpstlicher Boss, „war immer die Verteidigung der Vernunft."[642] „Immer? Auch während der Inquisition?" fragt ihn der »Spiegel«-Redakteur.

„Erst recht während der Inquisition", antwortet Brandmüller arrogant, hartherzig und bedenkenlos: „Es ging (ja) darum festzustellen, ob einer irrt oder nicht – durch rationale Argumentation."[643] Dann war wohl, fragt der »Spiegel«-Redakteur sich selbst, leider aus Höflichkeit nicht den Monsignore, die „Folter die Fortsetzung der rationalen Argumentation mit anderen Mitteln"[644] und die Verbrennung Giordanos auf dem Scheiterhaufen ein rationaler Schlussakkord. Und da posaunt der Ratzinger-Papst in seiner Caritas-Enzyklika, wie wir im 2. Kapitel sahen, dass nur die von Gott erleuchtete theologische Vernunft die autonome Vernunft vor Perversionen zu schützen vermöge. Man ist an einen der seriösesten, um objektivste Erkenntnis bemühten Philosophen des 20. Jahrhunderts, den keineswegs kirchenfeindlichen Existentialisten Karl Jaspers erinnert, der trotzdem wiederholt feststellte, Kirche sei ständig auf dem Sprung, die Scheiterhaufen wieder aufflammen zu lassen.[645] Aus rein rationalen Gründen, versteht sich!

Wenn diese schwarze Bruderschaft im Vatikan wieder die Macht hätte wie einst im Mittelalter, es würden wieder Köpfe rollen und Leiber brennen! Natürlich nur, um der (kirchlichen) Vernunft zum Sieg zu verhelfen. Dem „Vernunft"-Gott und seinem Stellvertreter auf Erden zum Gefallen! Diese Brüder haben nichts dazugelernt, sind so uneinsichtig und unfehlbar wie zu Zeiten der Inquisition. Die größte und furchtbarste Sünde für einen waschechten Katholiken ist, nicht mehr das Attribut »katholisch« in Anspruch nehmen zu können, die katholische „Wahrheit" nicht mit allen Mitteln durchsetzen zu wollen. Alle anderen von ihm begangenen Sünden, und seien sie noch so schwer, sind dagegen Bagatellen! „Wer einen Ketzer tötet, begeht keine Sünde", hatte Papst Innozenz III. dekretiert!

Ratzingers Chefhistoriker Brandmüller lässt noch ein weiteres Bonmot vom Stapel, das uns anschaulich demonstriert, von welchem „Geist" vatikanisch-päpstliche Theologie geprägt ist. Die geschichtlich wie sachlich außerordentlich belastete Problematik des Verhältnisses von Naturwissenschaft und Theologie fegt Brandmüller einfach vom Tisch, indem er die Methodenbereiche der beiden Disziplinen scharf voneinander trennt. „Die Naturwissenschaft erklärt, wie die Welt entstanden ist, die Theologie erklärt, warum sie entstanden ist."[646] Schluss, basta, Dass hier die Grenzen von Naturwissenschaft und Theologie durch ein oberflächliches Diktum willkürlich festgelegt werden, bemerkt der Vatikan-Theologe nicht, oder es kümmert ihn nicht.

Sachlich aber ist festzuhalten, dass das »Wie« vom »Warum« nicht so einfach zu trennen ist. Wer das »Wie« bei der Entstehung des Universums herausbekäme, erführe zwangsläufig auch so einiges über das »Warum« dieser Entstehung. Und darüber könnte und dürfte die Naturwissenschaft dann auch nicht schweigen, nur weil ihr die Theologie das verbietet. Die Theologie aber ist in der viel misslicheren Lage, hier überhaupt nichts bieten zu können. Sie behauptet zwar zu wissen, warum Gott die Welt geschaffen hat, nämlich aus Liebe. Aber die Weltwirklichkeit, die Evolution mit ihren Irrwegen und Sackgassen, der Vernichtung bzw. dem Absterben Tausender von Arten, die ganze hier schon, besonders im 2. Kapitel, erörterte Theodizeeproblematik bestätigen diese Behauptung nicht, erweisen sie als pure Setzung des Glaubens und Glaubenwollens. Die Vernunft kann diese Setzung nicht mitvollziehen. Es ist auch nicht so, dass die Theologen bei der Entstehung der Welt auf dem Schoß Gottes gesessen und von ihm gesagt bekommen hätten, warum er die Welt erschaffen habe. Ja, nicht einmal die Erschaffung der Welt ist ein unbezweifelbares Faktum, sie könnte auch anfangs und endlos in verschiedensten Seinszuständen der Ausdehnung und der Verdichtung der Materie existieren und pulsieren.

Der Satz: »Gott schuf die Welt aus Liebe« ist eine dogmatische Setzung der Theologie. So wörtlich steht er nicht einmal in der Bibel. Und dass die beiden Schöpfungsberichte des Buches Genesis mythische Erzählungen sind, das sollte sich auch bis zu den obersten Vatikantheologen, von denen Brandmüller einer ist, herumgesprochen haben. Aber sein Chef Ratzinger macht es ja ebenso. Er gibt im Frühjahr 2007 über Jesus ein Buch heraus, in dem er die teils mythischen, teils naiv-theologisch konstruierten, teils einfach erfundenen, teils aus der heidnischen Umwelt übernommenen Berichte der Evangelien als weitgehend historisch-real darstellt, die gesicherten, mithilfe der historisch-kritischen Methode erbrachten Resultate der Jesus-Forschung aber als im großen und ganzen unbedeutend desavouiert.[647]

Am Schluss seines Gesprächs mit Herrn Broder vom »Spiegel« haut Brandmüller noch einmal auf die Pauke, indem er die Überlegenheit des Gottesglaubens mit einem ganz einfachen Vergleich evident zu machen versucht: „Wenn ein Mensch nicht mehr an Gott glaubt, glaubt er nicht an nichts, er glaubt an alles Mögliche."[648] Das ist nicht bloß ein Diktum des Vatikan-Theologen und -Historikers Brandmüller, so rieselt es von Hunderten von theologischen Lehrstühlen in der ganzen Welt auf die Köpfe der Priesteramtskandidaten und der künftigen Religionslehrer unentwegt herab.

Trotzdem ist daran so ziemlich alles falsch. Es ist doch nicht so, dass ein Mensch, der an Gott glaubt, deshalb an gar nichts anderes mehr glaubt. Der glaubt an noch viel mehr Dinge als der nicht an Gott Glaubende, er glaubt an Engel, Dämonen und Teufel, an Hölle und Fegefeuer, an den Ablass zur Verminderung der Fegefeuerqualen und ihrer zeitlichen Ausdehnung, an die Wundertätigkeit von Heiligenbildern und –skulpturen, an den Segen von Wallfahrten und Fronleichnamsprozessionen, an die magische Kraft der Sündenvergebung durch den Priester im Sakrament der Beichte, überhaupt an die gnadenhafte Wirkung von Sakramenten und Sakramentalien, an die Bannung böser Geister durch die Besprengung mit Weihwasser, an Exorzismen als Methode zur Heilung Besessener usw. usf. Die Kirche selbst begnügt sich doch keineswegs damit, die Gläubigen nur zum Glauben an Gott zu verpflichten. Die haben bei Strafe der Todsünde noch an Jesus Christus, Maria als jungfräuliche Muttergottes, an die Apostel und Heiligen, an die Dogmen und Sakramente zu glauben und den lehramtlichen Aussagen der Päpste und Konzilien Glauben zu schenken. Ein einigermaßen vernünftiger Mensch, der nicht oder nicht mehr an Gott glaubt, kann beim besten Willen gar nicht an so viele Dinge, an so viel Mögliches und Unmögliches glauben wie einer, der im Sinne der Kirche und kirchlichen Theologie an Gott glaubt.

Damit löst sich das Argument des Vatikan-Theologen und -Historikers Brandmüller und seiner Kollegen auf vielen theologischen Lehrstühlen in nichts auf, ja es wendet sich direkt gegen sie.

Zugegeben, wir haben hier ziemlich weit ausgeholt. Aber damit sollte ausführlich und unwiderlegbar demonstriert werden, was für ein kompletter Unsinn es ist, die Theologie an den der Wissenschaft gewidmeten staatlichen Universitäten zu belassen und sie auch noch durch den Staat auf unsere Kosten zu bezahlen.

Der Staat zahlt aber noch viel mehr. Er zahlt auch für den Konfessionsunterricht, genannt Religionsunterricht, an den staatlichen Schulen, und zwar die gewaltige Summe von etwa zwei Milliarden und 450 Millionen Euro pro Jahr, obwohl sich hier die Misere der Theologie und theologischen Fakultäten wiederholt, sowohl inhaltlich bezüglich der Irrationalität der Glaubensinhalte als auch strukturell in Bezug auf den Dualismus eines katholisch und eines evangelisch gelehrten „christlichen" Religionsunterrichts. Kopf und Gemüt der Kinder und Jugendlichen können da nur verwirrt werden, wenn jede der Konfessionen »ihre« Wahrheit lehrt und diese als einzig christliche hinstellt. Doch viele Religionslehrer stellen ja inzwischen die Wahrheitsfrage zurück. Aber dann stellt sich um so dringlicher die Frage: Wozu ein zweigleisiger Religionsunterricht, für den der Staat doppelt zahlen muss? Die einzig rationale Lösung wäre ein Ethik- und Religionskunde-Unterricht für alle Schüler, unabhängig von Religion und Konfession. Aber dagegen laufen die Kirchen Sturm, und der Staat knickt ein, außer in Berlin, wo es dem Senat gelang, diesen Unterricht als Pflichtfach trotz heftigster Proteste und Prozesse der Kirchen endlich durchzudrücken.

Der Ratzinger-Papst lamentiert ja immer wieder über den um sich greifenden praktischen Materialismus der Menschen als ärgsten Feind der Entwicklung von Geistigkeit und Spiritualität. Dass seine Kirche mehr als alle anderen in diesen Materialismus verstrickt ist, sagt er nicht. Was wäre das doch für ein Großereignis echter Spiritualität und Materialismusüberwindung geworden, wenn der nach Deutschland, genauer nach Bayern gekommene Papst erklärt hätte: „Lieber Staat, liebes Bayern, wir haben Geld genug, werft es nicht mehr in unseren Rachen, wie Ihr es seit Jahrhunderten getan habt, sondern gebt es den Armen, den Obdachlosen, den sozial Schwachen, den Hartz IV-Empfängern oder auch den Menschen in den wirtschaftlich unterentwickelten Ländern". Das wäre praktizierte Spiritualität und Religiosität gewesen. In jedem anderen Fall ist Religion nämlich wirklich »Opium des Volks« (Karl Marx).

In Zukunft sollte man die Kirche, ihre Ratzingers, Lehmanns, Hubers et cetera nicht mehr an ihren heuchlerischen Worten der Liebe und des Mitleids für die Armen, sondern nur noch am einzig echten Kriterium messen, der Frage der Bereitschaft zum Verzicht auf ihre einzigartigen finanziellen Privilegien im Kirchenstaat Deutschland.

Der doch laut den Lobpreisungen der Medien vom Oberscharfmacher im Vatikan zum liebend-gütigen Vater der Menschheit mutierte Ratzinger-Papst muss sich also die ganz konkrete Frage gefallen lassen, ob er weiterhin die milliardenschweren Subventionen des Staates an die Kirchen gutheißen und zusammen mit der evangelischen Kirche einstreichen will; ob er weiterhin daran festhält, dass die Kirche von Körperschaftssteuern, Vermögenssteuern, Grundsteuern, Zinsabschlagssteuern, Kapitalertragssteuern und der Umsatzsteuer befreit bleibt, wodurch der Staat und damit der Bürger – zusammen mit der Absetzbarkeit der Kirchensteuer – auf 6,25 Milliarden Euro zugunsten der Kirchen verzichtet; ob er weiterhin die materialistische Schamlosigkeit seiner Kirche mitverantworten will, die darin besteht, an den direkten Subventionen des Staates für Denkmalpflege, Militärseelsorge, für Zuschüsse an Missionswerke, Orden, Medien, Kirchentage, Bauwerke, für den konfessionsgespaltenen Religionsunterricht und die theologischen Fakultäten festzuhalten: Summa summarum weitere 7,9 Milliarden Euro, die im Schlund der Kirche verschwinden! Eine so fette, vom Staat gemästete Kirche kann nämlich trotz aller schönen Predigten und »Worte zum Sonntag« keinerlei Spiritualität entwickeln, geschweige denn ausstrahlen.

Weitere Frage an den Ratzinger-Papst: Will er weiterhin die „soziale" Lüge der Kirche aufrechterhalten? In der obigen Summe von 14,15 Milliarden Euro (6,254 Mrd. Euro + 7,9 Mrd. Euro) sind nämlich die staatlichen Subventionen für kirchliche Altenheime, Krankenhäuser, Kindergärten, Schulen u.ä. noch nicht einmal enthalten. Denn der Staat finanziert auch noch diese Einrichtungen mit weiteren ca. 10 Milliarden Euro im Jahr, also zu weit über 90 % der Gesamtkosten dieser Institute. Der oft gehörte Spruch »Aber die Kirche tut doch so viel Gutes« basiert auf krassem Unwissen. In Wirklichkeit zahlt weit überwiegend der Staat, d.h. letztlich immer der Bürger. „Von der Volkssteuer bezahlt die Kirche einen großen Teil ihrer Einrichtungen, sie greift selten in die eigene Tasche".[649] Und wird etwa ein neuer Kindergarten gebaut, trägt zwar der Staat 2/3 der Kosten, aber die Kirche gilt als alleiniger Eigentümer. „Und sie missachtet die Grundrechte, z.B. das normale Arbeitsrecht."[650] Heiratet z.B. eine Angestellte einer kirchlichen Sozialeinrichtung einen geschiedenen Partner, wird sie entlassen. Bei den vielen in Kirchenbesitz befindlichen Sozialeinrichtungen hat ein Arbeit Suchender, der nicht Kirchenmitglied ist, keinerlei Anstellungschancen, obwohl doch der Staat und die Bürger, damit auch er, diese Einrichtungen zum größten Teil finanzieren. Die Kirche als Staat im Staat hat ihre eigenen Gesetze, die häufig mit den Grundrechten des Menschen nicht übereinstimmen. Aber von der Kirche lässt sich der Staat alles gefallen, jault aber wie ein getretener Hund auf, wenn auch nur der geringste Verdacht des Verstoßes gegen Grundrechte seitens irgendeiner sogenannten Sekte aufkommt. Nichtkirchliche Religionsgemeinschaften haben das Grundrecht der Religionsfreiheit und das Antidiskriminierungsgesetz strengstens zu beachten, Kirchen brauchen sich darum kaum zu kümmern. Wo bleibt da das Gerechtigkeitsgefühl des obersten, d.h. päpstlichen Richters der Moral, der eben diese Doppelmoral anprangern und abstellen müsste.

Ein bekannter Autor spricht sogar von „der neuesten Übung von Klerikern, Konfessionslose, die ihre Kinder in Kindergärten in kirchlicher Trägerschaft schicken, als >Parasiten< zu bezeichnen."[651] Dabei ist oft in der betreffenden Gemeinde kein anderer Kindergarten vorhanden, vor allem aber finanzieren ja die Konfessionslosen im Rahmen der staatlichen Zahlungen für kirchliche Kindergärten diese mit, so dass der Parasitenvorwurf wie ein Bumerang auf die Klerikalen zurückschlägt. Wer in der Bundesrepublik wirklich in Milliardenhöhe von den Steuerleistungen anderer profitiert, ist die Kirche. Wer aber kirchliche Sozialeinrichtungen, Theologenausbildung, kirchlichen Religionsunterricht und die Militärseelsorge mitfinanziert, sind die Konfessionslosen.[652] Wer also sind die wirklichen Parasiten, die wahren Schmarotzer?

Otto Normalverbraucher mit seinem Irrglauben an die selbstlose karitative Tätigkeit der Kirche weiß auch nicht, dass Caritas und Diakonie in Deutschland der zweitgrößte Konzern nach Daimler-Chrysler sind, also größer als Telekom, Post und Bahn zusammen[653], dass die römisch-katholische Kirche „die größte nichtstaatliche Grundbesitzerin in der Bundesrepublik ist und die Kirchen in der ehemaligen DDR über alle Enteignungen hinweg einen Besitz an Agrar- und Waldfläche behielten, der gut und gern der Größe eines westdeutschen Bundeslandes entsprach";[654] dass die Zinsgewinne der beiden Großkirchen in Deutschland sich jährlich auf über eine Milliarde Euro belaufen.[655] Es wäre demnach nicht einmal eine große spirtuell-ethische Tat, wenn Ratzinger und seine offiziellen Vertreter in Deutschland angesichts dieses gewaltigen Kirchenvermögens auf alle staatlichen Zuwendungen verzichteten, wo sie doch gerade in diesem Moment an ihre Schäfchen verstärkt appellieren, die an den Geldbeutel der Bürger gehenden Steuerreformen des Staates in „christlichem Gehorsam" zu akzeptieren.[656]

Stattdessen aber hat die Kirche unter tätiger Mithilfe des Professors Ratzinger, des Münchener Erzbischofs Ratzinger und des Ratzinger-Papstes – genau im Rahmen dieser drei Phasen seiner Tätigkeit, die immer mehr intensiviert wurde – ihre „wunderbare Partnerschaft" mit dem Staat derart institutionalisiert, dass es diesem immer schwerer fallen muss, aus den Fesseln der Kirche herauszufinden. „Allein ein – vorläufiges – Verzeichnis der institutionalisierten Mitwirkungsrechte der Großkirchen im staatlichen Bereich umfasst 17 Druckseiten. Es verwundert unter diesen Umständen nicht, dass die längst ihres Fußvolks entleerten Minderheits-Kirchen noch dieselben Privilegien wie vor Jahrzehnten von Seiten unseres Staates beanspruchen, als habe sich nichts Wesentliches zu ihren Ungunsten geändert. Die Willfährigkeit der Parteipolitiker lädt gerade zu einem solchen Vorgehen ein ... Gingen die Kirchen in Geldangelegenheiten von der Zahl der praktizierenden Gläubigen aus, wären ihre Organisationen pleite. Nur die statistische Unehrlichkeit, von Bedenken gegen die Rechnung mit der (längst nicht mehr existierenden) Volkskirche zu schweigen, erhält die Großkirche hierzulande überlebensfähig."[657]

Auch wenn der Autor der eben zitierten Aussage vermutet, dass nicht wenige Kirchenvertreter „mit Vorsatz handeln und bewusst alle Karteileichen ihrer Organisation mit ins politische Kalkül einbeziehen",[658] um große Zahlen ins Feld zu führen, mit denen sie Vorteile gegenüber anderen Organisationen und Gruppierungen herausschlagen können, haben sie vom Staat her nichts zu befürchten. Ratzinger alias Benedikt XVI. beweist dies geradezu mega-konkret. Bei seiner Wallfahrt nach Bayern kamen die Herren des Staates in derart überwältigender Anzahl angepilgert, dass auch der leiseste Hauch einer Möglichkeit, diese Herren könnten doch einmal an den Versuch einer sauberen Trennung von Staat und Kirche und einer Reduzierung der milliardenschweren Zahlungen an diese denken, allsogleich vom Winde verweht wurde.

Bayerns Ministerpräsident Edmund Stoiber, sonst gewohnt, dass man selbstverständlich auf ihn wartet, harrte geduldig, fast demütig still auf dem Sportplatz von Altötting aus, um den per Hubschrauber von München her einfliegenden

Papst (»vom Himmel hoch da komm' ich her«) freudestrahlend zu begrüßen. Ein „wunderbares" Symbol der einträchtigen und wenigstens für die Kirche einträglichen Partnerschaft von Kirche und Staat war dann die Art, wie man die Honoratiorenblöcke A + B angeordnet und aufeinander abgestimmt hatte. Block A bildete natürlich die Kirche: Drei Dutzend Kardinäle, Bischöfe, Erz- und Weihbischöfe, Block B der Staat, repräsentiert durch Stoiber und drei bayerische Landesminister, den Landtagspräsidenten, aber auch den Bundesverteidigungsminister und den Generalinspekteur der Bundeswehr. Und auch Ratzingers heimliche Liebe, die Adligen, durften natürlich nicht fehlen, allen voran Herzog Franz von Bayern; auf 63 Stühlen hatte sich praktisch das ganze Haus Wittelsbach breitgemacht (Reihe 6 – 9); zwei weitere Reihen waren für den weniger prominenten Adel reserviert. Das Volk durfte stehen, gaffen und ehrfürchtig bewundern!

Und auch in Marktl am Inn, wo der Papst vorher war, hatten die Behörden dafür gesorgt, dass Ehrfurcht herrschte. Nur 2.150 Personen ließen die Behörden auf dem Marktplatz zu, darunter natürlich Fürstin Gloria von Thurn und Taxis und den kleinen Mann, der uns die Renten „so sicher" machte: Norbert Blüm, der einst bei Ratzinger Theologie studierte und jetzt sein hochkarätiges Ruhegehalt genießt; daneben aber war auch Halbprominenz zu sehen, etwa der Bruder von Thomas Gottschalk, der selbst sicher auch gern gekommen wäre, wo er doch eine katholische Journalistenschule besucht hat. Man weiß ja, wem man etwas verdankt, und Wohlverhalten gegenüber der Kirche bringt doch jedermanns Karriere in Deutschland weiter!

Soweit ich sehe, hat nur ein einziger Theologe die total unchristliche, dem Geist des Meisters absolut widersprechende Vermengung von Staatlichem und Kirchlichem beim Bayernbesuch des Papstes beanstandet: Michael Plathow, der Leiter des Konfessionskundlichen Instituts in Bensheim. Dass sich der Papst als Kirchen- und Staatsoberhaupt zugleich feiern lasse, sei „Ausdruck einer Vermischung von geistlichem und weltlichem Regiment."[659]

Das kümmert allerdings unsere Politiker nicht die Bohne. Im Gegenteil: Als die Münchner SPD-Vizechefin Adelheid Rupp zu einer Anti-Papst-Demo aufrief, wurde das als Beleidigung eines Kirchen- und Staatsoberhaupts sowie als Verstoß gegen die Gastfreundschaft einem solch hohen Gast gegenüber angeprangert. Christian Ude (SPD), Münchens Oberbürgermeister, packte sofort die schärfste Waffe in solchen Fällen, die Sektenkeule, aus, denn man könne zwar sehr wohl gegen Diskriminierung in der Kirche und für Gleichberechtigung kämpfen, müsse deshalb aber doch nicht „das Oberhaupt einer Weltkirche kränken und sich dabei in eine sektiererische Außenseiterposition begeben."[660]

Merke: Nicht nur in der Sicht der evangelischen und der katholischen Staatskirche in Deutschland, auch in der Sicht zumindest der Politiker der CDU/CSU und SPD ist jede von den Auffassungen dieser Kirchen abweichende Position sektiererisch und dégoutant, mit einem negativen Vorzeichen behaftet. Ude ging sogar noch weiter. Er deutete solche Abweichungen geradezu als diametralen Gegensatz zur Position der SPD. Er bestehe deshalb darauf, „dass nun geklärt werden müsse, wer im Namen der SPD etwas fordern dürfe, was im diametralen Gegensatz zu unserer ansonsten guten Zusammenarbeit mit der katholischen Kirche steht". Ein solches „eigenmächtiges Vorpreschen" müsse unterbunden werden. „Wir müssen klären, wer darf im Alleingang wie viel Porzellan zerschlagen."[661] Bravo, Herr Ude, das ist ergeben und unterwürfig genug! Das wird dem Papst als Entschuldigung für das Vorgehen der Münchner SPD-Vizechefin genügen.

Mit seiner Empörung ob der vermeintlichen Provokation von Papst und Kirche stand der Münchner Oberbürgermeister natürlich nicht allein. Die ganze Polit-Klasse bellte mit. Der Münchner SPD-Chef Franz Maget beeilte sich von Italien her, wo er gerade weilte, zu versichern, dass „der Papst uns in München herzlich willkommen ist", dass „aus einer christlich-religiösen Überzeugung heraus eine große Freude" über den Papstbesuch in München herrsche.[662] CSU-Fraktionschef Hans Podiuk bedauerte, „dass sich eine SPD-Politikerin zu einer Schmähkritik hinreißen ließ, die alle Regeln der Gastfreundschaft verletzt."[663] Der CSU-Bundestagsabgeordnete Johannes Singhammer machte seinem Namen alle Ehre und hämmerte, es sei geradezu „bizarr", dass eine SPD-Politikerin den Papst „mit einer Demonstration willkommen heißen" wolle.[664] Dem Mann kam nicht mal in den Sinn, dass das Gegenteil bizarr ist, indem Politiker der SPD und CSU einen geistlichen Diktator, den mit allen diktatorischen, absoluten Vollmachten ausgestatteten Herrn über eine Milliarde Schafe, überschwänglich begrüßen und feiern bzw. sich bei ihm devot entschuldigen. Kein Zweifel, in München und ganz Bayern braucht Ratzinger keine kirchlichen Hintermänner mehr, um den Forderungen der Kirche gegenüber dem Staat Nachdruck zu verleihen. Hier machen die Politiker selber in vorauseilendem Gehorsam die Sache der Kirche!

Mit den devoten Politikern konnte also der Ratzinger-Papst bei seinem Besuch in Bayern zufrieden sein, nicht nur in München, sondern auch in Altötting, wo er sich denn auch nach der ganzen Politiker-Schwärmerei für ihn entspannt und erfreut ins Kapuziner-Kloster (Konvent St. Magdalena) zurückziehen konnte, um sich dort derb-bajuwarisch, keineswegs feingeistig, Schweinebraten mit Semmelknödeln servieren und munden zu lassen. Die Kapuziner, Jünger des hl. Franz von Assisi wie die Franziskaner, aber von angeblich strengerer Observanz, behaupten zwar, dem Vorbild dieses Heiligen radikaler nachzufolgen als diese, halten jedoch von dessen Liebe zu den Tieren und seiner Ablehnung der Tiertötung und des Fleischgenusses rein gar nichts; ebenso wenig wie Ratzinger selbst und die 2000 geladenen Gäste, die sich den Braten zusammen mit einem Silvaner bzw. einem Rotwein, geliefert aus dem Weingut Johann Ruck in Iphofen, schmecken ließen. Was ein waschechter bayerischer Katholik ist, und als solcher fühlt sich Ratzinger (deswegen wollte er auch bei seinem zweiten Besuch nicht mehr nach Deutschland, sondern nur noch nach Bayern[665]), der weiß genau, dass Gott die gesamte Natur nur für ihn, zu seinem Nutzen und Genuss, geschaffen hat. Wir erinnern uns an die schon zitierte Aussage Ratzingers, wonach dem Hasen oder Schwein gar nichts Besseres passieren könne als vom Menschen gejagt, geschlachtet und gegessen zu werden, denn damit erfüllten sie ihren ganzen Daseinszweck. Das ist theologische Anthropozentrik, nein: Egozentrik pur!

Nach Bayern, und besonders ins oberbayerische Altötting, das katholische Herz Bayerns, wollte der Papst aber nicht nur wegen seiner Heimatliebe und um die Kontakte zu den Regierenden noch zu verstärken, sondern weil dieser im Grunde stockkonservative und keineswegs so rationale Mensch hier genau das vorfindet, was für ihn typisch katholisch ist: die Wallfahrten und Prozessionen, das Pilgern zur „wundertätigen" Madonna, der jungfräulichen Muttergottes Maria (die war zwar in der Realität keine Jungfrau – laut Evangelium bemerkte Josef, ihr Verlobter, dass sie schwanger war, ohne dass er sich das erklären konnte; die Zeugung durch den Hl. Geist hat man später nachgereicht[666] -, und sie war auch nicht die Mutter Gottes, weil Jesus, wenn er denn gelebt hat, ein Mensch, kein Gott war; es sei denn, man kehrt zu den heidnischen Mythen zurück, wonach vor dem männlichen Vater-Gott die mütterliche Urmaterie liegt, aus der erst Götter und Menschen entstanden seien).

Schon als kleiner Bub pilgerte Ratzinger mit seinen Eltern und Geschwistern zum »Gnadenort« Altötting, was, wie er schreibt, zu seinen „frühesten und schönsten Erinnerungen" gehöre. „Der stärkste Eindruck war natürlich die Gnadenkapelle, ihr geheimnisvolles Dunkel, die kostbar gekleidete schwarze Madonna, umgeben von Weihegeschenken, das stille Beten vieler Menschen, dazu dann der Umgang, in dem die Menschen ihr Kreuz sichtbar tragen." Das schreibt Ratzinger in einem Beitrag für einen Altöttinger Stadtführer[667] und merkt offenbar nicht, wie sehr seine Beschreibung der Schilderung heidnischer Wallfahrten in vorchristlicher Zeit oder nichtchristlichen Regionen entspricht, wobei ja auch diese Wallfahrten oft die »Große Mutter« zum zentralen Gegenstand und Zielpunkt hatten.

Einen Unterschied allerdings gibt es, und der ist makaber: Die heidnischen Pilger trugen keine Kreuze vor sich her, diese Symbole der grausamen Tötung eines Menschen, die trotzdem das Markenzeichen des Kirchenchristentums wurden, weil dieses lieber das Leid, den Schmerz, die Schuld predigte als die Auferstehung. Aber Ratzinger gefällt genau dies: das sichtbare Tragen des Kreuzes, das ja auch die Bischöfe, freilich vergoldet, auf der Brust tragen. Das reale Tragen der Kreuze des Lebens überlassen sie allerdings dann lieber den Armen und Unterdrückten dieser Erde. Aber hier gibt es doch wenigstens eine ökumenisch gleiche Grundgesinnung zwischen Ratzinger und Luther, dem Papst der Protestanten, denn auch letzterer hielt ja das Kreuz für das unterscheidend christliche Erkennungszeichen: „Leiden, leiden, Kreuz, Kreuz", so Luther, „ist der Christen Recht, das und gar nichts anderes ... Ein Christ lässt jeden rauben, nehmen, drücken, schinden, schaben, fressen und toben, wer nur will; denn er ist ein Märtyrer."[668] Und da reden die evangelisch-lutherischen Bischöfe ständig von den Grund- und Menschenrechten, die Staat und Gesellschaft dem Christentum verdankten!

In Regensburg an der Uni verkündet Papst Benedikt die Rationalität des Glaubens, in Altötting die irrationale Marienfrömmigkeit. Die Kirche will eben immer allen alles sein: den Gebildeten suggeriert sie den Gott der Vernunft und die Vernünftigkeit des Glaubens, den »Armen im Geiste« predigt sie die Demut der »Magd des Herrn«. Die »Zwei-Klassen-Theologie« - da steht Ratzinger in guter Tradition – bringt man ja schon den Priesteramtskandidaten im Seminar bei: ja nicht sollen sie dem Volk unter der Kanzel etwas von der historisch-kritischen Methode und deren ernüchternden Ergebnissen bei der Erforschung des Neuen Testaments sagen, vielmehr die Evangelien als wahrheitsgetreue Schilderung realhistorischer Tatsachen darstellen. Bei den Gebildeteren könne man, freilich ganz behutsam und vorsichtig, den Schleier über der Wahrheit schon ein wenig heben, indem man das Mythische in den Schilderungen der Evangelien zugebe, jedoch ihnen zugleich die Wahrheit des „tieferen Kerns", der „eigentlichen Intention" dieser Schilderungen mit theologischer Redekunst plausibel mache.

In Altötting also, wohin sich kein säkularisierter Intellektueller, mit dem man auf Augenhöhe diskutieren müsste, verirrt, kann Ratzinger den Leuten eine neue, ganz schlichte Marienfrömmigkeit offerieren. Maria habe uns gelehrt, „nicht unseren Willen und unsere Wünsche Gott gegenüber durchsetzen zu wollen, sondern ihm zu überlassen, was er tun wird", sie habe dem Herrn stets als gehorsame Magd gedient, habe sich seiner „Macht, die über menschliches Können und Vermögen hinausgeht", vertrauensvoll unterworfen.[669] Das ist vor allem ein deutliches Signal an die organisierte katholische Frauenwelt, der er ja den Wunsch einer Begegnung mit ihm während seiner Bayernreise abgeschlagen hat. Sie sollen dienen und nicht Priesterinnen und Diakoninnen spielen wollen, denn in der Stimme der Päpste, die das verbieten, komme der Wille Gottes und das Vorbild Marias zum Ausdruck. Also: Jede Frau sei die „demütige Magd des Herrn".

Der Ratzinger-Papst verkündet hier nicht nur Theologisch-Theoretisches, er hat es auch ganz praktisch stets so gehandhabt. Frauen waren in Ratzingers praktischem Umgang mit ihnen nie gleichwertig, höhere Funktionen und Aufgaben teilte er stets nur Männern zu. „Selbst geniale weibliche Köpfe verwandelt er in Hausdamen, die sich unsichtbar machen. Seine kunstsinnige Schwester gab ihre gut dotierte Stellung als Chefsekretärin auf, um den Professor Ratzinger in Münster zu umsorgen. In der Todesanzeige rühmte er ihr nach, sie habe ihm ‚in unermüdlicher Hingebung und mit großer Güte und Demut gedient'. Und die Hamburger Dozentin für Viola da Gamba Ingrid Stampa vertauschte ihren Hochschuljob aus lauter Begeisterung für den Kurienkardinal mit der Position einer Haushälterin."[670] Obendrein hat Benedikt noch ein paar Nonnen, die ihm die Wäsche bügeln und seine Gewänder und Schuhe putzen dürfen. Sie alle sind eben »Mägde des Herrn«! Ob all die Damen dabei auf die Dauer glücklich sind oder werden, danach fragt sie Seine Heiligkeit sicher nicht, denn Glück ist ja eine zu weltliche Kategorie, um im Begriffskatalog der katholischen Theologie oder in der Mentalität von Kirchenfürsten, vor allem wenn es um das Glück anderer geht, irgendeine Rolle zu spielen. „Jede Religion, die Männern mehr Rechte bzw. Würde einräumt als Frauen, ist für die weltweiten Menschenrechtsverletzungen gegenüber Frauen mitverantwortlich. Unsere römisch-katholische Kirche gehört leider immer noch dazu", schreibt eine[671] der über 200 Frauen und Männer, die im September 2006 einen »Kirchenvolksbrief« an den Papst gerichtet haben. Eine Antwort vom Papst höchstpersönlich werden sie nicht erhalten. Allerhöchstens eine von Ratzinger-Adlatus Georg Gänswein, etwa dergestellt: „Seine Heiligkeit hat Ihren Brief mit großer Aufmerksamkeit gelesen und dankt dafür. Leider erlauben es ihm seine vielfältigen Amtsgeschäfte nicht, näher darauf einzugehen."

Der schöne Georg vermittelt ja auch sonst gern im Auftrag seines Chefs. Wer hätte auch gedacht, dass der vermeintlich so rationale, in abstrakt-theologischen Höhen schwebende Ratzinger-Papst seinen Sekretär eigens beauftragen würde, dafür Sorge zu tragen, dass ihm der Altöttinger »Liebfrauenbote«, diese provinzielle katholische Wochenschrift, unbedingt regelmäßig zugestellt werde, weil Benedikt „untröstlich sei, dass der ›Bote‹ nicht regelmäßig bei ihm ankomme, sondern immer wieder in den Weiten des vatikanischen Bürobetriebs versande", wo er, der Papst, doch „nie ein Hehl daraus gemacht hat, dass er den ›Liebfrauenboten‹ gerne und mit Gewinn liest."[672] Klar doch, denn welche Zeitung oder Zeitschrift mit überregionalem Anspruch befasst sich heute noch intensiv und umfänglich mit der total irrationalen, der historischen Sachlage zuwiderlaufenden Marienfrömmigkeit, die aber Päpste wie Pius XII. (mit seinem Dogma der Aufnahme Mariens in den Himmel), den Maria-Erotiker Johannes Paul II. und eben den »Liebfrauenbote«-Leser Benedikt als »marianisches Trio« brüderlich vereint.

Also wendet sich Gänswein an Peter Becker, den Chefredakteur persönlich, er möge doch den »Liebfrauenboten« der Zustellsicherheit halber nicht an die Adresse des Vatikans, sondern an Gänswein direkt schicken, denn von dem bekomme Ratzinger das Blättchen garantiert überreicht. Natürlich wird Becker jetzt nicht mehr müde, immer wieder über die Ehre zu erzählen, die ihm zuteil wurde, als des Papstes Sekretär höchstpersönlich bei ihm im kleinen Altötting in dieser Sache anrief. Aus solchen Dankbarkeiten erbaut sich ein felsenfester Glaube!

Wahrscheinlich wird der Papst den »Liebfrauenboten« auch deshalb gern lesen, weil er durch ihn immer wieder mal etwas über die Leute erfährt, die er am sympathischsten findet, die seinem Herzen am nächsten stehen, nämlich die „Katholiken der strengen Observanz, Glaubensbündler und latent sektiererische Gruppierungen", auf die der Wallfahrtsort Altötting „eine starke Anziehung ausübt".[673] Merke: Ratzinger hasst nur die nichtkirchlichen Sekten. Gegen die hat er ja jüngst einen neuen, sie systematisch bekämpfenden Lehrstuhl in Rom errichtet. Innerkirchliche Sekten, die dem Papst kritiklos treu sind, dürfen sich dagegen seines höchsten Wohlwollens und Wohlgefallens erfreuen, vor allem das »Opus Dei« (s. 1. Kap.), aber auch die vielen »Herz Jesu«- und »Herz Mariä«-Sekten.

Auch sonst reist unser „Vernunft"-Theologe wie schon sein Vorgänger auf dem Papstthron gern zu Orten der Irrationalität, zu Zentren des Aberglaubens und der Wundergläubigkeit, nicht bloß also nach Altötting, auch z.B. nach Tschenstochau zur Schwarzen Madonna, der „Königin Polens", oder vor Altötting noch schnell nach Manoppello, zum „Schweißtuch Christi". Dabei treibt ihn nicht bloß seine eigene irrationale Marien- und Christusfrömmigkeit, sondern auch die strategische Überlegung, dass „das Wunder des Glaubens liebstes Kind ist" (Goethe), dass also den Massen die Dogmen der Kirche sch...egal sind, sie aber durch das allergeringste Anzeichen eines Wunders oder auch nur eines Gnadenerweises magisch angezogen, elektrisiert und mobilisiert werden und natürlich auch die Kassen der Kirche an den Wallfahrtsorten entsprechend ausgiebig füllen. Da müssen alle rationalen Bedenken des doch sonst vor der Weltöffentlichkeit stets vernünftig erscheinen wollenden Ratzingers eben zurückgestellt werden.

Die Papstverherrlicher unter den Intellektuellen rätselten, warum „der als nüchterner Denker bekannte Papst Benedikt XVI."[674] im italienischen Abruzzendorf Manoppello vor einem Tuch knien und beten müsse, das das Gesicht Jesu zeigen soll. So »Der Spiegel«. Aber auch die in ihrer Papsttreue nicht zu erschütternde »FAZ« fragt zaghaft: „Wie kommt's, dass der Intellektuelle auf dem Papstthron jetzt zu diesem Linnen reist?" Ein doch „auf Vernunft pochender Büchermensch"![675] „Muss" denn, so fragt noch einmal fast schon verzweifelt »Der Spiegel«, „Benedikt wirklich diese Wallfahrt machen?"

Die Brüder von der schreibenden Zunft können es sich nicht erklären. Sie haben halt dem Papst das Image des nüchtern-rationalen Intellektuellen verliehen und stehen jetzt vor einem Scherbenhaufen. Zwei Dinge sind es, die sie nicht kapiert haben: zum ersten, dass dieser Papst keineswegs so rational ist wie sie meinen, dass ein Mann der Kirche, wie intelligent er sonst auch sei, überhaupt nie ganz und wirklich rational sein kann; zum zweiten, dass der Katholizismus im wesentlichen und in der Hauptsache eine primitive, niedrige Massenreligion ist; und die hat den Reliquienkult absolut nötig, sonst kann sie die Massen nicht an der Stange halten. Die Massen wollen Sinnliches, Sichtbares, Berührbares, Greifbares. Die Kirche liefert es bedenkenlos, indem sie vermeintliche Reliquien (Überbleibsel) von Christus, Maria und anderen Heiligen produziert und multipliziert. Eine wahre Reliquienindustrie, die immer wieder die wundersamsten Blüten treibt.

Aus den obigen zwei Gründen pilgert eben auch ein Ratzinger-Papst zu „heiligen" Reliquien. Die Wahrheitsfrage, ob diese Reliquien echt seien, ob etwa das Schweißtuch Christi in Manoppello eine Fälschung darstellt, spielt da gar keine Rolle. Da hat auch Benedikt wie alle seine Vorgänger einen gar nicht rationalen, sondern ganz und gar pragmatischen Wahrheitsbegriff: »Wahr ist, was die Massen anzieht und uns Macht über sie verleiht!« Trotzdem fragt z.B. »Der Spiegel« in aller Einfalt: „Ist es das Schweißtuch Christi oder eine Fälschung?"[676] Heilige Naivität, kann man da nur sagen: Da soll (1. Hypothese) eine Frau namens Veronika Jesus auf seinem Leidensweg durch Jerusalem ein Tuch gereicht haben, auf dem sich sein Gesicht abgezeichnet habe; dann soll sich (2. Hypothese) das Tuch über vierhundert Jahre (!) gewissermaßen unsichtbar gemacht haben, bis es (3. Hypothese) nach diesem langen Zeitraum in wunderbarer Weise gefunden wird und (4. Hypothese) erst im Jahr 1506 in Manoppello landet, sich aber (5. Hypothese) gleichsam vervielfacht hat, weil es inzwischen zwanzig solcher Gesichtstücher Christ auf der Welt geben soll, eines auch im Petersdom, in einer Säule am Papstaltar. Jetzt ist »Spiegel Online« schon ganz durcheinander: „Kann das Tuch (noch) echt sein? ... Der Vatikan hat also das Tuch – das Dorf Manoppello hat es aber anscheinend auch, sonst wäre der Papst doch nicht hingefahren."[677] Des Rätsels einfache Lösung: „Nachdem von einer gläubigen Menge die Nachfrage da war, hat man natürlich auch das Angebot vergrößert. Es gibt nicht nur zwei solche Tücher, es gibt eine ganze Menge ... Das weiß auch der Papst. Aber der Papst weiß auch, dass er für seine Klientel etwas machen muss. Das ist mit seinem Amt verbunden ... und Klientel ist Klientel."[678]

Aber Ratzinger wäre nicht Ratzinger, wenn er eine solch grobe, massendienliche Veranstaltung nicht ideologisch-religiös überhöhen, „sublimieren" würde, damit ihr pragmatisch-utilitaristischer Zweck nicht so krass heraussticht. Also berichtet ein anderes Magazin ganz beglückt, dass „Benedikt XVI. im italienischen Bergdorf Manoppello bewegt vor dem ‚Schweißtuch der Veronika' kniete" und dass „der deutsche Journalist Paul Badde, Autor eines Bandes über ‚Das göttliche Gesicht', sich an einen ‚zutiefst glücklichen' Papst erinnert" und an dessen Worte: „Wir suchen gemeinsam nach dem Antlitz des Herrn".[679] Dann sucht mal schön! Denn auch in Turin auf dem berühmten Turiner Grabtuch gibt es ja ein »Gesicht des Herrn«, von dem kirchliche Apologeten schon wieder behaupten, es sei mit dem Manoppello-Gesicht des Herrn deckungsgleich. Müssen sie auch, sonst hätten sie schon wieder einen Erklärungsnotstand. Aber komisch bleibt es schon, dass Ober-Apologet Ratzinger als „Grund für seinen Besuch" Manoppellos angibt: „Damit wir zusammen versuchen können, das Gesicht unseres Herrn besser kennenzulernen, damit wir darin Stärke in Liebe und Frieden finden können, die uns den Weg zeigen kann".[680] Armseliger Glaube, armselige Spiritualität, die nach Manoppello pilgern müssen, um das Gesicht unseres Herrn besser kennenzulernen! Aber das stimmt eben mit dem Faktum überein, dass es den Hierarchen der katholischen Kirche gar nicht um echte, aus dem Innersten kommende Spiritualität geht, sondern nur um Spiritualität als ideologischen Überbau, als verdeckend-verschleierndes Dach über dem eigentlichen Zweck der Anziehung der Menge, der man sich eben an „Gnadenorten" präsentieren muss, um sie bei Laune und bei der Kirche zu halten.

Das ist der nicht zu leugnende, durch die gesamte Geschichte der Kirche bestätigte Tatbestand in Sachen Wallfahrten, Prozessionen und Reliquienverehrung. Aber den können und wollen papstverherrlichende Intellektuelle nicht akzeptieren. Also sind sie, nachdem sie sich vom »Schock von Manoppello« endlich erholt haben, raffiniert genug, die gekünsteltsten Argumente dafür zu liefern, dass der Papst doch dahin pilgern und dort anbeten musste. Den Vogel schießt da wieder einmal Redakteur Geyer von der »FAZ« ab. Er nennt gleich zwei Gründe. Zum einen: Der so rationale Papst sei tapfer, sei mutig, er „lasse sich nicht erschrecken", auch nicht von einem irrationalen Wallfahrtsort. Zum anderen: Der Papst wollte „der Vernunft eine Lektion erteilen. Die Vernunft soll bemerken, dass ihr das eine oder andere Bedürfnis entspringt, welches sie nach ihren eigenen Regeln nicht befriedigen kann und das deshalb die römische Kirche unter ihre Obhut nimmt, bevor es anderweitig – dämonisch auftrumpfend – aus dem Ruder läuft."[681]

Wo bitte, Herr Redakteur Geyer, ist das Pilgern zu Wallfahrts-, Gnaden-, Wunderorten ein Bedürfnis der Vernunft? Die hat im Gegenteil nur das Bedürfnis, den Aberglauben als Aberglauben zu entlarven und seine Hintergründe rational aufzudecken. Sie würde sich gegen das Wunder nicht einmal wehren, wenn es denn Fakt wäre, aber sie hat bisher keines zweifelsfrei ausmachen können. Aber es gibt eben keinen Blöd- und Unsinn, den sich papsttreue Intellektuelle nicht ausdächten, um ihren Guru reinzuwaschen. Macht sich Herr Geyer klar, was geschieht, wenn die Kirche etwas unter ihre Obhut nimmt? Sie selbst läuft dann dämonisch aus dem Ruder! Ketzer- und Sektenverfolgung, Hexenverbrennung, Bücherindex, Indianervernichtung usw. usw. unter dem Banner Mariens und dem Kreuz Christi beweisen es. Die Wallfahrerei des Papstes Benedikt wie die seines Vorgängers sind nur ein Aspekt und ein weiterer Beweis der Tatsache, dass Papsttum und Kirche eine riesige Macht- und Profitmaximierungsmaschinerie unter dem Deckmantel der Religion sind.

Aber solange unsere führenden Zeitungen und Zeitschriften diesen evidenten, jetzt wieder zum Vorschein gekommenen Tatbestand nicht erkennen wollen und ihn nicht radikal kritisieren, vielmehr einige ihrer Redakteure sich ängstlich und lächerlicherweise mit dem Problem beschäftigen, wie sie dem Papst die Hand küssen sollen,[682] bleibt die deutsche Medienlandschaft in ihrer Papstberichterstattung hoffnungslos im feudalistisch-höfischen Mittelalter stecken.

Anmerkungen

[1] Siehe dazu: H. Mynarek, Herren und Knechte der Kirche, Köln 1973; 2. Auflage Ulm 2003 (erhältlich nur noch über den Ahriman-Verlag, Freiburg); ders., Religiös ohne Gott?, Düsseldorf 1983; 2. Aufl. als Goldmann TB 1989; ders., Verrat an der Botschaft – Kirche ohne Tabu, Rottweil a.N. 1986 (Verlag Das Wort); ders., Denkverbot. Fundamentalismus in Christentum und Islam, München 1992; 2. Aufl. Bad Nauheim (im Verlag ASKU-Presse); ders., Die Neue Inquisition, Marktheidenfeld 1999 (Verlag Das Weisse Pferd); ders., Kritiker contra Kriecher, Ulm 2005 (Historia Verlag); ders., Das Gericht der Philosophen, Essen 1997 (Verlag Die Blaue Eule); ders., Eros und Klerus, Düsseldorf 1978 (Econ Verlag, 3 TB-Ausgaben bei Droemer/Knaur, 5. Auflage im Verlag Die Blaue Eule).

[2] R. Schermann, in: »Kirche In«, 01/2006, S. 4.

[3] Zit. nach N. Lo Bello, Vatikan im Zwielicht, Düsseldorf 1983 (Econ Verlag), 254. Zu den gesamten Affären der Vatikan-Bank: H. Mynarek, Der polnische Papst. Bilanz eines Pontifikats, Freiburg 2006 (Ahriman Verlag).

[4] Ausführlich über »Opus Dei«: H. Mynarek, Die Neue Inquisition, Marktheidenfeld 1999 (Verlag Das Weisse Pferd), 324-337.

[5] J. Ratzinger über sich selbst, in: J. Ratzinger, Salz der Erde, München ^{7}2004 (Heyne-TB), 59.

[6] Zum Programm der Reevangelisierung Europas durch die letzten zwei Päpste, Wojtyla und Ratzinger, s. Mynarek, Denkverbot, Bad Nauheim ^{2}2005, 1. Kap.

[7] M. Mettner, Die Katholische Mafia. Kirchliche Geheimbünde greifen nach der Macht, Hamburg 1993 (Verlag Hoffmann & Campe). 14.

[8] Ratzinger, a.a.O. 123.

[9] A.a.O. 46.

[10] Ebd. 53.

[11] Ebd. 46, 49.

[12] Ebd. 51.

[13] Ebd.

[14] Ebd. 53.

[15] Ebd. 56.

[16] Ebd. 52.

[17] Ebd.

[18] Die ganzen Apparaturen, Methoden und Strukturen kirchlicher Herrschaft und Kontrolle stelle ich systematisch in „Kirche ohne Tabu" vor (s. Anm. 1).

[19] Zit. nach FAZ, 27.01.06, 2.

[20] Vgl. „Benedikt XVI.: Besondere Tierqual zu Weihnachten", in: „Denk Mit", Nr. 13/2006, 4.

[21] Vgl. „Ratzinger spricht mit Toten", in der kirchenkritischen Zeitung: „Mahnmal Aktuell", Nr. 4/2005,2.

[22] Ratzinger, Salz der Erde 146f.

[23] Vgl. Mynarek, Denkverbot, 2. Kap., wo die Heuchelei des direkten Kontakts aller „Führer" der Menschheit zur Tiefendimension der Wirklichkeit als betrügerische Gesetzlichkeit herausgearbeitet wird.

[24] Artikel „Der Schöne und der Papst", in: „Der Stern" 40/2005, 272, 275.

[25] Ebd. 275.

[26] Ebd.

[27] Vgl. ebd. 272-275.

[28] Ebd. 274.

[29] Vgl. die Varianten der Äußerlichkeit und Eitelkeit bei den verschiedenen Priestertypen in: Mynarek, Herren und Knechte der Kirche, 182ff.

[30] J. Hoeren, Schwule Subkultur, in: „Kirche In", 01/2006, 17.

[31] Zit. nach Hoeren, a.a.O.

[32] Ebd.

[33] S. dazu: Mynarek, Casanovas in Schwarz, Essen ²2001 (Verlag Die Blaue Eule).
[34] „Der Stern", 40/2005, 275.
[35] P. Hertel, Papst Benedikt XVI. Der Pontifex und seine Opus Dei-Connection, in: Kirche In", 10/2005,30.
[36] Vgl. Mynarek, Erster Diener Seiner Heiligkeit. Ein kritisches Porträt des Kölner Erzbischofs Joachim Meisner, Köln 1993 (Verlag Kiepenheuer & Witsch).
[37] So der Kirchenkritiker K. H. Deschner, Der gefälschte Glaube, München 1988 (Knesebeck Verlag), 217-228.
[38] „Die erste Enzyklika Papst Benedikts XIV", in : FAZ, 26.01.2006, S. 1f.
[39] „Gott ist die Liebe", in: FAZ, 26.01.2006, 8.
[40] „Die Erste Enzyklika des Neuen Papstes. Liebe ist himmlisch, in: TAZ, 26.01.2006, 5.
[41] „La Stampa" (Turin), 26.01.2006.
[42] M. Drobinski, Religion und Eros, in „Süddeutsche Zeitung", 26.01.2006, 4.
[43] Die „Heilbronner Stimme", zit. nach: FAZ, 27.01.06, 2.
[44] C. Geyer, Ratzingers Erste, in: FAZ, 26.01.2006, 39.
[45] Benedikt XVI., Enzyklika Deus caritas est (DCE), Città del Vaticano 2006; dtsch. Ausgabe: Stein am Rhein 2006 (Christiana-Verlag); zitiert wird nach dieser Ausgabe, hier: DCE 12.
[46] Ebd. 6.
[47] Mit einer einzigen Ausnahme, auf die wir aber erst später zu sprechen kommen.
[48] DCE 13f.
[49] DCE 18.
[50] DCE 21f.
[51] DCE 23.
[52] DCE 22.
[53] DCE 23.
[54] Zu dem ganzen Komplex um Wojtyla vgl. H. Mynarek, Der polnische Papst. Bilanz eines Pontifikats, Freiburg 2005 (Ahriman Verlag).
[55] Zur Frage, ob Offenbarung überhaupt möglich sei und erkenntnistheoretisch gesichert werden könne: siehe H. Mynarek, Denkverbot. Fundamentalismus in Christentum und Islam, Bad Nauheim ²2005 (ASKU-Presse), 26ff.
[56] DCE 18.
[57] Vgl. dazu umfassend: H. Mynarek, Jesus und die Frauen, Essen ²1999 (Verlag Die Blaue Eule).
[58] DCE 18.
[59] Vgl. E. Glagau, Die grausame Bibel. Völkermord, Perversion und Exzesse in der „Heiligen Schrift", Ellwangen 2004 (Verlag & Medien OHG); R. Schepper, Gott beim Wort genommen. Das AT auf dem ethischen Prüfstand, Argenbühl 1993 (Verlagswerkstatt Klingler).
[60] Vgl. E. Bloch, Atheismus im Christentum, Frankfurt a.M. ²1989 (Suhrkamp-TB), Teil IV: „Exodus in der Jahwevorstellung selber, Enttheokratisierung", 115-168; zu E. Fromm vgl. H. Mynarek, Das Gericht der Philosophen, Essen 1997 (Verlag Die Blaue Eule), II. Hauptteil.
[61] DCE 24.
[62] DCE 6.
[63] Katechismus der Katholischen Kirche (dtsch. Ausgabe), München 1993 (R. Oldenbourg Verlag), 599-623 (im folgenden: KKK).
[64] Ebd. 604.
[65] Ebd. 602.
[66] U. Ranke-Heinemann, Nein und Amen, Hamburg 1992 (Hoffmann & Campe Verlag), 335f.
[67] F. Nietzsche, Also sprach Zarathustra, Leipzig 1930 (Reclam Verlag), 98f.; vgl. H. Mynareks ausführlichen Beitrag „Friedrich Nietzsche über Kirche, Priester, Theologen" in: „Festschrift Horst Herrmann" mit dem Titel „Mein Milieu meisterte mich nicht", Münster 2005 (Telos Verlag), 109-125.

[68] R. Elian, Lobe den Schöpfer ..., Stuttgart 1985, 45f.
[69] Der Aphorismus stammt von Th. Weißenborn, zit. nach: S. und H. K. Berg (Hrsg.), Wege nach Golgatha, Heft 10, München 1989, 82.
[70] E. Drewermann, Das Markusevangelium – Bilder von Erlösung, Olten 1987 (Walter-Verlag), 63, 65, 67, 69, 72.
[71] J.-D. Reuß, Jesus und der Sühnegedanke (Arbeitstexte des Bundes für Freies Christentum, Nr. 23), Stuttgart ^{2}1992, 5.
[72] Vgl. zur Problematik der Auferstehungsgeschichte ausführlich: H. Mynarek, Jesus und die Frauen, Essen 1999 (Verlag Die Blaue Eule).
[73] Dazu ausführlich: H. Mynarek, Friedrich Nietzsche über Kirche, Priester, Theologen, a.a.O. (s. Anm. 30).
[74] DCE 18 (und an vielen weiteren Stellen der Enzyklika!).
[75] Vgl. mein Papstbuch (Anm. 17), 150ff. und meinen Aufsatz: Das Vermächtnis des Papstes, in: »Mahnmal Aktuell«, 4/2004, 6f.
[76] Johannes Paul II., „Auf, lasst uns gehen!", Augsburg 2004 (Weltbild-Verlag), 89.
[77] Zur Charakteristik der diversen Kategorien von Priestern s. Mynarek, Herren und Knechte der Kirche, Ulm ^{2}2002 (Historia Verlag; jetzt nur noch über den Ahriman Verlag, Freiburg, zu beziehen), 182ff.
[78] DCE 18.
[79] Ebd. 23.
[80] Die Zitate in diesem Absatz bei: J. Ratzinger, Skandalöser Realismus? Gott handelt in der Geschichte, Bad Tölz ^{3}2005 (Verlag Urfeld), 24 (im folgenden zit. »SR«).
[81] J. Ratzinger, Theologische Prinzipienlehre, 1982, 344f; zit. nach: ders., »SR« 40.
[82] Ebd.
[83] H.-J. Fischer ‚Nun der Seelsorger, in: FAZ, 01.04.2006, 1.
[84] J. Ratzinger, Kirche, Ökumene, Politik, 1987, 120f.; zit. nach: ders., »SR« 41.
[85] Ebd.
[86] »SR« 42.
[87] Ebd.
[88] Vgl. H. Mynarek, *Die Kunst zu sein*. Philosophie, Ethik und Ästhetik sinnerfüllten Lebens, Essen ^{2}1998 (Verlag Die Blaue Eule), vor allem das Kapitel: „Erotik und Lebenskunst oder mein Seinswachstum durch die Ästhetik und Ethik von Partnerschaft, Freundschaft, Ehe, Liebe und Sexualität", 250-292.
[89] Ausführlich dazu: H. Mynarek, Jesus und die Frauen, Essen ^{2}1999 (Verlag Die Blaue Eule), 3. Teil.
[90] Vgl. ebd. Das Schlusskapitel: „Gemessen an der kirchlichen Sittenlehre, war Jesus ein unmoralischer Mensch".
[91] DCE 8.
[92] Ebd. 17f.
[93] Vgl. Mk 10,8; Mt. 19,6: „Somit sind sie nicht mehr zwei, sondern (sie sind) ein Leib."
[94] Z. B. F. Alt, Jesus – der erste neue Mann, München ^{8}1991 (Piper Verlag), 89f.
[95] P. de Rosa, Der Jesus-Mythos, München 1991 (Dromer/Knaur Verlag), 14.
[96] Ebd. 280-282.
[97] U. Ranke-Heinemann, a.a.O. 312 f.
[98] F. Buggle, Denn sie wissen nicht, was sie glauben, Reinbek 1992 (Rowohlt Verlag), 162.
[99] A.a.O. 91.
[100] Schalom Ben-Chorin, Bruder Jesus. Der Nazarener in jüdischer Sicht, München ^{7}1984, 69f, 99.
[101] Im »Stern«, Nr. 18/1990, 162.

[102] A.a.O. 281f, 369f; viel ausführlicher befasst sich mein Buch „Jesus und die Frauen" mit dem Gegensatz „zwischen jesuanischer und kirchlicher Ehe- und Familienethik": S. 86-98. Die dortigen Ausführungen sind hier sehr verkürzt wiedergegeben.
[103] DCE 17.
[104] Alle angeführten Zitate in diesem Absatz bei: C. Schönborn, Schöpfung und Evolution. Gott ist nach wie vor am Schaffen, in: »Kirche In«, 04/2006, 14f; vgl.. auch seinen Artikel zum selben Thema in der »New York Times« vom 07.07.2005.
[105] B. Russell, Warum ich kein Christ bin, München 1963 (Szczesny Verlag), 20.
[106] Ausführlicher dazu: H. Mynarek, Denkverbot, Bad Nauheim ^{2}2005 (ASKU-Presse), 108-121.
[107] Einige amerikanische Theologen haben zwar bald nach dem Ende des 2. Weltkrieges eine Theologie des Todes Gottes verkündet, aber ihre Thesen blieben ohne Widerhall in der offiziellen Theologie; vgl. H. Mynarek, Die Neue Inquisition, Marktheidenfeld 1999 (Verlag Das Weisse Pferd), 162ff.
[108] DCE 43.
[109] Ausführlich dazu: M. (Markus) Mynarek. Geistiger Neubeginn oder Werteverfall? Gesellschft, Politik und Religion auf dem Prüfstand der Ethik, Norderstedt 2003 (»Books on Demand« Verlag), Anhang II: „F. M. Dostojewski über Macht – Kirche – Inquisition", 94ff.
[110] DCE 42.
[111] E. Fromm, Psychoanalyse und Religion, München ^{5}1993, 55f; vgl. H. Mynarek, Das Gericht der Philosophen. Ernst Bloch – Erich Fromm – Karl Jaspers über Gott, Religion, Christentum, Kirche, Essen 1997 (Verlag Die Blaue Eule), II. Hauptteil (nur Erich Fromm gewidmet), 73-150.
[112] DCE 42.
[113] Ebd. 42f.
[114] E. Fromm, Die Kunst des Liebens, Frankfurt a.M. 1979, 109f.
[115] E. Fromm, Das Christusdogma und andere Essays, München 1984, 20f.
[116] S. Freud, Zwei künstliche Massen: Kirche und Heer, in: ders., Massenpsychologie und Ich-Analyse, Frankfurt a.M. 1967, 33f, 65.
[117] H. Herrmann, Johannes Paul II. beim Wort genommen, München 1995, 25.
[118] Zitate nach der deutschen „Einheitsübersetzung: Die Bibel. Altes und Neues Testament", Freiburg 1991 (Herder Verlag).
[119] DCE 42.
[120] Ebd; im Ijob-Buch 23,15.16.
[121] Siehe ausführlicher dazu den entsprechenden Passus im 1. Kap.
[122] KKK (s. Anm. 26), 2358.
[123] Ebd. 2357.
[124] Zu diesem Dekret ausführlicher: K. Helmreich, Homosexualität, in: »Kirche In« 04/2006, 11.
[125] KKK 2358.
[126] Ebd. 2358, 2359.
[127] Alle Zitate in diesem Absatz in: DCE 10f.
[128] Ebd. 11.
[129] Vgl. H. Mynarek, Kritiker contra Kriecher, Ulm 2005 (Historia Verlag).
[130] Zit. nach Helmreich, a.a.O.
[131] Vgl. FAZ, 21.04.06, 4.
[132] Siehe dazu: H. Mynarek, Eros und Klerus, Essen ^{5}1999; ders., Casanovas in Schwarz, Essen ^{2}2000 (beide im Verlag Die Blaue Eule erschienen).
[133] DCE 17.
[134] Ebd. 17f.
[135] Neuner-Roos, Der Glaube der Kirche in den Urkunden der Lehrverkündigung, Regensburg ^{13}1971 (Verlag Friedrich Pustet), 473, Nr. 744 (10. Lehrsatz über das Sakrament der Ehe).

[136] DCE 6 („Einführung").
[137] Ebd. 4.
[138] G. Lüdemann, »Gott ist lieblos«in »Pubik-Forum«, Nr. 7/2006, 51; vgl. aber meinen kritischen Aufsatz zu Lüdemann in »Aufklärung und Kritik«, Nr. 2/2006.
[139] Inzwischen ist eine weitere Ausgabe der Enzyklika im Sankt Ulrich Verlag, Augsburg 2006, erschienen.
[140] DCE 49.
[141] Z.B. FAZ, 24.04.2006, 39.
[142] Weit ausführlicher dazu: Mynarek, Eros und Klerus (s. Anm. 95).
[143] Vgl. Mynarek, Jesus und die Frauen (s. Anm. 65), 89, 190f.
[144] DCE 44.
[145] Ebd. 45f.
[146] »Der Spiegel« 16/2006, 118.
[147] Dazu mehr bei Mynarek, Der polnische Papst (s. Anm. 17), 180ff.
[148] »Der Spiegel« 16/2006, 188.
[149] DCE 46.
[150] Augustinus, Über die Erbsünde, hrsg. von B. Legewie, Lörrach 1928, 36.
[151] Konzil von Trient, 24. Sitzung 1563, 10. Lehrsatz über das Sakrament der Ehe (s. Anm. 98 in diesem Buch).
[152] Zit. bei W. Schubart, Religion und Eros, München ³1952 (Verlag C. H. Beck), 44.
[153] Neuner/Roos, a.a.O. 209.
[154] Ebd. 205.
[155] Zit. nach E. Zehren, Das Testament der Sterne, Berlin 1957, 379.
[156] R. Graber, Maria, Königin des Himmels und der Erde, Feldkirch-Altenstadt o.J., 8, 14, 19f.
[157] W. Reich, Die Massenpsychologie des Faschismus, Köln ²1972, 172f.
[158] Siehe dazu: Mynarek, Eros und Klerus; ders., Casanovas in Schwarz (vgl. Anm. 95).
[159] Siehe DCE 44-46.
[160] Zur Entwicklung des Marienkultes und Rolle der Maria in der Kirche siehe H. Mynarek, Erster Diener Seiner Heiligkeit. Ein kritisches Porträt des Kölner Erzbischofs Joachim Meisner, Köln 1993 (Verlag Kiepenheuer & Witsch), 4. Kap.: „Der Kardinal und die Frauen" 201ff.
[161] Dazu ausführlich: Mynarek, Denkverbot (vgl. Anm. 69), 1. Kap.
[162] P. de Rosa, a.a.O. 380 (vgl. Anm. 58).
[163] DCE, 44, 46.
[164] Sehr empfohlen sei dem an weiteren Zusammenhängen interessierten Leser das Kap. „Unehelich geboren und doch der Messias?, in: H. Mynarek, Jesus und die Frauen (s. Anm. 65), 104ff.
[165] Über die Ausbeutung der Frauen in Nonnenklöstern siehe: Mynarek, Eros und Klerus 98-126; ders., Jesus und die Frauen 82-85.
[166] Also „aus Rom nichts Neues. Auch bei Benedikt sind alle Hirten Männer und alle Frauen Schafe. Außer für die Jungfrau Maria besteht kein Zutritt für Frauen in sein monosexuelles Schrumpfchristentum und Männerbiotop" (U. Ranke-Heinemann zur „Ostermesse" von Papst Benedikt XVI, 16. April, in: »Stern« 16/2006, 23).
[167] »Der Spiegel« 16/2006, 117.
[168] Aurelius Augustinus, Bekenntnisse (Übers. W. Thimme), Zürich 1950, X. 8.15.
[169] Dazu systematisch: H. Mynarek, Ökologische Religion. Ein neues Verständnis der Natur, München ²1990 (Goldmann TB); ders., Die Vernunft des Universums. Lebensgesetze von Kosmos und Psyche, Essen ²2003 (Verlag Die Blaue Eule).
[170] Ausführlich dazu: H. Mynarek, Mystik und Vernunft, Münster ²2001 (LIT-Verlag), 93-112; und neu: Markus Mynarek, Das Tier – Dein unterschätzter Freund, Norderstedt 2006 (BoD Verlag).

[171] In den Ausführungen von Ratzingers erster Enzyklika zur Soziallehre der Kirche findet sich in der Tat nichts Neues, Originelles, sie wiederholt nur, was die päpstlichen Vorgänger und sozialethische Schriften katholischer Theologen längst vorher besser und systematischer gesagt haben; zur Soziallehre Johannes Pauls II. vgl. Mynarek, Der polnische Papst. Bilanz eines Pontifikats (siehe Anm. 17), Kap.: „Die Finanz- und Sozialpolitik des Papstes" 132-160.

[172] Besonders zu erwähnen wären hier im Rahmen der phänomenologischen Strömung der Philosophie die Werke Max Schelers, vor allem: „Zur Phänomenologie und Theorie der Sympathiegefühle und von Liebe und Hass, Halle 1913 (Verlag Max Niemeyer, Gesammelte Werke Bd 1); „Wesen und Formen der Sympathie" (= vermehrte Auflage der „Sympathiegefühle"), Bonn ^{4}1929 (Verlag Friedrich Cohen), Frankfurt a.M. ^{5}1948 (Verlag Schulte-Bulmke, Ges. Werke Bd. 7); sodann Schelers grundlegende Ethik „Der Formalismus in der Ethik und die materiale Wertethik", Halle 1916 (Verlag Max Niemeyer), Bern ^{4}1954 (Francke Verlag). In diesem Zusammenhang ist auch der Ratzinger anscheinend unbekannte Klassiker „Religion und Eros" von Walter Schubart (München 1941, C. H. Beck Verlag) zu nennen, der weniger phänomenologisch, dafür sehr kenntnisreich religions- und kulturgeschichtlich die Thematik abhandelt; vgl. auch H. Mynarek, Philosophie des religiösen Erlebnisses, Paderborn 1963 (Schöningh-Verlag).

[173] J. Ratzinger, Glaube – Wahrheit – Toleranz. Das Christentum und die Weltreligionen, Freiburg ^{4}2005 (Herder-Verlag), 155, Anm. 144.

[174] DCE 8.

[175] Zu Schubart s. Anm. 135.

[176] Vgl. z.B. W. Heinen, Liebe als sittliche Grundkraft und ihre Fehlformen, Freiburg ^{2}1958 (Herder-Verlag), und vor allem: V. Warnach, Agape. Die Liebe als Grundmotiv der neutestamentlichen Theologie, Düsseldorf 1951 (Patmos-Verlag).

[177] Bei der „Süddeutschen Zeitung" ist es der Katholik Matthias Drobinski („Meine Zugehörigkeit zur Kirche habe ich immer als Freiheit erlebt"), der das religiöse Ressort redigiert, bei der „Welt" ist es der Katholik Gernot Facius („Meine Devise war immer: Nicht austreten, sondern auftreten!"); bei der FAZ sind es Heinz-Joachim Fischer und Walter Deckert, die ständig Lobeshymnen auf Papst und Kirche anstimmen; beim „Spiegel" ist es Peter Wensierski („Ich bin katholisch. Punkt."); beim „Tages-Anzeiger" (Schweiz) ist es Michael Meier („katholischer Theologe" und „gläubiger Skeptiker"); beim „Stern" ist es der katholische Theologe Frank Ochmann. Die Kirche sieht es als eine ihrer wichtigsten Aufgaben im Medienbereich an, katholische Journalisten zu fördern, die dann bei großen Zeitungen und Magazinen sowie in Fernsehredaktionen unterkommen. Selbst der TV-Entertainer Thomas Gottschalk durchlief eine katholische Journalistenschule. Manch katholischer Journalist hat allerdings seit seiner Kindheit den Missionsbefehl der Kirche so stark verinnerlicht, dass er gar nicht die Förderung und Unterstützung der Kirche braucht, um in seinem Ressort in ihrem Sinn zu wirken.

[178] W. Droste, Papst-Enzyklika: Zucht und Schwung durch Reinigung, in: TAZ, 26.01.2006. In Bezug auf das von Ratzinger behandelte Verhältnis von Liebe und Abendmahl spricht Droste „von der zwanghaften, unappetitlichen Blutsäuferrhetorik".

[179] DCE 31.

[180] Ganz entscheidend und gravierend in dieser Hinsicht der Streit der Kirche mit dem Naturwissenschaftler Galileo Galilei; vgl. bei H. Mynarek, Kritiker contra Kriecher, Ulm 2005 (Historia Verlag), das Kapitel über Galilei und Giordano Bruno.

[181] Vgl. H. Mynarek, Die Neue Inquisition 30-101.

[182] Vgl. H. Mynarek, Mystik und Vernunft, Münster ^{2}2001 (LIT-Verlag), 1-12.

[183] DCE 31.

[184] M. Luther, Tischreden, Weimarer Ausgabe Tr. 3,75; von mir hervorgehoben: ausführlich zu Luther das Kapitel über ihn in: Mynarek, Kritiker contra Kriecher.

[185] Ausführlich und systematisch dazu: Mynarek, Denkverbot 23ff.

[186] Pius XI., Enzyklika Quadragesimo Anno, 15.05.1931, 33.

[187] Johannes Paul II., Enzyklika Centesimus Annus 53,1.

[188] Der „Himmlische" muss ja wohl Kardinal Lehmann sein, wenn Politiker wie Angela Merkel, Norbert Lammert, Helmut Kohl, Kurt Beck, Roland Koch usw. sowie dem Zeitgeist nachlaufende Moderatoren wie Gundula Gause und Johannes B. Kerner Beiträge schrieben zur Festschrift für den Kardinal unter dem Titel „Wir Nachbarn des Himmels – Erfahrungen und Begegnungen mit Karl Kardinal Lehmann" (Freiburg 2006, Herder Verlag).
[189] Ausführlich und systematisch dazu: Mynarek, Die Neue Inquisition 103ff.
[190] M. Luther, Weimarer Ausgabe, Bd. 56, 371.
[191] Besonders krass zeigt sich Luthers Affront gegen den Humanismus in seiner giftigen Auseinandersetzung mit Erasmus von Rotterdam; vgl. Luthers Schrift „De servo arbitrio", a.a.O., Bd. 18, 551-794.
[192] Zit. nach G. Wehr (Hrsg.), Thomas Müntzer. Schriften und Briefe, Reinbek 1973 (Rowohlt Verlag), 144.
[193] Alle Zitatennachweise bei H. Mynarek, Das Gericht der Philosophen, Essen 1997 (Verlag Die Blaue Eule), 3. Hauptteil: Karl Jaspers, 151ff (zum jetzigen Thema: 165 mit den Anm. 30,31).
[194] K. Jaspers, Der philosophische Glaube, München ^{9}1988 (Pieper Verlag), 61.
[195] Ebd. 68.
[196] Zur Charakterisitik und Struktur der Offenbarung bei Jesus und Mohammed siehe Mynarek, Denkverbot 87ff, zur Problematik des Geistes und der Geister, des Paradieses und des Himmels siehe ders., Unsterblichkeit, Essen 2005 (Verlag Die Blaue Eule).
[197] Siehe dazu die beiden Anhänge von Fromm und Nietzsche über Propheten, Priester und Theologen am Ende des vorliegenden Buches.
[198] J. Ratzinger, Einführung in das Christentum, München ^{4}1968 (Kösel-Verlag).
[199] Alle Zitate dieses Absatzes bei Ratzinger, a.a.O. 19-24.
[200] Ebd. 19.
[201] Ebd. 23f.
[202] Ebd. 24.
[203] Ebd. 24.
[204] In „Theologische Revue" 65/1969, 177-182.
[205] In „Hochland" 61/1969, 533-543.
[206] Später mit Unterstützung Ratzingers von Johannes Paul II. als Kardinal in den Vatikan geholt.
[207] Ratzinger in „Hochland", a.a.O. 534, 543.
[208] Ratzinger, Einführung in das Christentum 286f.
[209] Wie sehr die Kirche in der Praxis rücksichtslos danach vorgeht, zeigt das Kapitel „Theologen und Priesterfunktionäre, die mit der Kirche brechen, leben gefährlich" in meiner Autobiografie „Herren und Knechte der Kirche", Ulm 2002 (Historia Verlag), 197-257. Das Buch war wegen zahlreicher einstweiliger Verfügungen und Prozesse von hohen Kirchenvertretern (u.a. Ratzinger) gegen es jahrzehntelang aus dem Verkehr gezogen (jetzt nur noch über den Ahriman Verlag beziehbar).
[210] Ratzinger, a.a.O. 286.
[211] Siehe dazu das Kapitel „Glaube als Seins- und Wertvertrauen" in: Mynarek, Mystik und Vernunft, Münster 2001 (LIT-Verlag), 13-28.
[212] E. Fromm, Die Kunst des Liebens, Frankfurt a.M. 1980 (Ullstein-TB), 133f.
[213] DCE 30f.
[214] Ebd.
[215] Ebd. 31f.
[216] Ebd. 32.
[217] Siehe das Kapitel „Geldjongleure und Krämerseelen" in: Mynarek, Der polnische Papst, 132ff.
[218] DCE 30.

[219] Ebd. 32f.
[220] Ebd. 33.
[221] Ebd. 35.
[222] Zwei Milliarden an die EU für 2006, sieben im Jahr 2007!
[223] DCE 35.
[224] Wo die Kirche überall ihre Finger drin hat, vgl. dazu: Mynarek, Der polnische Papst 149.
[225] D. A. Yallop, Im Namen Gottes?, München 1988, 365.
[226] Zur Macht des »Opus Dei« vgl. Mynarek, Der polnische Papst 87ff, ders., Die Neue Inquisition 324ff.
[227] Dazu bezüglich Wojtylas: Mynarek, Der polnische Papst 88ff; bezüglich Ratzingers: das vorige Kapitel im vorliegenden Buch.
[228] DCE 36, 39.
[229] DCE 36.
[230] Ebd.
[231] Ebd. 38.
[232] Ebd. 39.
[233] Ebd. 40.
[234] Ebd.
[235] Ebd.
[236] Ebd.
[237] J. Ratzinger, Vorwort zu: Johannes Paul II., Aus der Kraft der Hoffnung leben, Freiburg 1995 (Herder-Verlag), 4.
[238] DCE 38.
[239] Ebd. 40.
[240] FAZ, 18.05.2006, 3.
[241] Zit. nach H.-J. Jakobs, „Der Schatten des Trickspielers. Opus Dei, Mafia, Geldwäsche: Ein Buch erforscht die unglaubliche Karriere des Medien-Premiers Berlusconi", in: Süddeutsche Zeitung, 21.03.2006.
[242] Ebd.
[243] Vgl. zu Berlusconi: A. Stille, Citizen Berlusconi, München 2006 (C. H. Beck-Verlag); U. Gümpel / F. Pinotti, Berlusconi Zampano – Die Karriere eines genialen Trickspielers, München 2006 (Bertelsmann-Verlag Riemann).
[244] L. Boff, Wer sich ständig beugt, wird am Ende krumm. Warum ich mein Priesteramt aufgebe und den Franziskanerorden verlasse, in: Publik-Forum 13/1992, 15.
[245] DCE 37f.
[246] Escriva de Balaguer, Weg, Köln [11]1984, Nr. 194.
[247] DCE 41.
[248] Vgl. die beiden Bücher, die aus diesen Gesprächen entstanden sind: „Salz der Erde", München [7]2004 (Heyne Verlag), und „Gott und die Welt", München 2002 (Knaur TB).
[249] J. Ratzinger / P. Seewald, Salz der Erde 59.
[250] Ebd. 69f.
[251] K. Decker, Für eine schöne Sommerreligion, in: TAZ, 27.04.2005, 11.
[252] Ebd; eine Formulierung Deckers im Anschluss an Thomas Hobbes.
[253] Zit. nach M. Horeni, Das Gebot des Fußballs, in: FAZ, 02.12.2005, 37.
[254] FAZ, 10.06.2006, 36.
[255] Ebd.
[256] Zit. ebd.
[257] Ebd.
[258] FAZ, 10.06.2006, 36.
[259] Ausführlich dazu: H. Mynarek, Die Neue Inquisition, Marktheidenfeld 1999 (Verlag Das Weiße Pferd), 103-236.

[260] Zur Usurpation der Vermittlung zwischen Gott und Mensch durch die Priester siehe im Anhang den Beitrag E. Fromms über Priester und Propheten.
[261] D. Schümer, Ratzingers Auswärtssieg, in: FAZ, 06.07.2006, 34.
[262] Zit. nach Horeni, a.a.O.
[263] Ebd.
[264] Ebd.
[265] Ebd.
[266] E. Franke, Prof. für Pädagogik und Philosophie des Sports an der Humboldt-Universität Berlin, Mitglied des Ethikrats für sportwissenschaftliche Forschung, im Interview mit Michael Reinsch in: FAZ, 07.07.2006, 35. Titel des Interviews: „Eine neue Generation von Führungskräften."
[267] B. Baas, Die Sinnsucher, in: Publik-Forum, Nr. 13/2006, 31.
[268] Ebd.
[269] Ebd. 32.
[270] Ebd.
[271] P. Hertel, Religion auf dem Rasen, in: FAZ, 05.07.2006, 40.
[272] Vgl. dazu und zur Frage der Rolle Johannes Pauls II. bei den Mafiageschäften des Vatikans H. Mynarek, Der polnische Papst. Bilanz eines Pontifikats, Freiburg 2005 (Ahriman Verlag), 7. Kapitel: „Geldjongleure und Krämerseelen" 132ff.
[273] „Die Wege des Herrn" (ohne Autorenangabe, Kürzel: tifr), in: FAZ, 06.07.2006, 32.
[274] Ebd.
[275] FAZ, 03.07.2006, 26.
[276] K. O. Hondrich (Emeritus für Soziologie an der Uni Frankfurt), Geteilte Gefühle, in: FAZ, 29.07.2006, 8.
[277] Ebd.
[278] Ebd.
[279] Ausführlich zu Kardinal Meisner: H. Mynarek, Erster Diener Seiner Heiligkeit. Ein kritisches Portrait des Kölner Erzbischofs Joachim Meisner, Köln 1993 (Verlag Kiepenheuer & Witsch).
[280] Interview Hubert Spiegels mit Marcel Reich-Ranicki u.d.T. „Sport und Literatur sind verwandt", in: FAZ, 29.06.2006, 40.
[281] FAZ, 29.06.2006, 40.
[282] Dazu meine Erfahrungen in dem lange Zeit gerichtlich verbotenen Buch „Herren und Knechte der Kirche", Ulm 2002 (Historia Verlag. Jetzt nur noch über den Ahriman-Verlag Freiburg erhältlich), 11. Kap., 442ff.
[283] Vgl. K. H. Deschner, Der gefälschte Glaube, München 1988 (Knesebeck Verlag), Kap.: „Küng oder Mynarek?"
[284] E. Simeoni, Fußball macht der Religion Konkurrenz. Der Theologe Hans Küng über Pokale als Monstranz und die Befreiung durch Regeln, in: FAZ, 24.12.2005, 32.
[285] Zu Intelligenz und seelenvollem Verhalten von Tieren vgl. neuerdings Markus Mynarek, Das Tier – Dein unterschätzter Freund, Norderstedt 2006 (Verlag: Books on Demand).
[286] Zit. nach Simeoni, a.a.O.
[287] Vgl. M. Zick, Wo die Bibel irrt, in: »Bild der Wissenschaft«, 12/2005, 56-76; M. Oertl, Die Moral ist älter als der Mensch, in: P. M., 6/2004, 104ff.
[288] Simeoni, a.a.O.
[289] Zit. nach Simeoni, a.a.O.
[290] Zit. ebd.
[291] Zit. ebd.
[292] Vgl. dazu ausführlich das im 2. Kap. Gesagte, insbesondere die Abschnitte d, e, f, g, i, j, l, p, s, t, v und w.
[293] Zit. nach Simeoni, a.a.O.

[294] Zu E. Fromm ausführlich: H. Mynarek, Das Gericht der Philosophen, Essen 1997 (Verlag Die Blaue Eule), II. Hauptteil: Erich Fromm, 73-150.
[295] Zit. nach Simeoni, a.a.O.
[296] H.-J. Waldbröl, Der liebe Gott bleibt am Ball, in: FAZ, 10.06.2006, 31.
[297] Ebd.
[298] Ebd.
[299] Ausführlich dazu: Mynarek, Die Neue Inquisition (s. Anm. 12), 6. Kap.
[300] Waldbröl, a.a.O.
[301] Zit. nach Simeoni, a.a.O.
[302] Der Schriftsteller Georg Klein in der Süddeutschen Zeitung, 21.04.2005, 13 (Stellungnahme von Schriftstellern, Regisseuren, Schauspielern und Intendanten zur Wahl des neuen Papstes u.d.T.: „Unser hoffnungslos gottverlassener Acker").
[303] Die Schriftstellerin Thea Dorn, ebd.
[304] Dieselbe, ebd.
[305] Vgl. H. Mynarek, Kritiker contra Kriecher, Ulm 2005 (Historia Verlag); vgl. auch zur Kategorialisierung des konstitutiven Kriechertums in der Kirche: ders., Herren und Knechte der Kirche (s. Anm. 35), 182ff.
[306] Der Kirchenrechtler und Soziologe Horst Herrmann weist auf einen Sektor der Politik hin, in dem der Kirche ebenfalls von niemandem Widerstand entgegengesetzt wird: „Sollen wir uns da noch darüber wundern, wie jämmerlich wenig die hochdotierten theologischen Universitätsfakultäten zum Geistesleben der Republik beitragen? Da bleiben, ebenso wie beim Religionsunterricht, alljährlich Milliarden fehlinvestiert, und kein Finanzminister, keine Kultusministerin, kein Parlament schert sich darum. Eine Schande für die Demokratie, die allein die politische Klasse der hochmögenden staats- und kirchentragenden Kräfte zu verantworten hat" (Herrmann im Vorwort zu Mynareks Buch „Herren und Knechte der Kirche", 14f).
[307] Genaueres dazu im Kapitel „Der Papst, seine Bayern-Wallfahrt und unser Geld".
[308] »Bild«-Zeitung, 15.12.2005, 1.
[309] Zit. nach J. Ross, Mehr Nähe, als der Papst verträgt? Die »Bild«-Zeitung macht mit Benedikt XVI. Reklame, in: »Die Zeit«, 21.12.2005, 10.
[310] Zit. ebd.
[311] Zit. ebd.
[312] Zit. ebd.
[313] O. Kallscheuer, Der Spätberufene, in: Frankfurter Allgemeine Sonntagszeitung, 09.04.2006, Nr. 14.
[314] Zit. nach Ross, a.a.O.
[315] Ebd.; zu Spaemann neuerdings: L. A. Minelli, Der gedankenlose Philosoph, in: »Aufklärung und Kritik«, 2/2006, 51-62; vgl. auch den stets prokirchlich schreibenden Ch. Geyer in der »FAZ«, 24.11.2006, 37; er behauptet, Spaemann sei „einer der wichtigsten deutschsprachigen Philosophen der Gegenwart". Fragt man nach neuen, wichtigen Erkenntnissen, die Spaeman gebracht haben soll, bleibt die Frage stets unbeantwortet. – Merke: Es genügt für einen Philosophen, katholisch zu sein. Dann ist man automatisch „einer der wichtigsten ..." Geyers Kompliment für Spaemann ist lediglich ein weiterer Beweis für die immer mehr um sich greifende Verkirchlichung der Presse in Deutschland.
[316] Zit. nach Ross, a.a.O.
[317] Zit. ebd.
[318] Ratzingers Aussage in: J. Ratzinger – P. Seewald, Salz der Erde, München ⁷2004 (Heyne-TB), 5.
[319] J. Ratzinger, Gott und die Welt. Ein Gespräch mit Peter Seewald, München 2002 (Knaur-TB), 12.
[320] Vorwort von P. Seewald, in: Ratzinger-Seewald, Salz der Erde 7.
[321] In: Ratzinger, Gott und die Welt (Vorwort von Peter Seewald, 16f).

[322] Ebd. 13.
[323] Ebd.
[324] Ebd.
[325] Ratzinger, Salz der Erde 70.
[326] Zitat auf dem Buchrücken von „Salz der Erde".
[327] Zitat auf dem Buchrücken von „Gott und die Welt".
[328] Zitat auf dem Buchrücken von „Salz der Erde".
[329] M. Luther, Ein Brief an die Fürsten zu Sachsen von dem aufrührerischen Geist, Juli 1524, in: G. Wehr (Hrsg.), Thomas Müntzer. Schriften und Briefe, 1973, 196.
[330] M. Luther, Werke, Bd. VI., 1888, 347. Mehr zu Luthers Aussagen über die und Angriffen auf die katholische Kirche in: H. Mynarek, Die Neue Inquisition, Marktheidenfeld 1999 (Verlag Das Weiße Pferd), 103ff.
[331] Zitat auf dem Buchrücken von „Gott und die Welt".
[332] Ratzinger, Salz der Erde 5.
[333] U. Posche / V. Hinz (Fotos), Der Frontmann Gottes, in: »Stern« 37/2006, 60-72 (das Zitat: S. 63).
[334] Ebd. 9. Zu Kardinal Meisner, dem Kirchenfunktionär, der durch spezielle kirchliche Protektion vom Banklehrling bis zum Kardinal aufstieg, ausführlich: H. Mynarek, Erster Diener Seiner Heiligkeit. Ein kritisches Portrait des Kölner Erzbischofs Joachim Meisner, Köln 1993 (Verlag Kiepenheuer & Witsch). Das Buch wird, obwohl die erste Auflage nach zwei Wochen vergriffen war, aus dubiosen Gründen von diesem Verlag nicht mehr aufgelegt. Den interessierten Leser verweise ich auf den antiquarischen Kaufweg.
[335] Vgl. D. A. Yallop, Im Namen Gottes? Der mysteriöse Tod des 33-Tage-Papstes Johannes Paul I., München 1988; H. Herrmann, Kirchenfürsten, Hamburg 1992; Mynarek, Der polnische Papst 23ff, 28, 156, 181f.
[336] Posche, a.a.O. 61.
[337] Ebd. 63.
[338] Ebd.
[339] A. Laakmann, Es ist Winter in der Kirche, in: »Stern« 37/2006, 72.
[340] Zu den Aspekten »Masse und Führer«, »Masse und Guru«, »Masse und Diktator« vgl. die ausführlichen Darlegungen in: H. Mynarek, Denkverbot, Bad Nauheim ²2005 (Verlag ASKU-Presse), besonders das 2. Kap.
[341] Vgl. Mynarek, Der polnische Papst, besonders 1. Kap.
[342] F. Kamphaus, Ungewöhnliche Gedanken, in: FAZ, 25.04.2005.
[343] Vgl. damit auch die Aussagen Meisners im »Stern« 37/2006, 9 und 64.
[344] Ebd. 65.
[345] Kamphaus, a.a.O.
[346] Die katholische Zeitschrift »Weltbild«: „Und der Papst mittendrin ...", Nr. 4/1995, 24f.
[347] S. Freud, Zwei künstliche Massen: Kirche und Heer, in: ders., Massenpsychologie und Ich-Analyse, Frankfurt a.M. 1967, 33f.; S. Freud, Die Masse und die Urhorde, in: ebd. 65. Zur psychoanalytischen Kritik an der Vater-Konzeption siehe: H. Mynarek, Das Gericht der Philosophen, Essen 1997 (Verlag Die Blaue Eule), 79-150.
[348] Vgl. Kamphaus, a.a..O.
[349] »Stern«, a.a.O. 64.
[350] Ebd. 44f.
[351] Ebd. 65.
[352] Ebd. 68, 70.
[353] Vgl. das im 2. Kapitel über seine erste Enzyklika, die „Liebes"-Enzyklika Gesagte.
[354] Zit. in »Stern«, a.a.O. 68.
[355] R. Corell / R. Koch, Papst ohne Heiligenschein? Josef Ratzinger in seiner Zeit und Geschichte, Frankfurt a.M. 2006 (Zambon Verlag), 134. Zum Hauptitel des Buches heißt es darin:

"Hubertus Mynarek ... gab uns die Idee für den Titel des Buches" (298). Insofern besteht keine Interessenkollision mit der Überschrift des 1. Kapitels im hier vorliegenden Buch.

[356] Nach F. Derwahl, Der mit dem Fahrrad und der mit dem Alfa kam, München 2006, 159.
[357] H. Häring, Der Glaube der Kirchenväter?, Tijdschrift voor Theologie 40/2000, S. 45f.
[358] R. Schermann, Vorwort zu »Kirche In« 10/2006, 4.
[359] Ch. Feldmann, Papst Benedikt XVI., Reinbek b. Hamburg 2006, 42, im Anschluss an P. Oschwald.
[360] »Stern«, a.a.O. 61f.
[361] Zu den Umständen, wie Ratzinger Papst wurde und werden wollte, s. das 1. Kap. in diesem Buch.
[362] A.a.O. 64.
[363] Am besten informieren zu diesem Thema »Ratzinger und die Theologie der Befreiung« Corell/Koch, a.a.O. 254-287.
[364] Ebd. 135.
[365] J. Ratzinger, Aus meinem Leben, München 1998, 81f, 150.
[366] Feldmann, a.a.O. 48.
[367] Corell/Koch, a.a.O. 139.
[368] Ebd.
[369] Derwahl, a.a.O. 179.
[370] Zit nach Corell/Koch, a.a.O. 144.
[371] Zit. ebd. 144f.
[372] Ebd. 145.
[373] Zit. ebd.
[374] Ebd.
[375] Ratzinger, Salz der Erde 53f.
[376] Ebd. 54.
[377] Ebd. 55.
[378] Corell/Koch, a.a.O. 146.
[379] www.kath.ch/skz-1998/buecher/bu22.htm.
[380] Ratzinger, Aus meinem Leben 159.
[381] Corell/Koch, a.a.O. 149.
[382] Website der Gustav-Siewerth-Akademie, Allgemeines, www.siewerth-akademie.de.
[383] Man vergleiche dazu das ausführliche Kapitel über Galilei und Giordano Bruno in: H. Mynarek, Kritiker contra Kriecher, Ulm 2005 (Historia-Verlag).
[384] Feldmann, a.a.O. 53.
[385] Zit. vom »Spiegel« 47/1973.
[386] Corell/Koch, a.a.O. 148.
[387] »Spiegel« Online vom 01.09.2006.
[388] Corell/Koch, a.a.O. 149; zum Nachfolgenden in diesem Absatz vgl. ebd. 153f.
[389] Ebd. 154.
[390] K. H. Deschner, Mit Gott und den Faschisten, Stuttgart 1965, 234, 256.
[391] Zit. nach Derwahl, a.a.O. 182.
[392] »Süddeutsche Zeitung«, 29.10.1976.
[393] Corell/Koch, a.a.O. 163.
[394] J. Ratzinger / H. Maier, Demokratie in der Kirche. Möglichkeiten und Grenzen; zum erstenmal 1970 veröffentlicht, dann 2000 im Lahn-Verlag, Limburg-Kevelaer, danach nochmals 2005 als TB in »Topos plus Verlagsgemeinschaft«, die die katholischen Verlage Butzon & Bercker / Don Bosco, München / Echter, Würzburg / Lahn-Verlag, Limburg / Matthias-Grünewald-Verlag, Mainz / Paulusverlag, Freiburg Schweiz / Friedrich Pustet, Regensburg / Styria, Graz Wien Köln / Tyrolie, Innsbruck Wien, umfasst; hier wird nach der letzten Ausgabe zitiert.
[395] Ebd. 12f.

[396] Zu Meisner s. Anm. 334.
[397] Ratzinger / Maier, a.a.O. 13.
[398] Ebd. 15.
[399] Ebd. 19.
[400] Ebd. 17f.
[401] Ebd. 21.
[402] M. Schmidt-Salomon, Cui bono?, in: MIZ, 3/06,2.
[403] Ebd. 2f.
[404] Ratzinger/Maier, a.a.O. 20.
[405] Ebd. 20f.
[406] Ebd. 79; die Bewertung des Mehrheitsprinzips in der Demokratie als „vulgäres Vorurteil" übernimmt Ratzinger von L. Roos, Demokratie in der Kirche? In: G. Baadte – A. Rauscher, Christen und Demokratie (Kirche heute 4). Graz 1991, 140.
[407] Ratzinger / Maier, a.a.O. 79.
[408] Ebd. 80; die Hervorhebung von mir.
[409] Ebd.
[410] Vgl. das dazu schon Ausgeführte im 2. Kap. unter r, s, t, x, y.
[411] S. dazu das Kap. „Der Papst und die Frauen", in: H. Mynarek, Der polnische Papst. Bilanz eines Pontifikats, Freiburg 2005 (Ahriman-Verlag), 110ff.
[412] Zum Thema »Tierrecht und Marxismus« vergleiche man den sehr informativen Aufsatz von J. Bossenz, Die Linke und der »Marxismus ohne Fleisch«, in »Neues Deutschland«, 19./20.08.2006, 21; zum gerechten Tier-Mensch-Verhältnis überhaupt vgl. H. Mynarek, Ökologische Religion. Ein neues Verständnis der Natur, München ^{2}1990 (Goldmann-TB), und M. Mynarek, Das Tier – Dein unterschätzter Freund, Norderstedt 2006 (Verlag Books on Demand).
[413] So Ratzinger, in: Ratzinger / Maier, a.a.O. 81f.
[414] Dazu ausführlich: H. Mynarek, Jesus und die Frauen, 1. Aufl. Frankfurt a. M. 1995 (Eichborn Verlag), 2. Aufl. Essen 1999 (Verlag Die Blaue Eule).
[415] Alle Zitate dieses Absatzes bei Ratzinger, in Ratzinger / Maier, a.a.O. 85f.
[416] Ebd. 86.
[417] K. Diekmann, Geförderte Missgunst, Leserbrief an die »FAZ«, 26.10.2006, 9.
[418] Ratzinger, in: Ratzinger / Maier, a.a.O. 87.
[419] Ratzinger, a.a.O. 88.
[420] Ebd.
[421] Vgl. zum Problem, wie Herrschaft entsteht und sich zwecks Erhebung ihrer Ansprüche von Gott herleitet: Mynarek, Denkverbot 23-52.
[422] Ratzinger, a.a.O.
[423] Ebd.
[424] Ebd. 88f.
[425] Ebd. 89.
[426] Alle Zitate dieses Absatzes ebd. 89f.
[427] W. Aymans, Kanonisches Recht. Bd. II: Verfassungsrecht – Vereinigungsrecht, Paderborn 1977, 461.
[428] Ratzinger, a.a.O. 90.
[429] Vgl. Mynarek, Denkverbot 14ff, und „Die Neue Inquisition" 324ff.
[430] Ratzinger, a.a.O. 91f.
[431] Ebd. 90.
[432] Ebd. 90f.
[433] »Kirche In« 07/2006, 33; vgl. hier auch zum Folgenden die Seiten 33-35.
[434] Ebd. 35.
[435] Ebd.
[436] Ebd.

[437] Ebd.
[438] Ebd.
[439] Ebd.
[440] Zit. nach A. Kissler, Der deutsche Papst, Freiburg 2005, 94.
[441] Zit. ebd. 85.
[442] Corell / Koch, a.a.O. 188f.
[443] Ebd. 190.
[444] Zum Fall Bischlager ausführlich: Feldmann, a.a.O. 104-106.
[445] Siehe dazu das fast 30 Jahre lang wegen einstweiliger Verfügungen verbotene Buch Mynareks u.d.T. „Herren und Knechte der Kirche", das erst im Jahr 2002 neu erscheinen konnte (im Historia-Verlag Ulm, erwerbbar jetzt nur noch im Ahriman-Verlag, Freiburg).
[446] S. Zimmerschied, Der Papst ist wie eine Pop-Figur, in: »Süddeutsche Zeitung«, 07.09.2006.
[447] Zu Meisner siehe diesbezüglich Anmerkung 334; zu Müller angesichts der Flut der Zeitungsberichte über ihn wegen seines zugespitzt undemokratischen Verhaltens in seiner Diözese hier nur: E. Zoll, Ein Bischof dreht das Rad zurück, in: »Südwestpresse«, 12.09.2006, 3.
[448] Ebd. im Anschluss an eine Meldung der KNA.
[449] Mehr dazu in: Mynarek, Der polnische Papst 180ff.
[450] Ratzinger, in: Ratzinger / Maier, a.a.O. 86f.
[451] Ebd. 88.
[452] KNA-Meldung vom 11.09.2006.
[453] Häring, a.a.O.
[454] Ratzinger, Aus meinem Leben 153.
[455] Ebd. 153-157.
[456] Corell / Koch, a.a.O. 160.
[457] Feldmann, a.a.O. 53.
[458] Corell / Koch, a.a.O. 161.
[459] »Katholische Nachrichten«, 03.11.2005, www.kath.net.
[460] Vgl. Mynarek, Die Neue Inquisition, passim.
[461] Zit. nach Feldmann, a.a.O. 55.
[462] Siehe dazu das im 2. Kap. unter i Gesagte.
[463] F. Janda, Göttlich, diese Sendungen, in: »AZ«, München, 23.03.2006.
[464] Goethe, Faust, 1. Teil, 144 (nach der Ausgabe der »Deutschen Buch-Gemeinschaft« Berlin o.J.).
[465] Janda, a.a.O.
[466] Zit. ebd.
[467] Zit. ebd.
[468] Vgl. H. Mynarek, Kritiker contra Kriecher, Ulm 2005 (Historia-Verlag).
[469] „Am Ende richtig locker. ZDF-Programmchef Bellut über die TV-Audienz beim Papst", in: »Süddeutsche Zeitung«, 08.08.2006, 15; daselbst auch die weiteren zitierten Aussagen von Bellut.
[470] C. Langen-Peduto, Benedikt gibt ein Interview, in: »Rheinischer Merkur«, 10.08.2006, 23.
[471] Zit. ebd.
[472] Zit. ebd.
[473] Ebd.
[474] Interview mit G. Fuchs in »Focus« 33/2006, 42.
[475] R. Zewell, Der neue Stil, in:»Rheinischer Merkur«, Nr. 32/2006, 4; ders. Benedikts Stil überzeugt, in: ebd. Nr. 33, 2006, 1.
[476] Ebd.
[477] J. Bossenz, Die Anamorphose des Joseph R., in: »Neues Deutschland«, 15.08.2006, 12.
[478] Ebd.
[479] Zit. nach Langen-Peduto, a.a.O.

[480] ZDF-Programmchef Bellut in der »SZ« (s. Anm. 469).
[481] Ebd.
[482] Bossenz, a.a.O.
[483] Bellut, a.a.O.
[484] Ebd.
[485] C. Geyer, Sie wissen nicht, wie ihnen geschieht, in: »FAZ«, 15.11.2006, 39.
[486] Alle Fragen und Antworten unter: http://www.br-online.de/papst-besuch/benedikt-interview/interview.
[487] Siehe dazu hier die längeren Ausführungen im 2. Kapitel unter e, f, g.
[488] Dazu ausführlicher: M. Mynarek, Geistiger Neubeginn oder Werteverfall? Gesellschaft, Politik und Religion auf dem Prüfstand der Ethik, Norderstedt 2003 (Verlag: Books on Demand).
[489] Bossenz, a.a.O.
[490] Dazu ausführlicher: Mynarek, Denkverbot, 1. Kap.
[491] Mehr dazu bei H. Mynarek, Jesus und die Frauen, Essen ²1999 (Verlag Die Blaue Eule).
[492] Bossenz, a.a.O.; zum konstutiven Charakter des unaufhebbaren Dualismus von Klerikerklasse und Laienproletariat in der Kirche siehe Mynarek, a.a.O. 82ff.
[493] „Hausmitteilung" der »Spiegel«-Redaktion in: »Spiegel Spezial«: Weltmacht Religion. Wie der Glaube Politik und Gesellschaft beeinflusst, 9/2006, 3.
[494] A. Smoltczyk, Ein Papst für die traurige Moderne, in: ebd. 24.
[495] Ebd. 25.
[496] Vgl. die ausführlich dargestellten Inquisitionstribunale gegen die beiden Geistesgrößen in: H. Mynarek, Kritiker contra Kriecher, Ulm 2005 (Historia-Verlag). Dass das auch heute noch passieren kann, wiewohl die Kirche keine Scheiterhaufen mehr anzündet, jedoch mit teilweise noch raffinierteren Mitteln arbeitet, zeigt H. Mynarek in „Herren und Knechte der Kirche", Ulm 2002 (Historia Verlag; jetzt nur noch über den Ahriman Verlag, Freiburg, beziehbar,).
[497] Smoltczyk, a.a.O.
[498] Ebd.
[499] Ebd.
[500] Ebd.
[501] F. W. Graf, im »Spiegel Special«-Gespräch, a.a.O. 20.
[502] Die Belege für diese Zitate bei: H. Mynarek, Die Neue Inquisition, 90f, Anmerkungen 125-128.
[503] Smoltczyk, a.a.O. 28.
[504] Vgl. H. Mynarek, Das Gericht der Philosophen, Essen 1997 (Verlag Die Blaue Eule), III. Teil, der Karl Jaspers gewidmet ist.
[505] Smoltczyk, a.a.O.
[506] Ebd. 25.
[507] Ebd. 29.
[508] Ebd. 25, 28.
[509] R. Traub, Glaube und Werte, in: »Spiegel Special«, 9/2006, 15.
[510] Ebd.
[511] F. Schuller, Direktor der Katholischen Akademie Bayern, in seinem Vorwort zu: J. Habermas / J. Ratzinger, Dialektik der Säkularisierung. Über Vernunft und Religion, Freiburg ⁵2006, 7.
[512] Ebd.
[513] Ebd. 10.
[514] Ebd.
[515] J. Habermas, Vorpolitische Grundlagen des demokratischen Rechtsstaates?, in: Habermas / Ratzinger, a.a.O. 35.
[516] Ebd. 36.

[517] Ebd. 35f.
[518] J. Ratzinger, Was die Welt zusammenhält. Vorpolitische moralische Grundlagen eines freiheitlichen Staates, in: Habermas / Ratzinger, a.a.O. 57.
[519] Habermas, a.a.O. 35; ebenso 10.
[520] Traub, a.a.O. 15.
[521] Zit. nach Traub, a.a.O.
[522] Zit. ebd.
[523] Dazu ausführlich Mynarek, Der polnische Papst, Freiburg 2005 (Ahriman Verlag), Kap. „Geldjongleure und Krämerseelen. Die Finanz- und Sozialpolitik des Papstes", 132ff.
[524] Zit. nach Traub, in: »Spiegel Special« 9/2006, 15.
[525] Ebd.
[526] Smoltczyk, in: »Spiegel Special« 9/2006, 29.
[527] Zit. ebd. 28.
[528] Ebd. 29.
[529] Zur Ergänzung des eben Gesagten siehe das im 2. Kap. unter i Ausgeführte; noch weiter ausholend das letzte Kap. meines Buches »Denkverbot«.
[530] Siehe dazu ebenfalls das schon im 2. Kap. unter j und l Ausgeführte.
[531] Zit. nach »Spiegel Special«, a.a.O. 28.
[532] Ausführlicheres dazu wiederum im 2. Kap. unter i. Zu: Ratzinger und die Evolutionslehre vgl. ders., Glaube – Wahrheit – Toleranz. Das Christentum und die Weltreligionen, Freiburg ^{4}2005, 144-146.
[533] J. Ratzinger / P. Flores d'Arcais, Gibt es Gott? Wahrheit, Glaube, Atheismus, Berlin ^{3}2006.
[534] A. Pfahl-Traughber in seiner Besprechung dieses Buches in: »Aufklärung und Kritik« 2/2006, 246.
[535] Ratzinger, in: Ratzinger / Flores d'Arcais, a.a.O. 11.
[536] Ebd. 17.
[537] Flores d'Arcais; Eine Kirche ohne Wahrheit?, in: Ratzinger /Flores d'Arcais, a.a.O. 69.
[538] Flores d'Arcais, a.a.O. 73f.
[539] Ebd. 73. Am systematischsten unter den katholischen Theologen hat E. Drewermann die Umstellung der christlichen Religion von »Wahrheit« auf »heilenden Sinn« betrieben, siehe dazu H. Mynarek, Denkverbot, 59-65.
[540] Flores d'Arcais, a.a.O. 72.
[541] Ebd. 48.
[542] Ratzinger, in: Ratzinger / Flores d'Arcais, a.a.O. 62.
[543] Flores d'Arcais, a.a.O. 106.
[544] K. Tucholsky, Gesammelte Werke, hrsg. von Tucholsky, M. G. und F. J. Raddatz, 3 Bde, 1960; hier zit. nach Bd. III, 413, 857.
[545] K. Flasch, Von Kirchenvätern und anderen Fundamentalisten, in: »Süddeutsche Zeitung«, 17.10.2006.
[546] Papst Benedikt XVI., „Glaube, Vernunft und Universität", zur Gänze wiedergegeben in: »FAZ«, 13.09.2006, 8.; inzwischen unter dem Titel „Glaube und Vernunft. Die Regensburger Vorlesung" als Buch mit etlichen Veränderungen und zahlreichen Anmerkungen erschienen im Herder Verlag, Freiburg 2006. Die gesamten folgenden Zitate aus der Regensburger Vorlesung Benedikts sind dem ursprünglichen Wortlaut der Vorlesung entnommen, nicht dem in einigen Punkten veränderten Text, wie er im eben genannten Buch steht.
[547] Flasch, a.a.O. (Flasch ist emeritierter Philosophieprofessor der Universität Bochum).
[548] So Papst Benedikt in einer Fußnote seines Buches /s. Anm. 2).
[549] C. Geyer, Begreiflicherweise wart ihr empört!, in: »FAZ«, 27.11.2006, 39.
[550] Ausführlich dazu: H. Mynarek, Die Neue Inquisition, Marktheidenfeld 1999 (Verlag Das Weisse Pferd).
[551] Vgl. H. Herrmann, Passion der Grausamkeit. 2000 Jahre Folter im Namen Gottes, München 1994. R. Schepper, Das ist Christentum, Neustadt 1999.
[552] Flasch, a.a.O.; zum gleich folgenden Zitat von W. Kasper s. »Kirche In« 10/2006, 30.
[553] Ebd.

554 J. Ratzinger, Glaube –Wahrheit – Toleranz, Freiburg ⁴2005 (1. Aufl. 2003), 71.
555 Ebd. 71f.
556 Ebd. 34.
557 Ebd. 35.
558 Ebd. 36, so Ratzinger im Anschluss an J. Daniélou, Vom Geheimnis der Geschichte, Ostfildern 1955, 133f.
559 Ratzinger, a.a.O. 37; zur Struktur des biblischen Glaubens als einem »Hören«, keinem Schauen oder Denken s. Mynarek, Denkverbot 87 ff.
560 Ratzinger, a.a.O. 35.
561 Ebd. 71.
562 Ebd.
563 Ebd.
564 Ausführlicher zu Jesus und seinem Gott im Neuen Testament bei H. Mynarek, War Jesus der vollkommenste Mensch, der größte Humanist aller Zeiten?, in: »Aufklärung und Kritik« 2/2002, 102-118; abgedruckt auch in: P. Willmes (Hrsg.), Jesusbilder heute, Essen 2002 (Edition senf & salz), 128-150.
565 Ratzinger, a.a.O. 26, 44, 69, 77.
566 Ebd. 69f.
567 Ebd. 70.
568 P. J. Weiland, Ein Messias aus Galiläa, Thalevil ²1991, 507.
569 K. H. Deschner, Vorwort zu B. Kuckertz (Hrsg.), Gotteslohn. Die Kirche und ihre ungehorsamen Diener (Drewermann, Hermann, Mynarek, Ranke-Heinemann usw.), München 1992, 11, 16.
570 Zu E. Fromm und dieser von ihm behandelten Thematik siehe H. Mynarek, Das Gericht der Philosophen, Essen 1997 (Verlag Die Blaue Eule), II. Hauptteil, 73-150.
571 Zur Problematik eines ewigen, anfangslosen Gottes, der, da er sich ja nicht selbst aus dem absoluten Nichts ins Sein katapultieren konnte, um seinen eigenen Ursprung nicht wüsste, vielmehr einfach da wäre, sich vorfände vgl. Mynarek, Denkverbot 108ff; ders., Unsterblichkeit, Essen 2005 (Verlag Die Blaue Eule), 74f., des weiteren das im vorliegenden Buch im 2. Kap. unter i, j, l, s und t Gesagte. Wer sich über den Standpunkt des Autors dieses Buches zur Gottesproblematik ausführlich informieren möchte, dem sei sein Beitrag in: K. H. Deschner (Hrsg.), Woran ich glaube, München 1992 (Heyne-TB), 172-189 empfohlen; vgl. auch N. Hoerster, Die Frage nach Gott, München 2005.
572 Vgl. H. Mynarek, Jesus und die Frauen, Essen ²1999 (Verlag Die Blaue Eule).
573 Mehr zu diesem strukturellen Gegensatz bei: H. Mynarek, Verrat an der Botschaft Jesu – Kirche ohne Tabu, Rottweil a. N. 1986 (Verlag Das Wort).
574 F. Nietzsche, Also sprach Zarathustra, Leipzig 1930 (Alfred Kröner Verlag), Kap. „Vom Neuen Götzen" 51-54.
575 E. Bloch, Atheismus im Christentum (Bd. 14 der Blochschen Gesamtausgabe, Frankfurt a.M. 1968), 170f, 177, 182; ders., Das Prinzip Hoffnung, Frankfurt a.M. 1959, Bd. III, 1489-1491, 1402f, 1404. Eine Gesamtdarstellung von Blochs weitverstreuten religions- und kirchenkritischen Aussagen bietet H. Mynarek, Das Gericht der Philosophen, Essen 1997 (Verlag Die Blaue Eule), Teil I, der ausschließlich E. Bloch gewidmet ist.
576 Bloch, Das Prinzip Hoffnung, Bd. III, 1492.
577 E. Bloch, Thomas Müntzer als Theologe der Revolution, (Bd. 2 der Blochschen Gesamtausgabe, Frankfurt a.M. 1969), 148f.
578 Ebd. 149f, 155.
579 E. Bloch, Experimentum Mundi (Bd. 15 der Blochschen Gesamtausgabe, Frankfurt a. M. 1975), 206.
580 Bloch, Atheismus im Christentum 348.
581 E. Fromm, Die Entwicklung des Christusdogmas, in: ders., Das Christusdogma und andere Essays, München 1984, 24f.
582 Ebd. 20f.
583 Ebd. 35f.
584 Ebd. 38f, 40, 61.
585 K. Kautsky, Der Ursprung des Christentums, Stuttgart ¹³1923, 345.
586 Fromm, a.a.O. 40f.
587 Ebd. 43f.
588 J. Ratzinger, Vorwort zu: Johannes Paul II., Aus der Kraft der Hoffnung leben, in: F. Jona (Hrsg.), Jahreslesebuch, Freiburg 1995, 3f.

[589] Vgl. die im Verlag Das Wort herausgegebene Zusammenstellung der Umweltsünden der Kirche u. d. T. „Der Schattenwelt neue Kleider", Marktheidenfeld 2006; weitere Aspekte bei H. Mynarek, Mystik und Vernunft, Münster ²2001, Kap.: „Die Ökologie und die Machtverflechtungen der Kirche", 106ff.
[590] H. J. Stehle, Wie ein Ruf in der Wüste, in: G. Denzler (Hrsg.), Das Papsttum in der Diskussion, Regensburg 1974, 196.
[591] Vgl. H. Mynarek, Die Neue Inquisition, Marktheidenfeld 1999 (Verlag Das Weiße Pferd), passim.
[592] K. Schuller, Getroffen, in: »FAZ«, 27.12.2006, 8.
[593] Dazu ausführlich: H. Mynarek, Zwischen Gott und Genossen. Als Priester in Polen, Berlin 1981 (Ullstein Verlag). Das Buch ist vergriffen, wird auch nicht mehr neu aufgelegt (zu heißes Eisen für Ullstein?), ein paar Exemplare sind noch über den Autor beziehbar.
[594] Mehr über den anarchischen, zu Kirche, Gesellschaft und Staat im Gegensatz stehenden Jesus bei: H. Mynarek, Jesus und die Frauen, Schlusskapitel.
[595] Das ganze Gespräch des Großinquisitors mit Christus ist wiedergegeben und kommentiert bei Markus Mynarek, Geistiger Neubeginn oder Werteverfall? Gesellschaft, Politik und Religion auf dem Prüfstand der Ethik, Norderstedt 2003 (Verlag: Books on Demand), Anhang-Kapitel: „Fjodor Dostojewski über Macht – Kirche – Inquisition", 94ff.
[596] M. Luther, Ein Brief an die Fürsten zu Sachsen von dem aufrührischen Geist, Juli 1524, in: G. Wehr (Hrsg.), Thomas Müntzer, Schriften und Briefe, 1973, 196.
[597] M. Luther, Werke, Bd. VI, 1888, 347.
[598] Dazu ausführlicher: Mynarek, Die Neue Inquisition 106ff.
[599] Nietzsche, a.a.O. 144 (Kap.: „Von großen Ereignissen").
[600] Nietzsche, a.a.O. 145.
[601] Vgl. „Was kostet uns der Papst?, in: »Mahnmal Aktuell« (www.KirchenOpfer.de), 2/2006, 1f.
[602] Vgl. a.a.O. 2.
[603] Zit. nach »Mahnmal Aktuell«, a.a.O.
[604] Zit. nach R. Müller, Nur mit weißer Weste, in: »Berliner Zeitung«, 19.06.2006, Nr. 140.
[605] Vgl. »Berliner Zeitung«, a.a.O.
[606] Ebd.
[607] Der Autor des vorliegenden Buches hat in seiner Biografie „Herren und Knechte der Kirche" seine Erfahrungen mit der bayerischen Justiz niedergelegt. Die Biografie konnte wegen einstweiliger Verfügung des LG und OLG München erst 30 Jahre später erscheinen. Den Herren der Kirche war in allen Punkten entgegengekommen worden („Herren und Knechte der Kirche", 1. Auflage beim Verlag Kiepenheuer und Witsch, Köln 1973; 2. Auflage im Historia Verlag, Ulm 2002. Jetzt nur noch über den Ahriman Verlag, Freiburg, beziehbar).
[608] Zit. nach »Berliner Zeitung«, a.a.O.
[609] Zit. nach „Was kostet der Papstbesuch?" in: Regensburger Wochenblatt, 09.08.2006.
[610] J. Bossenz, Moralische Entlastung, in: »Neues Deutschland«, 03.12.2006.
[611] A. Fleischer, Ein etwas anderer Papstbesuch, in: »Süddeutsche Zeitung«, 18.09.2006.
[612] Moderatorin und Sprecher in der »Panorama«-Fernsehsendung vom 17.10.2002.
[613] Ebd.
[614] Die angegebenen Summen in diesem Absatz: ebd.
[615] Ebd.
[616] Ebd.
[617] „Papst: Mutig der Säkularisierung stellen", in: »FAZ«, 11.11.2006.
[618] H. Herrmann, Ein unmoralisches Verhältnis, Düsseldorf 1974; ders., Die Kirche und unser Geld. Wie die Hirten ihre Schäfchen ins trockene bringen, München 1992 (Goldmann TB); ders., Kirche, Klerus, Kapital. Hintergründe einer spezifisch deutschen Allianz, Münster 2003.
[619] Broschüre „Spart Euch die Kirche! Eine Dokumentation für Bürger, die nicht ewig weiterzahlen wollen", Würzburg 2004, 67 (die Broschüre ist erhältlich bei: Initiative „Ein Mahnmal für die Millionen Opfer der Kirche", Theaterstr. 25, 97070 Würzburg, www.KirchenOpfer.de); vgl. auch die umfängliche Recherche von C. Frerk, Finanzen und Vermögen der Kirchen in Deutschland, Aschaffenburg 2002, sowie die exakte Analyse von G. Rampp „Kirche und Geld. Die untrennbaren Siamesischen Zwillinge" in: C. und P. Ramsdorf (Hrsg.), Drahtzieher Gottes, Aschaffenburg 1995.
[620] „Der Gummi-Katechismus" in: »Der Spiegel« 48/2006.
[621] Ebd.
[622] Ebd.

[623] Ebd.
[624] Vgl. H. Mynarek, Eros und Klerus, Essen ^{5}1999; ders., Casanovas in Schwarz, Essen ^{2}2001 (beide im Verlag Die Blaue Eule).
[625] »Der Gummi-Katechismus«, a.a.O.
[626] Ein Theologe muss eine ganze Reihe von Bedingungen erfüllen, die mit Wissenschaft nichts zu tun haben, wenn er sich in Theologie habilitieren oder auf eine theologische Professur berufen werden will. Das hängt alles vom Ortsbischof und/oder vom Vatikan ab; siehe dazu ausführlich: Mynarek, Herren und Knechte der Kirche 155ff.
[627] Nach »FAZ«, a.a.O. (s. Anm. 617).
[628] Dazu ausführlich und erfahrungsgesättigt (mit Biografien geschasster Theologen): Mynarek, Herren und Knechte der Kirche 113-294.
[629] Nach »FAZ«, a.a.O.
[630] W. Kinzig, Vorbild für Amerika, in: »FAZ«, 27.10.2006, 43.
[631] H. M. Broder, Unsere Männer im Vatikan, in: »Der Spiegel« 48/2006, 184.
[632] Ausführlicher zu Giordano Bruno: H. Mynarek, Kritker contra Kriecher, Ulm 2005 (Historia Verlag), 21ff. Dort auch die Quellenverweise für die zitierten Stellen.
[633] A. Kaiser, Giordano Bruno, in: K. H. Deschner (Hrsg.), Das Christentum im Urteil seiner Gegner, München 1986, 59.
[634] Giordano Bruno, „Die Kabbala des Pegasus mit der Zugabe des Kyllenischen Esels".
[635] A. Fölsing, Galileo Galilei – Prozess ohne Ende, München 1983, 14.
[636] Galileo Galilei, Dialog über die beiden hauptsächlichen Weltsysteme, übersetzt von E. Strauß, 1891; reprograph. Nachdruck: Stuttgart 1982, 108.
[637] Fölsing, a.a.O. 17.
[638] Galilei, Brief an die Großherzogin Christine, zit. nach A. Favaro (Hrsg.), Le Opere di Galileo Galilei, Edizione Nazionale, Bd. V, 315. (Nach dem Nachdruck dieser Ausgabe von 1966).
[639] Galilei, Brief an Castelli vom 21.12.1613, zit. nach Favaro, a.a.O. 281f.
[640] Fölsing, a.a.O. 23.
[641] Nach Broder, a.a.O.
[642] Ebd.
[643] Ebd.
[644] Ebd.
[645] Zu diesem Zitat und Jaspers überhaupt: H. Mynarek, Das Gericht der Philosophen, Essen 1997 (Verlag die Blaue Eule), dritter, diesem Philosophen gewidmeter Hauptteil.
[646] Nach Broder, a.a.O.
[647] Vgl. zu dieser Problematik das Buch: Mynarek. Jesus und die Frauen (das eine Darstellung der Gesamtgestalt Jesu enthält, nicht bloß, wie der vom Verlag eingesetzte Titel andeutet, das Verhältnis Jesu zu den Frauen beleuchtet).
[648] Nach Broder, a.a.O.
[649] D. Potzel, »Bürgerbewegung Mehr Geld für den Bürger« (Kurzbroschüre), 6.
[650] Ebd.
[651] H. Herrmann, Die Caritas-Legende, Hamburg 1993, 310, Anm. 254.
[652] Vgl. ebd.
[653] Die Zeitschrift »Mahnmal Aktuell«, Nr. 3/2006, 1.
[654] Herrmann, a.a.O. 94; vgl. ders., Die Kirche und unser Geld, München 1992, 158f.
[655] Nach »Mahnmal Aktuell«, a.a.O.
[656] Das am umfassendsten zum Thema „Finanzen und Vermögen der Kirchen in Deutschland" recherchierende und informierende Buch ist das von Carsten Frerk, Aschaffenburg 2001.
[657] Herrmann, Die Caritas-Legend 99; vgl. P. v. Tiling, Die Kirche in der pluralistischen Gesellschaft, in: Ztschr. f. ev. Kirchenrecht XIV, 238 ff.
[658] Herrmann, a.a.O. 99f.
[659] Nach »Publik-Forum«, Nr. 20/2006, 58.
[660] „Der Besuch Benedikts löst politischen Wirbel aus ... Oberbürgermeister Ude ‚sehr erbost'", in: »Süddeutsche Zeitung«, 06.09.2006.
[661] Ebd.
[662] Ebd.
[663] Ebd.

[664] Ebd.
[665] „... ich wollte", so Papst Benedikt, „noch einmal die Orte, die Menschen sehen, wo ich groß geworden bin, die mich geprägt und mein Leben geformt haben" (zit. nach: »FAZ«, 09.09.2006, 1.)
[666] Ausführlich und argumentativ dazu: Mynarek, Jesus und die Frauen.
[667] Zit. nach: A. Schäffer, Die Bändigung des Papstrummels, in: »FAZ«, 09.09.2006, 3.
[668] Vgl. M. Luther, Hauptschriften, Berlin 1951, 281-298.
[669] Zitate bei P. Winterer / C. Gahlau, Heimspiel für Benedetto in Altötting, in: »SWT WÜS«, 12.09.2006, Nr. 210, 9.
[670] C. Feldmann, Die Lichtgestalt kämpft mit dem Finsterling, in: »Publik-Forum«, Nr. 17/2006, 36.
[671] Uschi Heppenstiel, zit. in: ebd., 38; vgl. auch Fr. Fritzen, In ewiger Lauerstellung. Der Papst hat in Bayern für den katholischen Frauenbund keine Zeit, in: »Frankfurter Allgemeine Sonntagszeitung«, 10.09.2006, 66.
[672] H. Unterstöger, Überm Kapellplatz vibriert der Himmel, in: »Süddeutsche Zeitung«, 05.09.2006, 3.
[673] Ebd.
[674] »Spiegel Online«, 01.09.2006.
[675] C. Geyer, Runter von der Wunderbremse, in: »FAZ«, 03.08.2006.
[676] »Spiegel Online«, 01.09.2006.
[677] Ebd.
[678] Ebd.
[679] E. M. Kallinger, Sucht mein Angesicht, in: »Focus« 48/2006, 50.
[680] »Spiegel Online«, a.a.O.
[681] Geyer, a.a.O.
[682] Wie ein Schuljunge benahm sich z.B. der Redakteur der ach so kritisch-liberal-aufgeklärten Wochenzeitung »Die Zeit«, Christoph Amend, bei seiner Begegnung mit dem Papst in Rom. „Was sagt man eigentlich dem Papst? ... Was sagt man dem Papst, wenn man nur einige Sätze hat?", fragt er sich ein ums andere Mal. „Wie begrüßt man den Papst, wenn er einen zu einer Audienz empfängt?" Dann der demutsvolle Handkuss: „Man hatte mir einen Hinweis gegeben. Benedikt XVI. hat den Kuss auf den goldenen Siegelring zwar nicht abgeschafft" (denn das wäre ja schon eine zu große, eines der Symbole seiner Herrschaft als „König des Erdkreises" abschaffende Reform gewesen, meine Hinzufügung), „aber er mag es nicht, wenn man den Ring mit dem Mund berührt, eine Andeutung reicht." (Da geht's um die Hygiene, sonst dürften sie küssen!) Dann die lächerliche Nervosität eines gestandenen Mannsbildes und Redakteurs: „Neben mir sitzt Manuel Herder, der Verleger des Herder-Verlags ... Obwohl er dem Papst, seinem Autor, schon einige Mal begegnet ist, tröstet es, dass auch Herr Herder ein wenig nervös ist. Werde er sich verbeugen, frage ich ihn ...." Danach wie eine Offenbarung: „Und dann steht er vor mir, die Sonne scheint ihm ins Gesicht, er streckt seine Hand aus ... Ich ergreife sie, sehe den Ring, deute den Kuss an und sage >Heiliger Vater<."

Buchveröffentlichungen von Hubertus Mynarek

Philosophie des religiösen Erlebnisses
München 1963 (Schöningh-Verlag)

Der Mensch – Sinnziel der Weltentwicklung?
München 1967 (Schöningh-Verlag)

Mensch und Sprache
Freiburg 1967 (Herder-Verlag)

Der Mensch – Das Wesen der Zukunft
München 1968 (Schöningh-Verlag)

Gott oder der Mensch im Mittelpunkt?
Donauwörth 1968

Existenzkrise Gottes?
Augsburg 1969

Herren und Knechte der Kirche
Köln 1973 (Verlag Kiepenheuer & Witsch)

Der kritische Mensch und die Sinnfrage
Berlin 1976

Religion – Möglichkeit oder Grenze der Freiheit?
Köln 1977 (Verlag Wissenschaft & Politik)

Orientierung im Dasein
München 1979 (Unitarier Verlag)

Zwischen Gott und Genossen
Berlin 1981 (Ullstein Verlag)

Religiös ohne Gott?
Düsseldorf 1983, als Tb. München 1989 (Goldmann Verlag)

Ökologische Religion. Ein neues Verständnis der Natur
München 1986, 2. Aufl. 1990 (Goldmann Verlag)

Kirche ohne Tabu
Rottweil a.N. 1986 (Verlag Das Wort)

Mystik und Vernunft
Olten 1991; Neuaufl. Münster 2001 (LIT Verlag)

Denkverbot. Fundamentalismus in Christentum und Islam
München 1992; 2. Aufl. 2006 (ASKU-Presse-Verlag)

Erster Diener Seiner Heiligkeit
Ein kritisches Portrait des Kölner Erzbischofs Joachim Meisner
Köln 1993 (Verlag Kiepenheuer & Witsch)

Die Neue Inquisition
Marktheidenfeld 1999 (Verlag Das Weisse Pferd)

Kritiker contra Kriecher
Ulm 2005 (Historia Verlag)

Gedanken zur Logik der Macht
In: J. Fellsches / W.L. Hohmann (Hrsg).
Toleranz • Das Fremde – Macht – Identität
Vorträge aus dem VI. Verlagskolloquim
Essen 1998, 148 Seiten, 20,00 € [D]   ISBN 3-89206-869-0

Die Ethik der Wissenschaft aus der Sicht der christlichen Theologie
In: J. Fellsches / W. L. Hohmann (Hrsg.)
Ethik und wissenschaftliche Objektivität
Vorträge aus dem VII. Verlagskolloquim
Essen 2001, 156 Seiten, 24,00 € [D]   ISBN 3-89206-000-2

Das Gericht der Philosophen
Ernst Bloch- Erich Fromm – Karl Jaspers
über Gott – Religion – Christentum – Kirche
(Philosophie in der Blauen Eule / Band 29)
Essen 1997, 252 Seiten, 29,00 € [D]   ISBN 3-89206-808-9

DIE KUNST ZU SEIN
Philosophie, Ethik und Ästhetik sinnerfüllten Lebens
(Philosophie in der Blauen Eule / Band32)
(1. Aufl. Düsseldorf 1989); Neuaufl. Essen 1998,
364 Seiten, 33,00 € [D]   ISBN 3-89206-877-1

Jesus und die Frauen
Das Liebesleben des Nazareners
(1. Aufl. Frankfurt a.M. 1995); Neuaufl. Essen 1999.
216 Seiten, 15,00 € [D] (Verlag Die Blaue Eule)   ISBN 3-89206-950-6

Eros und Klerus
(1. Aufl. Düsseldorf 1978); Neuaufl. Essen 1999,
216 Seiten, 25,00 € [D] (Verlag Die Blaue Eule)   ISBN 3-89206-950-6

Casanovas in Schwarz
Zehn Schlüsselgeschichten
über Priesteraffären mit Frauen
1. Aufl. Essen 2000; 2. unveränd. Aufl. Essen 2001
180 Seiten, 18,50 € [D] (Verlag Die Blaue Eule)   ISBN 3-89206-339-7

Die Vernunft des Universums
Lebensgesetze von Kosmos und Psyche
(Philosophie in der Blauen Eule / Band 56)
(1. Aufl. München 1988), Neuaufl. Essen 2003,
386 Seiten, 28,00 € [D]   ISBN 3-89924-066-9

Unsterblichkeit
Essen 2005, 296 Seiten, 29,00 € [D]
(Verlag Die Blaue Eule)   ISBN 3-89924-133-9

Herren und Knechte der Kirche
Neuauflage, Ulm 2003, 512 Seiten, 21,50 € [D]
(jetzt nur noch über Ahriman Verlag beziehbar)   ISBN 3-980-6576-1-2

Der polnische Papst. Bilanz eines Pontifikats
Freiburg 2005, 198 Seiten, 19,80 € [D]   ISBN 3-89484-602-X